技工院校汽车维修专业模块化教材
（中级技能层级）

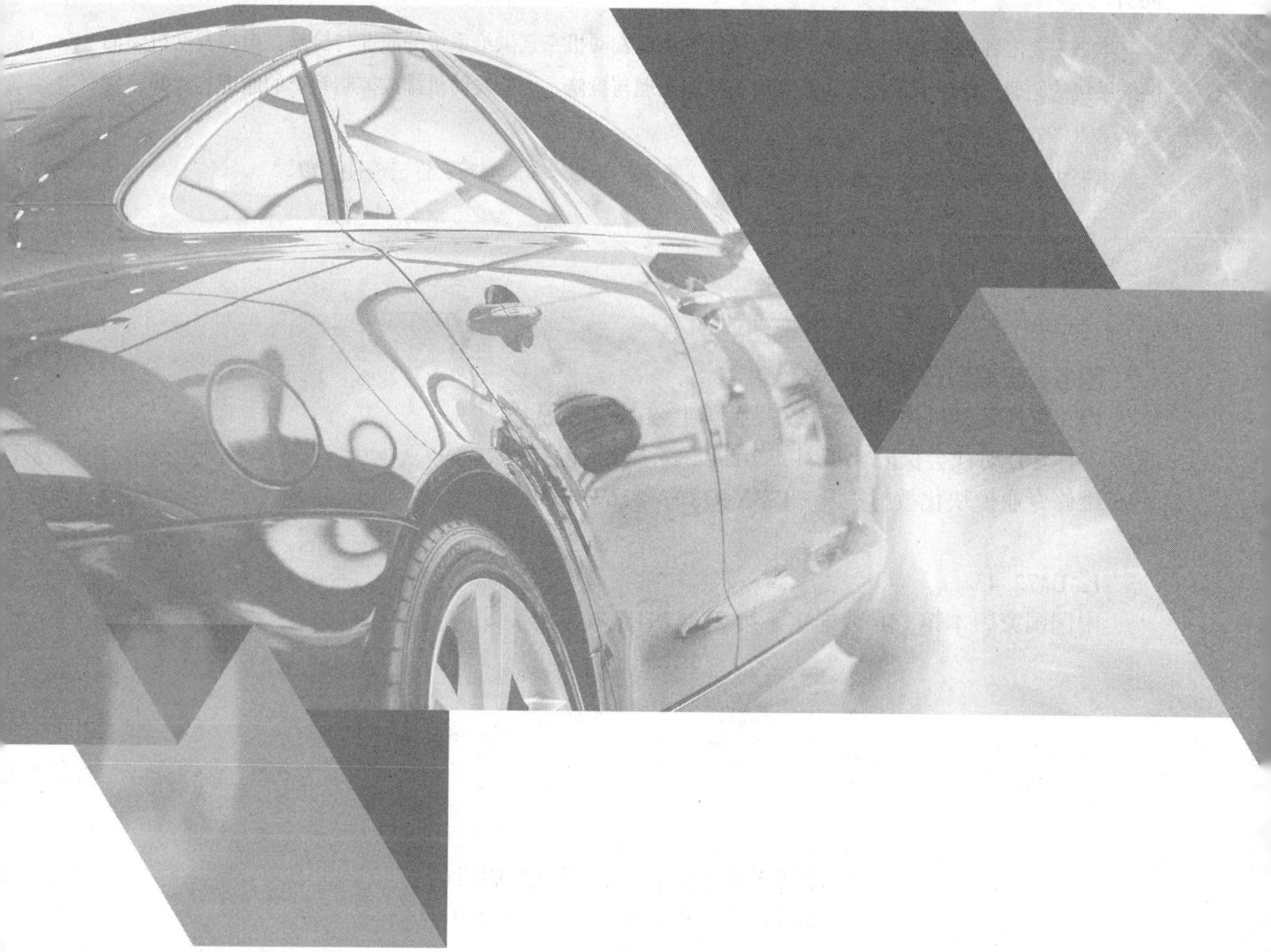

汽车电控发动机构造与维修

（第二版）

吴勤燕◎主编

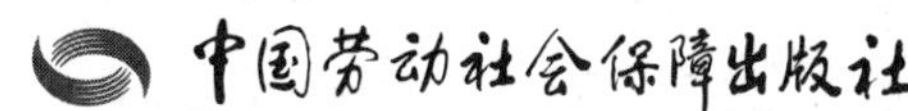

简介

本书主要内容包括电控发动机的整体认知、电控发动机空气供给系统的原理与检修、电控发动机燃油供给系统的原理与检修、电控发动机点火系统的原理与检修、电控发动机排放控制系统的原理与检修、发动机 ECU 的原理与检修等。

本书由吴勤燕任主编，羌春晓、马骏驰、顾振华、李爱琴参加编写；许云珍任主审。

图书在版编目（CIP）数据

汽车电控发动机构造与维修 / 吴勤燕主编. -- 2 版. 北京：中国劳动社会保障出版社，2024. --（技工院校汽车维修专业模块化教材）. -- ISBN 978-7-5167-6630-9

Ⅰ. U472. 43

中国国家版本馆 CIP 数据核字第 2024191ZG6 号

中国劳动社会保障出版社出版发行

（北京市惠新东街 1 号　邮政编码：100029）

*

河北品睿印刷有限公司印刷装订　　新华书店经销

787 毫米 ×1092 毫米　16 开本　19.5 印张　389 千字

2024 年 12 月第 2 版　　2025 年 8 月第 2 次印刷

定价：38.00 元

营销中心电话：400-606-6496

出版社网址：https://www.class.com.cn

https://jg.class.com.cn

前　言

为了适应汽车行业的发展现状，更好地满足全国技工院校汽车维修专业的教学需求，全面提升教学质量，我们组织全国有关学校的一线教师和行业、企业专家，在充分调研企业用人需求和学校教学情况、吸收借鉴各地技工院校教学改革的成功经验的基础上，根据人力资源社会保障部颁布的《全国技工院校专业目录》及相关教学文件，对技工院校汽车维修专业教材进行了修订和新编。

本次修订（新编）工作的重点主要有以下几个方面。

科学规划教学模块

本套教材采用“模块化”体系构建，划分为基础模块、发动机模块、底盘模块、电气模块、维护与诊断模块、选修模块等六大模块，教学操作性好，可满足技工院校汽车维修专业的教学需求。

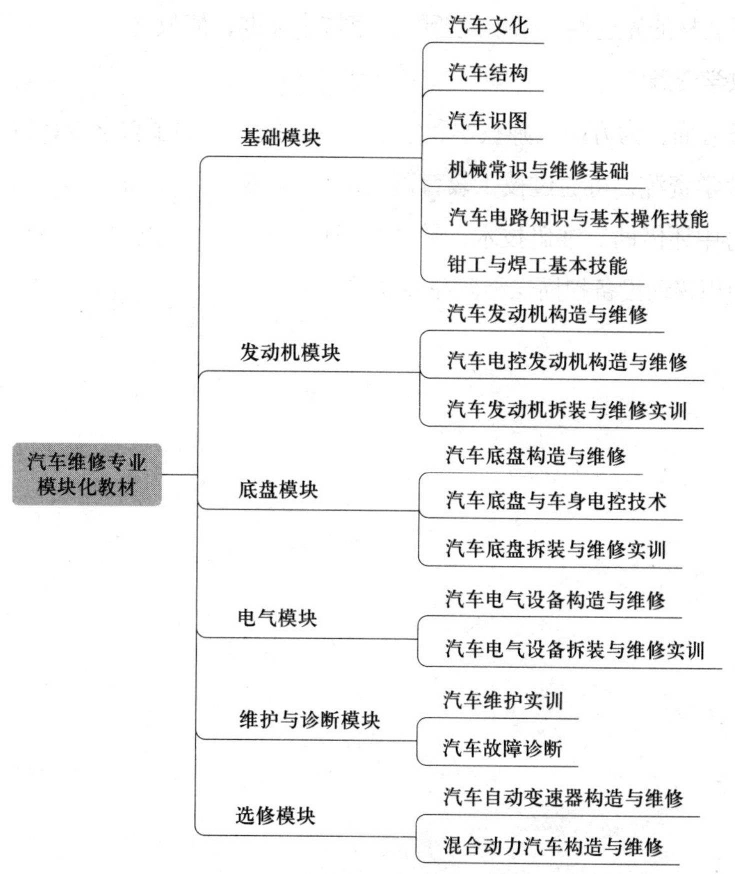

突出职业教育特色

坚持以能力为本位，突出职业教育特色。通过行业、企业调研，掌握企业对汽车维修专业人才的岗位需求和技能要求，确定人才培养目标，构建科学合理的课程体系。根据课程教学目标，合理确定学生应具备的知识与能力结构；充分考虑企业生产实际，选择当前市面上广泛使用的汽车车型进行教学。

根据汽车维修专业毕业生就业岗位的实际需要和行业发展趋势，合理确定学生应具备的能力和知识结构，对教材内容及其深度、广度、难度进行了调整。同时，进一步突出实际应用能力的培养，以满足社会对技能型人才的需求。

创新教材内容形式

在编写模式上，根据技工院校学生认知规律，以完成具体工作任务为主线组织教材内容，将理论知识的讲解与工作任务载体有机结合，激发学生的学习兴趣，提高学生的实践能力。

在教材内容的表现形式上，较多地利用实物照片和表格等形式将知识点生动地展示出来，力求让学生更直观地理解和掌握所学内容。部分教材采用四色印刷，图文并茂，增强了教材内容的表现效果，提高了教材的可读性，更符合学生的阅读习惯。

根据相关专业领域的最新发展，在教材中充实新知识、新技术、新设备、新材料等方面的内容，体现教材的先进性。采用最新的国家技术标准，使教材内容更加科学和规范。

提供丰富教学资源

在教学服务方面，为方便教师教学和学生学习，配套提供了教学设计方案、电子课件、习题册答案等教学资源，可通过技工教育网（https://jg.class.com.cn）下载使用。除此之外，在部分教材中还借助二维码技术，针对教材中的重点、难点内容，制作了微视频等多媒体资源，可使用移动设备扫描二维码在线观看。

编者

2024 年 6 月

目 录

项目六　发动机 ECU 的原理与检修

项目一 电控发动机的整体认知

随着全球能源危机的加剧，节能和环保已成为汽车发展的主要方向，传统的化油器式发动机已不能适应现在社会对汽车的要求，这就迫使人们去开发一种更清洁更经济的新装置。汽车电子化被公认为是汽车技术发展过程中的一次革命，越来越多的电子技术被运用在汽车上面，使得汽车更加节能、环保和先进。汽车电控发动机就是汽车电子技术的杰出代表。

图 1-0-1 所示为采用电控发动机技术的奥迪轿车，符合节能、环保的要求，而且外观优美、大方，内部乘坐舒适、安全。

图 1-0-1　采用电控发动机技术的奥迪轿车

学习目标

1. 了解电控发动机的发展历程。
2. 掌握电控发动机的基本组成。
3. 掌握电控发动机的基本工作原理。
4. 掌握电控发动机的分类。

任务引入

随着电子控制技术越来越多地被汽车发动机采用，现在的发动机已经有别于传统发动机，在原有的两大机构五大系基础上加入了更多的电子控制系统，这些系统的功能包括燃油喷射控制、点火控制、怠速控制、废气再循环控制、配气正时控制、可变进气控制等。电子控制技术在汽车发动机上的运用，不仅有效地解决了汽车高能耗问题，同时还改善了尾气排放问题。

相关知识

一、电控发动机的发展历程

自20世纪60年代起，随着汽车数量的日益增多，汽车废气排放物与燃油消耗量的不断上升困扰着人们，迫使人类寻找一种更清洁、更节约的新技术装置，来取代已有几十年历史的化油器。电控汽油喷射技术的发明和应用，使人类的这一理想得以实现。

电控发动机的发展大致可分为三个阶段。

1. 电控发动机发展的初级阶段（20世纪60年代中期到70年代中期）

最早研制汽车电子燃油喷射装置的是美国本迪克斯（Bendix）公司。该公司于1957年开始试用真空管电子控制系统，该电子控制汽油喷射系统首次装在克莱斯勒豪华型轿车和赛车上，开创了电控汽油喷射的先河。1958年，德国博世（BOSCH）公司研制成功了向进气管内喷射汽油的机械控制汽油喷射式发动机，装配在梅赛德斯－奔驰220S型轿车上，首次采用在进气歧管上安装喷油嘴、燃油分组、机械控制式汽油喷射装置。正是这种有部分电子元件参与的简单电子控制汽油喷射方式，为现在的EFI电子燃油控制奠定了坚实的基础。

1962年，德国BOSCH公司着手研究电子控制汽油喷射技术。1967年，德国BOSCH公司研制成功了K-Jetronic机械式汽油喷射系统。同年，BOSCH公司又开发出了D-Jetronic电控汽油喷射系统，它是利用进气歧管的绝对压力传感器来检测进气量的，该系统当时被多个公司所采用，使电子控制汽油喷射技术得到了发展。最早在大众公司生产的VW-l600型轿车上装配了D-Jetronic电控汽油喷射系统，使其率先达到了当时美国加州排放法规的要求。

随着排放法规要求的逐年提高，要求进一步提高发动机的控制精度，进一步完善其控制功能。针对D型电控汽油喷射系统在汽车工况发生急剧变化时控制效果并不理想的问题，1972年，在D型电控汽油喷射系统的基础上，BOSCH公司开发了L-Jetronic电控汽油喷射系统，用翼片式空气流量传感器直接测量进入发动机气缸内空气的体积流量。与D型电控汽油喷射系统相比，L型电控汽油喷射系统的测量精度和控制精度大大提高，稳定性好。

1974年，美国通用汽车公司开始在其生产的汽车上，将分立元件式电子点火控制器改成集成电路式点火控制器。通用汽车公司开始加大火花塞的电极间隙，同时采用高能点火装置，并将点火线圈与集成电路式点火控制器安放在分电器壳体内。

2. 电控发动机的数字发展阶段（20世纪70年代末期到90年代中期）

1979年，德国BOSCH公司开始生产集电子点火和电控汽油喷射于一体的Motronic数字式电控发动机综合控制系统，它能对空燃比、点火时刻、怠速转速和废气再循环等方面进行综合控制。

与此同时，美国和日本各大汽车公司也相继研制成功与各自车型配套的数字式发动机集中控制系统。例如，1978年，福特公司在EEC系统基础上，增加了空燃比反馈控制和怠速控制等控制内容，研制成功了EEC-Ⅱ系统；1979年又进一步完善控制功能，发展成为EEC-Ⅲ系统；同时开发了能综合控制点火时刻、废气再循环、空燃比和怠速转速，并具有自我诊断功能的数子式发动机集中控制系统。

1981年，德国BOSCH公司在L型电控汽油喷射系统的基础上，采用热线式空气流量传感器取代翼片式空气流量传感器，研制成功了LH型电控汽油喷射系统。该系统的突出优点是直接测量进入发动机气缸空气的流量，测量精度不受进气温度和大气压力的影响，空燃比控制精确，提高了发动机的动力性和经济性，改善了发动机的排放性能。

1982年，在增加电子控制电路的基础上，BOSCH公司将K-Jetronic机械式汽油喷射系统发展为KE-Jetronic机电混合式汽油喷射系统。它在K-Jetronic系统的燃油分配器上增设一只电液式压差调节器，用控制计量槽前后的压差，快速地、大幅度地调节燃油量，提高操纵灵活性，并增加控制功能。KE-Jetronic中E字代表电子控制。以往大街上行驶的奔驰129、126系列及奥迪100等车型使用KE型喷射系统，但由于其存在油耗高、故障率高、维修成本高等缺陷，逐渐被淘汰。

1983年，德国BOSCH公司又推出了燃油压力只有0.1 MPa的Mono-Jetronic单点低压中央喷射系统。与化油器相比，在进气歧管原先安装化油器的部位，仅用一只喷油器集中喷射，能使燃油迅速通过节气门，减少了燃油附着管壁的现象，消除了由此而引起的混合气燃烧延迟，缩短了供油和空燃比信息反馈之间的时间间隔，提高了控制精度，排放效果得到了改善。同时，采用节气门转角和发动机转速来控制空燃比的控制方式，省去了空气流量传感器，结构和控制方式均较简单，兼顾了发动机性能和成本，对发动机结构的影响又较小。这种单点喷射系统在排量小于2 L的普通轿车上得到了迅速地推广应用。

1984年，丰田推出速度密度型的TCCS汽油喷射装置，能在各种工况下运转，对喷射时间、点火时间进行了有效、出色地控制。

3. 精确控制电控发动机阶段（20世纪90年代中期以后）

1990年以后，美国通用、福特和克莱斯勒三大汽车公司生产的汽车全部采用电控汽油喷射方式供油；欧洲和日本除出口东南亚的汽车由化油器供油外，其他汽车均采用电控汽油喷射方式供油。最初应用NMOS制成的CPU、存储器、大规模集成电路用于燃油喷射装置，因成本昂贵，不能进一步推广应用。后来，利用 CMOS 把系统必需的 CPU、存储器、附属电路予以单芯片化，其成本低，应用相当广泛。

二、电控发动机的基本组成及工作原理

1. 电控发动机的基本组成

电控发动机的基本组成包括电控发动机空气供给系统、电控发动机燃油供给系统、电控发动机排放控制系统、电控发动机点火系统、电控发动机辅助控制系统和随车自诊断系统。

电控发动机特征最明显的电控燃油喷射系统由空气供给系统、燃油供给系统和电子控制系统三个部分组成。

（1）空气供给系统

空气供给系统的功能是测量和控制发动机燃烧时所需的空气量，它主要由空气滤清器、空气滤清器通气软管、空气流量传感器、节气门体、怠速控制阀、进气总管、进气歧管以及进气压力传感器等组成。空气经空气滤清器过滤后，由空气流量传感器检测进气量，通过节气门体进入进气总管，再通过进气歧管分配给各气缸。

（2）燃油供给系统

燃油供给系统的功能是向气缸内供给燃烧时所需要的汽油量。燃油供给系统由油箱、电动燃油泵、燃油滤清器、燃油分配管、喷油器、燃油压力调节器及回油管等组成。燃油由电动燃油泵从油箱中泵出，经过燃油滤清器除去杂质及水分后，再送至油压脉动阻尼器以减少其压力脉动。这样具有一定压力的燃油流至供油总管，再经燃油分配管送至各缸喷油器。喷油器根据电控单元（ECU）的喷油指令，将适量的燃油喷到进气门前，待进气行程时，燃油混合气被吸入气缸中。

（3）电子控制系统

电子控制系统由传感器、ECU、执行器组成。传感器用于检测温度、混合气浓度、空气流量或压力、曲轴转速等数值并传送给电控单元（ECU）。电控单元［ECU，即发动机控制单元，也称发动机控制模块（ECM）］是一个微型计算机，内有集成电路以及其他精密电子元件，它汇集发动机上各个传感器采集的信号和点火信号，向执行器（喷油器）发出喷油的指令，将喷油器头部的针阀打开，喷出燃油，使燃油和空气形成理想的混合气，并送进气缸燃烧产生动力，使发动机的动力性、经济性、排放性得到提高。电子控制系统的组成如图 1–1–1 所示。

2. 电控发动机的基本工作原理

汽车电控发动机利用各种传感器检测发动机的各种状态，经 ECU 的计算、判断发出指令，使发动机在不同工况下均能获得合适的空燃比。这是它工作的核心内容。

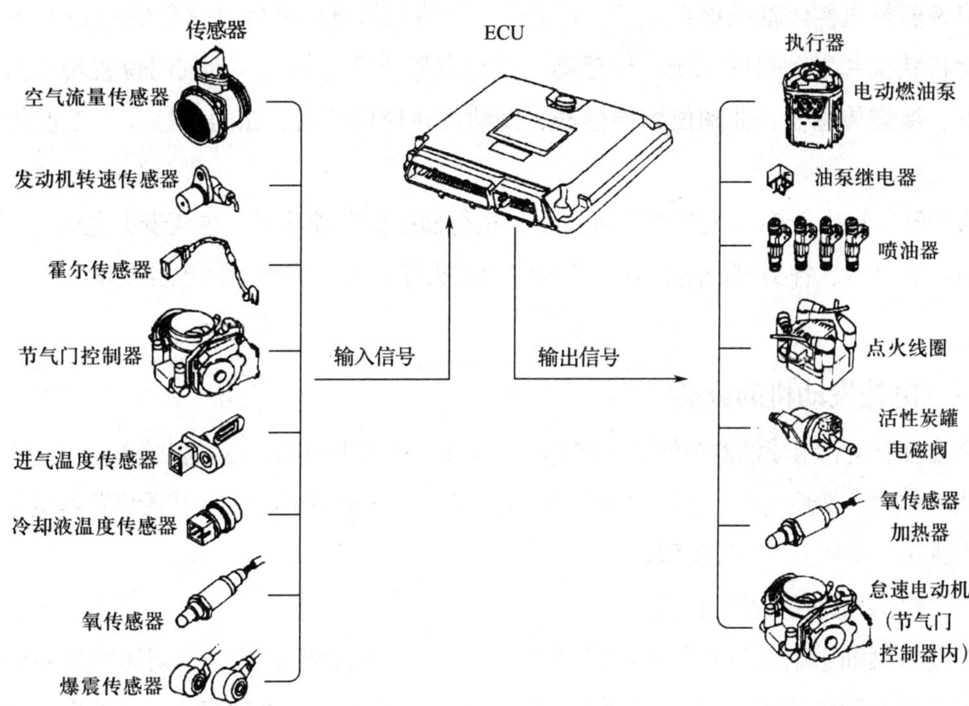

图 1–1–1　电子控制系统的组成

电控发动机的基本工作原理：电控发动机的核心控制元件 ECU 一方面接收来自传感器的信号，另一方面完成对信息的处理工作，同时发出相应的控制指令来控制执行元件完成正确的动作；同时，ECU 不断监测各元件的工作状态，如果有故障信息，立即通过自诊断系统对外输出。图 1–1–2 所示为电控发动机的基本工作原理。

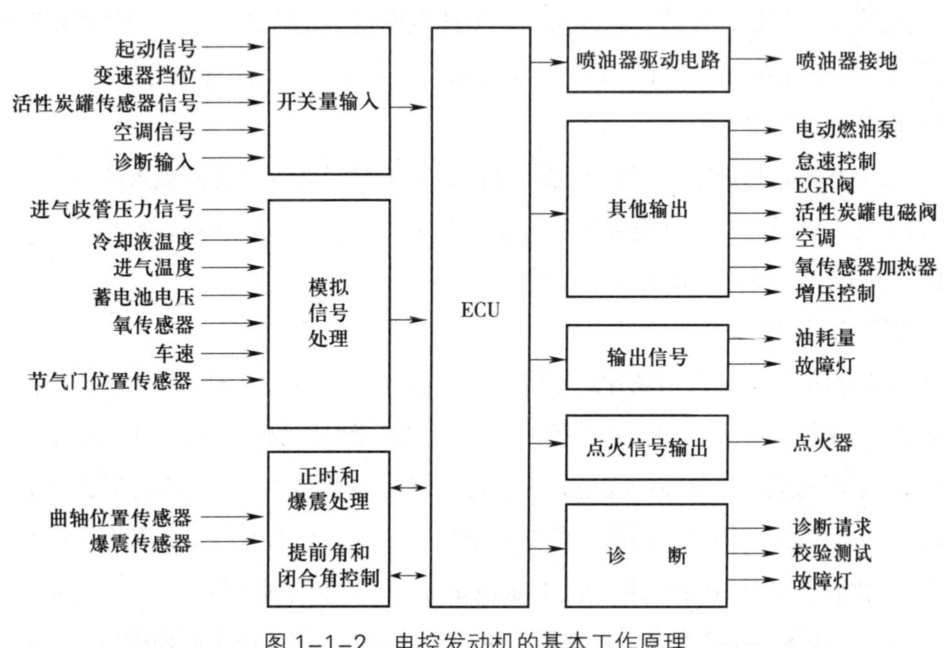

图 1–1–2　电控发动机的基本工作原理

传感器是电控燃油喷射系统的“触角”，是感知信息的部件，它负责向ECU提供汽车的运行状况和发动机的工况。传感器主要有空气流量传感器、节气门位置传感器、氧传感器、爆震传感器、曲轴位置传感器、发动机转速传感器、压力传感器及温度传感器等。

执行器负责执行ECU发出的各项指令，执行器主要有喷油器、怠速步进电动机、电动燃油泵、继电器、各类电磁阀、电子节气门和点火模块等。它们保证电控发动机能够协调工作。

三、电控发动机的分类

燃油喷射是利用喷油器在低压（250～350 kPa）状况下将燃油以雾状喷入进气总管、进气道或气缸内，然后与空气混合形成可燃混合气。汽车发动机燃油喷射系统发展至今，已经相当成熟，发展出了多种类型。

1. 按发动机使用的燃料分类

发动机燃油喷射系统按使用的燃料不同，可分为汽油喷射系统和柴油喷射系统。汽油喷射系统的历史较早，目前已有多种类型，广泛应用于轿车发动机上。柴油发动机电控燃油喷射系统因可以提高发动机的动力性、经济性和排放性能，在汽车上得到了广泛运用。

2. 按空气流量的测量方式分类

按发动机吸入空气量的测量方法，可分为直接测量方式和间接测量方式两大类。直接测量方式又称为流量测量方式。间接测量方式又分为两种：一种是利用进气管压力和发动机转速测定吸入空气量，并计算燃油量，称为速度密度测量方式；另一种是利用节气门开度和发动机转速测定吸入空气量，并计算燃油量，称为节流速度测量方式。

（1）直接测量方式

直接测量方式是利用空气流量传感器直接测量单位时间内发动机吸入的空气量，然后根据发动机转速计算每一循环需要的空气量，并由此计算出该循环基本喷油量。直接测量方式包括体积流量测量方式和质量流量测量方式两种。

1）体积流量测量方式

体积流量测量方式是采用翼片式空气流量传感器或卡门涡流式空气流量传感器，直接测量单位时间内发动机吸入空气的体积流量。电控单元根据测出的空气体积和发动机转速计算出每一循环的进气空气体积流量，并进行大气压力和温度修正，再计算出该循环基本喷油量。这种测量方式精确度较高，但需要进行大气压力和温度修正。采用体积流量测量方式的典型代表是BOSCH公司生产的L-Jetronic电控汽油喷射系统（L为德文体积一词的第一个字母），如图1-1-3所示，现在所使用的多数喷射系统就属于此种类型。

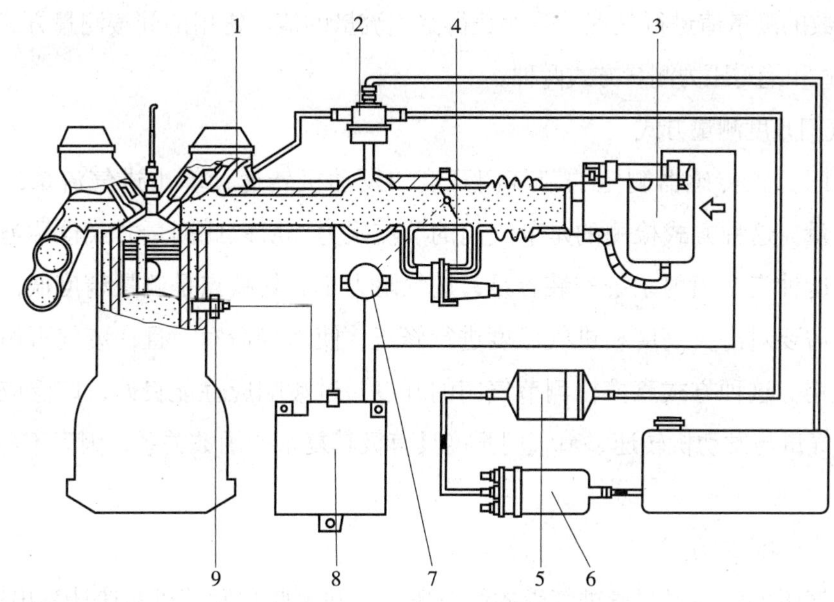

图 1-1-3　L-Jetronic 电控汽油喷射系统

1—喷油器　2—燃油压力调节器　3—翼片式空气流量传感器　4—怠速辅助空气阀
5—汽油滤清器　6—电动汽油泵　7—节气门位置传感器
8—电控单元　9—冷却液温度传感器

2）质量流量测量方式

质量流量测量方式是采用热线式空气流量传感器或热膜式空气流量传感器，直接测量单位时间内发动机吸入空气的质量流量。电控单元根据测出的空气质量和发动机转速计算出每一循环的进气空气质量流量，再计算出该循环的基本喷油量。这种测量方式测量精度高，反应速度快，结构紧凑，由于测出的是空气的质量，因此不需要进行大气压力和温度修正。采用这种方式的典型代表是 BOSCH 公司生产的 LH-Jetronic 电控汽油喷射系统。LH 型喷射系统是 L 型喷射系统的改进型装置，它以热线式空气流量传感器取代翼片式空气流量传感器，使测量精度及喷射系统的工作性能得到了进一步提高。桑塔纳、奥迪、捷达等轿车的电控发动机均采用这种系统。

（2）间接测量方式

间接测量方式是利用进气压力传感器，将进气管的压力转化成 ECU 所能接受的电信号，由于空气压力与空气流量成正比，因而 ECU 根据进气压力的强弱，就可确定发动机的空气进气量。采用这种方法的系统称为 D 型电控汽油喷射系统，夏利、切诺基等轿车的电控发动机就采用这种系统。由于空气流量传感器或进气压力传感器放置在进气管中，因而所测量的是发动机的总进气量，而各缸的进气量，不仅与总进气量有关，还与发动机的转速有关。因此，ECU 还要根据发动机的转速信号，确定每缸的进气量。由此可见，空气流量

（或空气压力）和发动机转速是电控汽油喷射系统的两个基本控制参数。间接测量方式是通过对其他参数的测量值进行处理计算而获得空气流量的值。常用的间接测量方式有节气门开度测量方式和绝对压力测量方式两种。

1）节气门开度测量方式

由节气门位置传感器测定的节气门开度和发动机转速计算出进气流量，从而计算出汽油喷射量。这种方式检测的是节气门的节流阻力，所以此测量方式也称为节流速度测量方式。这种汽油喷射系统安装容易，进气阻力小。其缺点是测量精度低，易受外界条件影响，需要对海拔高度和进气温度进行修正；使用寿命短，且在废气再循环的发动机上无法使用。这种方式直接检测节气门的开度，过渡响应性能良好，广泛应用于赛车上。但是空气量与发动机转速、节气门开度具有极其复杂的函数关系，因而不易测出空气量。

2）绝对压力测量方式

通过进气压力传感器测量进气管的绝对压力，并由此和发动机转速计算出进气流量，从而确定汽油喷射量。进气管的绝对压力反映了进气的流速和密度，这种方法又称为速度密度测量方式。这种测量方式的典型代表为 BOSCH 公司生产的 D-Jetronic 电控汽油喷射系统（D 为德文压力一词的第一个字母），如图 1-1-4 所示。我国生产的桑塔纳 2000GLi 轿车采用的即为 D 型电控汽油喷射系统。

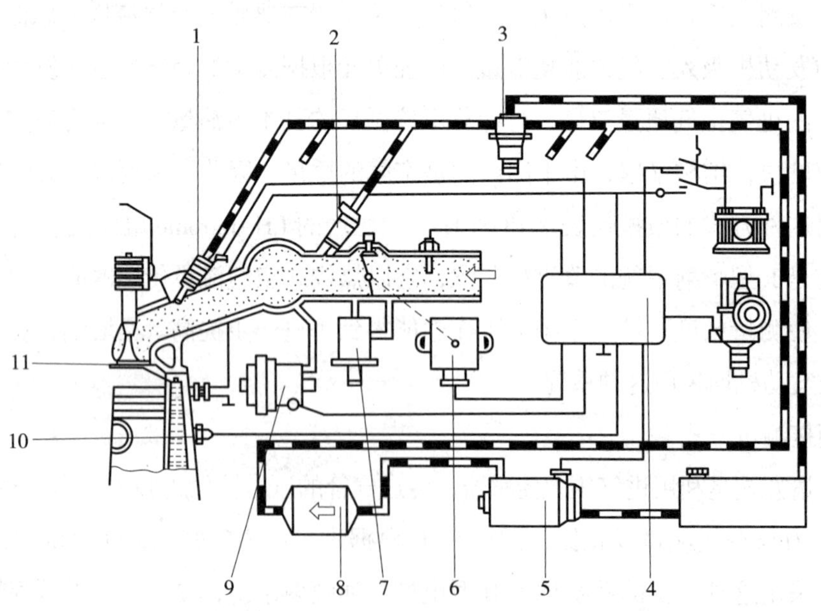

图 1-1-4　D-Jetronic 电控汽油喷射系统

1—喷油器　2—冷起动喷油器　3—进气压力传感器　4—电控单元　5—电动汽油泵
6—节气门位置传感器　7—怠速空气调节器　8—汽油滤清器　9—进气歧管压力调节器
10—冷却液温度传感器　11—热控正时开关

D 型喷射系统的特点是利用进气压力传感器测量进气压力，并参照进气温度计算空气流量，然后根据所需的空燃比决定喷油量，由此确定喷油持续时间。它的空气流量测量系统比较简单，具有燃油调节精度高这一优点，缺点是进气压力与吸入空气量并不是简单的函数关系，需要修正检测过渡状态的空气吸入流量。

空气流量各测量方式的特点见表 1–1–1。

表 1–1–1 空气流量各测量方式的特点

测量方式		特点
直接测量	体积流量测量方式	电控单元根据测出的空气体积和发动机转速计算出每一循环的进气空气体积流量，并进行大气压力和温度修正，再计算出该循环基本喷油量
	质量流量测量方式	用空气流量传感器直接测量单位时间内发动机吸入空气的质量流量，LH 型喷射系统属于此类，控制精度高
间接测量	节流速度测量方式	根据节气门开度和发动机转速推算吸入的空气量并计算所需喷油量，目前仅用在某些赛车上，控制精度差
	速度密度测量方式	根据进气压力和发动机转速推算吸入的空气量并计算所需喷油量，D 型喷射系统属于此类，控制精度稍差

3. 按燃油喷射方式分类

按喷油是否连续分类，电控燃油喷射系统分为连续喷射型和间歇喷射型两类。

（1）连续喷射型电控燃油喷射系统

每个气缸均安装一个机械喷油器，只要系统给它提供一定的压力，喷油器就会持续不断地喷射出燃油，其喷油量的多少不是取决于喷油器，而是取决于燃油分配器中燃油计量槽孔的开度及计量槽孔内外两端的压差。

（2）间歇喷射型电控燃油喷射系统

在发动机运转期间，间歇地向进气歧管中喷油，其喷油量的多少取决于喷油器的开启时间，即发动机控制单元（ECU）发出的喷油脉冲宽度。这种燃油喷射方式广泛地应用于现在汽车的电控燃油喷射系统中。间歇喷射型电控燃油喷射系统按喷油器控制方式又可以分为同步喷射和异步喷射。在间歇喷射方式中，有些情况下喷油器的开启时间是与发动机运转同步的，即喷油器开启时间与发动机各缸工作循环之间保持一定的相对关系，这种喷油方式称为同步喷射；有些喷油器的开启时间与发动机各缸工作循环之间没有固定关系，这种喷油方式称为异步喷射。同步喷射又分为顺序喷射、同时喷射和分组喷射。连续喷射型和间歇喷射型电控燃油喷射系统的特点见表 1–1–2。

表 1–1–2　连续喷射型和间歇喷射型电控燃油喷射系统的特点

<table>
<tr><th colspan="3">类型</th><th colspan="2">特点</th></tr>
<tr><td colspan="3">连续喷射型</td><td colspan="2">在发动机运转过程中连续不断地喷油，用于机械式和机电混合式燃油喷射系统，控制精度较低</td></tr>
<tr><td rowspan="4">间歇喷射型</td><td rowspan="3">同步喷射</td><td>顺序喷射</td><td rowspan="4">发动机一个工作循环中只在一定的曲轴转角范围内喷油</td><td>各缸喷油器按各缸进气行程的顺序轮流喷油</td></tr>
<tr><td>同时喷射</td><td>各缸喷油器同时开启且同时关闭，由同一个喷油指令控制所有的喷油器同时动作</td></tr>
<tr><td>分组喷射</td><td>各缸喷油器分成若干组，同组喷油器同时喷油，组与组之间以均匀的曲轴转角间隔喷油</td></tr>
<tr><td colspan="2">异步喷射</td><td>喷油器的开启时间与发动机各缸工作循环之间没有固定关系</td></tr>
</table>

4. 按燃油喷射位置分类

按燃油喷射位置分类，电控发动机分为缸内喷射和缸外喷射两类。

（1）缸内喷射

如图 1–1–5 所示，将高压燃油直接喷射到气缸内。这种喷射技术使用特殊的喷油器，燃油喷雾效果好，并可在缸内产生浓度渐变的分层混合气，浓度从火花塞往外逐渐变稀。

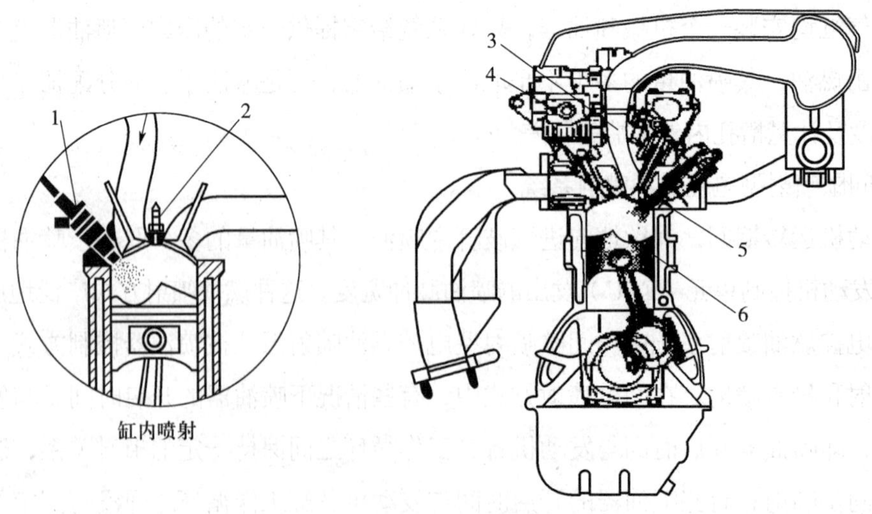

图 1–1–5　缸内喷射

1、5—高压喷油器　2—火花塞　3—垂直进气管

4—高压燃油泵　6—活塞（顶部成碗状）

因此，可以用超稀的混合气（最高时可达 40 ∶ 1 的空燃比）工作，油耗和排放也远远低于普通汽油发动机。此外，这种喷射方式使混合气体积和温度降低，爆震燃烧的倾向减小，发动机的压缩比相对进气道喷射时大大提高。这种喷射方式也存在问题，如喷油器直接安装在缸盖上，必须承受燃气产生的高温、高压。比较典型的缸内喷射系统有一汽大众迈腾 1.8TSI 发动机等。

（2）缸外喷射

缸外喷射是在进气歧管内喷射或在进气门前喷射。这种方式中，喷油器被安装在进气歧管内或进气门附近，在进气过程中燃油喷射后与空气混合，形成可燃混合气进入气缸内。这种喷射方式油压要求不高，结构简单，成本较低，目前被广泛应用。缸外喷射又可以分为单点喷射和多点喷射。

1）单点喷射

单点喷射是在节气门体上安装一个或两个喷油器，向进气歧管中喷射燃油形成可燃混合气。这种喷射系统又被称为节气门体燃油喷射系统（TBI）或集中燃油喷射系统（CFI），但这种喷射系统对混合气的控制精度比较低，并且各个气缸的混合气的混合均匀性也较差，现已很少使用。

2）多点喷射

多点喷射是在每一个气缸的进气门前安装一个喷油器，喷油器喷射出燃油后，在进气门附近与空气混合形成可燃混合气，这种喷射系统能够较好地保证各缸混合气总量和浓度的均匀性。目前大多数车型如奥迪 A6、本田雅阁、大众捷达、大众桑塔纳以及丰田公司的 TCCS 系统等都采用这种多点燃油喷射系统。缸内喷射和缸外喷射的特点见表 1–1–3。

表 1–1–3　缸内喷射和缸外喷射的特点

<table>
<tr><th colspan="2">类型</th><th colspan="2">特点</th></tr>
<tr><td colspan="2">缸内喷射</td><td colspan="2">与柴油机的供油系统相似，将汽油通过高压（3 ~ 4 MPa）喷射直接喷入气缸内</td></tr>
<tr><td rowspan="2">缸外喷射</td><td>单点喷射</td><td rowspan="2">将汽油通过喷油器喷在气缸外进气门附近（多点喷射）或节气门体附近（单点喷射），油压为 0.3 ~ 0.4 MPa</td><td>简称 SPI（Single Point Injection），在进气管的节气门体处设置一个喷油器，对各缸实行集中供油，又称节气门体喷射 TBI（ThrottleBody Injection）、集中喷射或中央喷射 CFI（Central Fuel Injection）</td></tr>
<tr><td>多点喷射</td><td>简称 MPI（Multi Point Injection），每个气缸有一个专用的喷油器，用于为该气缸提供汽油</td></tr>
</table>

5. 按喷射装置的控制方式分类

按喷射装置的控制方式分类，燃油喷射系统可分为机械式、机电混合式和电子控制式三类。

（1）机械式燃油喷射系统

机械式燃油喷射系统早在20世纪50—60年代就运用在汽车上。BOSCH公司的K-Jetronic系统属于该类型，简称K系统。机械式燃油喷射系统的特点是喷油器的工作由供油管路中的油压来控制，装在进气道中的气流感知板通过机械机构的作用来控制供油管路中的压力，从而控制汽油喷射量的大小。在这种系统中燃油的喷射是连续进行的。该系统中设有冷起动喷油器、辅助空气阀、暖机调节器等装置，以便根据不同工况对基本喷油量进行修正。机械式燃油喷射系统如图1-1-6所示。

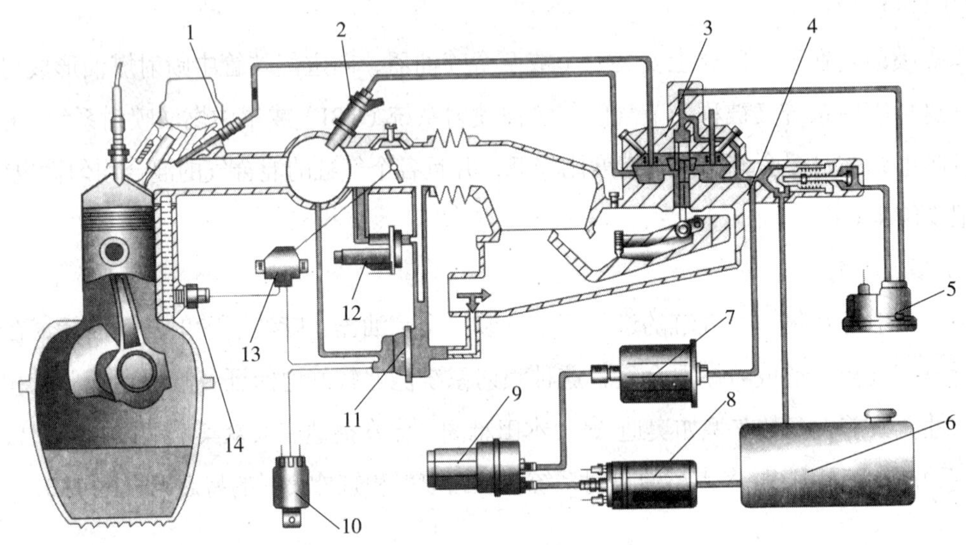

图1-1-6 机械式燃油喷射系统

1—喷油器 2—冷起动喷油器 3—燃油分配器 4—混合器控制器
5—暖机调节器 6—油箱 7—燃油滤清器 8—电动燃油泵 9—蓄压器
10—速度继电器 11—最高速度切断器 12—辅助空气阀
13—节气门位置开关 14—热控正时开关

（2）机电混合式燃油喷射系统

由于机械式燃油喷射系统在喷油量的控制上存在一定的难度，因此又对其进行改进，在系统中增设了一个电控单元（ECU）。ECU根据冷却液温度、节气门位置等传感器的输入信号来控制电液式压差调节器的动作，以此实现对不同工况下的空燃比进行修正的目的，从而提高了控制系统的灵活性，称为机电混合控制系统，又称KE系统。这一系统是在K系统的基础上改进后的产品。机电混合式燃油喷射系统如图1-1-7所示。

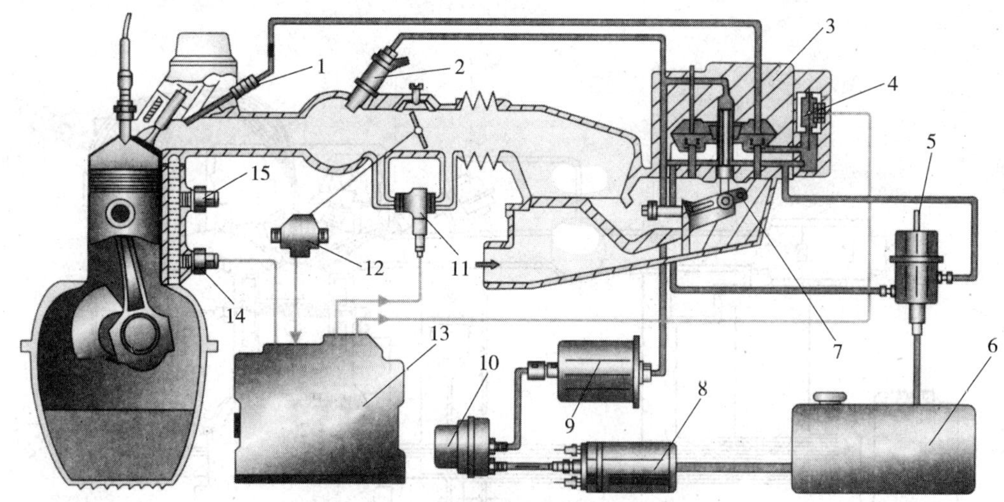

图 1-1-7　机电混合式燃油喷射系统

1—喷油器　2—冷起动喷油器　3—燃油分配器　4—电液式压差调节器　5—油压调节器
6—油箱　7—混合器控制阀　8—电动燃油泵　9—燃油滤清器　10—蓄压器
11—怠速空气调节器　12—节气门位置开关　13—电子控制器
14—冷却液温度传感器　15—热控正时开关

（3）电子控制式燃油喷射系统

电子控制式燃油喷射系统简称电控燃油喷射（EFI）系统。在 20 世纪 60—70 年代大多只控制燃油喷射，从 20 世纪 80 年代开始与点火控制一起构成发动机集中控制系统。电控单元（ECU）通过各种传感器来检测发动机运行参数，包括发动机的进气量、转速、负荷、温度、排气中的氧含量等的变化，再根据输入信号和数学模型来确定所需的燃油喷射量，并通过控制喷油器的开启时间来控制喷入气缸内的每次循环喷油量，进而实现对气缸内可燃混合气空燃比进行精确控制的目的。ECU 也用同样的方法计算最佳点火时刻，修正后送给点火电子组件，控制点火时刻。此外，根据发动机的要求，ECU 还可控制怠速和废气再循环等其他系统。不同的地区和国家，电控燃油喷射系统的名称有所不同，但其工作原理大体一致，它们的共同点是喷油器由电磁线圈驱动，喷油量的多少和时机完全由电控单元控制。电控燃油喷射系统根据其控制功能分为单一电控燃油喷射系统和发动机集中控制系统。发动机集中控制系统是在单一电控燃油喷射系统的基础上发展起来的，是一种集点火控制、燃油喷射控制等多项控制功能于一体的电子控制系统。电子控制式燃油喷射系统如图 1-1-8 所示。

四、电控发动机的未来

1. 发动机电控技术的发展趋势

尽管电控技术在汽车发动机上的应用已相当广泛，但也存在空白，而且有些已应用的电控技术也存在缺陷。完善现有的发动机电控技术，开发电控技术在发动机上的新领域，

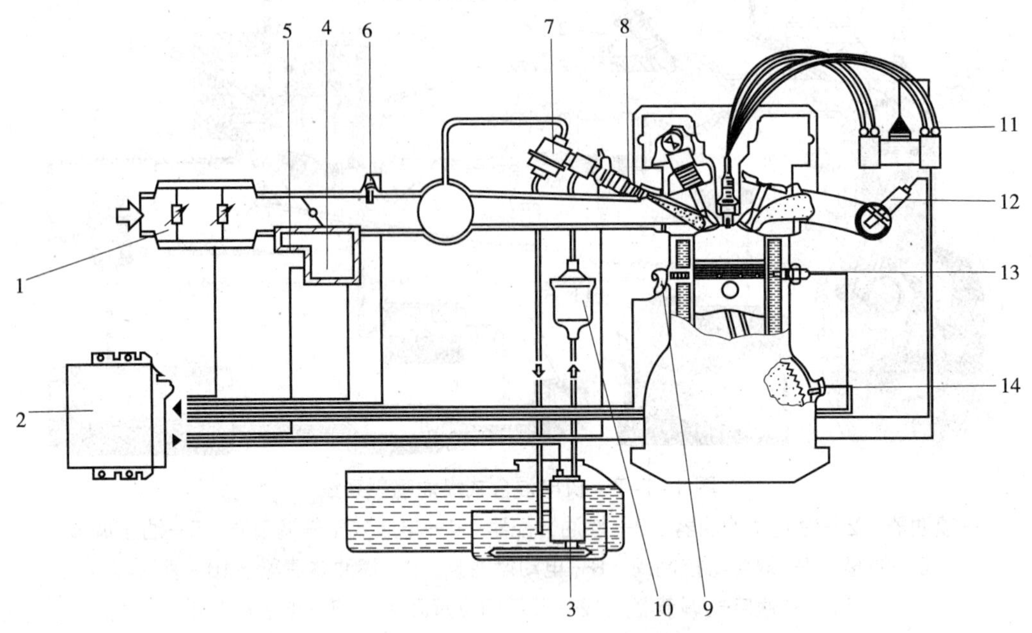

图 1-1-8　电子控制式燃油喷射系统

1—热膜式空气流量传感器　2—电控单元　3—电动燃油泵　4—节气门控制组件
5—怠速电动机（与节气门控制组件一体）　6—进气温度传感器　7—油压调节器
8—喷油器　9—爆震传感器　10—燃油滤清器　11—点火线圈　12—氧传感器
13—冷却液温度传感器　14—转速传感器

通过汽车内部网络的信息通讯，完成系统之间的各种必要的信息传送与接收，实现高度集中控制和集中故障诊断的“整车控制技术”，这些都将是汽车发动机电控技术发展的必然趋势。

此外，除电子技术以外的新技术在发动机上的应用也有待开发。为解决日益严重的能源和污染两大问题，新燃料发动机和汽车新动力也必然是汽车发动机技术的发展方向，有开发潜力的发动机新技术有如下几项。

（1）柴油机电控技术

在燃料发动机仍占汽车动力装置主流的时代，柴油机排放污染低、经济性好的优势是汽油机无法比拟的，尤其是近年来电控柴油机的出现，性能得到了进一步的改善。可以预测，未来几年电控柴油机的应用必将更加广泛，柴油机电控技术也必将进入一个新的发展阶段。

（2）进、排气控制技术

发动机气门的开启升程、开启和关闭时刻，对发动机性能有着重要影响。为改善发动机的进、排气过程，提高发动机性能，在德国大众、日本本田等公司生产的发动机上，相继采用了气门升程和配气相位控制技术。但这些技术仍未实现全电子控制，通常仅对进气门的升程和开闭时刻进行控制。所以发动机的进、排气控制技术仍有较大的开发潜力和空间。

目前，部分汽车公司已开始研究用电磁阀取代气门的发动机进、排气控制新技术。它不仅可以更准确地控制进、排气时刻，还能通过控制进气门的开度和开启时间来控制进气量，为取消汽油机的节气门提供了可能。制约这项技术的关键问题有两个：一是电控系统的响应速度必须满足发动机高转速的需要，二是电磁阀取代气门后消耗电量过大。

（3）新燃料发动机

目前汽车发动机的主要燃料仍然是汽油和柴油，但石油资源总会有枯竭的一天，为解决石油燃料的供需矛盾，寻找发动机新的燃料一直是发动机技术研究的重要课题。目前人们研究的发动机新燃料主要有醇类燃料、二甲基醚、天然气、植物油和人造汽油、柴油等。

新燃料发动机的研究已取得较大进展，如乙醇汽油在我国已开始推广使用，燃气/汽油双燃料发动机也已在汽车（尤其是公共汽车）上投入使用。随着新燃料发动机的应用，新燃料发动机电控技术的开发具有巨大的潜力。

（4）混合动力装置

为彻底解决汽车排放污染问题，20 世纪 90 年代以来，各种各样的电动汽车脱颖而出。尽管人们普遍认为未来是电动汽车的天下，但由于目前电池的技术问题，电动汽车还无法取代目前的燃料发动机汽车。

将电动机与燃料发动机有机结合在一起的混合动力装置，既能发挥燃料发动机持续工作时间长、动力性好的优点，又可以发挥电动机无污染、低噪声的好处，在电动汽车时代到来之前，混合动力装置作为一种过渡产品，应用前景不可忽视。

（5）汽油机负荷控制技术

现在汽油机的负荷控制都是利用节气门控制进气量来实现的，尽管在汽油机上采用了节气门电控技术，但节气门的存在必然会增加汽油机部分负荷时的进气阻力，降低其机械效率，从而影响汽油机的燃料经济性。因此，取消汽油机的节气门，利用电控技术通过控制喷油量来实现汽油机负荷的“质调节”，已成为汽油机技术研究的一个方向。当然，该技术的关键是解决部分负荷时稀混合气燃烧的问题。

（6）水泵及节温器电控技术

发动机的工作温度是影响发动机性能的一个重要因素，利用电动水泵和采用电控节温器，能更好地控制冷却液的循环路线和循环量，对发动机起动后迅速升温和保持正常工作温度非常有利，而且容易实现。

（7）激光点火技术

与现在汽油机各类点火系统相比，激光点火能更有效地控制点火时间和点火强度，因此能准确地控制点火时刻，实现电控。此外，激光点火还能实现缸外点火，减少火花塞温度和积炭对点火的影响，而且采用缸外点火也有利于更合理地设计燃烧室形状、布置气门和喷油器，激光点火技术在汽油机上有着较好的应用前景。

（8）电源系统改进技术

随着汽车电子控制技术的发展，汽车上的用电设备也会越来越多，发电机的输出功率必然随之提高。以普通的中级轿车为例，发电机的输出功率已从 20 年前的 500 W，提高到目前的 1 000 W。现在汽车上采用的发电机都是风冷式发电机，利用风扇将空气吹入机壳进行冷却，随着发电机输出功率的提高，其冷却强度也必须增大。由于风冷式发电机结构的限制，功率的增加必然会导致发电机体积的增大，若加大风扇尺寸来提高冷却强度，又会使噪声增大。为此，对电源系统的改进也必将成为未来发动机的新技术之一。有资料显示，水冷式交流发电机将是未来汽车发电机的发展方向。

综上所述，随着技术的进步和人们对汽车发动机性能要求的不断提高，未来的汽车发动机将会呈现多样化的趋势，其技术含量更高，性能更好。

2. 电控发动机新技术的优点

由于微型计算机（简称微机）的运用，以及微机计算、分析、储存、学习等功能的发展，可以进行复杂的逻辑、智能控制计算，对发动机运转速度和进气流量及其他工况的变化能作出敏捷的反应，微机控制型汽油喷射渐渐成为主要的喷射方式，和以往各个时期的发动机相比，未来的电控发动机应该具备以下的特点。

（1）发动机的动力性、燃油经济性好。

（2）发动机的加速和减速性能优良。

（3）发动机的起动性能好。

（4）无尾气排放污染或尾气排放污染低。

（5）发动机故障率低，故障诊断的速度和准确性高。

任务实训

丰田 1ZR 电控发动机总体结构认知

一、实训目的

认知丰田 1ZR 发动机电控系统各传感器、执行器、ECU 的位置。

二、实训准备

实训工具及设备准备见表 1-1-4。

表 1-1-4　实训工具及设备准备

序号	工具及设备	数量
1	丰田卡罗拉实训车	1 辆
2	车辆举升机	1 台
3	通用工具	1 套
4	发动机舱防护罩	1 套
5	驾驶室卫生防护“三件套”	1 套

三、实训步骤

1. 打开车门，铺好驾驶室卫生防护“三件套”，拉动发动机舱盖开启手柄。

2. 打开发动机舱盖，铺好发动机舱防护罩，拆下发动机护板。

3. 找出空气滤清器、进气管道，并观察其结构及布置。

4. 找出空气流量传感器（或进气压力传感器）、节气门及节气门位置传感器、凸轮轴位置传感器、冷却液温度传感器、爆震传感器，并观察其各自的位置。

5. 找出喷油器、怠速控制阀、点火模块（或点火线圈与点火模块的合成体），并观察其各自的位置。

6. 找出发动机舱内（或驾驶室仪表板下方）的配电盒（或称继电器盒），打开盖板，观察各继电器、熔断丝（俗称保险丝）的位置。

7. 找出发动机舱内（或驾驶室仪表板下方）的 ECU，观察其安装位置。

8. 打开汽车行李舱，拆下行李舱底部的油箱盖板，观察油箱及电动燃油泵。

9. 按照举升机的操作要求采取相应的安全防护措施，用举升机举起汽车。

10. 从汽车底部找出曲轴位置传感器、氧传感器，并观察其各自的位置。

11. 按照相反的顺序将汽车及举升机复位，并检查复位状况是否良好。

四、实训要求

1. 能够熟练找出各传感器、执行器、ECU、电动燃油泵、继电器盒位置。

2. 习惯使用驾驶室卫生防护“三件套”、发动机舱防护罩等汽车防护物品，养成良好职业习惯。

3. 养成“采取安全防护措施”的习惯。

4. 养成工具、零件、油液“三不落地”的汽车维修操作习惯，工具及拆下的零部件等都应整齐地放置在工具车及零件盘中。

任务小结

电控发动机特征最明显的电控燃油喷射系统由空气供给系统、燃油供给系统和电子控制系统三个部分组成，其中，电子控制系统由传感器、ECU、执行器组成。传感器是“情报员”，ECU 是“司令部”，执行器是“工作机构”，三个方面相互协作，才能确保电控发动机正常工作。

ECU 控制电控发动机的工作状态，需要的“情报”有曲轴位置与转速、空气流量、节气门位置、冷却液温度等多个方面，因而电控发动机会装设多个方面的传感器；另外，维持电控发动机正常工作所需要的“工作”有喷油、点火、燃油供给、怠速控制等，因而电控发动机还会装设多个方面的执行器。

电控发动机按使用的燃料、空气流量的测量方式、燃油喷射方式、燃油喷射位置、喷射装置的控制方式可以分为不同的种类。

未来，发动机的电子控制技术向智能化、集成化的方向发展。如通过汽车内部网络的信息通讯，完成系统之间各种必要的信息传送与接收，实现高度集中控制以及集中故障诊断的“整车控制技术”等，都将是汽车发动机电控技术发展的趋势。

在了解发动机电控系统组成与工作原理、分类及未来发展趋势的基础上，通过任务实训，找出各传感器、执行器及 ECU，即可为以后的电控发动机学习打下基础。

项目二 电控发动机空气供给系统的原理与检修

传统化油器式发动机将空气和燃油在进气管中混合，形成可燃混合气，而电控发动机则把空气供给和燃油供给分开，自成系统，称为空气供给系统和燃油供给系统。这样，更加有利于对发动机的精确控制。

任务1 电控发动机空气供给系统的认知

学习目标

1. 掌握空气供给系统的组成。
2. 掌握空气供给系统的工作原理。

任务引入

空气供给系统将大气中的空气过滤后，按照发动机负荷的不同向发动机提供不同量的清洁空气。负荷越大，所提供的空气越多；反之，负荷越小，所提供的空气也越少。空气供给系统是通过怎样的方式，做到不断根据负荷的变化而修正提供空气的数量，从而保证车辆正常运行呢？

相关知识

一、空气供给系统的组成

空气供给系统也称进气系统，可为发动机提供清洁的空气，并控制发动机正常工作时的进气量。空气供给系统主要由空气滤清器、空气流量传感器、节气门体、进气管（包含进气总管、进气歧管等）等组成，如图 2–1–1 所示。图 2–1–2 所示为丰田车系空气供给系统，除了上述空气供给系统的组成部件以外，还配备了具有谐振作用的谐振气室和起调节进气量作用的控制阀。

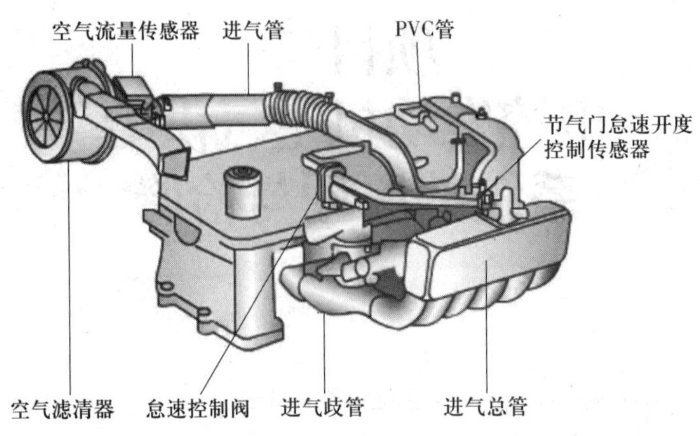

图 2–1–1　空气供给系统的组成

图 2–1–2　丰田车系空气供给系统

1. 空气滤清器

空气滤清器的作用是滤除空气中的灰尘等杂质，降低进气噪声，以减少气缸与活塞、活塞环的磨损，延长发动机使用寿命，保证发动机正常工作。空气滤清器一般由壳体、空气流量传感器、滤芯等组成。图 2–1–3 所示为空气滤清器的组成。

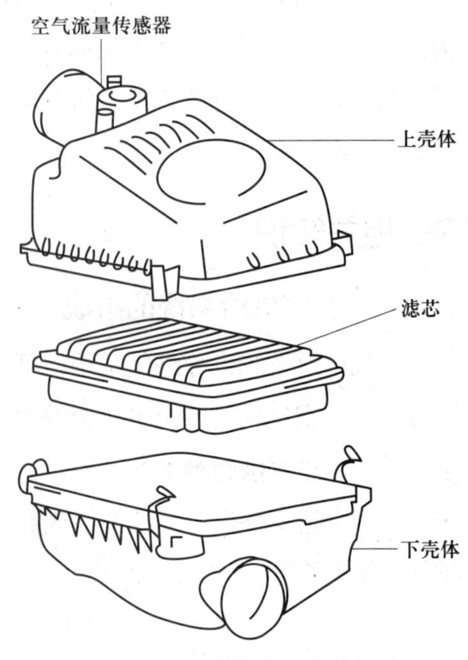

图 2–1–3　空气滤清器的组成

常见的空气滤清器滤芯有纸质滤芯（汽车上使用最广泛的类型）、织物滤芯（内装有织物，可洗）、油浴式滤芯（湿型，内含有油池）三种类型。纸质滤芯的空气滤清器具有质量小、成本低等优点，在汽车上的应用最为广泛。织物滤芯则可以在清洗后重复使用，应用也较为广泛。油浴式滤芯由金属纤维制成，在滤清器壳底部储有机油，空气穿过滤芯之前急转弯，由于惯性作用大部分杂质被机油吸附，少量杂质被滤芯过滤并被带上来的油滴“清洗”下来。

空气滤清器使用一定时间后，滤芯会变脏，进气阻力也会随之增大。当空气滤清器的进气阻力增大到一定程度时，发动机将会得不到足够多的空气，从而导致不易起动、怠速不稳等症状。一般汽车的空气滤清器每行驶 5 000 km 左右清洗一次，每行驶 15 000 km 左右要更换一次。

2. 进气管

单点喷射系统发动机采用中央喷射方式，进气管形状如图 2–1–4a 所示。

多点喷射系统发动机进气管的特点是进气总管的容积大，使各缸进气均匀，充气效率高，而进气歧管的形状过渡比较圆滑，进气总管与进气歧管可制成整体型，如图 2–1–4b 所示。

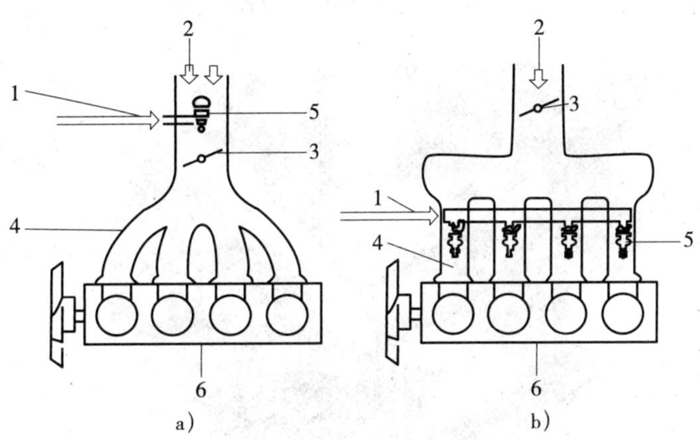

图 2–1–4 进气管

a）单点喷射 b）多点喷射

1—燃油流向 2—空气流向 3—节气门 4—进气歧管

5—喷油器 6—发动机

3. 节气门体

图 2–1–5 所示为节气门体，节气门体是空气供给系统的一个重要组成部件，位于进气管道中，安装在进气总管与空气滤清器（或空气流量传感器）之间，是控制电控发动机进气量的一种装置，是影响发动机怠速性能及动力性能的重要部件，其故障率很高。

（1）组成

节气门体主要由壳体、节气门、整体式怠速调节装置、节气门位置传感器、怠速直流电动机及怠速节气门位置传感器等组成，如图 2–1–6 所示。其中，电子控制部分包括节气门位置传感器和怠速节气门位置传感器两部分。为避免冬季空气中的水分在节气门体上结冰，有些节气门体上设有供发动机冷却液流经的管路。

图 2-1-5　节气门体

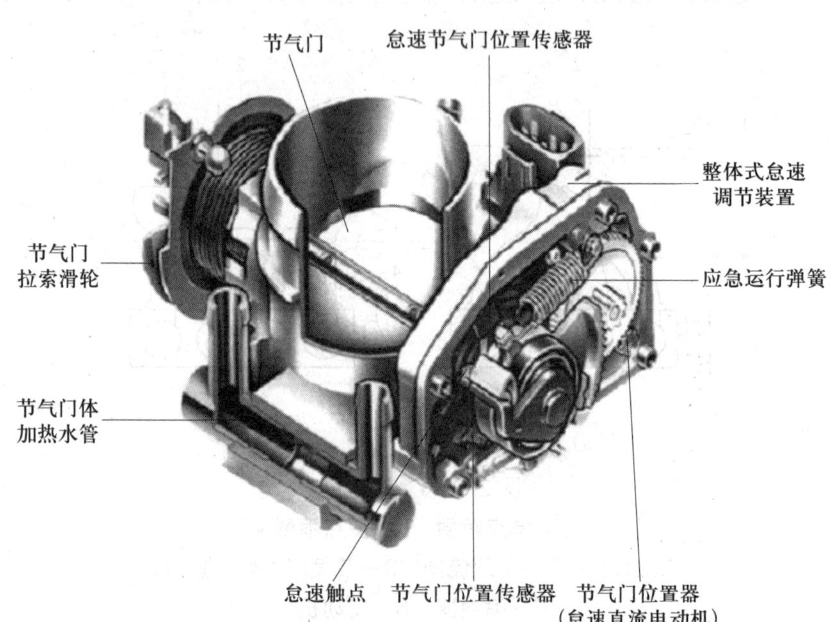

图 2-1-6　节气门体的组成

（2）分类

多点式燃油喷射系统的节气门体分为机械式节气门体、怠速自动式节气门体和全自动式节气门体三种。

（3）工作过程

当发动机正常运转（中等负荷运转）时，驾驶人通过加速踏板控制节气门开度，改变进气通道截面积的大小，控制发动机正常工作状态下的进气量，从而实现对发动机转速和负荷的控制。

当发动机怠速运转时，节气门关闭，空气由旁通空气道进入进气总管。怠速空气流量通过怠速调节螺钉和空气阀（机械式节气门体）或整体式怠速调节装置（怠速自动式节气门体）调整，从而实现对怠速转速的控制。其中，怠速调节螺钉由人工调节，整体式怠速调节装置由 ECU 控制。

图 2–1–7 所示为全自动式节气门体，即电子节气门体。电子节气门体取消了节气门拉索、旁通空气道、怠速控制阀等，其节气门的开度由发动机 ECU 根据加速踏板位置传感器的信号驱动节气门控制电动机进行控制。

使用电子节气门体，可使加速灵敏，实现牵引力、巡航、自动变速器换挡防冲击等控制。一旦出现故障，发动机只能以备用固定转速运行，不能通过加速踏板实现加速和减速。

图 2–1–7　全自动式节气门体（电子节气门体）

（4）节气门缓冲器

节气门缓冲器安装于节气门体上，用于汽车突然减速时，避免回火放炮及熄火现象的发生。节气门缓冲器的安装位置及原理如图 2–1–8 所示。

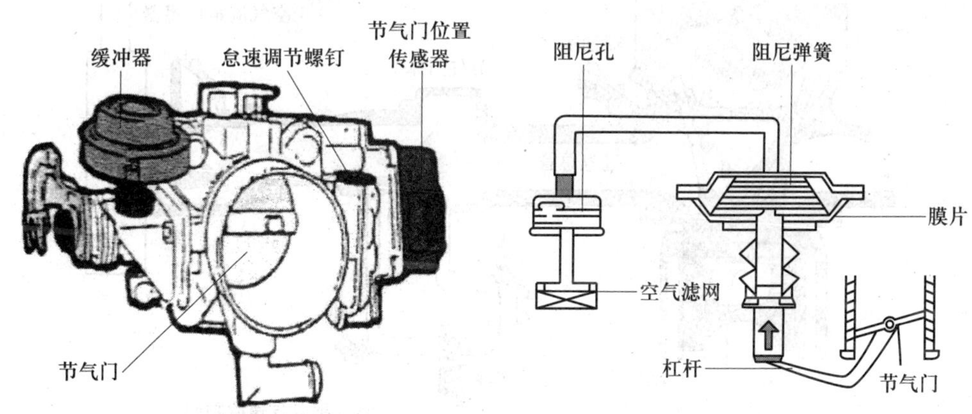

图 2–1–8　节气门缓冲器的安装位置及原理

当突然减速时，在节气门缓冲器的杠杆作用下，节气门缓冲器膜片克服弹簧弹力上移，同时使膜片室内的空气从真空延迟阀的阻尼孔向外缓缓排出，从而减缓节气门关闭时的速度，不仅防止节气门突然关闭，造成吸进气缸的空气量急剧减少，引发发动机输出功率突然下降，导致对车体的不良冲击，甚至熄火，同时还减少空气污染。

（5）空气阀

空气阀的作用是在发动机低温起动以及暖机过程中，增加空气供给量，使发动机快怠速运转，加速暖机。还可根据发动机的温度，自动调节怠速旁通空气道横截面积，调节进气量，使发动机转入稳定的怠速运转。

空气阀有双金属片型和石蜡型两种，安装在节气门体上。双金属片型空气阀主要由双金属片和加热线圈等组成，靠通电的加热线圈给双金属片加热变形，关闭所控制的通道。石蜡型空气阀主要由浸于冷却液中的石蜡感温体、弹簧等组成。石蜡型空气阀利用石蜡在固态时体积小、液态时体积大的特点，通过冷却液温度进行控制。发动机冷态下，石蜡体积小，在弹簧作用下，空气阀保持常开状态；随着发动机温度的升高，石蜡随冷却液温度的升高而膨胀，空气阀阀门开度逐渐减小，使发动机转速降至怠速转速，高温时（85 ℃左右），空气阀阀门关闭。

怠速控制阀由 ECU 控制，在发动机刚起动或在怠速工况下负荷增加时，怠速控制阀阀门开启，增加进气量，以提高怠速工况下的转速。

二、空气供给系统的工作原理

汽车电子燃油喷射（EFI，Electronic Fuel Injection）又称为电控燃油喷射或电控汽油喷射。汽油机 EFI 一般有 L 型和 D 型等类型。图 2-1-9 为 EFI-L 型空气供给系统的工作原理图。

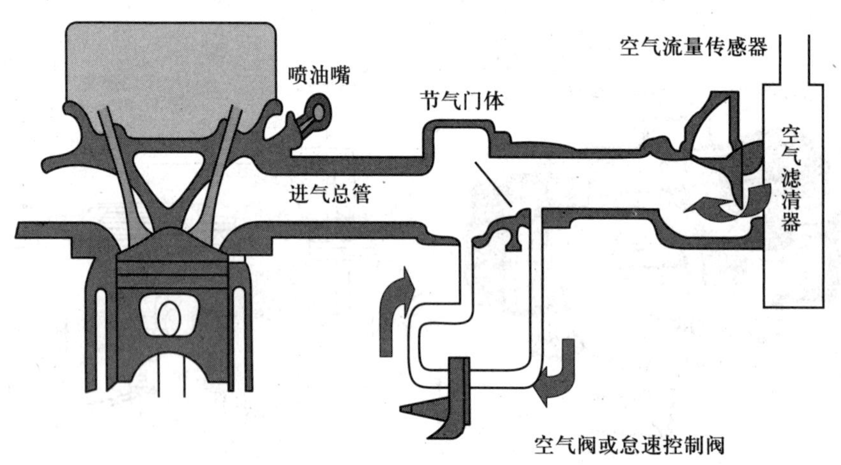

图 2-1-9　EFI-L 型空气供给系统的工作原理图

当发动机工作时，空气经空气滤清器过滤后，经空气流量传感器测量出进气量，通过节气门体被吸入进气总管，而后被分到各缸的进气歧管。当进气门打开时，空气与喷入进气门附近的汽油混合成可燃混合气，被吸入气缸内进行燃烧。

在发动机怠速运转过程中，一般的电控发动机节气门关闭，空气经节气门体的旁通空气道进入进气总管。

在冷车工作时，空气阀开启，空气可通过空气阀进入进气总管，再与喷入进气歧管的汽油混合进入气缸内，使发动机在快怠速下暖机。同时，怠速控制阀也在 ECU 的控制下工作，与空气阀共同作用，加速暖机的速度。

当发动机怠速运转时，如果发动机负荷突然增加，为防止发动机运转不稳，ECU 控制怠速控制阀，使怠速控制阀工作，以提高发动机的转速。

汽车行驶时，由驾驶人通过操纵加速踏板来控制节气门的开度，从而控制进入发动机的进气量，控制发动机的输出功率。

对于节气门直动式怠速控制系统，由 ECU 控制怠速直流电动机，从而控制节气门在怠速时的开度，使空气经节气门进入进气总管。

EFI-D 型空气供给系统如图 2-1-10 所示，由于没有空气流量传感器，系统结构简单，应用比较广泛。

图 2-1-11 为 EFI-L 型空气供给系统的框图。EFI-L 型空气供给系统的特点是利用空气流量传感器检测进入发动机的空气流量。

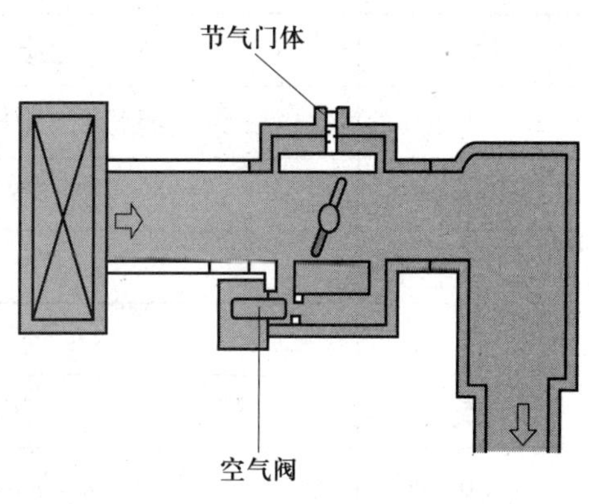

图 2-1-10　EFI-D 型空气供给系统

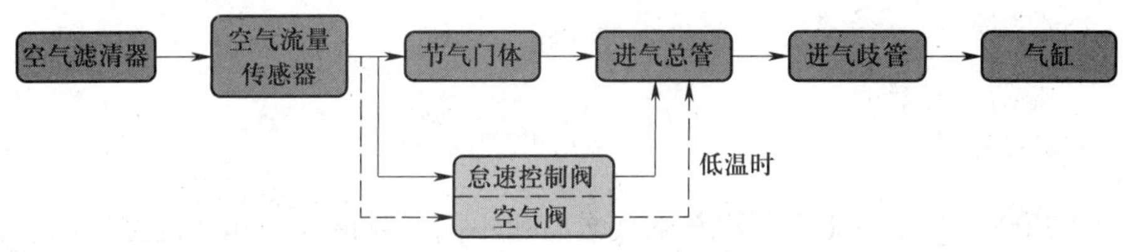

图 2-1-11　EFI-L 型空气供给系统的框图

图 2-1-12 为 EFI-D 型空气供给系统的框图。EFI-D 型空气供给系统的特点是利用进气歧管绝对压力传感器检测进入进气歧管内的空气的绝对压力。

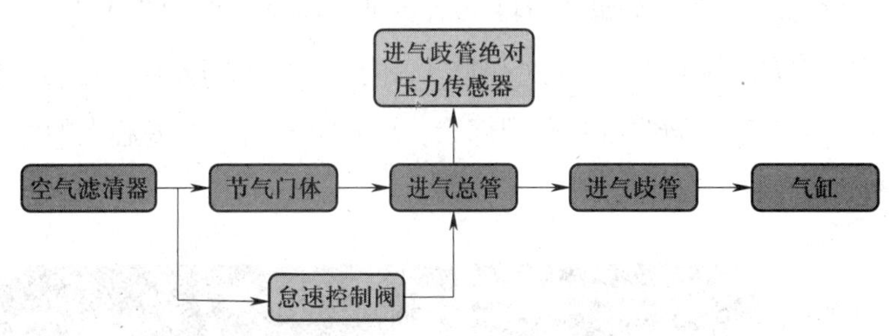

图 2-1-12　EFI-D 型空气供给系统的框图

任务实训

空气供给系统的维护

一、实训目的

能够熟练对空气供给系统进行维护。

二、实训准备

实训工具及设备准备见表 2–1–1。

表 2–1–1　实训工具及设备准备

序号	工具及设备	数量
1	纸质滤芯、织物滤芯、空气滤清器	若干
2	压缩空气设备及喷枪	1 支
3	水盆	1 个
4	通用工具	1 套
5	实训车	1 辆
6	发动机舱防护罩	1 套
7	驾驶室卫生防护“三件套”	1 套

三、实训步骤

1. 空气滤清器的维护

（1）基本要求

每行驶 5 000 km 左右（不同汽车的要求有所不同）应该检查和清洗空气滤清器滤芯；每行驶 15 000 km 左右（不同汽车的要求有所不同）应更换空气滤清器滤芯。当行驶在沙地或尘土飞扬的地区时，清洗 / 更换空气滤清器滤芯的维护周期要变短。

（2）空气滤清器纸质滤芯的检查与清洗

拆下空气滤清器，取出纸质滤芯。检查前要进行清洗，如图 2–1–13 所示，取出滤芯后，用压缩空气反向吹滤芯（从内侧向外侧吹），同时清除滤清器盖内污物。检查空气滤清器滤芯中是否有灰尘、积聚微粒或者破裂部分；检查空气滤清器滤芯上的橡胶密封是否良好，确保没有裂纹或损坏。

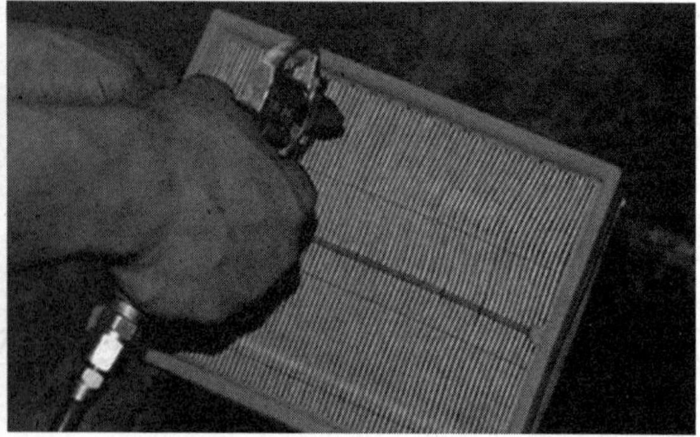

图 2–1–13　清洗空气滤清器滤芯

（3）可清洗式空气滤清器滤芯的检查与清洗

主要检查可清洗式空气滤清器滤芯中是否有泥土，是否有阻塞或者破裂情况。清洗时，先使用压缩空气（从内向外）完全吹出滤芯内部的灰尘，再将滤芯浸入水中并且上下移动 10 min 或者更长时间，如图 2–1–14 所示。更换清水，重复该过程直到水干净，通过摇晃滤芯或者在上面吹压缩空气的方式将多余的水清除掉，擦掉空气滤清器壳体内部的灰尘。注意不要敲打或者跌落滤芯。

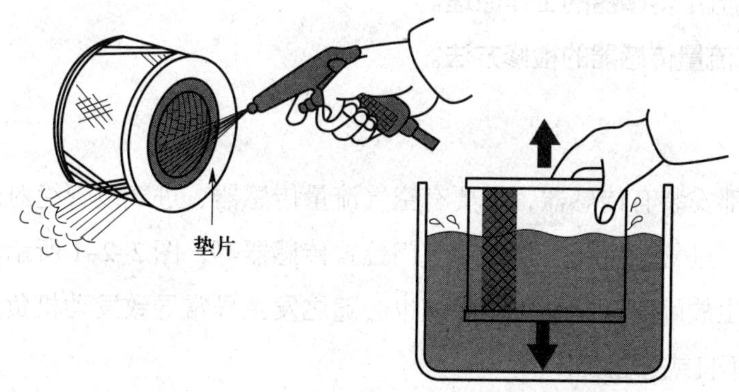

图 2–1–14　清洗可清洗式空气滤清器滤芯

2. 空气供给系统漏气的检查

使用阻燃法查找漏气点。起动发动机，然后向可疑漏气点喷阻燃剂，如果发动机转速下降，则说明该处存在漏气现象。

四、实训要求

1. 按要求完成实训任务。

2. 保持现场卫生，水、油等不得洒于地面。

3. 实训后的空气滤清器、压缩空气设备、水盆等应清洁、完好，并摆放于指定位置。

4. 养成使用发动机舱防护罩、驾驶室卫生防护“三件套”的职业习惯。

5. 养成工具、零件、油液“三不落地”的汽车维修操作习惯。

任务小结

空气供给系统一般由空气滤清器、空气流量传感器、节气门体以及进气管等部分组成，为了进一步提高发动机的工作性能，空气供给系统大致可以分为 L 型和 D 型两种类型。EFI–L 型空气供给系统的特点是利用空气流量传感器检测进入发动机的空气流量。EFI–D 型空气供给系统的特点是利用进气歧管绝对压力传感器检测进入进气歧管内的空气的绝对压力。

空气供给系统的故障主要有阻塞、漏气、可变调节装置失效等，其维护的内容主要包括空气滤清器的维护、空气供给系统漏气的检查等。

任务2 空气流量传感器的检修

学习目标

1. 掌握空气流量传感器的分类及结构。
2. 掌握空气流量传感器的工作原理。
3. 掌握空气流量传感器的检修方法。

任务引入

电控发动机都安装有传感器，主要有空气流量传感器、进气歧管绝对压力传感器、冷却液温度传感器、进气温度传感器、节气门位置传感器等，图 2–2–1 所示为各传感器实物图。当传感器发生故障时，发动机各系统也会随之发生异常导致发动机负荷的不协调，最终使发动机运转不良或停止工作。

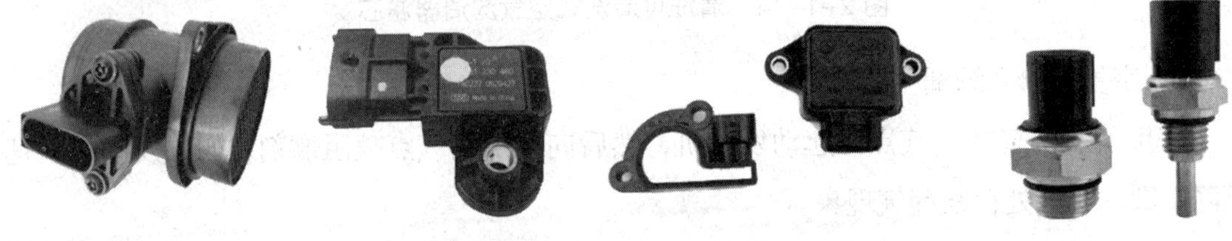

图 2–2–1　各传感器实物图

空气流量传感器用于检测发动机的进气量，供 ECU 计算喷油量和点火正时。该传感器发生故障时，一般会引起喷油量和点火正时失常，从而造成发动机不能正常运转。

相关知识

一、空气流量传感器的安装位置

空气流量传感器一般安装在空气滤清器与节气门体之间，也有安装在空气滤清器上的。翼片式空气流量传感器的实车位置如图 2–2–2 所示。

二、空气流量传感器的分类

空气流量信号是用来检测发动机的进气量，并将进入发动机的空气量转变为电压信号输入发动机控制单元，作为燃油喷射和点火控制的主控信号。空气流量传感器按结构形式不同可以分为翼片式空气流量传感器（早期的一些车型中广泛应用）、卡门涡流式空气流量传感器（在特定车型中使用）、热线式空气流量传感器和热膜式空气流量传感器等。

图 2–2–2　翼片式空气流量传感器的实车位置

三、翼片式空气流量传感器

1. 结构及工作原理

翼片式空气流量传感器的结构如图 2–2–3 所示，主要由翼片、电位计和接线插头三部分组成，此外还包括怠速调节螺钉及进气温度传感器等。

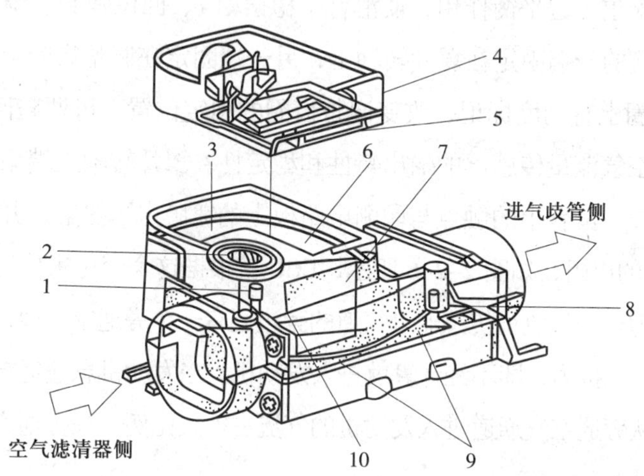

图 2–2–3　翼片式空气流量传感器的结构

1—进气温度传感器　2—回位弹簧　3、6—缓冲室　4—电位计　5—接线插头
7—缓冲翼片　8—怠速调节螺钉　9—旁通空气道　10—测量翼片

（1）翼片部分的结构。翼片由测量翼片和缓冲翼片组成，且铸成一体（见图 2–2–4）。翼片转轴装在壳体上，转轴一端装有回位弹簧。当回位弹簧的弹力与吸入空气气流对测量翼片的推力平衡时，翼片即处于稳定位置。测量翼片随进气量的变化在空气主通道内发生偏转，缓冲翼片在缓冲室内与其同步偏转，缓冲室对翼片起阻尼作用。其设计目的在于，当发动机吸入空气量急剧变化和气流脉动时，减小翼片的脉动，使翼片运转平稳，以便给 ECU 输送一个稳定的电信号。

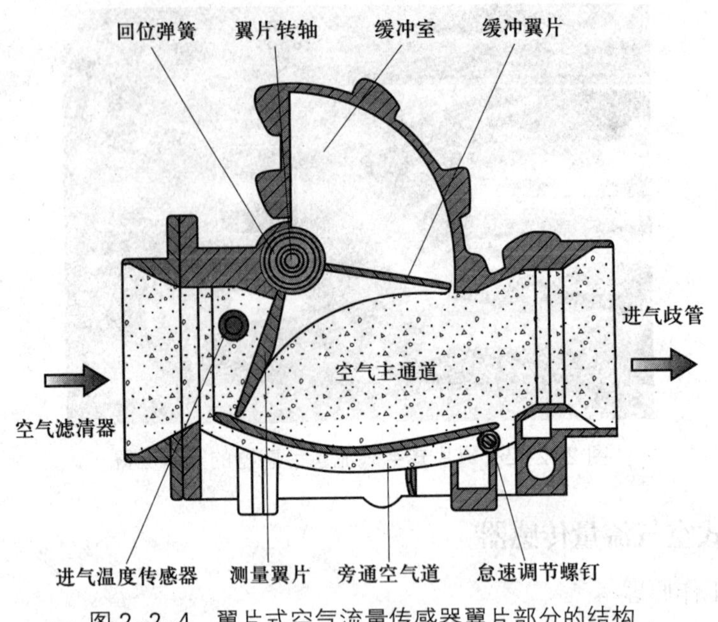

图 2–2–4　翼片式空气流量传感器翼片部分的结构

（2）电位计部分的结构。电位计部分的结构如图 2–2–5 所示，电位计在空气流量传感器壳体上方，由平衡配重（起平衡作用，使滑臂平稳摆动）、回位弹簧、调整齿圈和印刷电路板等组成。回位弹簧的一端固定在翼片转轴上，另一端固定在调整齿圈上。调整齿圈被一卡簧定位，且调整齿圈上有刻度标记，改变调整齿圈的固定位置，可调整回位弹簧的预紧力，以便在使用中调整空气流量传感器的输出特性和稳定性。翼片转轴上端固装着平衡配重和滑臂，随翼片一起动作，滑臂上的触点与印刷电路板上的镀膜电阻接触，并在其上滑动，从而改变 VC 与 VS 之间的电阻，如图 2–2–6 所示，ECU 就根据这个变化来检测进气量的大小。

（3）旁通空气道。空气流量传感器进气道的旁边还有一个旁通空气道，经此气道进入发动机的气流不对翼片产生推力，即不经计算就进入发动机。当发动机怠速运转时，翼片处于接近关闭的位置，这时从旁通空气通道进入发动机的气流占很大比例。在旁通空气道上还设置有一

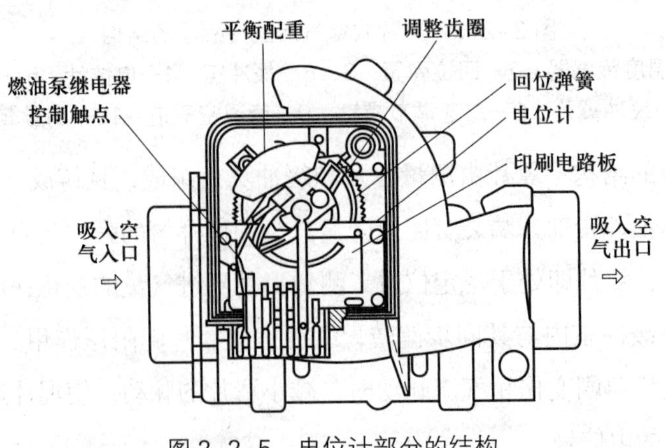

图 2–2–5　电位计部分的结构

个怠速调节螺钉，这个调节螺钉可以调节怠速时旁通空气量的大小，从而调节怠速混合气的浓度，旋出螺钉，旁通空气量变大，经翼片计量的空气量变小，喷油量也随之减少使怠速混合气变稀；反之，将螺钉旋入，可使怠速混合气变浓。

2. 传感器损坏可能造成的影响

空气流量传感器信号是ECU控制喷油量的主控信号，如果空气流量传感器出现问题，ECU将收不到准确的进气量信号，因而喷油量就不能被准确地控制，造成混合气过浓或过稀，使发动机不能正常工作。在实际维修过程中，翼片式空气流量传感器损坏最容易引起车辆可以起动但是一回钥匙就熄火的故障，这种故障是空气流量传感器内部的电动燃油泵开关接触不良造成的。

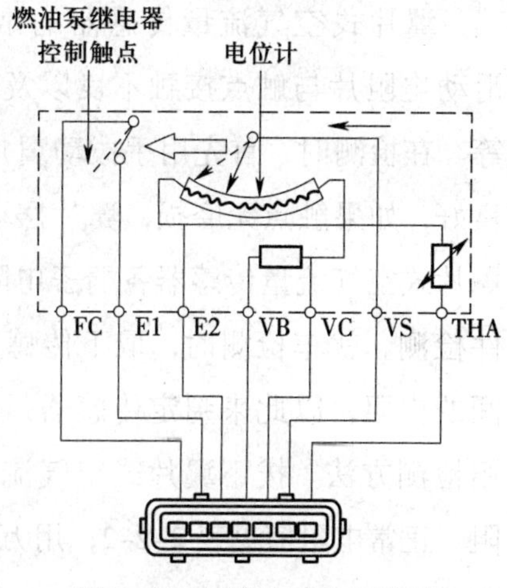

图 2-2-6　翼片式空气流量传感器电路图

3. 故障检查

翼片式空气流量传感器有6线和7线等几种，7线是信号电压上升型（见图2-2-6），而6线是电压下降型（见图2-2-7，比7线的少了一个VB）。7线翼片式空气流量传感器接线插头如图2-2-8所示，各接线端子名称和作用见表2-2-1。

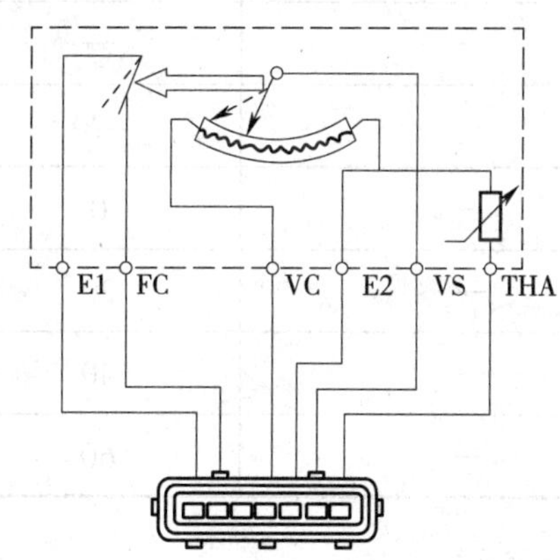

图 2-2-7　6线翼片式空气流量传感器

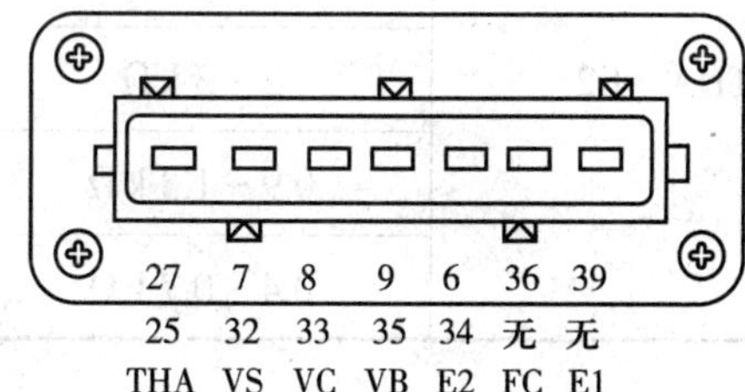

图 2-2-8　7线翼片式空气流量传感器接线插头

表 2-2-1　7线翼片式空气流量传感器各接线端子名称和作用（丰田）

端子名称	THA	VS	VC	VB
作用	信号	基准电压	电源电压	搭铁
端子名称	E2	FC	E1	
作用	油泵开关	接地	搭铁	

翼片式空气流量传感器的常见故障有翼片摆动卡滞、电位计滑动触点磨损而使滑动电阻片与触点接触不良以及油泵触点烧蚀而造成接触不良、电动燃油泵供油不稳等。在检测时，首先用手拨动翼片，使其转动，检查翼片是否运转自如、回位弹簧是否良好，如果触点无磨损，翼片摆动平稳，无卡滞和破损，说明机械部件良好。然后检测翼片式空气流量传感器各端子电阻。对于电阻的检测主要有两种方法，即就车检测和单件检测。就车检测时，取下传感器线束侧的线束插接器，用万用表电阻挡测量各端子间的电阻，以此来判定传感器是否有故障。下面以丰田翼片式空气流量传感器为例介绍检测方法。拔下翼片式空气流量传感器插头，用万用表电阻挡测量各端子之间的电阻，正常电阻值见表 2–2–2；用万用表直流电压挡测量各端子之间的电压，正常电压值见表 2–2–3。

表 2–2–2　翼片式空气流量传感器各端子之间的正常电阻值

端子	电阻值	条件	温度 /℃
FC—E1	∞	测量翼片全关闭	—
	0 Ω	测量翼片非全关闭	—
VS—E2	200 ~ 600 Ω	测量翼片全关闭	—
	20 ~ 200 Ω	测量翼片从全关到全开	—
VC—E2	200 ~ 400 Ω	—	—
THA—E2	10 ~ 20 kΩ	—	–20
	4 ~ 7 kΩ	—	0
	2 ~ 3 kΩ	—	20
	0.9 ~ 1.3 kΩ	—	40
	0.4 ~ 0.7 kΩ	—	60

表 2–2–3　翼片式空气流量传感器各端子之间的正常电压值

端子	电压值 /V	条件	
FC—E1	12	测量翼片全关闭	
	0	测量翼片非全关闭	
VS—E2	3.7 ~ 4.3	点火开关：ON	测量翼片全关闭
	0.2 ~ 0.5		测量翼片全开

续表

端子	电压值 /V	条件
VS—E2	2.3 ~ 2.8	怠速
	0.3 ~ 1.0	3 000 r/min
VC—E2	4 ~ 6	点火开关：ON

四、卡门涡流式空气流量传感器

1. 结构及工作原理

卡门涡流式空气流量传感器通常与空气滤清器外壳安装成一体，其结构如图 2–2–9 所示。在进气管道中间设有流线型或三角形的涡流发生器，当空气流经涡流发生器时，其后部的气流中会不断产生不对称却十分规则的被称为卡门涡流的空气涡流。根据卡门涡流理论，这个涡流行列是紊乱的且依次沿气流流动方向移动，其移动的速度与空气流速成正比，即在单位时间内通过涡流发生器后方某点的涡流数量与空气流速成正比。因此，通过测量单位时间内涡流的数量就可计算出空气流速，再将空气通道的有效截面与空气流速相乘，就可以知道吸入的空气量。

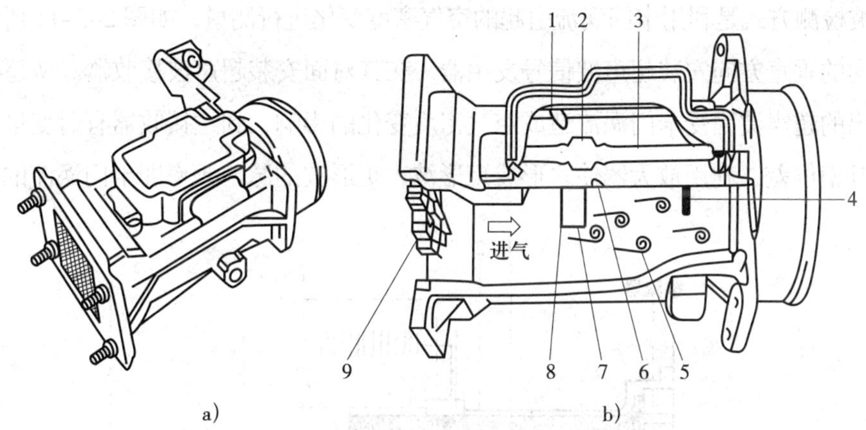

图 2–2–9 卡门涡流式空气流量传感器的结构

a）外形结构 b）内部结构

1—发光二极管 2—反光镜 3—张紧带 4—进气温度传感器 5—卡门涡流
6—光电晶体管 7—压力导向孔 8—涡流发生器 9—整流网栅

测量单位时间内涡流数量的方式有反光镜检测式和超声波检测式两种。反光镜式卡门涡流空气流量传感器的工作原理如图 2–2–10 所示，其内只有一只发光二极管和一只光电晶体管。发光二极管发出的光束被一片反光镜反射到光电晶体管上，使光电晶体管导通，输出电流信号，再转换成电压信号。反光镜安装在一个很薄的金属簧片上。涡流发生器由于发生涡流而产生的压力变化通过压力导向孔导至金属簧片上，在进气气流涡流的压力作用下金属簧片振动，其振动频率与单位时间内产生的涡流数量相同。由于反光镜随金属簧片一同振动，因此被反射的光束也以相同的频率变化，致使光电晶体管也随光束以同样的频率导通、截止。进气流速越大，涡流强度也越大，光敏电压信号的频率越高，反之频率低。ECU 根据所接收电压信号频率的高低来判断进气流量的大小，然后再向喷油器发出喷油指令。

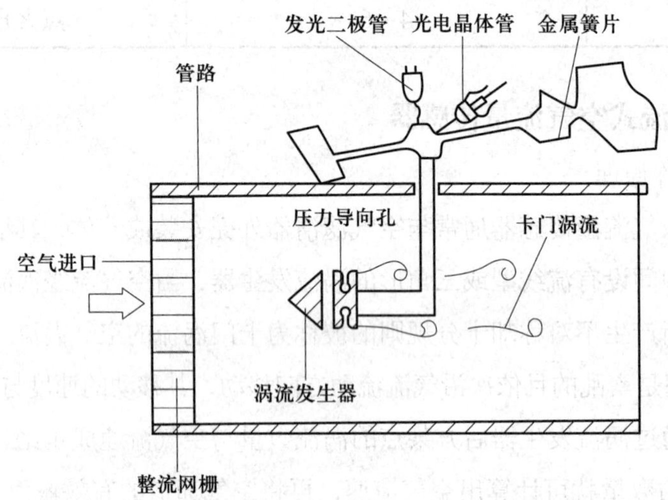

图 2-2-10　反光镜式卡门涡流空气流量传感器的工作原理

超声波检测方式是利用卡门涡流引起的空气密度变化进行测量，如图 2-2-11 所示。在空气流动方向的垂直方向安装超声波信号发生器，在其对面安装超声波接收器。从超声波信号发生器发出的超声波因受卡门涡流造成空气密度变化的影响，到达接收器有时变早，有时变晚，测出其相位差，利用放大器使之形成矩形波，矩形波的脉冲频率即卡门涡流的频率。

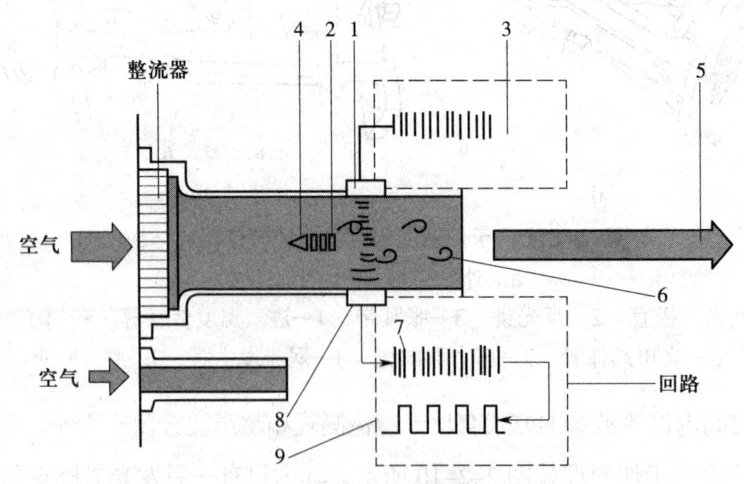

图 2-2-11　超声波检测方式

1—超声波发射探头　2—涡流稳定板　3—超声波信号发生器　4—涡流发生器
5—往发动机方向的气流　6—卡门涡流　7—与涡流数对应的脉冲信号
8—超声波接收探头　9—接 ECU

2. 故障检查

以丰田卡门涡流式空气流量传感器为例进行讲解，其电路图如图 2-2-12 所示。其中 THA 端子为进气温度传感器信号端子。

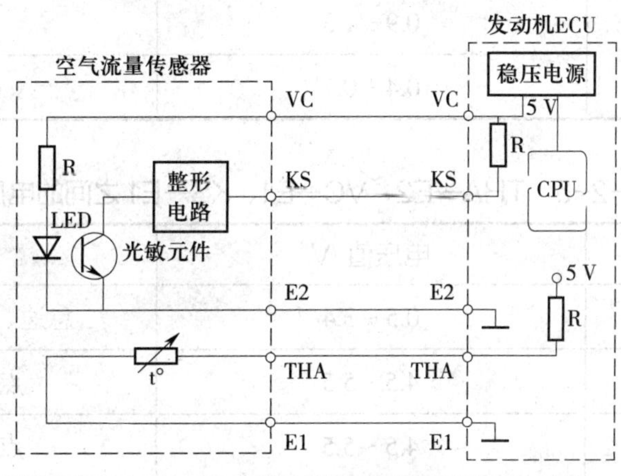

图 2-2-12　丰田卡门涡流式空气流量传感器电路图

（1）检查传感器供电电压。断开传感器连接器（也称插接器），接通点火开关，用万用表测传感器线束侧 VC 端子与车身搭铁之间的电压，应为 4.5 ~ 5 V，否则，检查 VC 端子与 ECU 相应端子之间的线路，如线路正常，则更换 ECU。

（2）检查传感器信号参考电压。用万用表测传感器线束侧 KS、THA 端子与车身搭铁之间的电压，应为 4.5 ~ 5 V，否则，检查 KS、THA 端子与 ECU 相应端子之间的线路，如线路正常，则更换 ECU。

（3）检查传感器搭铁情况。断开点火开关，用万用表测传感器线束侧 E1、E2 端子与车身搭铁之间的电阻，如图 2-2-13 所示，应小于 1 Ω，否则，检查 E1、E2 端子与 ECU 相应端子之间的线路，如线路正常，则更换 ECU。

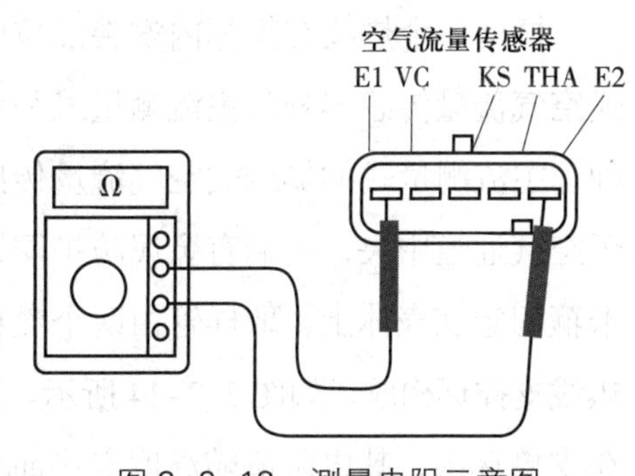

图 2-2-13　测量电阻示意图

卡门涡流式空气流量传感器 THA—E2 之间的标准电阻值见表 2-2-4，THA—E2、VC—E1、KS—E1 之间的电压值见表 2-2-5。

表 2-2-4　卡门涡流式空气流量传感器 THA—E2 之间的标准电阻值

端子	标准电阻值 /kΩ	温度 /℃
THA—E2	10.0 ~ 20.0	−20
	4.0 ~ 7.0	0

续表

端子	标准电阻值 /kΩ	温度 /℃
THA—E2	2.0 ~ 3.0	20
	0.9 ~ 1.3	40
	0.4 ~ 0.7	60

表 2-2-5　THA—E2、VC—E1、KS—E1 之间的电压值

端子	电压值 /V	检测条件
THA—E2	0.5 ~ 3.4	怠速、进气温度 20 ℃
VC—E1	4.5 ~ 5.5	点火开关打开
KS—E1	4.5 ~ 5.5	点火开关打开
	2 ~ 4（脉冲）	怠速

五、热线式空气流量传感器

1. 结构及工作原理

如果在空气通道中放置一发热体，空气流经发热体时会带走其热量，使发热体变冷，发热体周围通过的空气流量越大，被带走的热量也越多。热线式空气流量传感器就是根据这个原理制成的。

根据白金热线在壳体内安装部位的不同，热线式空气流量传感器分为主流测量式和旁通测量式两种。主流测量式的热线式空气流量传感器取样管置于空气通道中央，两端有金属防护网，防护网上有卡箍固定在壳体上，取样管由两个塑料护套和一个热线支撑环构成，如图 2-2-14 所示。白金热线布置在支撑环内，其电阻值随温度变化而变化，是惠斯顿电桥的一个臂，如图 2-2-15 所示。热线支撑环前端的塑料护套内安装有一个白金薄膜电阻器，其电阻值随进气温度变化而变化，称为温度补偿电阻，是惠斯顿电桥的另一个臂。热线支撑环后端的塑料护套上粘接着一只精密电阻，此电阻能够用激光修正，也是惠斯顿电桥的一个臂，该电阻上的电压降

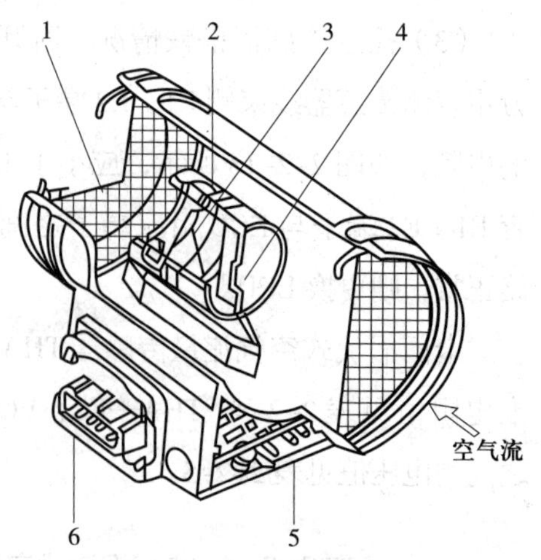

图 2-2-14　热线式空气流量传感器（主流测量式）

1—防护网　2—取样管
3—白金热线　4—温度补偿电阻
5—控制电路板　6—接线插头

即热线式空气流量传感器的输出信号电压。惠斯顿电桥还有一个臂的电阻安装在控制电路板上。

旁通测量式的热线式空气流量传感器如图 2-2-16 所示，是将白金热线和温度补偿电阻用铂线缠绕在线管上制成的。热线式空气流量传感器的热线因长时间暴露在空气中，造成空气中的杂质依附在热线上，需增加自洁功能。当点火开关从 ON 到 OFF 位置时，ECU 会给热线式空气流量传感器一个自洁信号，使热线温度瞬间升高到 1 000 ℃，将依附在热线上的杂质烧掉。旁通测量式的热线式空气流量传感器上的白金热线缠绕在陶瓷线管上，并没有暴露在空气中，所以就不需要自洁功能。传感器壳体两端设置有与进气道相连接的圆形插接接头，空气入口和出口都设有防止传感器受到机械损伤的防护网。传感器入口与空气滤清器一端的进气管相连，出口与节气门一端的进气管相连。

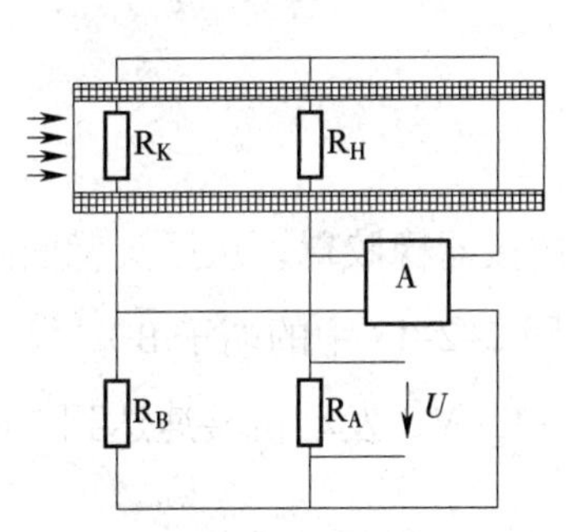

图 2-2-15 热线式空气流量传感器电路图
A—混合集成电路 R_H—热线电阻
R_K—温度补偿电阻 R_A—精密电阻 R_B—电桥电阻

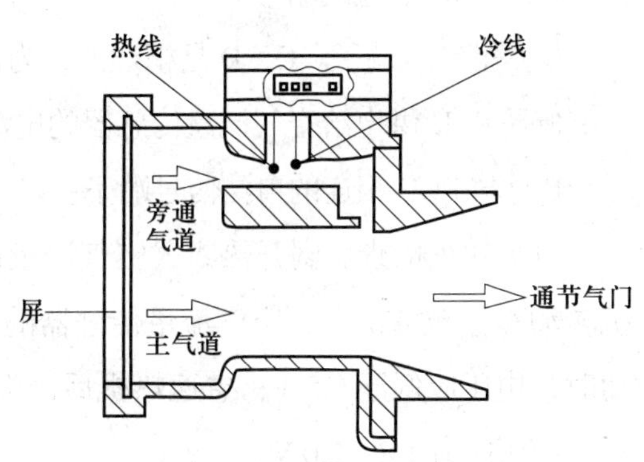

图 2-2-16 旁通测量式的热线式空气流量传感器

热线式空气流量传感器的控制电路板包括电桥平衡电路、自洁电路和怠速混合气调节电位器，电子装置的大多数元件都安装在这块电路板上，其上一般设置六端子插头与发动机 ECU 相连接，用以传递信息。

2. 传感器损坏的故障现象

最容易出现的故障是传感器过脏，会使发动机出现加速不良，并且急加速回火现象。另外，白金热线开路或信号线开路，会使发动机出现最高转速为 2 500 r/min，并且急加速熄火现象。

3. 故障检查

以日产 VG30E 型发动机采用的热线式空气流量传感器的检测为例加以说明。日产 VG30E 发动机所用的热线式空气流量传感器如图 2-2-17 所示，该传感器的线束插座有 6 个端子，其标号分别为 A、B、C、D、E 和 F。

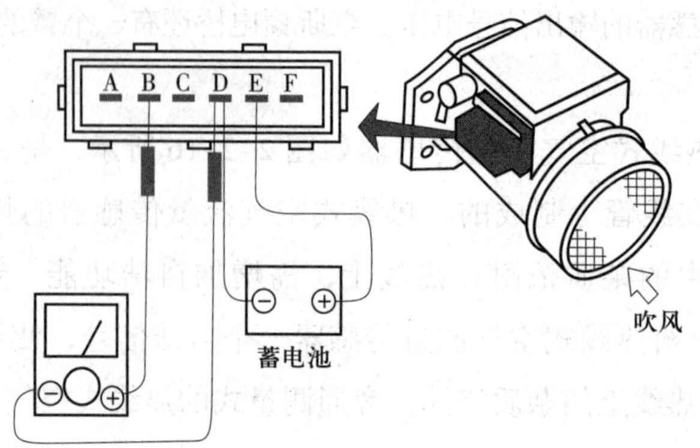

图 2–2–17　日产 VG30E 发动机所用的热线式空气流量传感器

A 为进气温度电信号输出端子。

B 为空气流量电信号输出端子。

C 是 ECU 的地线端子。

D 是搭铁线端子。C、D 是相通的，为内藏嵌入式。

E 是 ECU 供电给空气流量传感器的电源线端子。

F 是与 ECU 相连的自洁信号端子。

（1）就车检查。剥开热线式空气流量传感器线束插接器橡胶罩，从插头背面测量发动机转动和停转情况下，空气流量传感器的输出电压（图 2–2–17 中的端子 B）。发动机未起动时，电压应低于 0.5 V；怠速热机后，电压应为 1.0 ~ 1.3 V；发动机转速达到 3 000 r/min 后，电压应为 1.8 ~ 2.0 V。

由于就车检查时，空气流量传感器还与电控单元 ECU 连接，ECU 的故障也会使空气流量传感器信号失常。故就车检查发现空气流量传感器信号异常时，还不能断定就是空气流量传感器的故障，还需断开与 ECU 的连接，进行进一步检查。

（2）自洁功能的检查。装好热线式空气流量传感器及其线束插接器，拆下空气流量传感器进口处的空气滤清器和进气管道，拆下此空气流量传感器的防护网，起动发动机，并加速到转速为 2 500 r/min 以上，然后让发动机怠速运转。关闭点火开关，从空气流量传感器进气口处观察传感器的热线是否能在发动机熄火 5 s 后自动被加热至发出红光（约 1 000 ℃），并持续 1 s。如果无此现象发生，则须检查自洁信号或更换空气流量传感器。不同型号的空气流量传感器稍有不同，对于发动机停机后热线保持温度高于 200 ℃的，该空气流量传感器无自洁功能。

六、热膜式空气流量传感器

1. 结构及工作原理

热膜式空气流量传感器的使用相当广泛，其实物如图 2–2–18 所示，宝来 1.8T、捷达 GT、捷达GTX、帕萨特B5型轿车、奥迪A6型轿车都采用了热膜式空气流量传感器。热膜式空气流量传感器的内部结构如图2-2-19所示，热膜式空气流量传感器的结构和工作原理与热线式空气流量传感器基本相同。与热线式空气流量传感器相比，热膜式空气流量传感器发热元件的响应性稍差，但其电阻值较高，消耗的电流较小，可以做得体积较小、外形更轻巧一些。此外，其发热元件是平面型的，从上游观察时，可设法使其投影面做得很小，这样可以减少计量通道内的附着物，有效提高空气流量传感器的可靠性。

图2-2-18　热膜式空气流量传感器

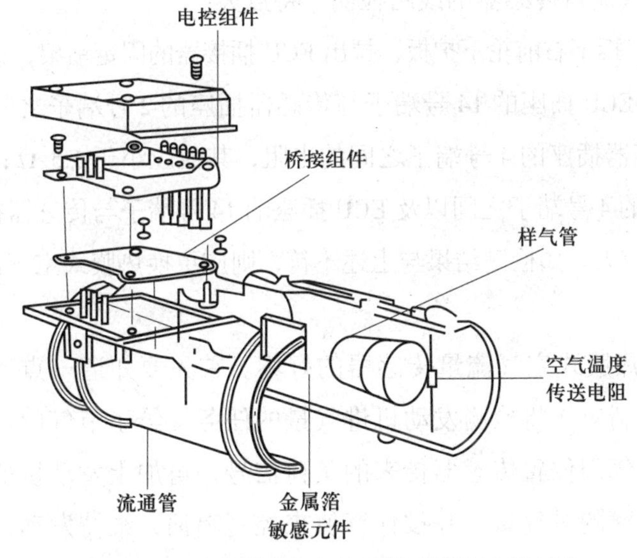

图2-2-19　热膜式空气流量传感器的内部结构

2. 故障检查

以红旗轿车CA488-3电控发动机用热膜式空气流量传感器的检查为例。热膜式空气流量传感器装在空气滤清器与节气门体间的进气道上，它能测量发动机的空气流量，并将其转换成0～5 V的电压信号送入ECU。ECU根据该信号再结合其他传感器的信息，计算最佳供油量和点火正时。

（1）热膜式空气流量传感器的性能测试。将点火开关置于OFF位置，从进气道上拆下热膜式空气流量传感器，按图2-2-20所示方法测试。在静态不吹风的情况下，传感器插头2号端子与1号端子之间的电压应为0.03 V；将450 W吹风机的出风口紧靠传感器入口，用冷风挡向传感器内吹风时，万用表的读数应为（2.3±0.1）V；将吹风机缓慢向后移动，随着其与传感器入口端距离的增大，电压值应逐渐减小；当吹风机距离传感器入口端 0.2 m 时，万用表的读数应为（1.5 ± 0.1）V。否则，应更换热膜式空气流量传感器。若测量结果符合上述要求，但仍有故障码“18”或“19”存在，则按下述方法对热膜式空气流量传感器的供电与线路进行检测。

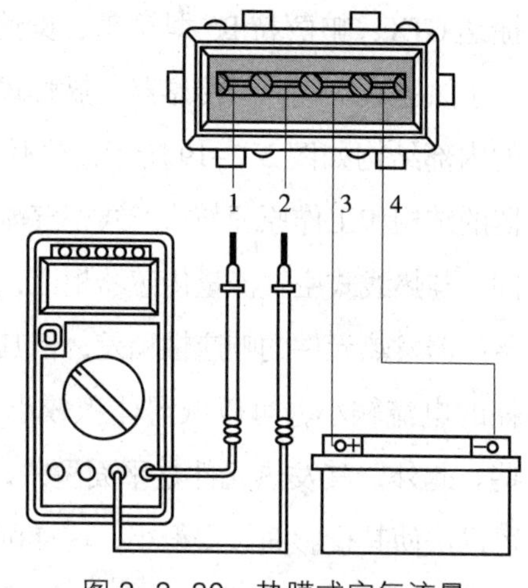

图 2-2-20 热膜式空气流量传感器性能测试

（2）热膜式空气流量传感器的供电检测。将点火开关置于 ON 位置，用万用表测量热膜式空气流量传感器插座的 3 号端子与 1 号端子间的电压，其值应与蓄电池电压一致；若无电压存在或读数偏差太大，应按电路图检查热膜式空气流量传感器的线路。

（3）热膜式空气流量传感器的线路检测。将点火开关置于 0FF 位置，拆下右前轮下护板，拉出 ECU 插接器的固定锁架，拔下 ECU 插座。用万用表电阻挡测量 ECU 插座的 14 号端子与传感器插座的 2 号端子之间，以及 ECU 插座的 26 号端子与传感器插座的 4 号端子之间的电阻，其值应小于 1.5 Ω；ECU 插座的 14 号端子与传感器插座的 4 号端子之间以及 ECU 插座的 14 号端子与传感器插座的 3 号端子之间的电阻值应为无穷大。如检测结果与上述不符，则应更换热膜式空气流量传感器线束总成。

（4）快速判断热膜式空气流量传感器的好坏。首先要知道一点，空气流量传感器损坏后，发动机控制单元将检测发动机进气量的任务交给了节气门位置传感器，发动机控制单元根据节气门位置传感器传来的负荷信号，再加上发动机的转速信号，还有其他信号，计算此时的进气量，并按计算值来控制喷油，维持发动机最佳的状态。由于此进气量的值是个计算值，所以跟空气流量传感器直接测量的值稍微有偏差。当空气流量传感器损坏，发动机按计算值控制时，发动机状态会稍微欠佳，有点抖动的现象，但是不明显。就利用发动机的这一功能，以最快的速度来判断空气流量传感器的好坏。

如果有一台怠速发抖、加速不良的车辆，怀疑是空气流量传感器出现故障，那么可以直接拔下空气流量传感器的插头，看发动机故障现象的变化，一般会出现如下三种状态。

①故障现象消失。此现象说明此车空气流量传感器的信号有很大偏差，导致发动机控制单元按照错误的流量信号来控制喷油，所以发动机出现怠速抖动和加速不良的现象。此车空气流量传感器并不是完全损坏，而是还有信号，但是信号的误差很大。此时更换空气流量传感器后一切正常。

②故障现象更为恶劣。此现象说明空气流量传感器一直为发动机控制单元提供空气流量的信号，当拔下插头后，发动机控制单元将检测进气量的任务交给了节气门位置传感器，而节气门位置传感器和其他传感器的信号传给发动机控制单元后，发动机控制单元按计算值来进行控制，计算值与标准值有一定的偏差，所以拔下插头后故障现象会更为恶劣，说明空气流量传感器是好的。

③故障现象没有变化。此现象说明进气量是由节气门位置传感器检测的，空气流量传感器早已损坏，需要更换空气流量传感器，同时还需要查找其他的故障点。

任务实训

热线式空气流量传感器的检修

一、实训目的

能够对热线式空气流量传感器进行检修。

二、实训准备

实训工具及设备准备见表 2-2-6。

表 2-2-6　实训工具及设备准备

序号	工具及设备	数量
1	丰田卡罗拉实训车（8ZR-FXE 发动机）	1 辆
2	丰田故障诊断仪（GTS）	1 台
3	通用工具	1 套
4	万用表	1 个
5	吹风机	1 个
6	发动机舱防护罩	1 套
7	驾驶室卫生防护“三件套”	1 套

三、实训步骤

丰田卡罗拉 8ZR-FXE 发动机采用了热线式空气流量传感器（内含进气温度传感器），其电路图如图 2-2-21 所示。

1. 空气流量传感器相关故障码

空气流量传感器的相关故障码见表 2-2-7，出现任何一个故障码（DTC）时 ECM 都将进入失效保护模式，此模式下，ECM 将根据发动机转速和节气门位置计算点火正时。

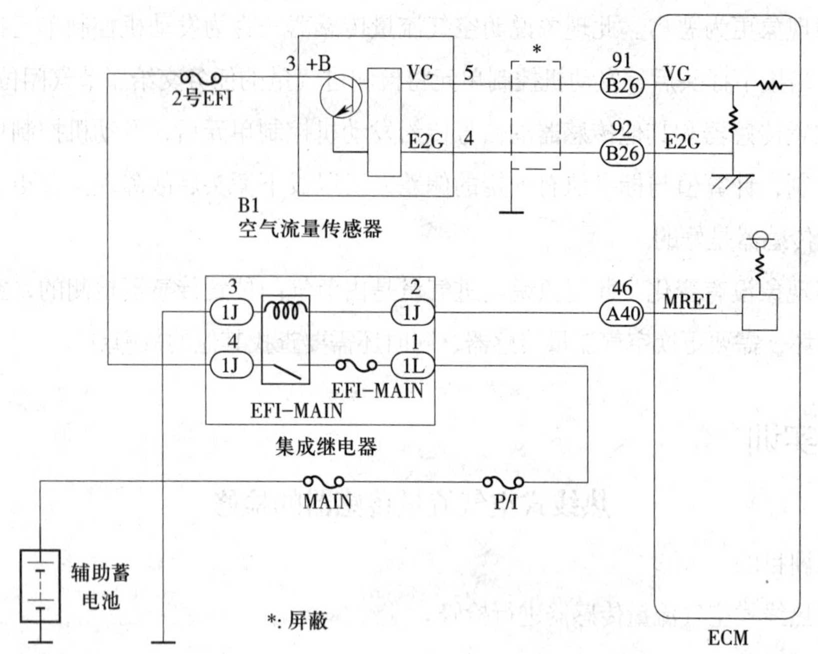

图 2-2-21　丰田卡罗拉 8ZR-FXE 发动机热线式空气流量传感器电路图

表 2-2-7　空气流量传感器的相关故障码

DTC 编号	检测项目	DTC 检测条件	故障部位	MIL（故障灯）
P0102	空气流量传感器电路低电位	空气流量传感器电压低于 0.2 V 且持续 3 s	1. 空气流量传感器电路断路或短路； 2. 空气流量传感器； 3. 集成继电器； 4. ECM	点亮
P0103	空气流量传感器电路高电位	空气流量传感器电压高于 4.9 V 且持续 3 s	1. 空气流量传感器电路断路或短路； 2. 空气流量传感器； 3. 集成继电器； 4. ECM	点亮

2. 出现故障码时的诊断方法

（1）确认行驶模式（故障再现与确认）

将 GTS 连接到 DLC3，将点火开关置于 ON（IG）位置，打开 GTS，清除 DTC（即使未存储 DTC，也应执行清除 DTC 程序）。将点火开关置于 OFF 位置并至少等待 30 s，再将点火开关置于 ON（IG）位置，并打开 GTS，等待 5 s 或更长时间，进入菜单 Powertrain/Engine and ECT/Trouble Codes，读取待定 DTC。

如果输出待定 DTC，则系统发生故障；如果未输出待定 DTC，则执行以下程序。

进入菜单 Powertrain/Engine and ECT/Utility/All Readiness，输入 DTC　PO102 或 P0103，检查 DTC 判断结果。

（2）使用故障诊断仪（GTS）就车检查（读取静态数据）

进行下列程序前，先检查与此系统相关电路的保险丝。

将 GTS 连接到 DLC3，将点火开关置于 ON（IG）位置，打开 GTS，进入菜单 Powertrain/Engine and ECT/Data list/MAF，按下“执行”按钮，等待 30 s，然后根据 GTS 上的显示内容读取空气流量传感器数据（MAF），标准值为≤0.58 mg/s〔检测条件：发动机不运转；将点火开关置于 ON（IG）位置后 30 s〕。

如果读数约为 0 mg/s，则故障为空气流量传感器电源电路（+B）断路，或者 VG 电路断路或短路；如果读数≥271.0 mg/s，则故障为 E2G 电路断路。

出现以上两种异常情况，可参照图 2-2-21 对相应的电路进行检查。

如果正常，则进行下一步。

（3）检查空气流量传感器动态数据（读取动态数据）

起动发动机，并改变发动机转速，MAF 应该随转速的变化而变化，且转速越高，MAF 越大。

如果符合要求，则用 GTS 清除故障码，并确认故障码是否再次出现，如再次出现，则更换 ECM。

如果 MAF 不变，则进行下一步。

（4）检查空气流量传感器（拆检元件）

拆下空气流量传感器，目视检查空气流量传感器的白金热线（加热器）和温度传感器（热敏电阻）上是否有异物，如图 2-2-22 所示。

正常时无异物。如有异物，则更换空气流量传感器。如无异物，但 MAF 始终不随发动机转速变化，则更换空气流量传感器。

（5）测量进气温度传感器电阻（拆检元件）

空气流量传感器外形及端子如图 2-2-23 所示。用万用表测量 1（THA）端子与 2（E2）端子之间的电阻，标准值见表 2-2-8。如果结果不符合规定，则更换空气流量传感器。

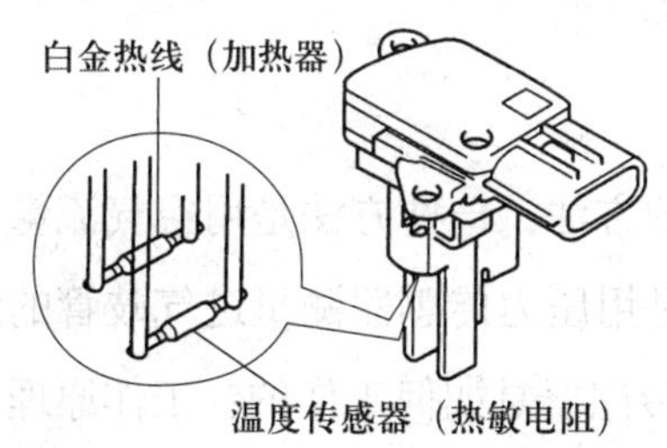

图 2-2-22　目视检查空气流量传感器

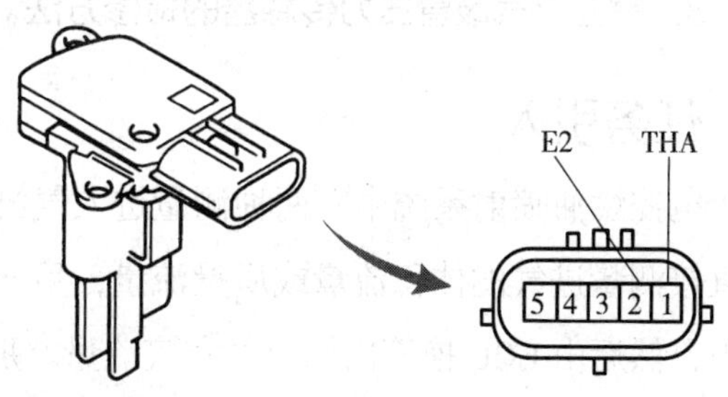

图 2-2-23　空气流量传感器外形及端子

表 2-2-8　进气温度传感器电阻

测量端子	条件 /℃	标准值 /kΩ
THA—E2	–20	13.6 ~ 18.4
	20	2.21 ~ 2.69
	60	0.49 ~ 0.67

四、实训要求

1. 清楚空气流量传感器检查的基本流程，确保思路清晰。
2. 操作仔细、规范，以免造成相关元件损坏。
3. 养成使用发动机舱防护罩、驾驶室卫生防护“三件套”的职业习惯。
4. 养成工具、零件、油液“三不落地”的汽车维修操作习惯。

任务小结

通过本任务的学习，了解空气流量传感器有翼片式空气流量传感器、卡门涡流式空气流量传感器、热线式空气流量传感器和热膜式空气流量传感器等种类，掌握各类空气流量传感器的原理和检测方法。

通过学习，也了解到故障的分析与排除不但要利用故障诊断仪的读取故障码和清除故障码功能，还应使用数据流分析功能来进行元件的检测，为此要记住常用的数据流的正常范围，以利于故障的诊断与排除。

任务3　进气歧管压力传感器的检修

学习目标

1. 熟悉进气歧管压力传感器的分类。
2. 掌握进气歧管压力传感器的结构、工作原理。
3. 掌握进气歧管压力传感器的检修方法。

任务引入

电控燃油喷射系统中有两种测量进入气缸空气量的方法：一种方法是用空气流量传感器直接测量进气的体积流量或质量流量；另一种方法是用压力传感器测量进气歧管的绝对压力，然后由 ECU 换算出相应的空气流量。那么压力传感器是如何工作的？工作原理又是什么？通过本任务的学习将掌握进气歧管压力传感器的相关知识与技能。

相关知识

进气歧管绝对压力传感器（也称进气歧管压力传感器或进气压力传感器，MAP）是一种间接测量空气流量的传感器，其作用与空气流量传感器相当，用于D型燃油喷射系统中。ECU根据发动机转速、节气门开度、进气歧管绝对压力与进入发动机气缸的空气流量的对应关系，由进气歧管内的绝对压力计算出进气量，进而计算出基本喷油量。图2–3–1所示为别克发动机进气歧管压力传感器。

图2–3–1　别克发动机进气歧管压力传感器

一、进气歧管压力传感器的安装位置

进气歧管压力传感器一般安装在节气门后部的进气管上。节气门前部与大气相通，进气压力为大气压，而其后部的气压为负压。

二、进气歧管压力传感器的作用与类型

进气歧管压力传感器的作用：将进气管道中的气体压力转换为电信号，并送给ECU，再由ECU控制喷油器喷油时间的长短。

进气歧管压力传感器根据信号产生的原理可分为可变电感式、膜盒传动式、半导体压敏电阻式和电容式，现在应用最广泛的是半导体压敏电阻式和电容式。

三、半导体压敏电阻式进气歧管压力传感器

1. 结构及工作原理

半导体压敏电阻式进气歧管压力传感器（见图2–3–2）由压力转换元件（硅膜片）和把压力转换元件输出信号进行放大的混合集成电路组成。它利用半导体压阻效应原理，使用硅膜片，把硅膜片的一面抽成真空，另一面导入进气歧管的气体压力。硅膜片受到的压力不同产生的电阻就不同，把它与惠斯顿电桥相连，就可以把电阻信号转变成电压信号输出。

图2–3–2　半导体压敏电阻式进气歧管压力传感器

半导体压敏电阻式进气歧管压力传感器尺寸小、精度高、响应性好，又由于其生产成本较低，所以得到了广泛应用。如丰田、通用、克莱斯勒公司生产的很多款汽车均采用此种传感器，国产车型如别克凯越、雪佛兰

赛欧、现代伊兰特、现代索纳塔以及长城迪尔等也采用该种传感器。

2. 传感器损坏的故障现象

进气歧管压力传感器出现故障后会出现怠速抖动、加油不畅、冒黑烟以及耗油量大等症状。

3. 半导体压敏电阻式进气歧管压力传感器的检查

下面以速腾轿车为例讲解传感器的检测方法（进气歧管压力传感器与进气温度传感器作为一体），电路如图 2–3–3 所示。

打开点火开关，但不起动发动机，用万用表直流电压挡从传感器接头背面检测进气歧管压力传感器连接器 3 端子与 1 端子之间电源电压，标准值应为 5 V 左右，然后检测进气歧管压力传感器信号输出端子 4 与搭铁 1 端子之间的电压，标准值应为 3.8 ~ 4.2 V。起动车辆发动机，怠速运转时，信号电压应为 0.8 ~ 1.3 V；加大节气门开度，信号电压将上升，最高不超过 4.2 V，信号电压随着节气门开度的增大而增大。如果电压不符合上述要求，说明传感器已经损坏，需要更换。

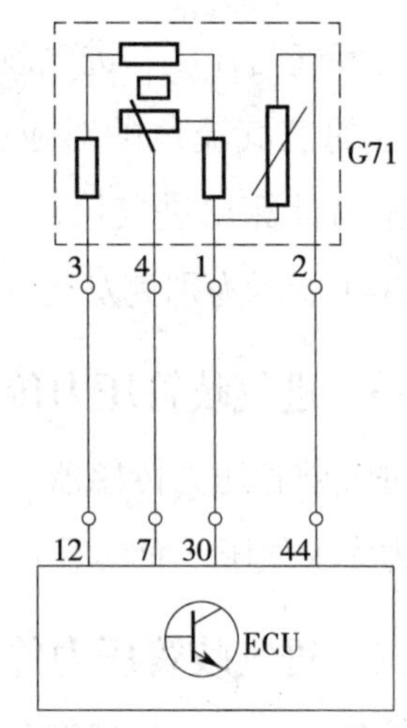

图 2–3–3　进气歧管压力传感器、进气温度传感器与 ECU 的连接电路

四、电容式进气歧管压力传感器

1. 结构及工作原理

电容式进气歧管压力传感器如图 2–3–4 所示，它使用氧化铝材料，将氧化铝和底板制成电容，把进气歧管压力引到电容的一面，那么进气歧管压力的变化就会导致电容值的变化。电容连接在混合集成电路的振荡电路中，利用电容和电感的相互作用形成电磁振荡电路，当电容值发生变化时就会产生频率信号。进气歧管的压力越大，传感器的信号频率越高。

电容式进气歧管压力传感器发出的是频率信号，而半导体压敏电阻式进气歧管压力传感器发出的是电压信号。所以在检测时应注意信号的区别。

2. 传感器的检查

电容式进气歧管压力传感器与 ECU 的连接电路如图 2–3–5 所示。

检查步骤如下。

（1）打开点火开关，但不起动发动机，检查 26 号端子电源线与 46 号端子搭铁线之间的电压，应为 5 V 左右。

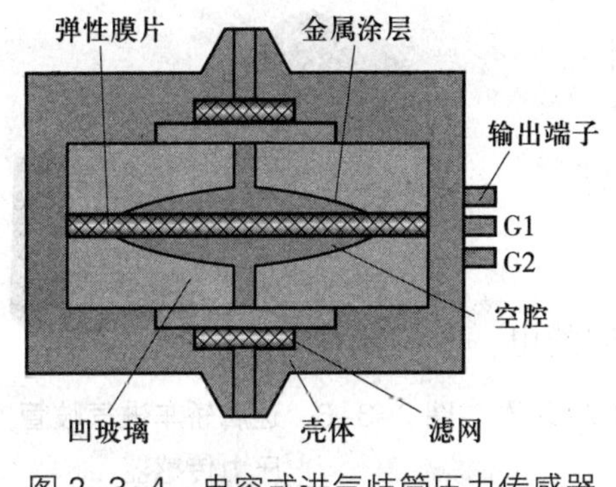

图 2-3-4 电容式进气歧管压力传感器

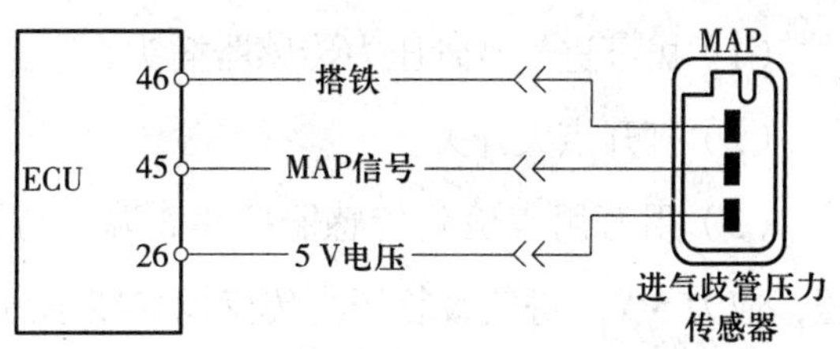

图 2-3-5 电容式进气歧管压力传感器与 ECU 的连接电路

（2）关闭点火开关，检查 46 号端子与搭铁之间的电阻，其电阻值应小于 5 Ω。

（3）打开点火开关，并起动发动机，45 号端子信号脉冲电压的平均值应为 1.4 ~ 1.6 V。

（4）发动机运转时，使用频率计测量 45 号端子输出的信号频率，其值应在 20 ~ 80 Hz 之间。当增大节气门开度时，输出的信号频率应随之增大。

任务实训

进气歧管压力传感器的检修

一、实训目的

能够对进气歧管压力传感器进行检修。

二、实训准备

实训工具及设备准备见表 2-3-1。

表 2-3-1 实训工具及设备准备

序号	工具及设备	数量
1	速腾轿车	1 台
2	故障诊断仪	1 台
3	万用表	1 个
4	维修手册	1 套
5	发动机舱防护罩	1 套
6	驾驶室卫生防护“三件套”	1 套

三、实训步骤

1. 进气歧管压力传感器（G71）供电电压的检测

速腾轿车进气歧管压力传感器如图 2-3-6 所示。

（1）拔下进气歧管压力传感器插头。

（2）打开点火开关。

（3）用万用表检测传感器插头 3 端子与搭铁之间的电压，应为 5 V。进气歧管压力传感器接线示意图如图 2-3-7 所示。

图 2-3-6 速腾轿车进气歧管压力传感器

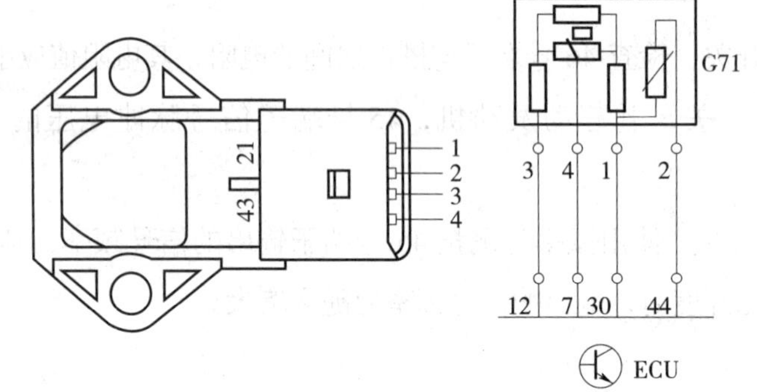

图 2-3-7 进气歧管压力传感器接线示意图

1—接地 2—进气温度信号 3—+5 V 电压 4—进气压力信号

2. 进气歧管压力传感器（G71）信号电压的检测

进气歧管压力传感器与稳压器相连，用以将进气管内的压力变化转换成电信号。它与转速信号一起输送到 ECU，作为决定喷油器基本喷油量的依据。

发动机工作时，从进气管来的空气经传感器的滤清器过滤后作用在硅膜片上，使硅膜片产生变形，由于进气流量对应着相应的进气压力，故进气流量越大，进气管压力就越高，硅膜片变形也就越大。硅膜片的变形，使扩散在硅膜片上电阻的电阻值改变，导致电桥输出的电压变化。传感器上的集成电路将电压信号放大处理后，将进气管压力信号送到电控单元，此信号即电控单元计算进入气缸空气量的主要依据。

检测步骤：

（1）用大头针刺到传感器插头的第 4 端子，确认与导线接触。

（2）用万用表检测大头针与搭铁之间的电压。

（3）打开点火开关，电压应为 3.8 ~ 4.2 V。

（4）起动发动机，在怠速状态时，电压应为 0.8 ~ 1.3 V。

（5）踩下加速踏板，电压应发生变化。

（6）如不符合，则应更换传感器。

四、实训要求

1. 通过实训，认识进气歧管压力传感器实物、位置和电路图。
2. 能够掌握进气歧管压力传感器电压的检测。
3. 操作仔细、规范，以免造成相关元件损坏。
4. 养成使用发动机舱防护罩、驾驶室卫生防护“三件套”的职业习惯。
5. 养成工具、零件、油液“三不落地”的汽车维修操作习惯。

任务小结

通过本任务的学习，了解到进气歧管压力传感器可以分为可变电感式、膜盒传动式、半导体压敏电阻式和电容式，现在应用最广泛的是半导体压敏电阻式和电容式。同时掌握了半导体压敏电阻式和电容式两种类型进气歧管压力传感器的原理及其检测方法。

任务4 节气门位置传感器的检修

学习目标

1. 了解节气门位置传感器的类型。
2. 掌握节气门位置传感器的用途。
3. 掌握节气门位置传感器的工作原理。
4. 掌握节气门位置传感器、加速踏板位置传感器的检修方法。

任务引入

节气门位置传感器（TPS）安装在节气门轴的一端，如图2-4-1所示，用于检测节气门的开度及其变化，ECU则利用其信号对喷油量、点火正时、怠速等进行修正控制，以实现某些特定的控制功能。例如：加速及大负荷运转时对混合气进行适度加浓；怠速时维持转速稳定；强制怠速（挂挡下坡、急减速等）时进行断油控制等。可见，该传感器发生故障时，可能会带来发动机加速不良、最大功率不足、怠速不稳等方面的问题。

节气门位置传感器还是自动变速器换挡控制的主要传感器之一，对自动换挡影响重大，发生故障时可能会引起不能换挡、换挡冲击等方面的问题。

图 2-4-1　节气门位置传感器（TPS）的安装位置

相关知识

一、节气门位置传感器（TPS）的作用

节气门位置传感器用来检测节气门的开度。它安装在节气门体上，通过节气门轴与节气门联动。当驾驶员踩动加速踏板时，节气门位置传感器将节气门开度转换成电信号输送到 ECU，ECU 根据节气门不同的开度决定控制方式和对喷油时间进行修正。节气门位置传感器的作用表现在以下几个方面。

1. 用来判断发动机的工况处于怠速控制区、部分负荷还是节气门接近全开的加浓区（或催化转化的高温保护区），即用来界定开环、闭环控制区。对于有自动变速器控制功能的电子管理系统来说，节气门开度和车速是决定换挡时刻的条件参数。

2. 用节气门转角变化率的大小作为加速、减速过程中修正喷油量的条件，它直接反映驾驶员的意图。

3. 可与空气流量传感器的信号对照互检，提供后者发生损坏的信息，并代替后者与转速配合，作为 ECU 控制喷油量的条件参数。

4. 用于点火正时修正、废气再循环控制、空调系统控制、燃油蒸发控制、车辆动态稳定性控制、巡航控制、牵引力控制等。

二、节气门位置传感器的分类

节气门位置传感器按结构大致可分为触点开关式、滑线电阻式、复合式和霍尔式四种，其中触点开关式输出的是简单的开关信号，可以用于判断发动机的怠速、大负荷等几个简单的工况点；滑线电阻式输出的是连续的电压信号，可以用于判断发动机负荷的连续变化情况；复合式则同时输出开关信号和连续的电压信号，既可以判断简单的工况点，又可以判断负荷的连续变化。

三、触点开关式节气门位置传感器

1. 结构及工作原理

触点开关式节气门位置传感器内部有三个触点：怠速触点（IDL）、全负荷触点（PSW）和搭铁的触点（E），如图 2-4-2 所示。发动机在怠速或突然减速时，怠速触点闭合，ECU 根据此信号对怠速时的混合气进行控制，并修正点火提前角，切断废气再循环系统。减速断油时，暂时切断供油。当节气门开度超过一定角度时，全负荷触点闭合，ECU 据此信号加浓混合气，提高发动机输出功率。

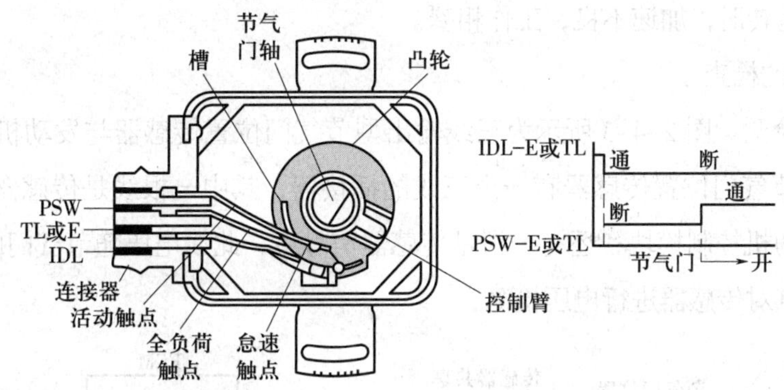

图 2-4-2　触点开关式节气门位置传感器结构及电压输出信号

发动机怠速运转时，IDL 触点闭合，IDL 信号电压为 0 V，ECU 以此信号控制发动机怠速时的运转工况；加速时，IDL 触点断开，其电压变为 5 V；全负荷时，PSW 触点闭合，PSW 电压为 0 V，ECU 控制发动机在全负荷工况工作。触点开关式节气门位置传感器的数据见表 2-4-1。

表 2-4-1　触点开关式节气门位置传感器的数据

触点	节气门位置		
	全负荷 /V	部分负荷 /V	怠速 /V
IDL	5	5	0
PSW	0	5	5

2. 传感器损坏的故障现象

触点开关式节气门位置传感器的常见故障是触点接触不良，从而导致车辆怠速不稳、无怠速以及加速困难等。

3. 故障检查

触点开关式节气门位置传感器的一般检测方法是拆下传感器插头，使用万用表测量信号输出端子的输出电压和触点接触电阻。在电路图中可以看到 IDL 为怠速触点，在发动机怠速运转时闭合，由 IDL 线向控制单元输送怠速信号；PSW 为高速触点，当发动机高速运转时，由 PSW 线向控制单元输送高速信号，发动机控制单元根据此信号增加喷油量。

四、滑线电阻式节气门位置传感器

1. 结构及工作原理

滑线电阻式节气门位置传感器实际上是具有线性输出特性的转角电位计。电位计转臂与节气门同轴安装，当节气门转动时，带动电位计转臂滑到一定的位置，电位计输出与节气门位置成比例的电压信号。

2. 传感器损坏的故障现象

在发动机运转时，加速不良，工作粗暴。

3. 传感器的检查

（1）电压检测。图 2-4-3 所示为三线输出型节气门位置传感器与发动机控制模块的连接电路。这种节气门位置传感器有一个三线的插接器，其中一根线是传感器的 5 V 工作电源线，来自发动机控制模块；还有一根是传感器信号线，此线电压随节气门的开大而增大。可以根据这一点对传感器进行电压检测。

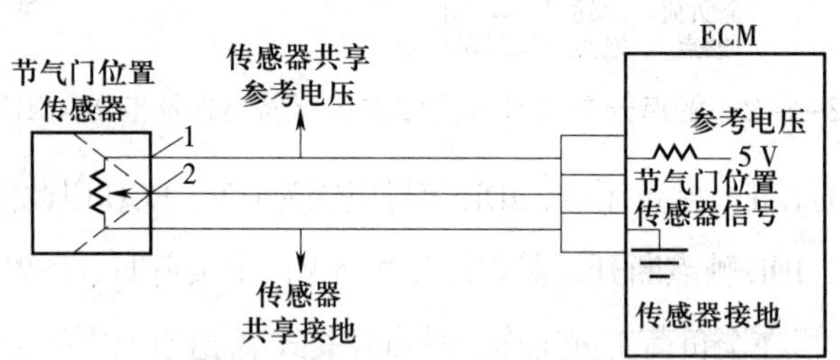

图 2-4-3 三线输出型节气门位置传感器与发动机控制模块的连接电路

（2）电阻检测。关闭点火开关，断开线束连接，把万用表调到电阻挡，两表笔分别接传感器 1、2 号端子，常温下电阻值应为 2（1 ± 20%）kΩ。两表笔分别接传感器正极电源及信号端子，转动节气门，其电阻值应随节气门打开而减小，同时电阻值应均匀变化，不应有较大的突变。用专用故障诊断仪与电控汽油喷射系统 ECU 进行通信，读取 ECU 中的故障数据，从而可以对节气门位置传感器的失效做出判断。这些将在以后的章节里讲到。

五、复合式节气门位置传感器

1. 结构及工作原理

复合式节气门位置传感器是在滑线电阻式节气门位置传感器的基础上，加装了一个怠速开关，其结构如图 2-4-4 所示，主要由滑线电阻、滑动触点、节气门轴、怠速触点及传感器壳体等组成。滑线电阻集成在传感器底板上，一端由 ECU 提供 5 V 工作电源（VC 端子），另一端通过 ECU 搭铁；滑线电阻的滑臂与信号输出端子 VTA 相连，并随节气门轴一同转动；怠速触点的一端由 ECU 提供 5 V（或 12 V）的信号参考电压（IDL 端子），另一端也通过 ECU 搭铁。怠速时，怠速触点闭合，输出怠速工况的信号；其他工况时，随节气门开度的增大，输出信号电压也提高。其与 ECU 的连接电路如图 2-4-5 所示。

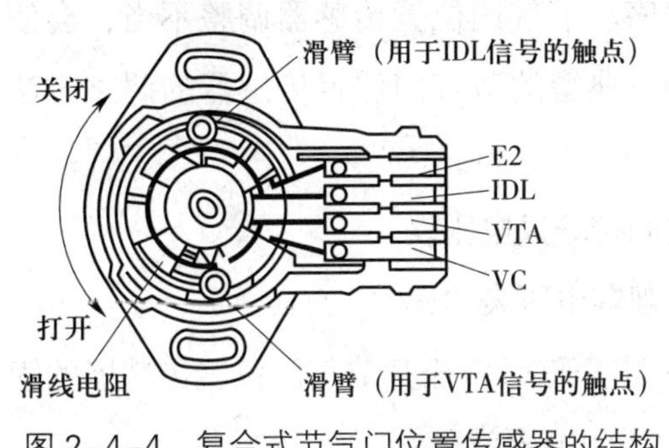

图 2-4-4　复合式节气门位置传感器的结构

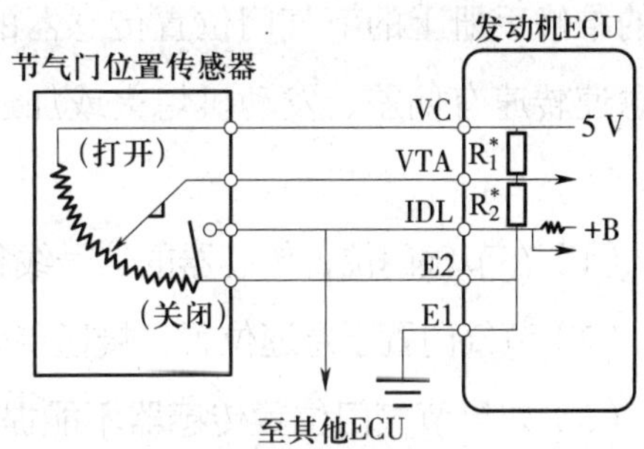

图 2-4-5　复合式节气门位置传感器与 ECU 的连接电路

2. 传感器的检查

（1）电压的检查。插好节气门位置传感器的插接器，当点火开关位于 ON 位置时，发动机 ECU 插接器上 IDL、VC、VTA 三个端子与 E2 之间的标准电压值见表 2-4-2。

表 2-4-2　IDL、VC、VTA 三个端子与 E2 之间的标准电压值

测量端子	条件	标准电压值 /V
IDL—E2	节气门开	9 ~ 14
VC—E2	—	4.0 ~ 5.5
VTA—E2	节气门全闭	0.4 ~ 0.8
	节气门全开	3.8 ~ 4.5

（2）电阻值的检测。改进型节气门位置传感器可以用欧姆表检测，改变节气门杆与止动螺钉之间的间隙，依次测量搭铁端子和其他所有端子之间的电阻值，应符合规定值。丰田车型节气门位置传感器电阻值检测数据见表 2-4-3。

表 2-4-3　丰田车型节气门位置传感器电阻值检测数据

节气门杆与止动螺钉间的间隙 /mm	接线端	电阻值 /kΩ
0	TA—E2	0.28 ~ 6.4
0.35	IDL—E2	0.5 或更小
0.70	IDL—E2	无穷大
节气门全开	VTA—E2	2.0 ~ 11.6
	VC—E2	2.7 ~ 7.7

3. 节气门位置传感器的调整

有些车上的节气门位置传感器是可以调整的，调整时需要仔细对照汽车生产厂家提供的维修手册上的节气门位置传感器的调整程序。节气门位置传感器调整不当，会使汽车怠速转速有偏差、发动机熄火或加速不圆滑。典型的节气门位置传感器的调整方法如下。

（1）在节气门位置传感器的信号线和搭铁线间接一只电压表。

（2）节气门置于怠速位置，接通点火开关，观察电压表的读数。

（3）如果节气门位置传感器不能提供规定的电压信号，松开节气门位置传感器的固定螺钉，转动传感器壳体，直到电压表上指示出规定的电压信号。

（4）拧紧节气门位置传感器的固定螺钉。

六、霍尔式节气门位置传感器

1. 结构及工作原理

霍尔式节气门位置传感器由霍尔集成芯片（IC）和可绕其转动的磁铁构成，其结构如图 2-4-6 所示。磁铁与节气门轴同轴，即和节气门一起转动。当节气门开启时，磁铁也一同转动，改变位置。此时，霍尔集成芯片（IC）探测磁铁位置变化所造成磁通量的变化并产生霍尔效应，从 VTA1 端子和 VTA2 端子输出信号电压。为了确保此传感器的可靠性，还具有不同输出特性的两个系统输出信号，如图 2-4-7 所示。

2. 故障检查

霍尔式节气门位置传感器不仅能精确地检测节气门的开度，还采用了无接触方式，简化了结构，所以不易发生故障。为了确保其工作的可靠性，一般会输出两套信号：VTA1 和 VTA2，其中 VTA1 用于检查节气门开度，VTA2 用于检查 VTA1 的故障。

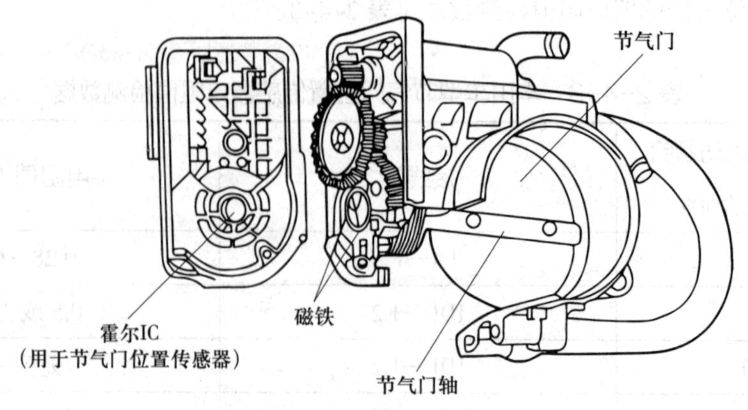

图 2-4-6　霍尔式节气门位置传感器的结构

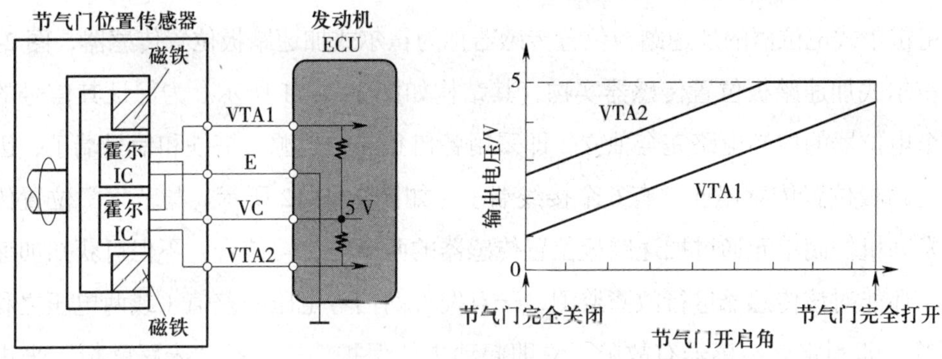

图 2-4-7 霍尔式节气门位置传感器的输出信号

七、加速踏板位置传感器

现在许多汽车发动机都采用了电子节气门，此时，在驾驶人的脚下还需要另外增设一个加速踏板位置传感器，发动机 ECU 利用该传感器的信号来控制电子节气门的开度。

加速踏板位置传感器有两种，分别为滑线电阻式和霍尔式。为了确保其工作的可靠性，此传感器往往有两个不同特性的输出信号。

1. 滑线电阻式加速踏板位置传感器

滑线电阻式加速踏板位置传感器如图 2-4-8 所示，其结构及工作原理与滑线电阻式节气门位置传感器相同。从两个系统来的信号之一的 VPA 信号，能在加速踏板踩下的全程范围内，成线性关系地输出电压。另一个 VPA2 信号，能输出偏离 VPA 信号的偏置电压。滑线电阻式加速踏板位置传感器的控制电路和输出特性如图 2-4-9 所示。

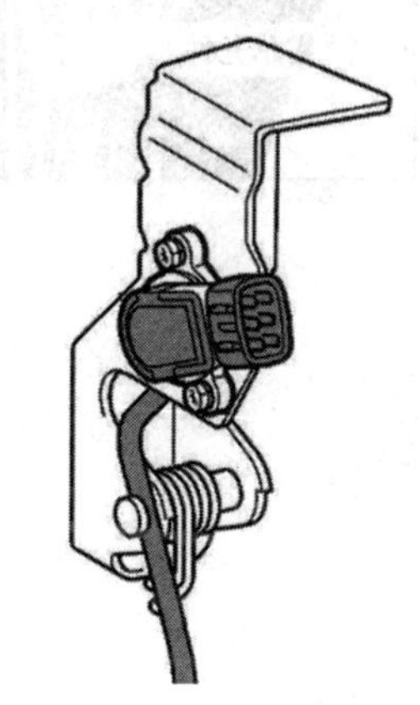

图 2-4-8 滑线电阻式加速踏板位置传感器

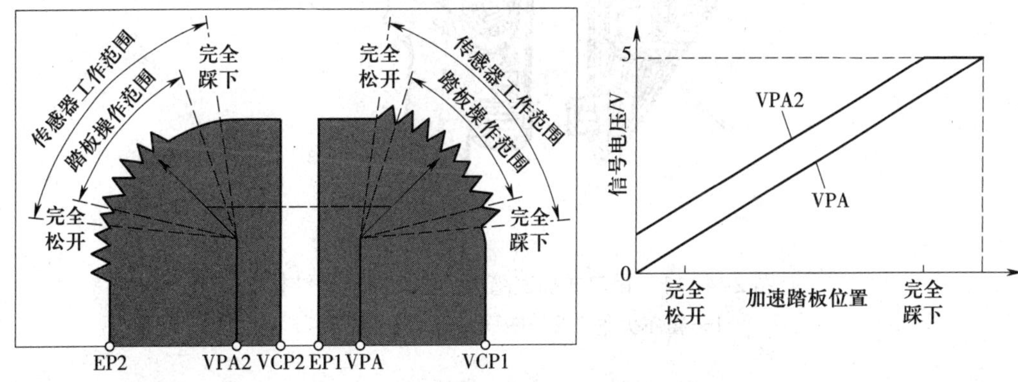

图 2-4-9 滑线电阻式加速踏板位置传感器的控制电路和输出特性

2. 霍尔式加速踏板位置传感器

采用霍尔式电位器的加速踏板位置传感器称为霍尔式加速踏板位置传感器，图 2–4–10 所示为霍尔式加速踏板位置传感器实物，其结构如图 2–4–11 所示。为保证其信号的可靠性，两个电位器的控制电路完全独立，即采用各自独立的电源、搭铁和信号端子，因此霍尔式加速踏板位置传感器通常有 6 个接线端子，如图 2–4–12 所示。与节气门位置传感器一样，发动机控制单元通过加速踏板位置传感器的两个电位器信号，不但可获知加速踏板的开度，还能对该传感器进行故障监测，一旦发现两信号电压的差值（或两电压之和）与标准不符，即判定该传感器有故障，立即起动失效保护模式，按“未踩踏板”来进行控制。

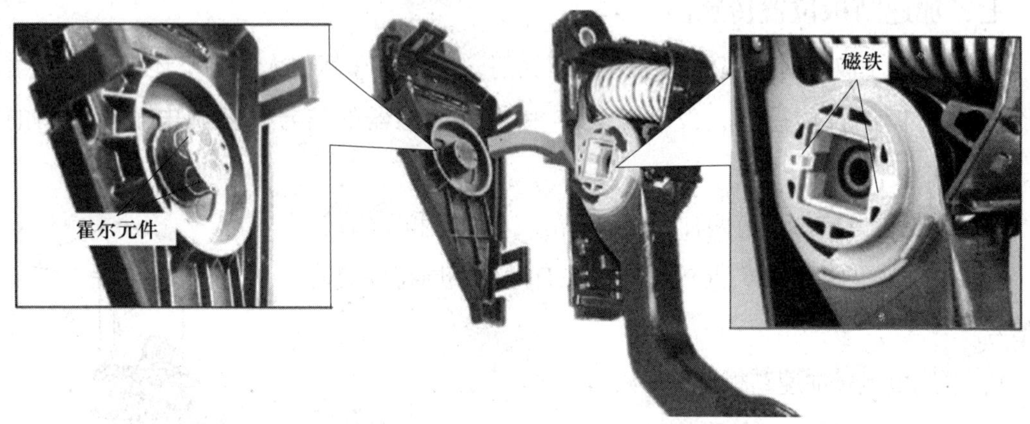

图 2–4–10　霍尔式加速踏板位置传感器实物

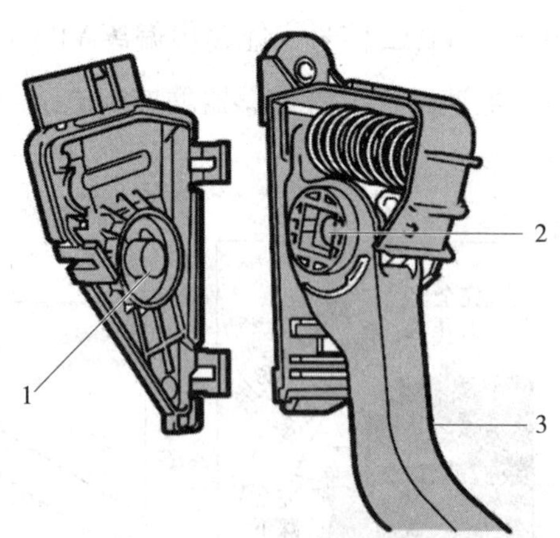

图 2–4–11　霍尔式加速踏板位置传感器的结构
1—霍尔元件　2—磁铁　3—加速踏板

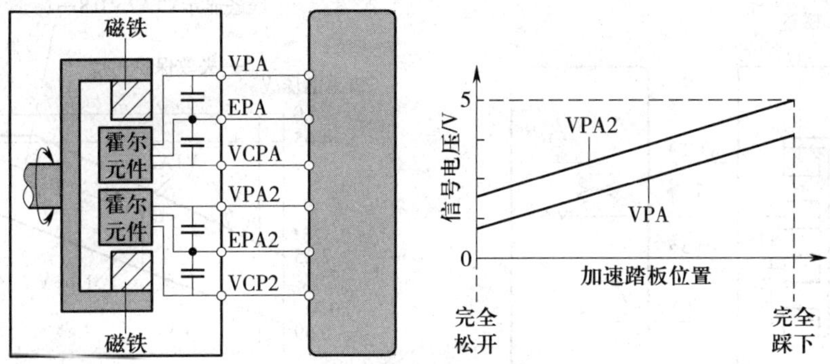

图 2-4-12 霍尔式加速踏板位置传感器的控制电路及输出特性

注意：因在安装该传感器时，需要极精密的位置调整，所以，不得拆下该传感器。当该传感器出现故障时，须更换加速踏板总成。

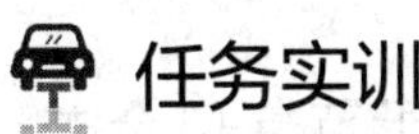

任务实训

节气门位置传感器的检修

一、实训目的

能够对节气门位置传感器进行检修。

二、实训准备

实训工具及设备准备见表 2-4-4。

表 2-4-4 实训工具及设备准备

序号	工具及设备	数量
1	丰田卡罗拉实训车（8ZR-FXE 发动机）	1 辆
2	万用表	1 个
3	丰田故障诊断仪（GTS）	1 台
4	通用工具	1 套
5	发动机舱防护罩	1 套
6	驾驶室卫生防护“三件套”	1 套

三、实训步骤

丰田卡罗拉 8ZR-FXE 发动机采用了霍尔式节气门位置传感器，其中有 2 个信号电路 VTA1 和 VTA2。VTA1 用于检测节气门开度，VTA2 用于检测 VTA1 的故障。该传感器的电路图如图 2-4-13 所示，其输出信号如图 2-4-14 所示。

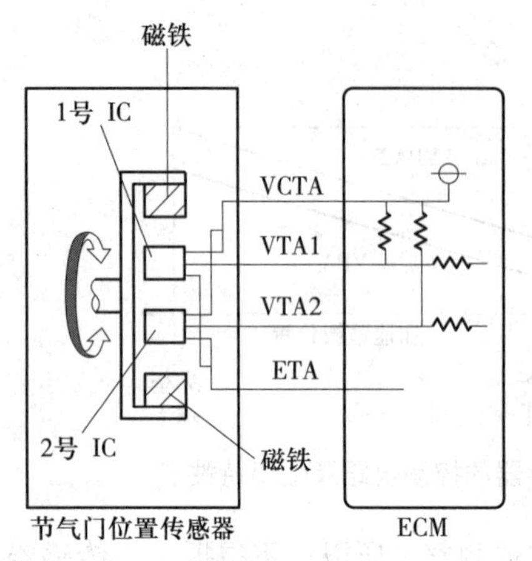

图 2-4-13　丰田卡罗拉 8ZR-FXE 发动机节气门位置传感器的电路图

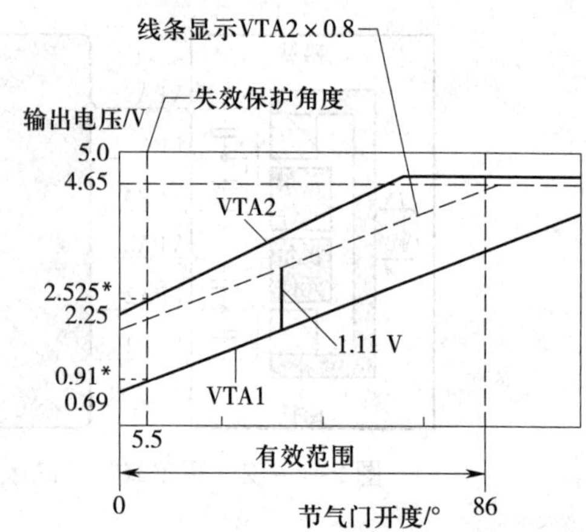

图 2-4-14　8ZR-FXE 发动机节气门位置传感器的输出信号
*—失效保护点

VTA1 传输的节气门开度以百分比形式表示：10%～22% 对应于节气门全关；64%～96% 对应于节气门全开；失效保护角度为 5.5°，对应的节气门开度为 18.2%。

VTA2 与 VTA1 之间的关系：VTA2×0.8≈VTA1+1.11 V。

失效保护：ECM 内部存储有节气门位置传感器方面的故障码（DTC），或与电子节气门控制系统（ETCS）故障有关的其他故障码时，ECM 进入失效保护模式。在该模式下，ECM 切断流向节气门执行器的电流，且节气门在回位弹簧的作用下恢复到 5.5° 节气门开度。ECM 使发动机停止运转，仅可使用电驱动力系统行驶车辆。此时，如果平稳而缓慢地踩下加速踏板，车辆可以缓慢行驶。失效保护模式持续运行，直至检测到通过条件且将点火开关置于 OFF 位置。

1. 与节气门位置传感器有关的故障码（DTC）（见表 2-4-5）

表 2-4-5　与节气门位置传感器有关的故障码（DTC）

DTC 编号	检测项目	DTC 检测条件	故障部位	MIL（故障灯）
P0120	节气门位置传感器“A”电路	VTA1 的输出电压快速波动，并超出上下故障阈值，持续 2 s 或更长时间	1. 节气门位置传感器； 2. ECM	点亮
P0121	节气门位置传感器“A”电路范围 / 性能	VTA1 和 VTA2 之间的电压差低于 0.8 V 或高于 1.6 V，持续 2 s	1. 节气门位置传感器； 2. 节气门位置传感器电路； 3. ECM	点亮

续表

DTC 编号	检测项目	DTC 检测条件	故障部位	MIL（故障灯）
P0122	节气门位置传感器“A”电路低输入	VTA1 的输出电压为 0.2 V 或更低，持续 2 s 或更长时间	1. 节气门位置传感器； 2. VTA1 电路短路； 3. VCTA 电路断路； 4. ECM	点亮
P0123	节气门位置传感器“A”电路高输入	VTA1 的输出电压为 4.54 V 或更高，持续 2 s 或更长时间	1. 节气门位置传感器； 2. VTA1 电路断路； 3. ETA 电路断路； 4. VCTA 和 VTA1 电路之间短路； 5. ECM	点亮
P0220	节气门位置传感器“B”电路	VTA2 的输出电压快速波动，并超出上下故障阈值，持续 2 s 或更长时间	1. 节气门位置传感器； 2. ECM	点亮
P0222	节气门位置传感器“B”电路低输入	VTA2 的输出电压为 1.75 V 或更低，持续 2 s 或更长时间	1. 节气门位置传感器； 2. VTA2 电路短路； 3. VCTA 电路断路； 4. ECM	点亮
P0223	节气门位置传感器“B”电路高输入	VTA2 的输出电压为 4.8 V 或更高，且 VTA1 在 0.2 V 和 2.02 V 之间，持续 2 s 或更长时间	1. 节气门位置传感器； 2. VTA2 电路断路； 3. ETA 电路断路； 4. VCTA 和 VTA2 电路之间短路； 5. ECM	点亮
P2135	节气门位置传感器“A”/“B”电压相关性	满足以下任一条件： 1. VTA1 和 VTA2 输出电压之间的差值为 0.02 V 或更低，持续 0.5 s 或更长时间； 2. VTA1 的输出电压为 0.2 V 或更低，且 VTA2 的输出电压为 1.75 V 或更低，持续 0.4 s 或更长时间	1. VTA1 和 VTA2 电路之间短路； 2. 节气门位置传感器； 3. ECM	点亮

2. 节气门位置传感器的检查

节气门位置传感器与 ECM 之间的连接电路如图 2-4-15 所示。

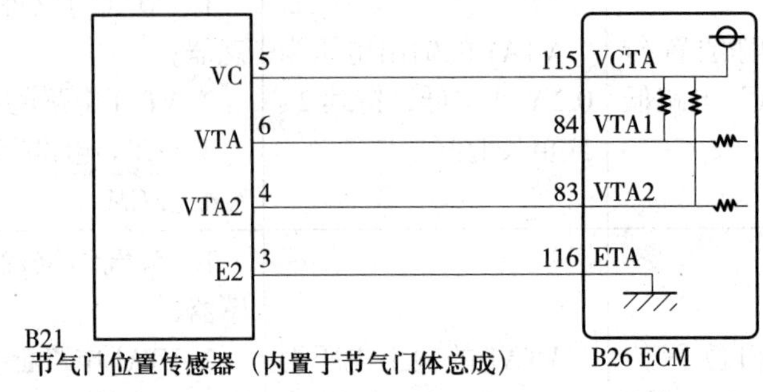

图 2-4-15　节气门位置传感器与 ECM 之间的连接电路

（1）确认行驶模式（故障再现与确认）

操作步骤如图 2-4-16 所示，将 GTS 连接到 DLC3，将点火开关置于 ON（IG）位置，打开 GTS，清除 DTC（即使未存储 DTC，也应执行清除 DTC 程序）。将点火开关置于 OFF 位置并至少等待 30 s，再将点火开关置于 ON（IG）位置，并打开 GTS（图 2-4-16［A］阶段），将发动机置于检查模式（保养模式）。

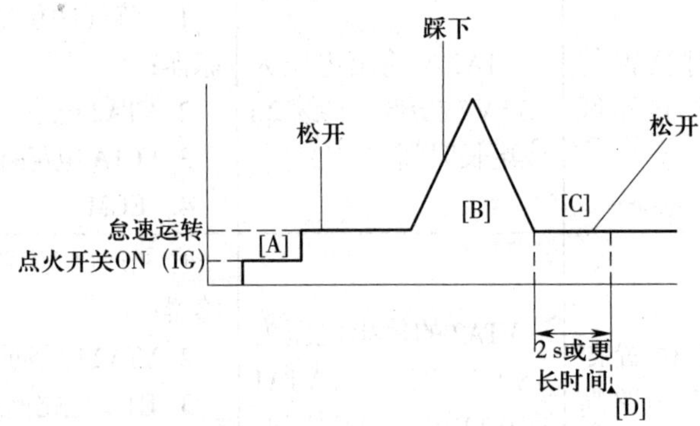

图 2-4-16　确认行驶模式操作步骤

起动发动机，车辆静止的情况下，完全踩下并松开加速踏板（图 2-4-16［B］阶段）。使发动机怠速运转 2 s 或更长时间（图 2-4-16［C］阶段），进入菜单 Powertrain/Engine and ECT/Trouble Codes（图 2-4-16［D］阶段），读取待定 DTC。

如果输出待定 DTC，则系统发生故障；如果未输出待定 DTC，则执行以下程序。

进入菜单 Powertrain/Engine and ECT/Utility/All Readiness，输入 DTC P0120、P0121、P0122、P0123、P0220、P0222、P0223 或 P2135，检查 DTC 判断结果。

如果显示“INCOMPLETE”或“N/A”，则再次执行图 2-4-16 的阶段［B］至阶段［D］。

如果显示“NORMAL”，则表示“DTC 判断完成，系统正常”。

如果显示“ABNORMAL”，则表示“DTC 判断完成，系统异常”，则进行下一步。

（2）检查线束和连接器（节气门位置传感器—ECM）

断开节气门体总成连接器，断开 ECM 连接器，用万用表测量相关端子之间的电阻，相关数据如下：

B21-5（VC）—B26-115（VCTA）：<1 Ω；

B21-6（VTA）—B26-84（VTA1）：<1 Ω；

B21-4（VTA2）—B26-83（VTA2）：<1 Ω；

B21-3（E2）—B26-116（ETA）：<1 Ω；

B21-5（VC）或 B26-115（VCTA）—车身搭铁：≥10 kΩ；

B21-6（VTA）或 B26-84（VTA1）—车身搭铁：≥10 kΩ；

B21-4（VTA2）或 B26-83（VTA2）—车身搭铁：≥10 kΩ。

如果异常，则维修或更换线束或连接器；如果正常，则进行下一步。

（3）检查 ECM（VC 电压）

断开节气门体总成连接器，连接 ECM 连接器，将点火开关置于 ON（IG）位置，用万用表测量 B21-5（VC）—B21-3（E2）之间的电压，标准值为 4.5 ~ 5.5 V。

如果异常，则更换 ECM。

如果正常，则更换节气门体总成，并检查是否再次输出节气门位置传感器方面的故障码，如果仍然输出故障码，则更换 ECM。

四、实训要求

1. 每一步检查都应对照电路图，做到思路清晰、明了。
2. 操作认真仔细，以免造成设备损坏。
3. 养成使用发动机舱防护罩、驾驶室卫生防护“三件套”的职业习惯。
4. 养成工具、零件、油液“三不落地”的汽车维修操作习惯。

任务小结

通过本任务的学习，了解到节气门位置传感器的类型按结构大致可分为触点开关式、滑线电阻式、复合式和霍尔式四种，同时针对电子节气门还学习了加速踏板位置传感器。

检查节气门位置传感器时，有两种方法：一种是关闭点火开关，拔下节气门位置传感器插头，用万用表检测电阻值，其电阻值会随着节气门开度的变化而连续变化，如果电阻没有变化，或出现接触不良和中断，则表明节气门位置传感器已损坏；另一种是打开点火开关测量其工作电压，其电压会随着节气门开度的变化而变化，如果电压不变化，则表明节气门位置传感器已损坏。

任务❺ 进气温度传感器的检修

学习目标

1. 了解进气温度传感器的作用及对发动机工作的影响。
2. 掌握进气温度传感器的工作原理。
3. 掌握进气温度传感器的检修方法。

任务引入

发动机 ECU 能够显示进气温度，这是因为在电控发动机上装有进气温度传感器。进气温度传感器可以把发动机进气温度的物理信号转换成电信号。本任务将介绍进气温度传感器是如何把进气温度的物理信号转换成电信号的，同时通过学习还将掌握当进气温度传感器出现故障时如何进行检修。

相关知识

各品牌汽车上所用的进气温度传感器的结构和工作原理都大同小异，一般都采用了负温度系数（NTC）热敏电阻，因此检查方法也没有多大差别，一般都可以用万用表直接测量其电阻随温度的变化情况，另外还需要检查该传感器与 ECU 之间的线路连接情况。

一、进气温度传感器的作用及对发动机工作的影响

进气温度传感器（ATS）一般安装在发动机进气管上，或与空气流量传感器制为一体，用于测量发动机的进气温度，ECU 利用其信号除了可以将进气的体积流量换算为质量流量外，还可以实现某些特定的控制功能。

当进气温度较低时，适当增大喷油量（因低温时汽油的蒸发性较差，不利于形成混合气），以确保发动机能够稳定运转（特别是怠速时）。

二、进气温度传感器

1. 结构及工作原理

进气温度传感器如图 2–5–1 所示，它用来检测进气温度，并将进气温度信号转变成电信号输送给发动机控制模块，作为汽油喷射、点火正时的修正信号。进气温度传感器是一个具有负温度系数的热敏电阻，温度越高电阻越小，有的安装在进气软管上，如雪佛兰赛欧、奥德赛、红旗；有的安装在进气歧管上，如帕萨特 B5 1.8T；有的与进气压力传感器作为一体，如桑塔纳、现代索纳塔、现代伊兰特、比亚迪 F3 及 F1、长城汽车等。

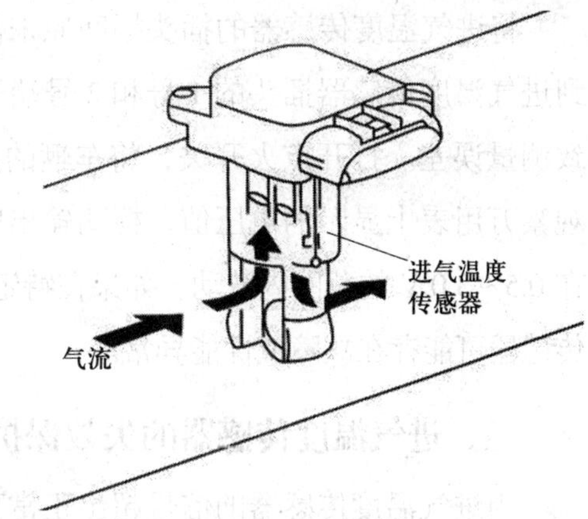

图 2-5-1　进气温度传感器

2. 传感器的检查

进气温度传感器的检查方法与冷却液温度传感器的检查方法一样。有的空气供给系统进气温度传感器与进气压力传感器装于一体，感温元件采用负温度系数热敏电阻，其检查方法如下。

（1）关闭点火开关，拔下进气温度传感器插头，将万用表拨到电压挡，红表笔连接到进气温度传感器插头 1 号端子，黑表笔连接到 3 号端子，打开点火开关，检测供电电压，标准值应为 5 V。

（2）确保车辆处于熄火状态，关闭点火开关。找到进气温度传感器，通常位于进气管附近。断开进气温度传感器的线路连接，使传感器与电路分离。将万用表调整到 2 kΩ 或 20 kΩ 挡位，用万用表的两个表笔分别接触传感器的两个端子，读取万用表上显示的电阻值。检测时，可以通过将传感器放入不同温度的环境中（如热水、冷水或使用温度可控的设备）来模拟不同温度条件。将测量得到的电阻值与该传感器的技术规格或维修手册中提供的标准电阻值范围进行对比。如果电阻值超出正常范围，表示传感器可能存在故障。进气温度传感器的电阻值随温度变化的关系参见表 2-5-1。

表 2-5-1　进气温度传感器的电阻值随温度变化的关系

温度 /℃	电阻值 /Ω	温度 /℃	电阻值 /Ω
-20	14 ~ 20	50	0.72 ~ 1.0
0	5 ~ 6.5	60	0.53 ~ 0.65
10	3.3 ~ 4.2	70	0.38 ~ 0.48
20	2.2 ~ 2.7	80	0.28 ~ 0.35
30	1.4 ~ 1.9	90	0.21 ~ 0.28
40	1.0 ~ 1.4	100	0.17 ~ 0.2

将进气温度传感器的插头插回原来位置，确保连接牢固。将万用表的两表笔分别连接到进气温度传感器插头的1号和2号端子，确保表笔与端子接触良好，避免因接触不良导致测量误差。打开点火开关，将车辆的点火开关旋转至“ON”位置，但不要起动发动机。观察万用表上显示的电压值，检测输出电压。正常情况下，随着温度的变化，输出电压应在0.5～3.0 V的范围内波动。如果在特定温度下，输出电压不在这个范围内，表示进气温度传感器可能存在故障或性能异常。

三、进气温度传感器的失效保护模式

当进气温度传感器的信号超出正常范围时，ECU即判定传感器发生了故障，在储存相应故障码的同时，进入失效保护模式，以维持发动机继续运转。

进气温度传感器发生故障时，失效保护模式的设定温度为20 ℃左右（不同车系可能会有所不同）。

任务实训

丰田卡罗拉进气温度传感器的检修

一、实训目的

能够对进气温度传感器进行检修。

二、实训准备

实训工具及设备准备见表2-5-2。

表2-5-2　实训工具及设备准备

序号	工具及设备	数量
1	丰田卡罗拉实训车（8ZR-FXE发动机）	1辆
2	丰田故障诊断仪（GTS）	1台
3	万用表	1个
4	通用工具	1套
5	跨接线	1条
6	烧杯或加热容器及加热器	1个
7	吹风机	1个
8	温度计	1只
9	发动机舱防护罩	1套
10	驾驶室卫生防护“三件套”	1套

三、实训步骤

进气温度传感器的电路图如图 2–5–2 所示，其性能参数如图 2–5–3 所示。

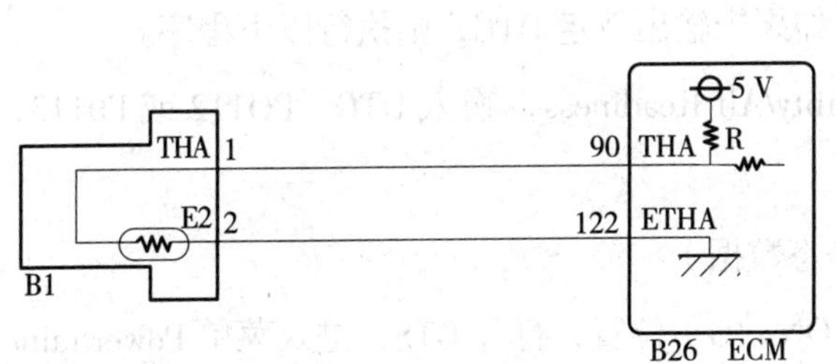

图 2–5–2　进气温度传感器的电路图

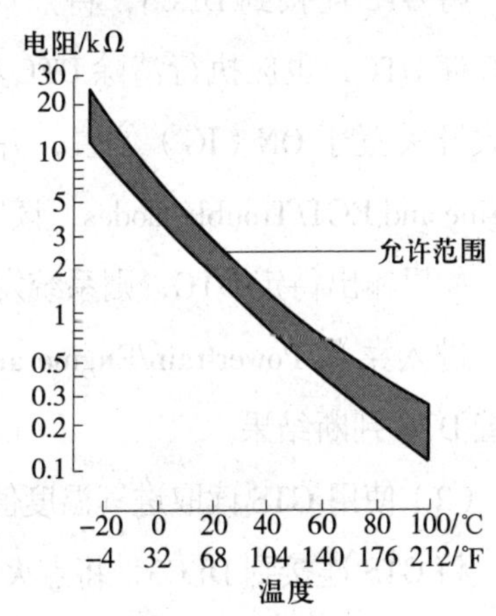

图 2–5–3　进气温度传感器的性能参数

1. 进气温度传感器的相关故障码（DTC）

进气温度传感器的相关故障码（DTC）见表 2–5–3。

表 2–5–3　进气温度传感器的相关故障码（DTC）

DTC 编号	检测项目	DTC 检测条件	故障部位	MIL（故障灯）
P0112	进气温度传感器电路低输入	进气温度传感器电路短路，持续 0.5 s	1. 进气温度传感器电路短路； 2. 进气温度传感器； 3. ECM	点亮
P0113	进气温度传感器电路高输入	进气温度传感器电路断路，持续 0.5 s	1. 进气温度传感器电路断路； 2. 进气温度传感器； 3. ECM	点亮

如果传感器输出电压高于 4.91 V 持续 0.5 s 或更长时间，则 ECM 判定进气温度传感器电路断路，并存储 DTC P0113；如果输出电压低于 0.18 V 持续 0.5 s 或更长时间，则 ECM 判定传感器电路内存在短路，并存储 DTC P0112。

ECM 存储故障码 P0112 或 P0113 时，将进入失效保护模式，该模式下，ECM 设定进气温度为 20 ℃。

2. 进气温度传感器的检查（DTC P0112 或 P0113）

（1）确认行驶模式（故障再现与确认）

将 GTS 连接到 DLC3，将点火开关置于 ON（IG）位置，打开 GTS，清除 DTC（即使未存储 DTC，也应执行清除 DTC 程序）。将点火开关置于 OFF 位置并至少等待 30 s，再将点火开关置于 ON（IG）位置，并打开 GTS，等待 0.5 s 或更长时间，进入菜单 Powertrain/Engine and ECT/Trouble Codes，读取待定 DTC。

如果输出待定 DTC，则系统发生故障；如果未输出待定 DTC，则执行以下程序。

进入菜单 Powertrain/Engine and ECT/Utility/All Readiness，输入 DTC　PO112 或 P0113，检查 DTC 判断结果。

（2）使用 GTS 读取进气温度值（读取静态数据）

将 GTS 连接到 DLC3，将点火开关置于 ON（IG）位置，打开 GTS，进入菜单 Powertrain/Engine and ECT/Data List/Intake Air，按下“执行”按钮，读取 GTS 上显示的值。

正常：与实际进气温度相同。如果此时仍然有故障码，则检查是否存在间歇性故障。如果显示 −40 ℃，则使用 GTS 检查线束是否断路（步骤 3）。

如果显示 140 ℃，则使用 GTS 检查线束是否短路（步骤 4）。

（3）使用 GTS 检查线束是否断路

如图 2–5–4 所示，断开空气流量传感器线束侧连接器，短接空气流量传感器线束侧连接器 1（THA）端子和 2（E2）端子。

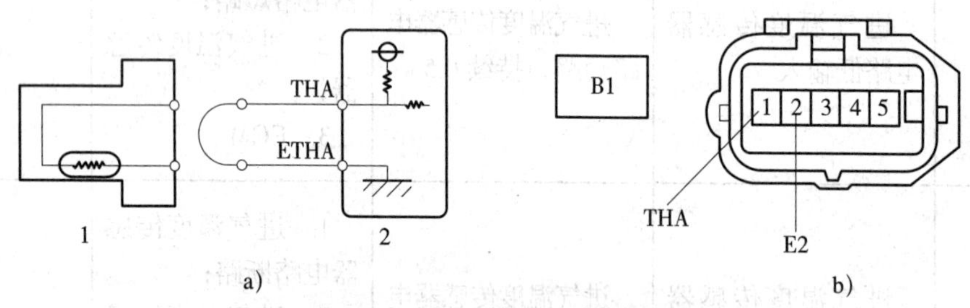

图 2–5–4　断开空气流量传感器线束侧连接器

a）短接 1（THA）端子和 2（E2）端子　b）空气流量传感器线束侧连接器

将 GTS 连接到 DLC3，将点火开关置于 ON（IG）位置，打开 GTS，进入菜 Powertrain/Engine and ECT/Data List/All Data/Intake Air，按下“执行”按钮，读取 GTS 上显示的值，标准值为 140 ℃。

如果正常，则更换空气流量传感器总成；如果异常，则检查线束和连接器（空气流量传感器—ECM），操作方法为断开空气流量传感器连接器，断开 ECM 连接器，用万用表测量相关端子之间的电阻。相关数据如下：

B1-1（THA）—B26-90（THA）：<1 Ω；

B1-2（E2）—B26-122（ETHA）：<1 Ω。

如果正常，则更换 ECM；如果异常，则维修或更换线束或连接器。

（4）使用 GTS 检查线束是否短路

如图 2-5-5 所示，断开空气流量传感器连接器，将 GTS 连接到 DLC3，将点火开关置于 ON（IG）位置，打开 GTS，进入菜单 Powertrain/Engine and ECT/Dataist/All Data/Intake Air，按下“执行”按钮，读取 GTS 上显示的值，标准值为 40 ℃。

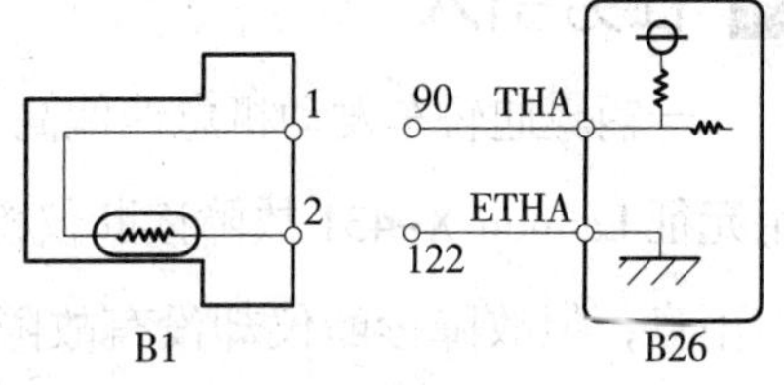

图 2-5-5　断开空气流量传感器连接器

如果正常，则更换空气流量传感器总成；如果异常，则检查线束和连接器（空气流量传感器—ECM），操作方法为断开空气流量传感器连接器，断开 ECM 连接器，用万用表测量相关端子之间的电阻。相关数据如下：

B1-1（THA）或 B26-90（THA）—车身搭铁：≥10 kΩ。

如果正常，则更换 ECM；如果异常，则维修或更换线束或连接器。

四、实训要求

1. 认真思考每一步操作的理由，并与电路图进行对照。

2. 操作仔细、认真、规范，避免损坏设备。

3. 养成使用发动机舱防护罩、驾驶室卫生防护“三件套”的职业习惯。

4. 养成工具、零件、油液“三不落地”的汽车维修操作习惯。

任务小结

进气温度传感器（ATS）用于测量发动机的进气温度，其结构和工作原理都大同小异，一般都采用了负温度系数（NTC）热敏电阻。当进气温度传感器的信号超出正常范围时，ECU 会在储存相应故障码的同时，进入失效保护模式，以维持发动机继续运转。进气温度传感器的检查，一般采用万用表直接测量其电阻随温度的变化情况，另外还需要检查传感器与 ECU 之间的线路连接情况。

任务 6　怠速控制系统的检修

学习目标

1. 熟悉怠速控制方式的分类。

2. 掌握怠速控制系统的组成。

3. 掌握怠速控制的工作过程。

4. 掌握典型怠速控制系统的工作原理。

5. 掌握怠速控制系统的检修方法。

任务引入

一辆奥迪轿车发动机怠速偏高、不稳，转速在 1 200 ~ 1 500 r/min 之间波动，降不下来。用元征 Launch X-431 故障诊断仪检查发动机电控系统，显示没有故障。明明发动机怠速工作不良，但故障诊断仪却没有故障码显示，电控发动机的怠速究竟受什么控制？对于电控发动机的怠速故障，应该怎样进行故障诊断？通过本任务相关知识与技能的学习，将解决上述疑问。

相关知识

发动机在无负荷情况下的最低稳定转速，叫作发动机怠速。发动机在怠速工况下工作时，只需克服其内部的摩擦阻力，而对外无输出功率。发动机怠速的高低，不但对油耗有严重的影响，而且对发动机的排放污染、暖机时间和使用寿命等都有一定程度的影响。发动机一般在以下几种情况下都需要提高发动机怠速。

1. 发动机起动后，冷却液达到正常温度之前，应自动提高发动机的怠速，以免发动机运转发抖或停转，同时缩短暖机时间。

2. 在发动机怠速工况下使用空调时，由于发动机负荷增大，需要自动提高发动机怠速，以免发动机停转。

3. 对动力转向伺服机构来说，在汽车低速转向行驶时，需自动提高发动机怠速，以免发动机转速下降造成熄火，并使转向轻便、可靠。

4. 当发动机转速急剧降低到怠速时，需要不同程度地自动提高发动机怠速，以免急抬加速踏板时发动机停转。

所谓怠速控制，实际上是对怠速空气量的控制。怠速控制系统通过对怠速空气量的控制来控制发动机的怠速转速。怠速时对于空燃比与点火的控制，仍可按各自原来的方式进行。

在大多数情况下，怠速空气取自空气流量传感器的后方。这部分空气已被计量并已在计算喷油量时予以考虑。对于采用速度密度测量方式来测定空气流量的机型，怠速空气量的影响也已包括在进气歧管压力传感器（MAP）的信息之中，所以也无需再对喷油量做出修正。但对于少数机型，怠速空气直接取自空气滤清器，而未经空气流量传感器进行计量，此时 ECU 必须对喷油量做出补偿。

怠速控制系统简称 IAC 或者 ISCV。

一、对发动机怠速转速的控制要求

怠速时发动机不向外输出功率，燃料燃烧所做的功仅仅用于发动机的内部摩擦和带动相关的附属设备，此时，节气门往往处于关闭状态，发动机只需要吸入极少量的空气，喷油器也只需要喷入极少量的燃油，相应的转速也维持较低。

1. 正常怠速或低怠速

冷却液温度正常，且空调、前照灯等附属设备关闭时，怠速一般应为 750 ~ 850 r/min，称为正常怠速或低怠速。

2. 起动、暖机怠速

起动、暖机时，由于冷却液温度较低、发动机内部摩擦力较大，低怠速下容易造成运转不稳，且长时间低温运行会增大发动机的磨损，因此，要求怠速适当提高（提高的幅度与当时的冷却液温度有关，冷却液温度越低，提高的幅度越大），这样，既利于运转平稳，又利于快速暖机。随着冷却液温度的升高，要求转速逐步向正常怠速或低怠速过渡，如图 2–6–1 所示。

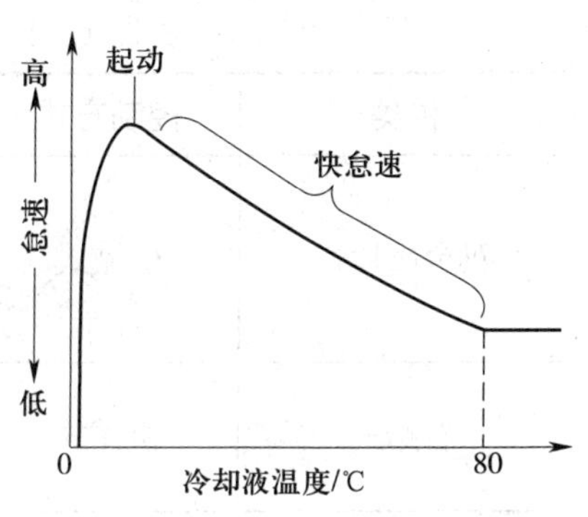

图 2–6–1 起动、暖机时怠速变化要求

3. 高怠速

打开空调、前照灯等附属设备，动力转向投入工作或自动变速器换成行驶挡位时，发动机的负载增大，转速有下降的趋势，此时要求怠速转速自动提高，一般要求达到 1 000 ~ 1 200 r/min，称为高怠速（或快怠速）。

二、怠速控制方式的分类

怠速控制的方式随车型不同而有所不同，对电控汽油喷射系统来说，目前可分为两种类型（见图 2–6–2），一种是控制节气门旁通管路中的旁通空气量，称为旁通空气式；另一种是没有怠速空气旁通道，直接控制节气门全关时的最小开度，称为节气门直动式。其中旁通空气式控制方式目前最为常见。

旁通空气式怠速控制系统的种类较多，一般可按结构分为双金属片式、石蜡式、平动电磁阀式、步进电动机式和旋转电磁阀式五种。这些怠速控制系统的结构不同，功能与控制方式也不同。表 2–6–1 对它们的特点进行了比较。表中前三种结构并不能针对负荷变化做出补偿，随着技术的进步，应用机型已越来越少。

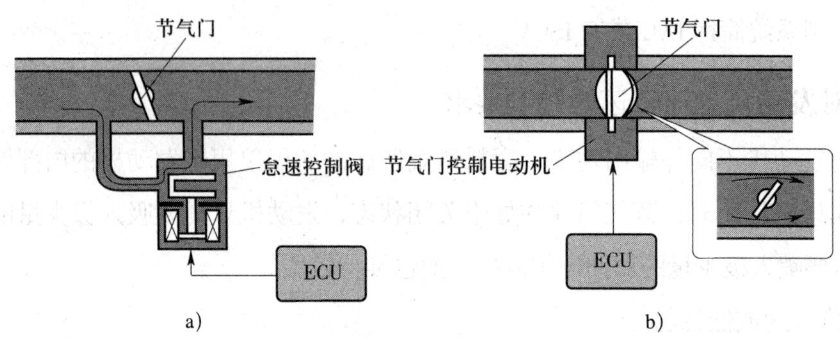

图 2-6-2　怠速控制的两种方式
a）旁通空气式　b）节气门直动式

表 2-6-1　各种旁通空气式怠速控制系统的比较

种类	控制方式	功能	说明
双金属片式	机械式	只提供低温时的附加空气量	双金属片随温度的变形决定附加空气量的大小
石蜡式	机械式	只提供低温时的附加空气量	石蜡的热胀冷缩决定附加空气量的大小
开关式平动电磁阀式	机械式或电子式	只提供低温时的附加空气量	附加空气量只有开、关两种状态
比例式平动电磁阀式	电子式	提供全部怠速空气量，并具备四种功能	ECU 用 PWM 信号控制空气量大小，或者通过真空阀控制
步进电动机式	电子式	提供全部怠速空气量，并具备四种功能	ECU 通过控制旋转步数来控制空气量的大小
旋转电磁阀式	电子式	提供全部怠速空气量，并具备四种功能	ECU 用 PWM 信号控制空气量大小

三、旁通空气式怠速控制系统

旁通空气式怠速控制系统主要由传感器、ECU 和执行元件三部分组成，如图 2-6-3 所示。

传感器的功用是检测发动机的运行工况和负载设备的工作状况，ECU 则根据各种传感器的输入信号确定一个怠速运转的目标转速，并与实际转速进行比较。根据比较结果，控制执行元件工作，以调节进气量，使发动机的怠速转速达到所确定的目标转速。

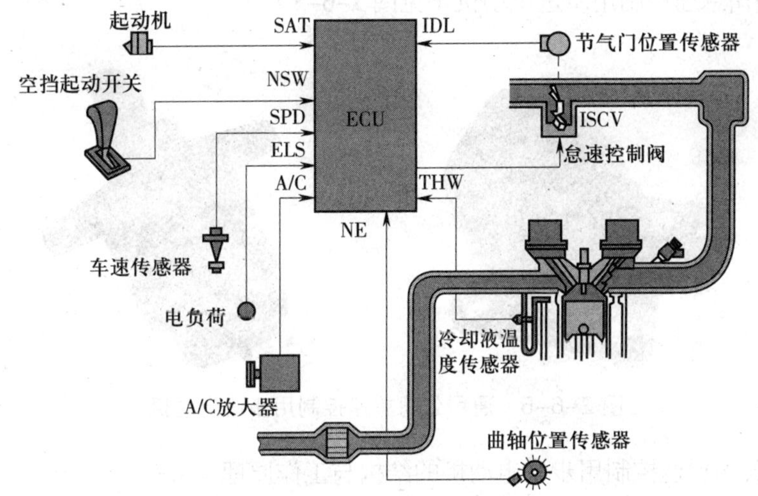

图 2-6-3　旁通空气式怠速控制系统的组成

四、步进电动机式怠速控制阀

这种怠速控制阀有一内置步进电动机，这个电动机顺时针或逆时针方向转动转子，使阀轴及阀移进或移出，这样可增大或减小阀与阀座之间的间隙，以调节允许通过的空气量，如图 2-6-4 所示。

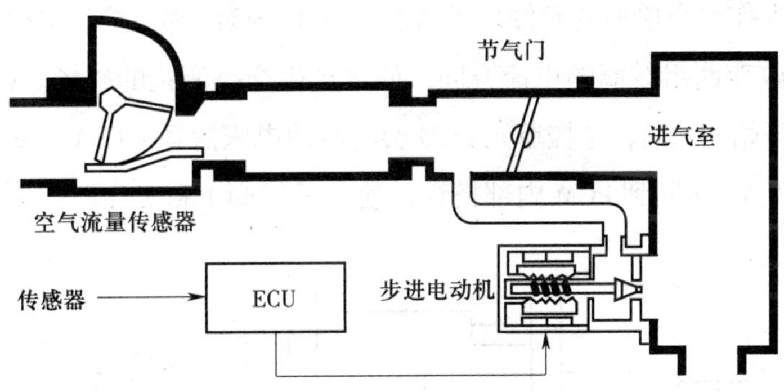

图 2-6-4　步进电动机式怠速控制阀

步进电动机由转子（磁铁）和定子（电磁线圈）构成，丝杆机构将步进电动机转子的旋转运动转变为阀轴的直线运动，阀与阀轴制成一体。步进电动机式怠速控制阀安装在节气门体上，阀伸入设在怠速空气道内的阀座处。ECU 通过对定子线圈通电顺序和输入脉冲数量的控制，即可改变步进电动机式怠速控制阀的位置（即开度），从而控制怠速空气量。由于给步进电动机每输入一定量的脉冲只转过一定的角度，其转动是不连续的，而且是一步一步前进转动的，所以称为步进电动机。

怠速控制用的步进电动机常用的有 4 线和 6 线两种，通用公司使用的步进电动机为 4 线的，丰田公司使用的步进电动机为 6 线的。

1. 通用公司怠速控制用步进电动机（见图 2–6–5）

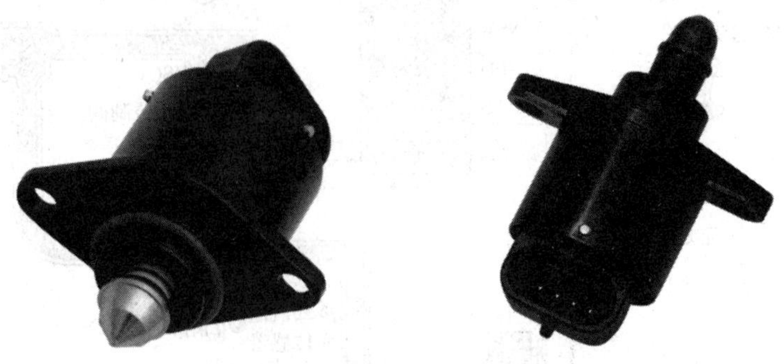

图 2–6–5　通用公司怠速控制用步进电动机

（1）通用公司怠速控制用步进电动机的结构与工作原理

通用公司怠速控制用步进电动机的内部结构与工作原理分别如图 2–6–6、图 2–6–7 所示，此种步进电动机的转子是一个具有 N 极和 S 极的永久磁铁，定子为两组相互独立的线圈，每组由两个线圈组成。定子的磁场方向可以用右手定则判断（四指顺着电流方向握拳，大拇指所指方向即 N 极）。在控制方式上，该种步进电动机电控单元内部控制电路最复杂。

由图 2–6–8 所示的通用公司怠速控制用步进电动机的电路简图可见，步进电动机内每一组的线圈都被视作一个单独的元件，线圈的所有 4 个接线都连接到电控单元 PCM。PCM 利用内部电路，改变两组线圈的电流方向，使之产生交替变化的磁场。如图 2–6–7 所示：第一步，在转子开始转动前，电控单元 PCM 会将脉冲电压信号（12 V）从 A 端送入定子线圈 1 和 2，然后从 A– 端回到 PCM 内部搭铁，使定子线圈 1 和 2 分别产生 S 极和 N 极，吸

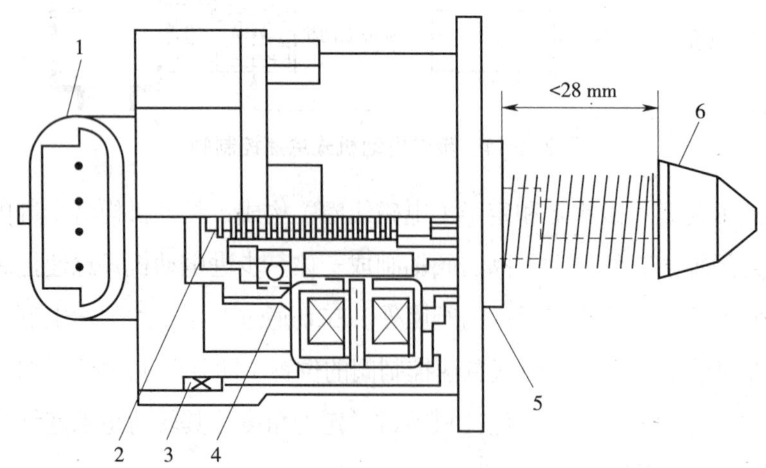

图 2–6–6　通用公司怠速控制用步进电动机的内部结构
1—电插头　2—蜗轮　3—O 形圈　4—后轴承
5—前轴承　6—锥形阀

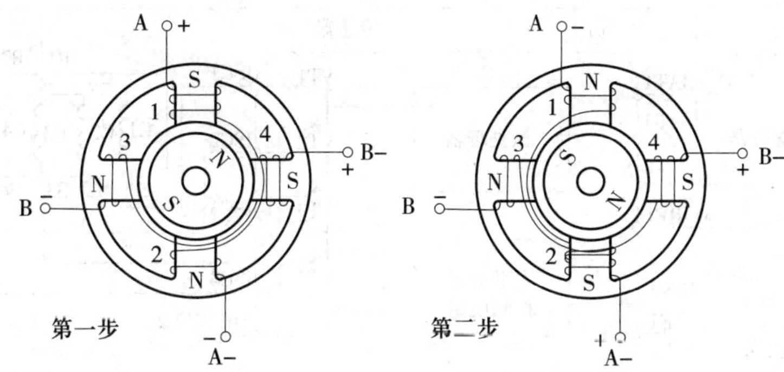

图 2-6-7 通用公司怠速控制用步进电动机的工作原理

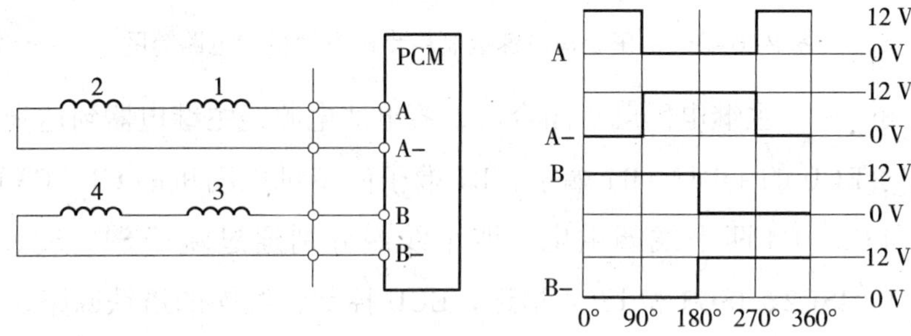

图 2-6-8 通用公司怠速控制用步进电动机的电路简图

引转子顺时针旋转，与此同时，PCM 也将脉冲电压信号从 B 端送入定子线圈 3 和 4，使定子线圈 3 和 4 分别产生 N 极和 S 极，按照异性相吸的规律，转子成为图 2-6-7 中第一步所示的情形；第二步，改变电流方向，使电流从 A- 端送入线圈 1 和 2，从 A 端回到 PCM 内部搭铁，相应的磁场发生改变，上为 N 极下为 S 极，左右磁场不变，按照异性相吸的规律以及转子转动最小角度的原则，转子顺时针转动 90 度，成为图 2-6-7 中第二步所示的情形。其他转动也以相同的方式进行。

（2）通用公司怠速控制用步进电动机的检测方法

正常情况下，A—A- 端之间以及 B—B- 端之间的电阻值为 40 ~ 80 Ω。该步进电动机四个端子的电压在 0 V 和 12 V 两者之间交替变化。步进电动机阀轴伸出的最大长度不能超过 28 mm，如图 2-6-6 所示。

2. 丰田公司怠速控制用步进电动机

（1）丰田公司怠速控制用步进电动机的结构与工作原理

丰田公司怠速控制用步进电动机的结构与通用公司不同的是，步进电动机内的定子由四组相互独立的线圈构成，如图 2-6-9 所示。

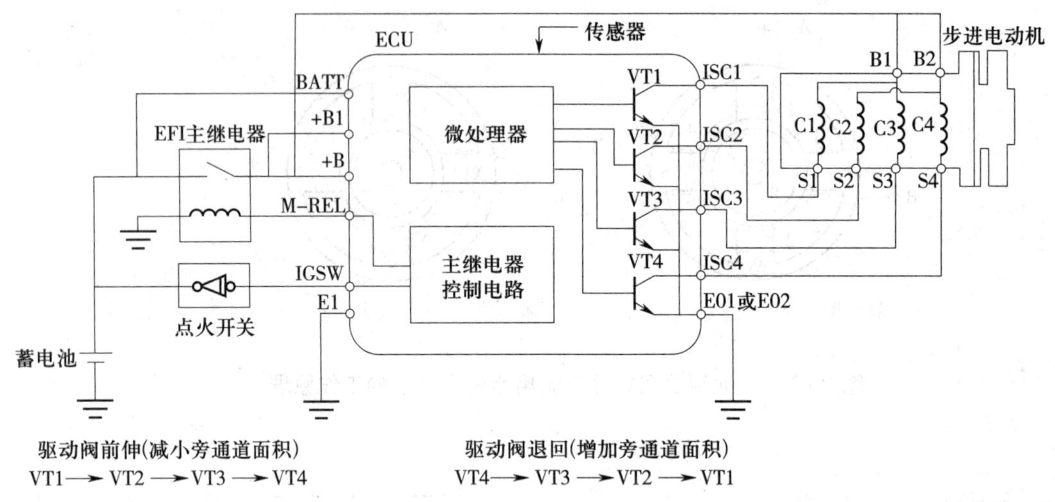

图 2-6-9　丰田公司怠速控制用步进电动机的电路简图

由上图可知，EFI 主继电器触点闭合后，蓄电池电源经主继电器到达步进电动机的 B1 和 B2 端子、ECU 的 +B 和 +B1 端子，B1 端子向步进电动机的 C1、C3 两个线圈供电，B2 端子向 C2、C4 两个线圈供电。四个线圈分别通过端子 S1、S2、S3 和 S4 与 ECU 端子 ISC1、ISC2、ISC3 和 ISC4 相连，ECU 控制各线圈的搭铁回路，以控制怠速控制阀的工作。当 ECU 控制步进电动机的电磁线圈 C1、C2、C3、C4，按 1—2—3—4 顺序通过晶体管依次搭铁时，定子磁场顺时针转动，在其与转子磁场间的相互作用（同性相斥，异性相吸）下，带动转子转动。同理，如果按 C4、C3、C2、Cl 的顺序依次搭铁，步进电动机的线圈按相反的顺序通电，转子则随定子磁场同步反转。一台实际的步进电动机将利用四组电磁线圈，使转子永久磁铁旋转一圈具有 32 步，如图 2-6-10 所示。

（2）丰田公司怠速控制用步进电动机的检测方法

检修步进电动机式怠速控制阀的步骤如下。

1）步进电动机式怠速控制阀线圈电阻的检测

拆下怠速控制阀，用万用表电阻挡测量怠速控制阀线圈的电阻值（见图 2-6-11）。脉冲线性电磁阀式怠速控制阀只有一组线圈，其电阻值为 10～15 Ω。步进电动机式怠速控制阀通常有 2～4 组线圈，各组线圈的电阻值为 10～30 Ω。如线圈电阻值不在上述范围内，应更换怠速控制阀。

图 2-6-10　步进电动机的转子旋转一圈

2）步进电动机式怠速控制阀动作的检测

①断开怠速控制阀线束插接器，将点火开关转至 ON 但不起动发动机，在线束侧分别测量 B1 和 B2 端子与搭铁之间的电压，均应为蓄电池电压（9 ~ 14 V），否则说明怠速控制阀电源电路有故障。

②发动机起动后再熄火时，2 ~ 3 s 内怠速控制阀附近应能听到内部发出的“嗡嗡”声，否则应进一步检查怠速控制阀、控制电路及 ECU。

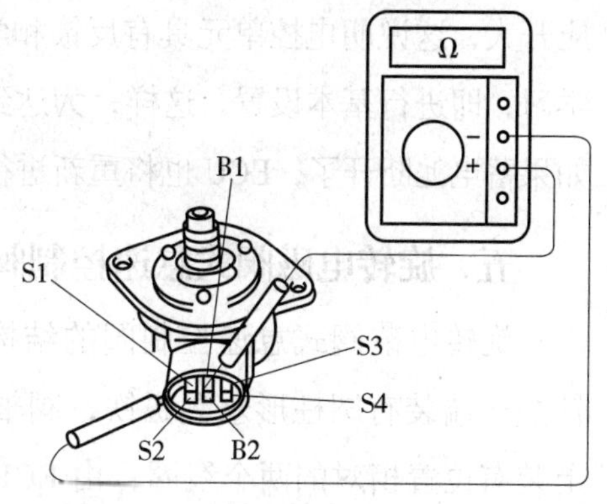

图 2-6-11　丰田公司步进电动机式怠速控制阀线圈的电阻检测

③断开怠速控制阀线束插接器，在控制阀侧分别测量端子 B1 与 S1 和 S3，B2 与 S2 和 S4 之间的电阻值，电阻值均应为 10 ~ 30 Ω，否则应更换怠速控制阀。

④拆下怠速控制阀后，如图 2-6-12a 所示，将蓄电池正极接至 B1 和 B2 端子，负极按顺序依次接通 S1、S2、S3、S4 端子时，随步进电动机的旋转，控制阀应向外伸出，关闭怠速空气旁通道；如图 2-6-12b 所示，当蓄电池负极按相反顺序依次接通 S4、S3、S2、S1 时，控制阀应向内缩回，开启怠速空气旁通道。若工作情况不符合上述要求，应更换怠速控制阀。

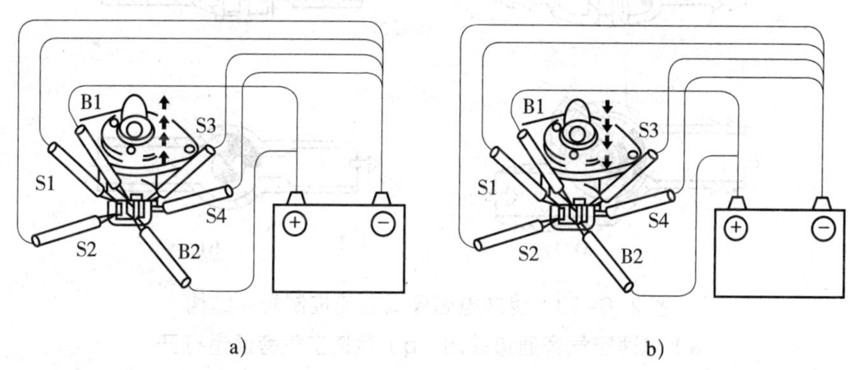

图 2-6-12　丰田公司步进电动机式怠速控制阀的动作检测
a）检查步进电动机的关闭情况　b）检查步进电动机的开启情况

为了改善发动机的起动性能，关闭点火开关使发动机熄火后，ECU 的 M-REL 端子向主继电器线圈供电延续 2 ~ 3 s。在这段时间内，蓄电池继续给 ECU 和步进电动机供电，ECU 使怠速控制阀回到起动初始（全开）位置。待步进电动机回到起动初始位置后，主继电器线圈断电。蓄电池停止给 ECU 和步进电动机供电，怠速控制阀保持全开不变，为下次起动做好准备。

当节气门体变脏后，发动机在怠速时，怠速控制阀的开度会增大。这是因为节气门体变脏后，在相同的开度下，进气量会减少，将不足以维持发动机的目标转速，怠速控制阀应开大，这说明电控单元具有反馈和学习功能。清洗节气门体后，一定要让 ECU 重新进行学习，即进行基本设置，这样，为达到同样的目标转速，怠速时怠速控制阀的开度会减小。如果蓄电池断开了，ECU 也将重新进行怠速控制的学习。

五、旋转电磁阀式怠速控制阀

旋转电磁阀式怠速控制阀的结构如图 2-6-13 所示。控制阀安装在阀轴的中部，阀轴的一端装有圆柱形永久磁铁，阀轴的另一端装有双金属片。永久磁铁对应的圆周位置上装有位置相对的两个线圈，由 ECU 控制两个线圈的通电或断电，改变两个线圈产生的磁场强度。两线圈产生的磁场与永久磁铁形成的磁场相互作用，使永久磁铁带动阀轴一起旋转，转过的角度由永久磁铁转动的转矩与双金属片回位转矩相平衡情况决定。

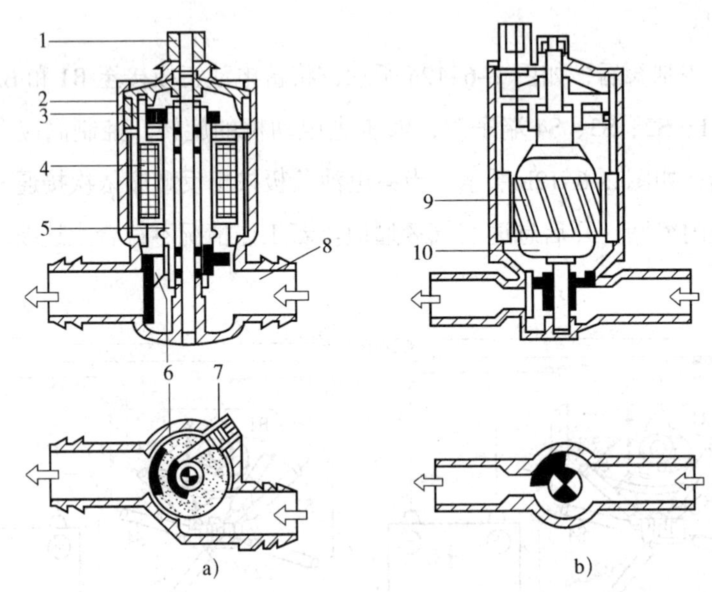

图 2-6-13　旋转电磁阀式怠速控制阀的结构

a）怠速空气旁通道关闭　b）怠速空气旁通道打开

1—电插头　2—壳体　3—回位弹簧　4—线圈　5—旋转电枢　6—旋转滑阀

7—调节限位　8—怠速空气旁通道　9—永久磁铁　10—电枢

双金属片制成卷簧形，外端用固定销固定在阀体上，内端与阀轴端部的挡块相连接，阀轴只能在挡块凹槽限定的范围内摆动。流过阀体冷却液的温度变化时，双金属片变形，带动挡块转动，从而改变阀轴转动的两个极限位置，以控制怠速控制阀的最大开度和最小开度，如图 2-6-14 所示。此装置主要起保护作用，可防止怠速控制系统电路出现故障时，发动机转速过高或过低。只要怠速控制系统工作正常，阀轴上的限位杆就不与挡块的凹槽两侧接触。

ECU 控制旋转电磁阀式怠速控制阀工作时，控制阀的开度是通过控制两个线圈的平均通电时间（占空比）来实现的。占空比是指脉冲信号的通电时间与通电周期之比，如图 2-6-15 所示。

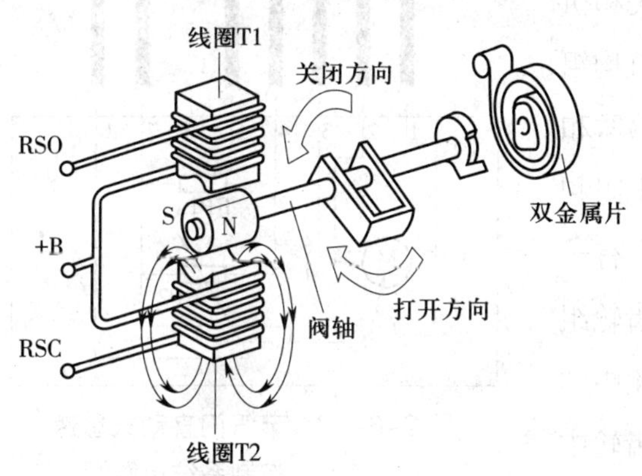

图 2-6-14　旋转电磁阀式怠速控制阀的工作原理

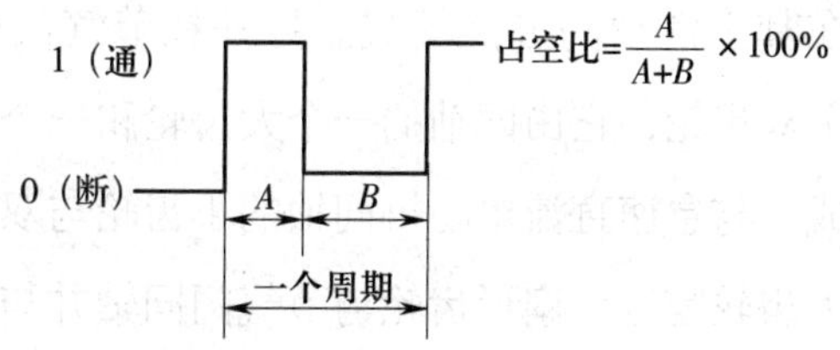

图 2-6-15　占空比的概念

通电周期一般是固定的，所以占空比增大，即延长通电时间。当占空比为 50% 时，两线圈的平均通电时间相等，两者产生的磁场强度相同，电磁力相互抵消，阀轴不发生偏转。当占空比大于 50% 时，因有反向器的作用，两个线圈的平均通电时间一个增加，而另一个减少，两者产生的磁场强度也不同，所以使阀轴偏转一定角度，控制阀开启怠速空气旁通道，如图 2-6-16 所示。占空比越大，两个线圈产生的磁场强度相差越多，控制阀开度越大。

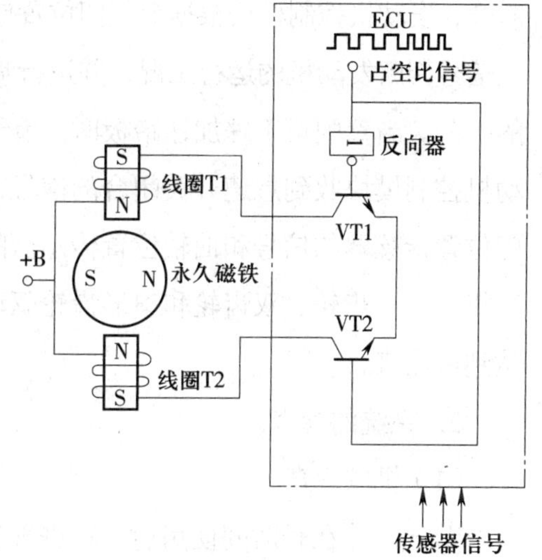

图 2-6-16　旋转电磁阀式怠速控制阀的电路图

因此，ECU 通过控制脉冲信号的占空比即可改变控制阀开度，从而控制怠速时的空气量。控制阀从全闭位置到全开位置之间，旋转角度限定在 90° 以内，ECU 控制的占空比调整范围为 8%～82%。

六、节气门直动式怠速控制系统

节气门直动式怠速控制系统取消了怠速空气旁通道，通过控制节气门的开启角度，调节空气通道的截面来控制进气量，实现对怠速的控制。红旗、帕萨特、宝来以及奥迪 A6 1.8 L 都用这种节气门直动式怠速控制系统。

下面以红旗轿车采用的节气门控制系统为例讲解节气门直动式怠速控制系统的工作原理与故障检修。

1. 系统的组成和工作原理

节气门直动式怠速控制系统主要由节气门位置传感器、怠速节气门位置传感器、怠速开关和执行器（怠速直流电动机）以及一套齿轮驱动机构组成，图 2–6–17 为其电路图。节气门位置传感器和怠速节气门位置传感器都由一个双轨形碳膜电阻和在其上滑动的触点组成。另外在节气门体上有一个双齿轮，它由同轴的一个大齿轮和一个小齿轮组成。与怠速直流电动机同轴的小齿轮与双齿轮中的大齿轮啮合，扇形齿轮与节气门同轴并与双齿轮中的大齿轮啮合。当驾驶员踩加速踏板时，怠速开关断开，发动机控制模块根据节气门位置传感器的输入信号判断发动机的运行工况，并进行喷油和点火的控制。当驾驶员不踩加速踏板时，节气门在回位弹簧的作用下关闭，怠速开关闭合。发动机控制模块收到怠速开关闭合的信号，得知发动机处于怠速运行状态，并根据怠速节气门位置传感器的信号和曲轴位置传感器的信号来控制怠速直流电动机的动作，怠速直流电动机经过小齿轮、双齿轮和扇形齿轮驱动节气门转动，使其打开相应的角度，使怠速转速达到最佳值。

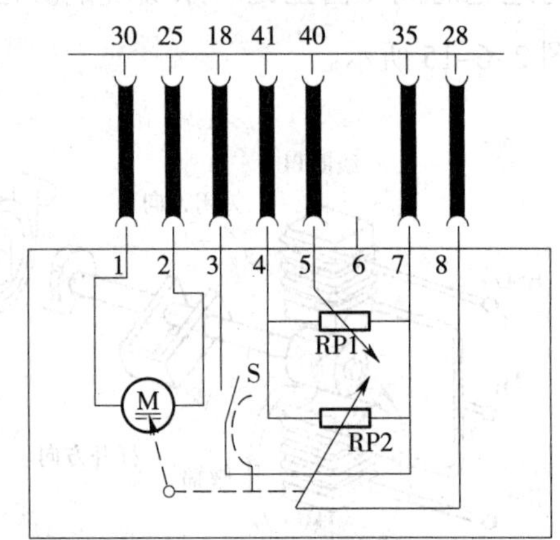

图 2–6–17　节气门直动式怠速控制系统电路图

RP1—节气门位置传感器　RP2—怠速节气门位置传感器　S—怠速开关　M—怠速直流电动机

2. 系统的检查

（1）机械检查

节气门体在长时间使用后，在进气通道和节气门之间有可能形成积炭，而造成节气门卡滞、怠速不稳等现象。此外，节气门体在经受长期剧烈的振动后，有可能出现怠速直流电动机轴承磨损、塑料齿轮断齿、阀门驱动机构卡滞、驱动机构盖板破裂等故障，出现这类故障都无法修复，只能更换新的节气门体总成。所以在对节气门体进行检查时，可采用目测有无以上故障发生的方式进行。

（2）部件检测

①节气门体的供电检测。节气门体插头有 8 只端子，各端子的功能见表 2–6–2。端子 1、2 直接接怠速直流电动机，端子 5、8 分别接节气门位置传感器和怠速节气门位置传感器的滑动触点，它们的输出信号电压都不超过 5 V（插头端子分布如图 2–6–18a 所示），且信号电压与节气门开度成反比。端子 3 输出怠速开关信号，端子 4、7 向节气门体提供 5 V 电压，其中端子 7 通过发动机控制模块接地。

表 2-6-2 节气门体插头各端子的功能

端子号	连接点	功能	端子号	连接点	功能
1	30（电控单元一侧）	怠速升速控制	5	40（电控单元一侧）	节气门位置传感器信号
2	25	怠速降速控制	6	空	—
3	18（电控单元一侧）	怠速开关	7	35（电控单元一侧）	传感器接地
4	41（电控单元一侧）	传感器供电（5 V）	8	28（电控单元一侧）	怠速节气门位置传感器信号

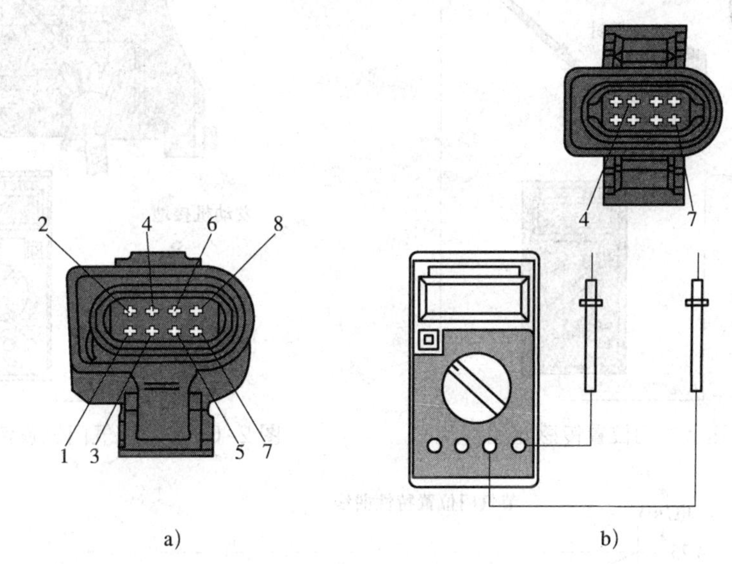

图 2-6-18 节气门体插头端子分布与供电检测
a）节气门体插头端子分布 b）节气门体供电检测

将点火开关置于 ON 位置，按图 2-6-18b 所示方法用万用表测量端子 4 与端子 7 之间的电压，应为（5.0 ± 0.5）V。若测量值与上述要求不符，将点火开关置于 OFF 位置，拔下 ECU 插头，用万用表进行线路检测。端子 4 与 ECU 插头端子 41、端子 7 与 ECU 插头端子 35 之间的导线电阻值应小于 1.5 Ω；端子 4 与端子 7 之间的电阻值应为无穷大。若测得结果与上述要求不符，按电路图查找故障并排除。

②怠速开关的检测。将点火开关置于 OFF 位置，拔下节气门体插头。用万用表检测节气门全闭时端子 3 与 7 之间的电阻值，应小于 1 Ω；缓慢踩下加速踏板，端子 3 与 7 之间的电阻值应为无穷大。否则更换节气门体。

③怠速节气门位置传感器的检测。如图 2-6-19 所示，将探针插入节气门体插头端子 8 引线内，起动发动机，进入怠速运行。在冷却液温度达到 80 ℃以上时，按图示方法用万用

表测量探针检测点与蓄电池负极之间的电压，应为 2.8 ~ 3.6 V。

④怠速直流电动机的检测。把点火开关置于 OFF 位置，拔下节气门体插头，用万用表测量节气门体插头端子 1 与端子 2 之间的电阻值，应为 3 ~ 200 Ω。若不符合要求，更换节气门体总成。

⑤节气门位置传感器的检测。打开点火开关，如图 2–6–20 所示，将万用表表笔插入节气门体插座第 5 端子引线内，缓慢踩下加速踏板，节气门从关闭到全开，万用表电压读数应随着节气门开度的增大而缓慢下降；反之，随节气门的逐渐关闭，万用表电压读数应逐渐上升（其变化曲线如图 2–6–21 所示）。否则，应进行供电和线路检查。

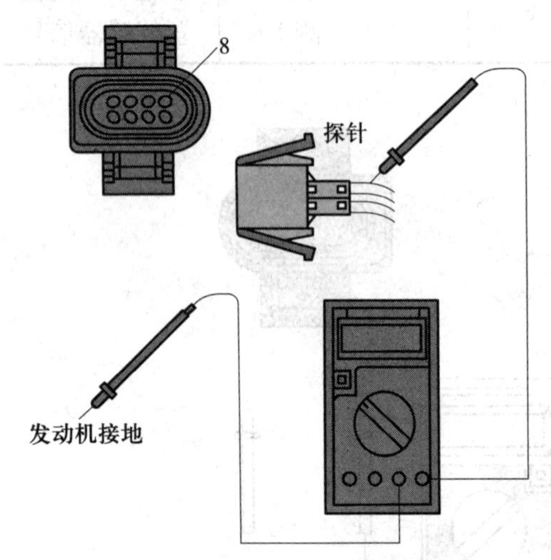

图 2–6–19　怠速节气门位置传感器的检测

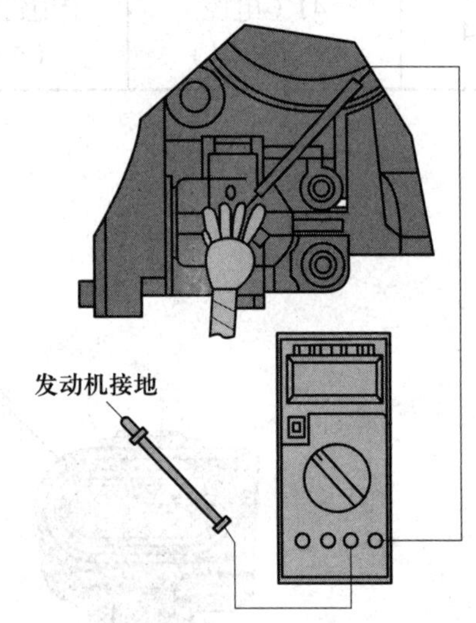

图 2–6–20　节气门位置传感器的检测

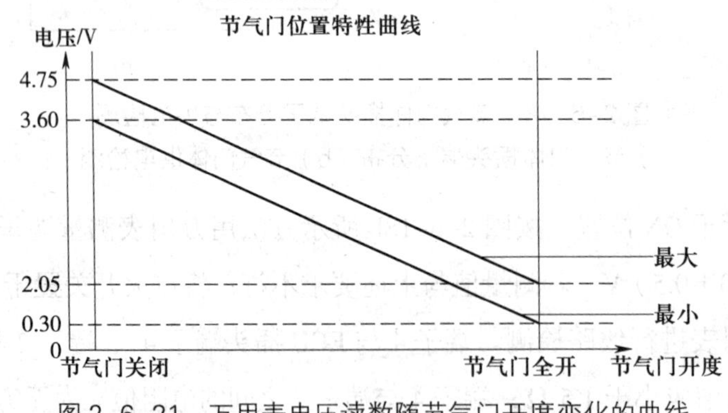

图 2–6–21　万用表电压读数随节气门开度变化的曲线

七、电子节气门怠速控制系统

1. 电子节气门怠速控制系统的优点

（1）可以根据驾驶员愿望以及排放、油耗和安全需求确定节气门的最佳开度；可设置各种功能来改善驾驶的安全性和舒适性，包括牵引力控制、巡航控制、怠速控制等，从而使发动机控制更加理想。

（2）解决了传统节气门难以根据汽车的不同工况相应地做出精确调整，特别是在冷起动、低负荷和怠速工况下会导致经济性下降、有害物质排放量增加等问题。

（3）装备此系统的发动机具有低转速高转矩输出、起步反应快、加速灵敏，节油低耗的特点。

2. 电子节气门怠速控制系统的结构及工作原理

图 2–6–22 为电子节气门怠速控制系统示意图。

节气门控制电动机完全取代了节气门拉索，在加速踏板处另设一个加速踏板位置传感器，发动机 ECU 根据该传感器信号控制节气门控制电动机电流的大小和方向，从而控制节气门的开度，节气门的实际开度则由节气门位置传感器反馈给发动机 ECU。

丰田公司电子节气门体的结构如图 2–6–23 所示，其主要由节气门、节气门控制电动机（节气门执行器）、减速齿轮、节气门位置传感器、节气门回位弹簧等部件构成。

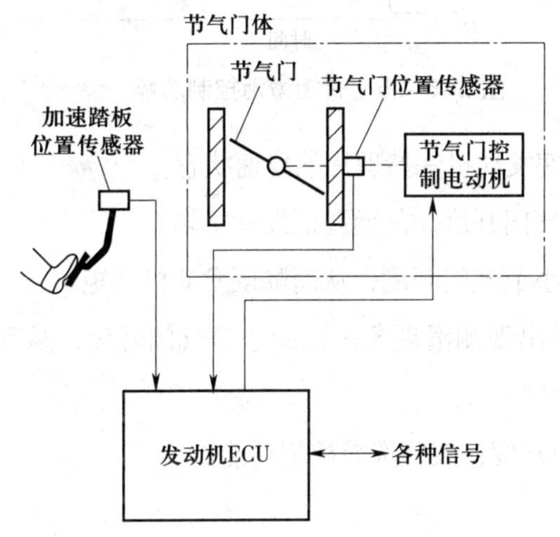

图 2–6–22　电子节气门怠速控制系统示意图

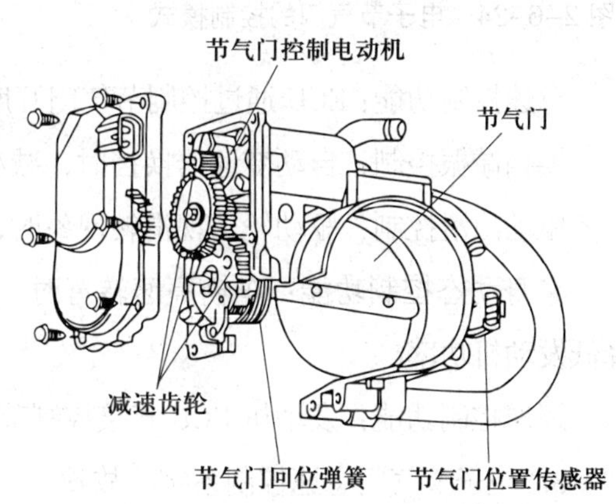

图 2–6–23　丰田公司电子节气门体的结构

当没有电流流向电动机时，回位弹簧使节气门开启到一个固定位置（大约 7°，丰田卡罗拉为 6°），但是，在正常怠速期间，节气门的开度反而要小于这个固定位置。

电子节气门的控制模式如图 2–6–24 所示，在正常模式下，节气门开度随加速踏板转角变化，但略小于加速踏板转角，以确保汽车能够平稳行驶。

当按下雪地模式开关时，节气门开度会减小，以防止车辆在较滑路面上打滑；当按下动力模式开关时，节气门开度会增大，对加速踏板转角的直接反应性增强，从而使发动机输出较强的动力。

采用电子节气门时，还可以实现如下控制功能。

转矩激活控制功能：节气门开度小于或大于加速踏板转角，以确保汽车平稳加速。如图 2–6–25 所示，当驾驶人突然踩下加速踏板时，如果没有转矩激活控制功能，节气门开度与加速踏板转角同步，汽车加速度（纵向力 G）会迅速升高，然后又逐渐下降，而有转矩激活控制功能时，节气门则逐渐开启，使汽车加速度逐渐上升而得到平稳加速的效果。

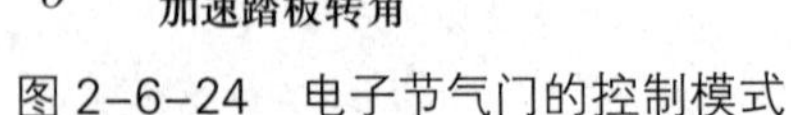

图 2-6-24　电子节气门的控制模式

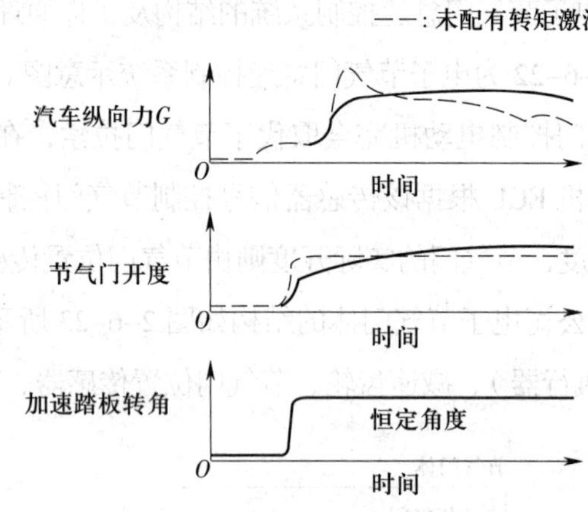

图 2-6-25　转矩激活控制功能

怠速控制功能：ECU 通过控制节气门开度，使发动机保持理想的怠速状态。

换挡减振控制：自动变速器换挡时，减小节气门开度，从而降低发动机转矩。

驱动防滑控制：驱动轮出现滑转现象时，减小节气门开度，从而降低发动机转矩。

车身动态控制功能：车辆高速转弯时，如果出现侧滑现象，则减小节气门开度，从而降低发动机功率。

巡航控制功能：发动机 ECU 直接控制节气门开度，实现巡航控制功能。

3. 电子节气门怠速控制系统的故障

丰田卡罗拉所用的电子节气门控制电路如图 2-6-26 所示。

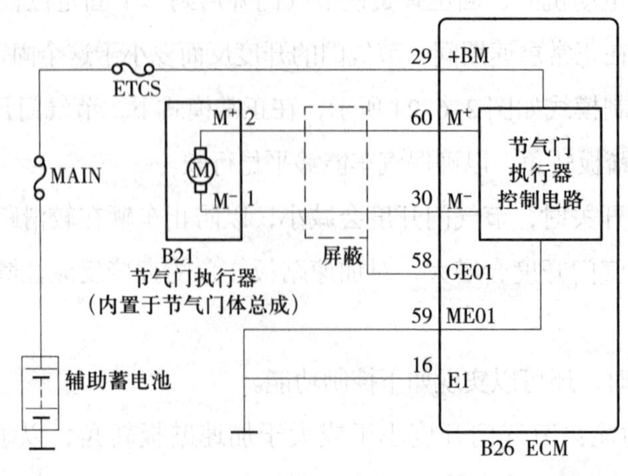

图 2-6-26　丰田卡罗拉所用的电子节气门控制电路

（1）与怠速控制有关的故障码（DTC）（见表 2-6-3）

表 2-6-3　与怠速控制有关的故障码（DTC）

DTC 编号	检查项目	DTC 检测条件	故障部位	MIL（故障灯）
P0505	怠速控制系统	怠速转速持续严重偏离目标怠速转速	1. 电子节气门控制系统； 2. 空气供给系统； 3. PCV 软管连接； 4. ECM	点亮
P2102	节气门控制电动机电路低电位	满足以下两个条件并持续 2.0 s： （1）节气门控制电动机占空比为 80% 或更高； （2）节气门控制电动机电流小于 0.5 A	1. 节气门控制电动机电路断路； 2. 节气门控制电动机； 3. ECM	点亮
P2103	节气门控制电动机电路高电位	满足以下任一条件： （1）混合集成电路诊断信号故障； （2）混合集成电路大电流限流器监视输入故障	1. 节气门控制电动机电路短路； 2. 节气门控制电动机； 3. 节气门； 4. 节气门体总成； 5. ECM	点亮
P2118	节气门控制电动机电流范围 / 性能	电子节气门控制系统电源（+BM）电路断路	1. 电子节气门控制系统电源电路断路； 2. 辅助蓄电池； 3. 辅助蓄电池端子； 4. ETCS 保险丝； 5. ECM	点亮
P2119	节气门控制电动机控制节气门体范围 / 性能	节气门开度持续严重偏离目标节气门开度	1. 电子节气门控制系统； 2. 线束或连接器； 3. ECM	点亮

（2）怠速不稳的故障原因

故障症状：由于异常燃烧而造成发动机转速波动，或怠速转速过低或过高导致发动机较强振动。怠速不稳的故障原因见表 2–6–4。

表 2–6–4　怠速不稳的故障原因

可疑部位	故障部位	
点火故障	点火系统	1. 火花塞； 2. 点火线圈总成
空燃比偏差 （空气或燃油 供应过量或不足）	燃油供给系统	1. 喷油器总成； 2. 电动燃油泵； 3. 电动燃油泵控制电路； 4. 燃油管路； 5. 清污 VSV 系统； 6. 燃油质量（存在异物、性能下降）
	进气和排气系统	1. 空气流量传感器分总成； 2. 空气供给系统（漏气或沉积物积聚）； 3. 节气门体总成； 4. 空燃比传感器； 5. 加热型氧传感器； 6. 凸轮轴正时机油控制总成； 7. 可变气门正时系统（VVT 系统）
发动机及控制系统	控制系统	1. ECM； 2. 线束或连接器； 3. 爆震传感器； 4. 发动机冷却液温度传感器
	发动机机械部分	1. 节温器； 2. 发动机总成（压缩压力不足等）； 3. 发动机支座

任务实训

怠速控制系统的检修

一辆丰田卡罗拉，已行驶 25 000 km，正常起动后，发动机转速表显示转速不稳定，车体亦伴有抖动现象，且故障灯亮。该故障属于典型的怠速不稳故障，汽车的怠速不稳是车辆故障诊断中的难点，涉及相关车辆大多数系统，故障灯亮说明电控系统可能存在问题，故应按照先考虑电控系统再考虑其他系统的原则进行检修。

一、实训目的

能够对电控发动机怠速控制系统进行检修。

二、实训准备

实训工具及设备准备见表 2-6-5。

表 2-6-5 实训工具及设备准备

序号	工具及设备	数量
1	丰田卡罗拉（可设置故障）	1 辆
2	丰田故障诊断仪（GTS）	1 台
3	万用表	1 个
4	发动机舱防护罩	1 套
5	驾驶室卫生防护“三件套”	1 套

三、实训步骤

1. 起动发动机

正常起动发动机，发动机达到正常工作温度时，怠速有规律地忽高忽低，故障灯亮。

2. 检查机油、冷却液和蓄电池状况

①检查发动机机油。抽出机油尺，检查发动机机油液面高度。

②检查冷却液液面部位及冷却液液面高度。

③检查蓄电池部位，用万用表测量蓄电池电压，电压正常值为 12.6 V。

3. 正确选择连接线、接头、仪器

①准确找到诊断接头位置。

②连接仪器时点火开关应处于 OFF 位置。

③确认故障症状并记录症状现象（根据不同故障范围，进行功能检测，并填写检测结果）。

4. 读取故障码

故障码为 P0505。

5. 定格数据分析

只分析故障发生时的数据帧内容，包括：

①基本数据。

②定格数据中除基本数据外的反应故障码特征的相关数据。

● 发动机转速。

● 节气门开度。

6. 清除故障码

分析确认故障码是否再次出现。

7. 根据上述检查判断可能故障范围

①根据上述检查判断可能出现故障的范围，如怠速控制系统。

②进行外观检查，包括部件安装状态、线路等基本状态。

8. 对被怀疑的系统进行测试

①检查 PCV 软管连接。

②检查空气供给系统真空度。

③检查节气门体总成。

④更换 ECM。

9. 根据检测结果确定故障内容

怠速控制系统故障，故障类型如下：

① PCV 软管连接故障。

②空气供给系统故障。

③节气门体总成故障。

④ ECM 故障。

10. 读取维修后故障码

读取维修后故障码，确认原故障码 P0505 有无消失。

11. 与原故障码相关的动态数据检查分析

①发动机转速。

②节气门开度。

12. 现场整理

将工具、设备归位，整理车身及场地。

四、实训要求

1. 了解怠速控制系统的知识，掌握怠速控制系统的组成、作用及检修方法。

2. 对怠速控制系统的知识有深入的了解。

3. 能正确的使用故障诊断仪器。

4. 能够熟练正确地对怠速控制系统进行检修，并对环保意识、安全意识进一步加深理解。

5. 养成使用发动机舱防护罩、驾驶室卫生防护“三件套”的职业习惯。

6. 养成工具、零件、油液“三不落地”的汽车维修操作习惯。

任务小结

正常怠速或低怠速一般为 750 ~ 850 r/min，起动、暖机时要求怠速适当提高，随着冷却液温度的升高，要求转速逐步向正常怠速或低怠速过渡。

打开空调、前照灯等附属设备，动力转向投入工作或自动变速器换成行驶挡位时，要求怠速转速自动提高，一般要求达到 1 000 ~ 1 200 r/min，称为高怠速（或快怠速）。

发动机的怠速控制系统有旁通空气式和节气门直动式两大类，旁通空气式又有双金属片式、石蜡式、平动电磁阀式、步进电动机式和旋转电磁阀式五种。

采用步进电动机式怠速控制阀时，ECU 一般通过改变 4 个线圈的通电顺序来改变怠速控制阀的开度；采用旋转电磁阀式怠速控制阀时，ECU 一般通过控制占空比来改变怠速控制阀的开度。

节气门直动式怠速控制系统取消了怠速空气旁通道，通过控制节气门的开启角度，调节空气通道的截面来控制进气量，实现对怠速的控制。

电子节气门怠速控制系统用节气门控制电动机完全取代了节气门拉索，但在加速踏板处需另设一个加速踏板位置传感器。

任务❼ 增压控制系统的检修

学习目标

1. 掌握增压控制系统的作用及分类。
2. 掌握增压控制系统的工作原理。
3. 掌握增压控制系统的检修方法。

任务引入

一说到进气增压，相信大家想到的就是废气涡轮增压，其实废气涡轮增压只是进气增压里面的一项当前应用较广的技术。进气增压技术的出现，使行驶在高海拔地区的车辆，即使空气较稀薄、含氧量低，发动机也不会因为进气压力不足，导致动力出现明显不足乃至熄火。增压控制系统的出现，让汽车无论遇到多么恶劣的行驶环境，都可以行驶自如。除了废气涡轮增压技术以外，还有很多增压控制类型，本任务将学习增压控制系统。

相关知识

发动机增压控制系统可将空气预先压缩后供入气缸，以提高空气密度、增加进气量。发动机进气量增加，可增加循环供油量，从而增加发动机功率，得到良好的加速性，改善燃油经济性。

一、汽油机增压技术

1. 汽油机增压比柴油机增压困难的原因

（1）汽油机增压后爆震倾向增加。由于汽油机混合气的过量空气系数小，燃烧温度高，因此增压之后汽油机和涡轮增压器的热负荷大。

（2）车用汽油机工况变化频繁，转速和功率范围宽广，致使涡轮增压器与汽油机的匹配相当困难。

（3）采用涡轮增压的汽油机的加速性能较差。

2. 汽油机增压的改进措施

（1）在电控汽油喷射式发动机上应用汽油机增压，成功摆脱了化油器式发动机与涡轮增压器匹配困难的问题。电控技术的应用，可以极其方便地对汽油机增压控制系统进行爆震控制、放气控制和排放控制等。

（2）应用点火提前角自适应控制，克服由于增压而增加的爆震倾向。利用装在发动机上的爆震传感器检测爆震信息，并将其传输给电控单元（ECU），电控单元则发出指令，推迟点火时刻以消除爆震。待爆震消除后，自适应地逐步加大点火提前角，使发动机在比较理想的状况下工作。

（3）对增压后的空气进行中间冷却。空气增压后温度升高，如果温度过高，不仅会减少进气量，削弱增压效果，还可能引起发动机爆震。实践证明，对增压空气进行中间冷却，对提高功率、降低油耗、降低热负荷和减轻爆震都十分有利。因此，不但在汽油机增压控制系统中设置中冷器，而且在高增压柴油机增压控制系统中也设有中冷器。

（4）采用增压压力调节装置。增压压力与涡轮增压器的转速有关，而涡轮增压器转速又取决于废气能量。发动机在高转速、大负荷工作时，废气能量多，增压压力高；相反，发动机在低转速、小负荷时，废气能量少，增压压力低。

3. 发动机增压类型

（1）机械增压

图 2–7–1 为机械增压示意图。机械增压器由发动机曲轴经齿轮增速器驱动，或由曲轴齿形传动带轮经齿形传动带及电磁离合器驱动。

机械增压能有效地提高发动机功率，与涡轮增压相比，其低速增压效果更好。另外，机械增压器与发动机容易匹配，结构也比较紧凑。但是，由于驱动机械增压器需消耗发动机功率，因此机械增压发动机的燃油消耗比非增压发动机略高。机械增压器一般适用于小型汽油机或与涡轮增压器复合使用。

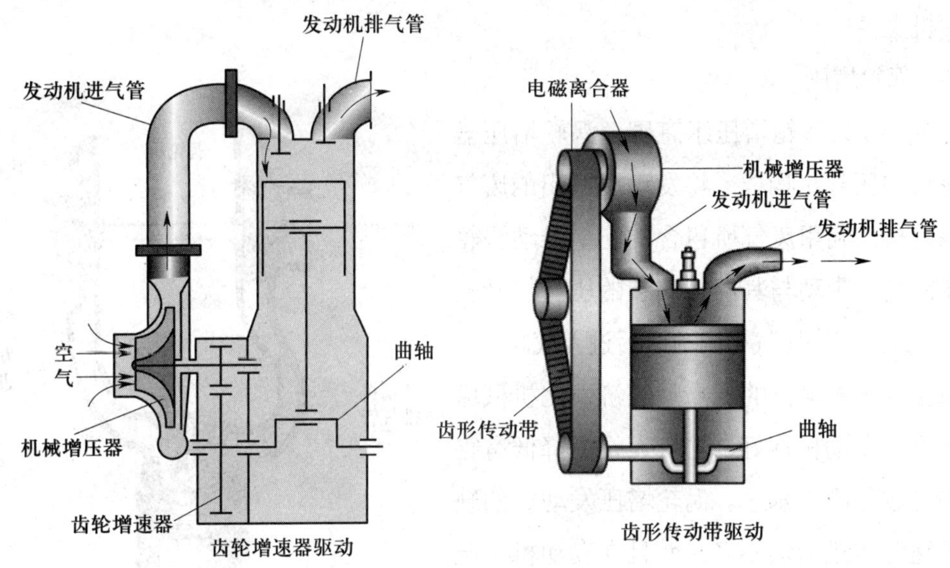

图 2-7-1　机械增压示意图

（2）气波增压

图 2-7-2 为气波增压示意图。气波增压器中有一个特殊形状的转子，由发动机曲轴带轮经传动带驱动。在转子中发动机排出的废气直接与空气接触，利用排气压力波使空气压缩，以提高进气压力。

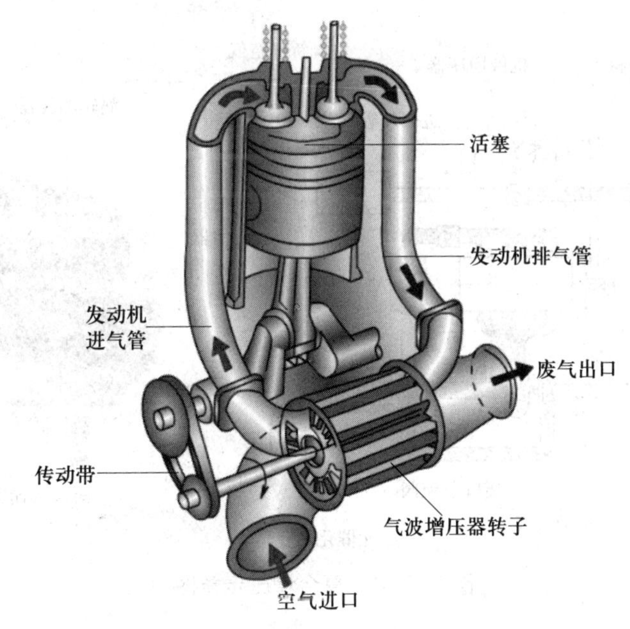

图 2-7-2　气波增压示意图

气波增压器结构简单，加工方便，工作温度不高，不需要耐热材料，也无需冷却。与涡轮增压器相比，其低速转矩特性好，但是体积大，噪声水平高，安装位置受到一定的限制。这种增压器还只能在低速范围内使用。由于柴油机最高转速比较低，因此多用于柴油机上。

（3）涡轮增压

图 2–7–3 为涡轮增压示意图。涡轮增压器由涡轮机和压气机构成。将发动机排出的废气引入涡轮机，利用废气所包含的能量推动涡轮机叶轮旋转，带动与其同轴安装的压气机叶轮工作，新鲜空气在压气机内增压后进入气缸。

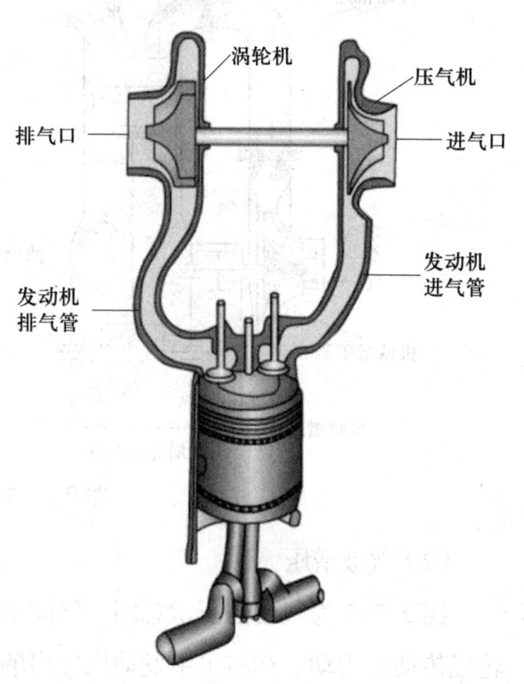

图 2–7–3 涡轮增压示意图

涡轮增压发动机的优点是经济性比机械增压和非增压发动机都好，并可大幅度降低有害气体的排放和噪声水平。涡轮增压发动机的缺点是低速时转矩增加不多，而且在发动机工况发生变化时，瞬态响应差，致使汽车加速性，特别是低速加速性较差。

（4）复合增压

复合增压即机械增压与涡轮增压适当结合，如图 2–7–4 所示。

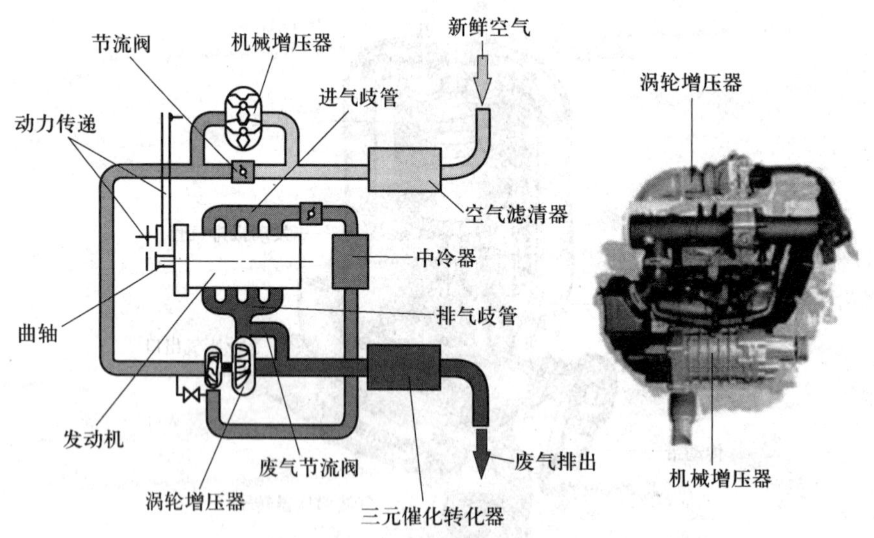

图 2–7–4 复合增压示意图

串联复合增压：在这种增压系统中，空气先经涡轮增压器提高压力后，进入中冷器降温，再经机械增压器增压。这种增压方式主要用于高增压发动机上。

并联复合增压：由机械增压器和涡轮增压器同时向发动机供给增压空气。在低转速范围主要靠机械增压，而在高转速范围主要靠涡轮增压。这种增压系统使发动机低速转矩特性得到改善。

二、可变进气系统

可变进气系统主要包括可变进气管长度系统和可变气门正时系统两大类。这些技术的作用主要是使发动机在低转速时获得较大扭矩，在高转速时提高发动机的输出功率。

1. 可变进气管长度系统

可变进气管长度系统利用进气控制阀改变进气歧管的有效长度或口径大小，提高发动机从低速到高速的所有转速范围内的动力性。可变进气管长度系统有两种类型：动力阀控制系统和进气谐波增压控制系统（ACIS）。

（1）动力阀控制系统的功用及工作原理

动力阀控制系统的功用是控制发动机进气道的空气流通截面的大小，以适应发动机不同转速和负荷时的进气量需求，从而改善发动机的动力性。在进气量较少的低速、小负荷工况下，使进气道空气流通截面积减小，提高进气流速、增大进气惯性、加强气缸内的涡流强度，以提高发动机的充气效率，改善发动机低速性能；而在进气量较多的高速、大负荷工况下，增大进气道空气流通截面积，以减小进气阻力，有利于改善发动机的高速性能。此系统在本田和丰田等轿车发动机上都有应用。

图 2–7–5 所示为由 ECU 控制的动力阀控制系统。受 ECU 控制的真空电磁阀，控制装在进气管上的动力阀，通过改变进气管通道的截面积控制进气流量。当发动机小负荷运行时，ECU 根据发动机转速、冷却液温度、空气流量等信号接通真空电磁阀电路，真空电磁阀打开，真空室产生真空吸力，动力阀关闭，进气通道截面积变小，发动机处于小输出扭矩与

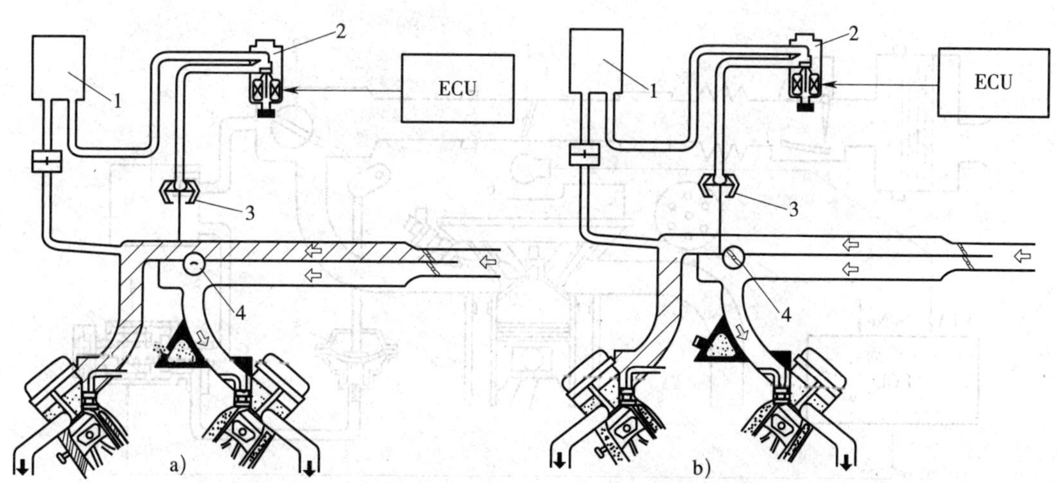

图 2–7–5　由 ECU 控制的动力阀控制系统

a）真空电磁阀打开，动力阀关闭　b）真空电磁阀关闭，动力阀打开

1—真空室　2—真空电磁阀　3—单向阀　4—动力阀

小输出功率运行状态，如图 2–7–5a 所示。发动机处于大负荷运行工况时，受 ECU 控制的真空电磁阀关闭，真空室不再产生真空吸力，动力阀打开，进气通道截面积变大，发动机处于大输出功率运行状态，如图 2–7–5b 所示。

（2）进气谐波增压控制系统（ACIS）

1）进气惯性增压原理

当气体高速流向进气门时，如进气门突然关闭，进气门附近气流流动突然停止，但由于惯性，进气管仍在进气，于是进气门附近气体被压缩，压力上升。当气体的惯性过后，被压缩的气体开始膨胀，向进气气流相反方向流动，压力下降。膨胀气体的波传到进气管口时又被反射回来，形成压力波。如果上述的进气压力波与进气门开闭配合好，使反射的压力波集中到要打开的进气门旁，在进气门打开时，就会形成对进气进行增压的效果。

一般而言，进气管长度长时，压力波波长长，可使发动机中低转速区功率增大；进气管长度短时，压力波波长短，可使发动机高转速区功率增大。如果在发动机运行过程中，根据发动机的运行工况使进气管长度可改变，则可兼顾增大功率和增大扭矩。进气惯性增压系统就是基于这一原理发展起来的，目前进气惯性增压系统一般都按最大扭矩所对应的转速区域进行考虑和设计。

2）进气谐波增压控制系统的组成与原理

进气谐波增压控制系统一般由真空罐、VSV 真空电磁阀、执行器等组成，如图 2–7–6 所示。

进气谐波增压控制系统是否工作，主要是由发动机转速决定的。

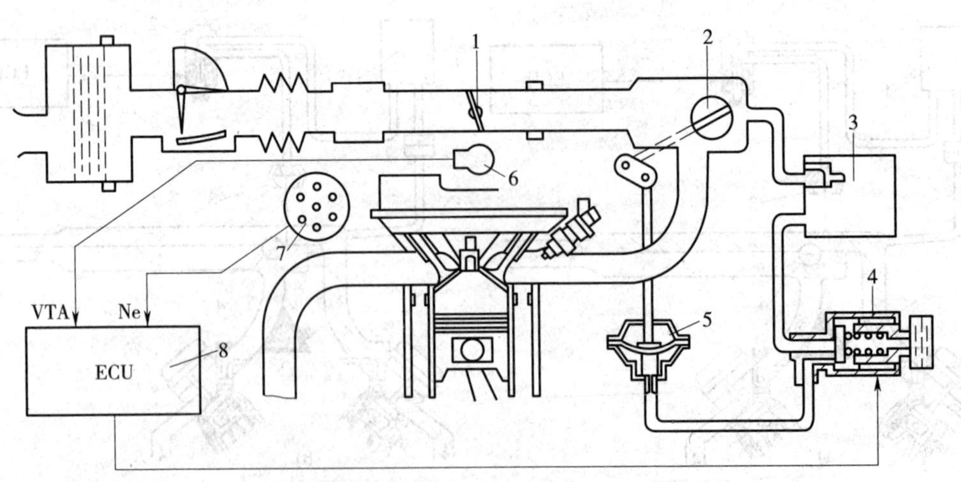

图 2–7–6　进气谐波增压控制系统的组成

1—节气门　2—进气控制阀　3—真空罐　4—VSV 真空电磁阀　5—执行器

6—节气门位置传感器　7—分电器　8—电控单元

在发动机低速工作情况下，进气谐波增压控制系统不工作，发动机保持原有的低速稳定性能。

当发动机高速运转时，需要比较多的进气量，此时电控单元控制 VSV 真空电磁阀（见图 2–7–7）通电，进气管通过真空罐使得 VSV 真空电磁阀产生一定的真空度，由于电磁阀现在处于打开状态，故执行器（见图 2–7–8）也会产生一定的真空度，并拉动执行器里的膜片向下移动，拉动进气管里的气道翻板使其打开，使空气直接进入进气歧管，减小进气通道的有效长度，增大进气量，使发动机提高功率和转速，如图 2–7–9 所示。

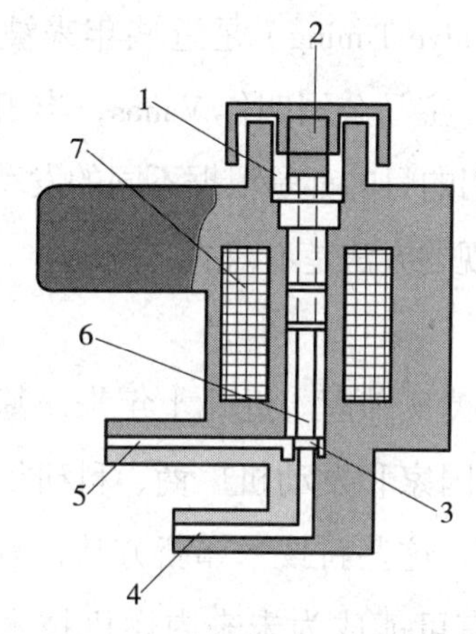

图 2–7–7　VSV 真空电磁阀

1—滤清器　2—大气压力　3—阀

4—从真空罐来　5—到执行器

6—电磁阀　7—电磁线圈

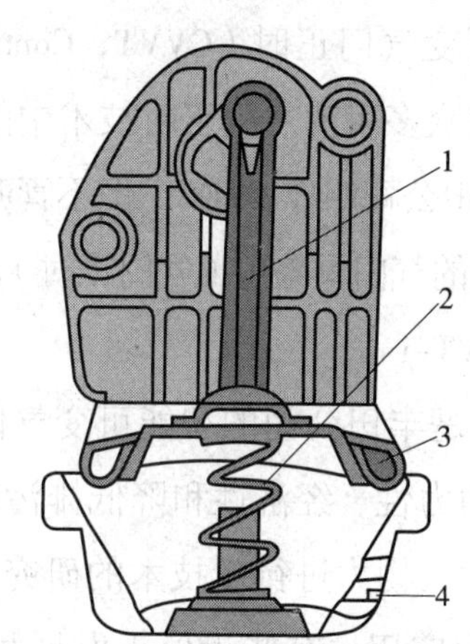

图 2–7–8　进气谐波增压执行器

1—动作杆　2—压缩弹簧

3—膜片　4—连接电磁阀

当发动机重新降低转速时，电控单元切断对 VSV 真空电磁阀的搭铁，VSV 真空电磁阀断电，停止工作，使大气进入执行器的膜片下方，推动膜片向上移动，推动进气管里的气道翻板使其关闭，进气通道有效长度增加，保持发动机低速运转的稳定性，如图 2–7–10 所示。

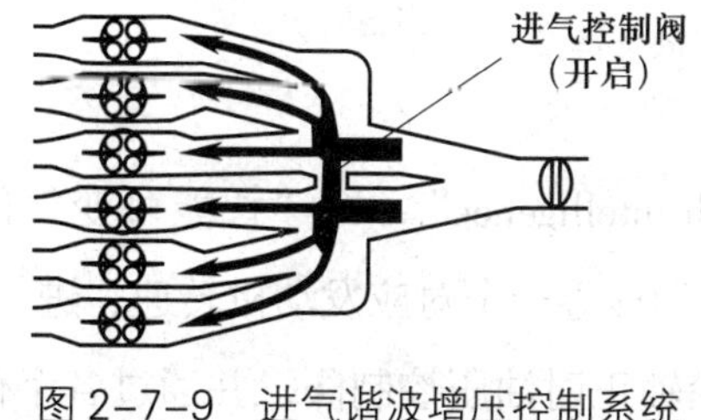

图 2–7–9　进气谐波增压控制系统工作过程（高速）

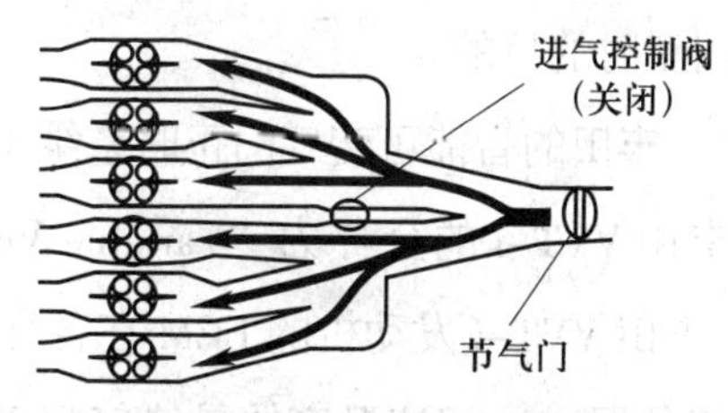

图 2–7–10　进气谐波增压控制系统工作过程（低速）

2. 可变气门正时系统

该系统通过改变进、排气门的开启时刻或升程等来提高发动机的动力性和经济性。可变气门正时系统主要分为VVT（可变气门正时）、CVVT（连续可变气门正时）、VVT-i（智能可变气门正时）、i-VTEC（智能可变气门升程）四种。

（1）VVT

发动机可变气门正时（VVT，Variable Valve Timing）技术的原理是根据发动机的运行情况，调整进气（排气）的量和气门开合时间、角度，使进入的空气量达到最佳，提高燃烧效率。优点是省油，功升比大；缺点是中段转速扭矩不足。

（2）CVVT

连续可变气门正时（CVVT，Continue Variable Valve Timing）是近些年来被逐渐应用于轿车上的众多可变气门正时技术中的一种。例如：宝马公司叫作Vanos，丰田公司叫作VVT-i，本田公司叫作VTEC，但不管叫作什么，它们的目的都是根据不同的发动机工作状况匹配最佳的气门重叠角（气门正时），只不过所实现的方法是不同的。

（3）VVT-i

VVT-i是丰田公司的智能可变气门正时系统的英文缩写。近几十年来，基于提高汽车发动机动力性、经济性和降低排污的要求，许多国家和发动机厂商、科研机构投入了大量的人力、物力进行新技术的研究与开发。目前，这些新技术和新方法，有的已在内燃机上得到应用，有些正处于发展和完善阶段，有可能成为未来内燃机技术的发展方向。

（4）i-VTEC

i-VTEC系统是本田公司的智能可变气门升程系统的英文缩写，最新款的本田轿车的发动机已普遍安装了i-VTEC系统。本田公司的i-VTEC系统可连续调节气门正时，且能调节气门升程。

i-VTEC的工作原理：当发动机由低速向高速转换时，机油压向进气凸轮轴正时油压控制阀，驱动齿轮内的小涡轮，这样，在压力的作用下，小涡轮就相对于齿轮壳旋转一定的角度，使凸轮轴在60°的范围内向前或向后旋转，从而改变进气门开启的时刻，达到连续调节气门正时的目的。

3. 丰田的智能可变气门正时系统（VVT-i）

丰田VVT-i的全称为“Variable Valve Timing with intelligence”，即“智能可变气门正时”。丰田VVT-i发动机的ECM在各种行驶工况下自动搜寻一个对应发动机转速、进气量、节气门位置和冷却液温度的最佳气门正时，控制凸轮轴正时油压控制阀，并通过各个传感器的信号来感知实际气门正时，再执行反馈控制，补偿系统误差，达到最佳气门正时的位置，从而有效地提高汽车的功率与性能，尽量减少耗油量和废气排放。

（1）VVT–i 的控制过程（见图 2–7–11）

ECM 接收各传感器信号，经由修正及气门正时实际值的反馈，确立气门正时目标值，以工作时间比的方式控制凸轮轴正时油压控制阀，改变油压之方向或油压之进出，达到使进气门正时提前、延后或固定的目的。

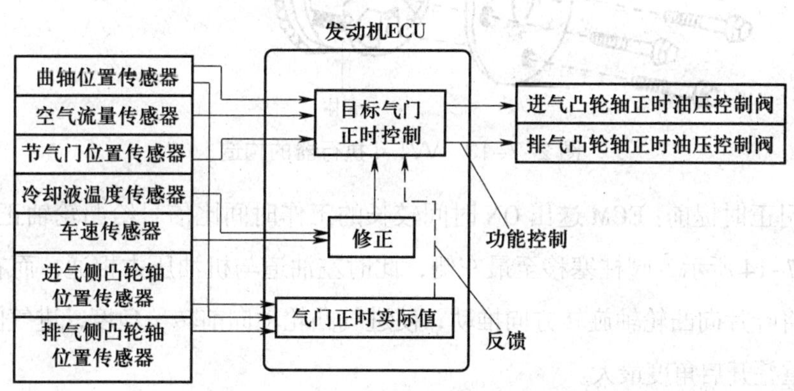

图 2–7–11　VVT–i 的控制过程

（2）VVT–i 的组成及工作过程

VVT–i 的组成如图 2–7–12 所示，VVT–i 执行器装在进气凸轮轴前端，凸轮轴正时油压控制阀装于其侧端。

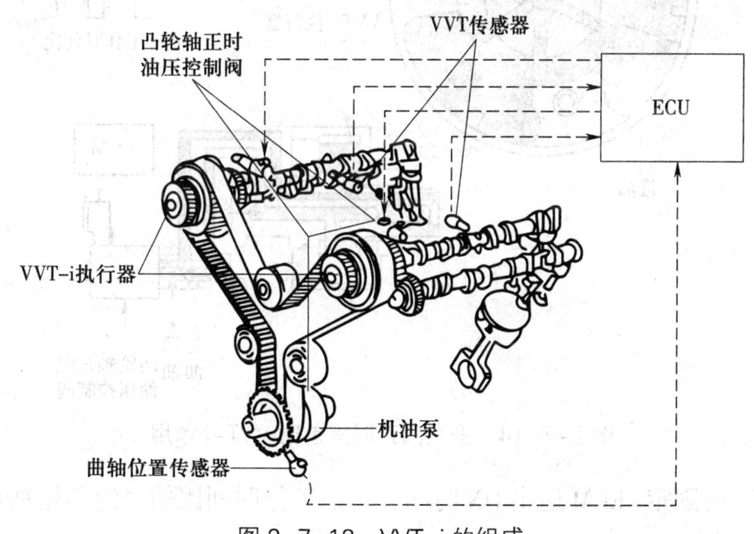

图 2–7–12　VVT–i 的组成

VVT–i 执行器的构造如图 2–7–13 所示，叶片与进气凸轮轴固定在一起，在壳体内，因油压的作用，叶片可在一定角度内前后位移，带动进气凸轮轴一起旋转，达到进气门正时连续不同变化的目的。另外，锁销侧有油压送入时，柱塞克服弹簧力向左移，与链轮盘分离，故叶片可在执行器内左右移动。但无油压进入时，柱塞弹出，叶片与链轮盘及壳体等联结成一体转动。

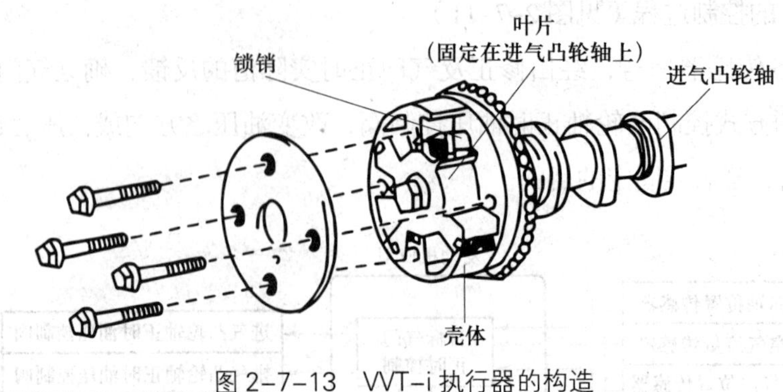

图 2–7–13　VVT–i 执行器的构造

①进气门正时提前：ECM 送出 ON 时间较长的工作时间比信号给凸轮轴正时油压控制阀，如图 2–7–14 所示，阀柱塞移至最左侧，此时左油道与机油压力相通，而右油道回油，故机油压力将叶片向凸轮轴旋转方向推动，使进气凸轮轴向前转一角度，进气门提前开启，进、排气门重叠开启角度最大。

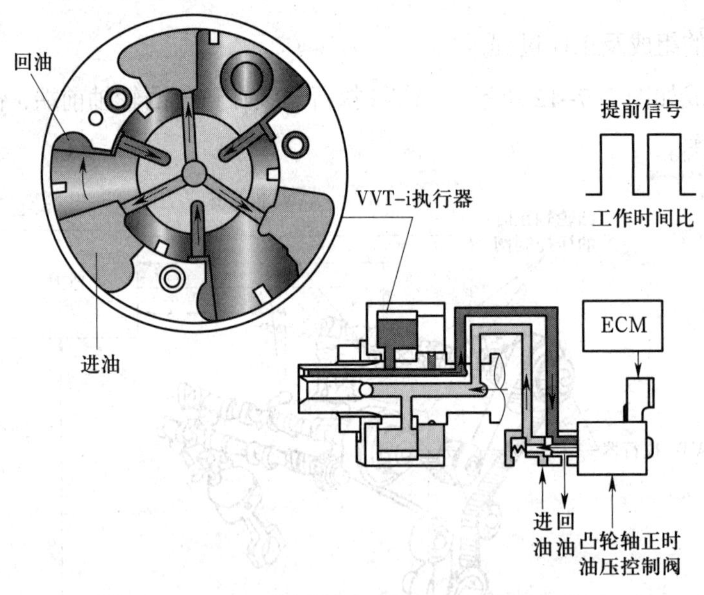

图 2–7–14　进气门正时提前时 VVT–i 作用

②进气门正时固定：ECM 送出 ON 时间一定的工作时间比信号给凸轮轴正时油压控制阀，如图 2–7–15 所示，柱塞保持在中间，堵住左、右油道，此时不进油也不回油，叶片保持在活动范围的中间，进气门开启提前角度较少。

③进气门正时延迟：ECM 送出 ON 时间较短的工作时间比信号给凸轮轴正时油压控制阀，如图 2–7–16 所示，柱塞移至最右侧，此时左油道回油，右油道与机油压力相通，机油压力将叶片逆凸轮轴旋转方向推动，进气门开启提前角度最少。

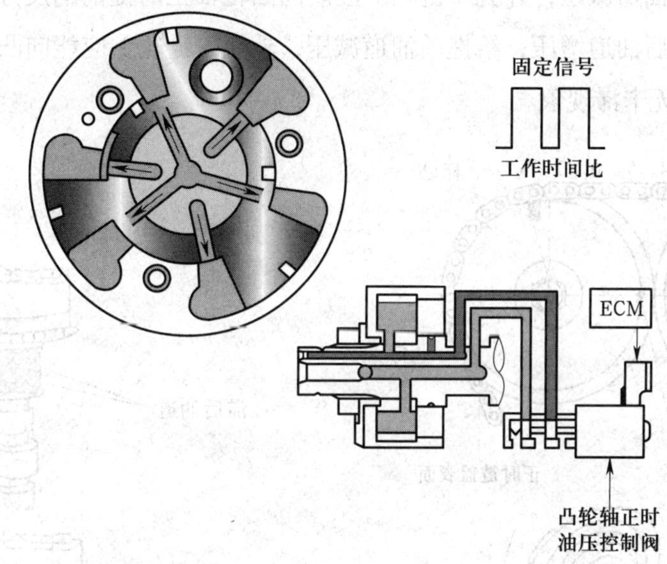

图 2-7-15　进气门正时固定时 VVT-i 作用

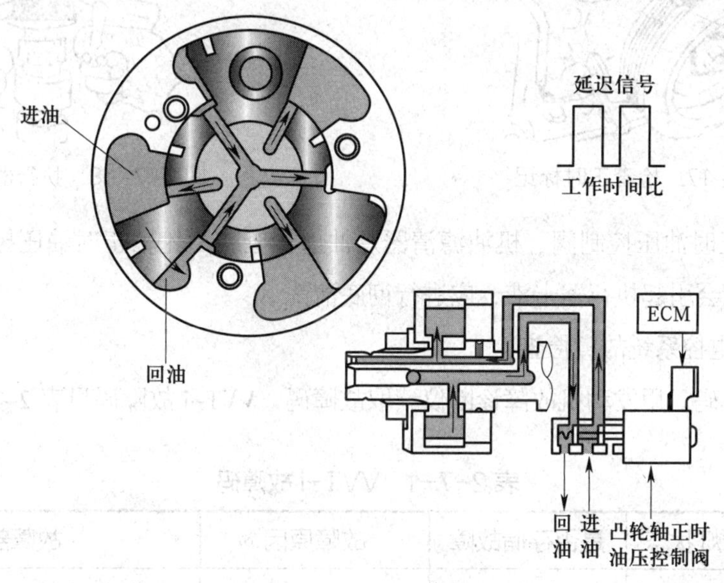

图 2-7-16　进气门正时延迟时 VVT-i 作用

（3）VVT-i 的检查

1）机械故障检查

①检查正时标记。如图 2-7-17 所示，注意正时链是否松动或跳齿。

检查凸轮轴 VVT-i 执行器锁销。将凸轮轴包上厚布夹紧在台钳上，转动执行器壳，锁销应能锁紧正时齿轮和凸轮轴。

②执行器动作测试。如图 2-7-18 所示，堵住凸轮轴第一道轴颈上的两个提前油道孔和两个滞后油道孔中的一个，用两把气枪向另外两个提前油道孔和滞后油道孔施加 0.15 MPa

的气压。先给滞后油道减压，外壳（链轮）应能向凸轮轴正时提前的反方向平滑转动，无卡滞现象；再给滞后油道增压，给提前油道减压，外壳（链轮）应能向凸轮轴正时滞后的反方向平滑转动，无卡滞现象。

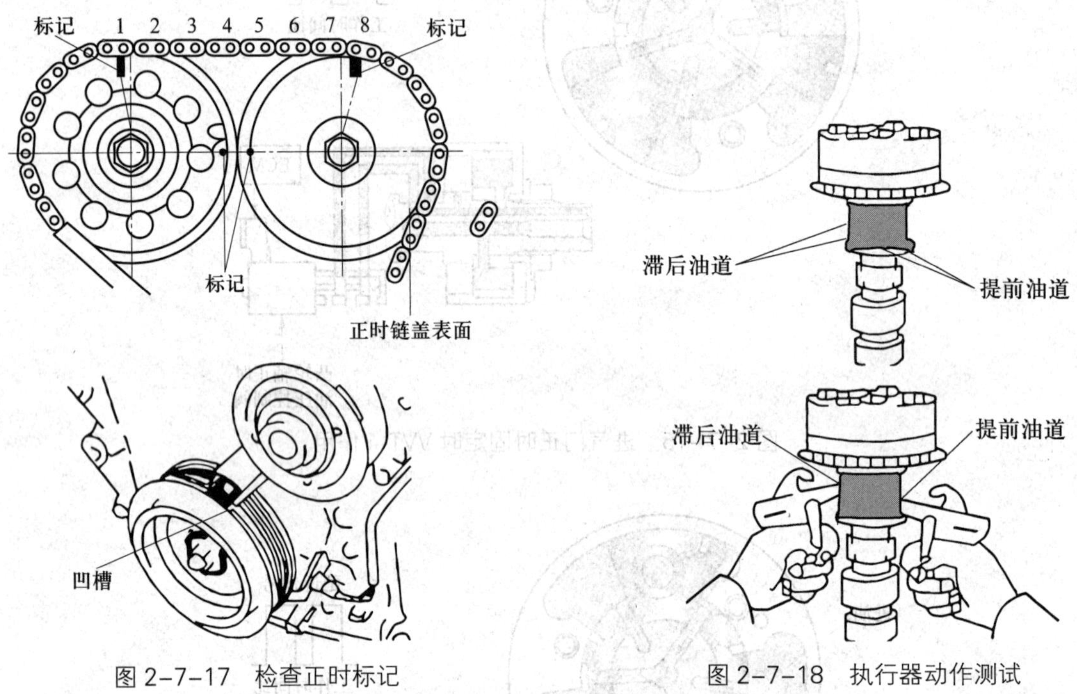

图 2-7-17　检查正时标记

图 2-7-18　执行器动作测试

③凸轮轴正时油压控制阀、机油滤清器及油道检查。凸轮轴正时油压控制阀、机油滤清器及油道过脏会引起执行器卡滞，应进行彻底清洗。

2）VVT-i 电控系统故障检查

①读取故障码。用发动机故障诊断仪读取故障码，VVT-i 故障码见表 2-7-1。

表 2-7-1　VVT-i 故障码

故障码	故障灯状态	是否存储故障	故障原因	故障部位
P0010	亮	是	凸轮轴正时油压控制阀电路短路或断路	1. 凸轮轴正时油压控制阀电路短路或断路； 2. 凸轮轴正时油压控制阀； 3. ECU
P0011	灭	是	气门正时过于提前（发动机暖机后，转速达 500～4 000 r/min 时，无可变气门正时提前功能）	1. 气门正时； 2. 凸轮轴正时油压控制阀； 3. 凸轮轴正时齿轮总成（正时标记，正时链松动或跳齿）； 4. 机油过脏造成卡滞； 5. ECU

续表

故障码	故障灯状态	是否存储故障	故障原因	故障部位
P0012	灭	是	气门正时过于滞后（发动机暖机后，转速达 500～4 000 r/min 时，无可变气门正时滞后功能）	1. 气门正时； 2. 凸轮轴正时油压控制阀； 3. 凸轮轴正时齿轮总成（正时标记，正时链松动或跳齿）； 4. 机油过脏造成卡滞； 5. ECU
P0016	灭	是	曲轴位置传感器和凸轮轴位置传感器信号对应有偏差	1. 正时标记； 2. 正时链跳齿，链条磨损、拉长； 3. ECU

②各传感器的检查。用万用表检测转速传感器，其电阻值应为 1.34 kΩ；检测凸轮轴位置传感器，其电阻值应为 2.08 kΩ。

③凸轮轴正时油压控制阀的检查。

导线连接如图 2-7-19a 所示，移动情况的检查如图 2-7-19b 所示。

将蓄电池正极接至端子 1，负极接至端子 2，观察阀的移动情况，应移动灵活、无阻卡现象。

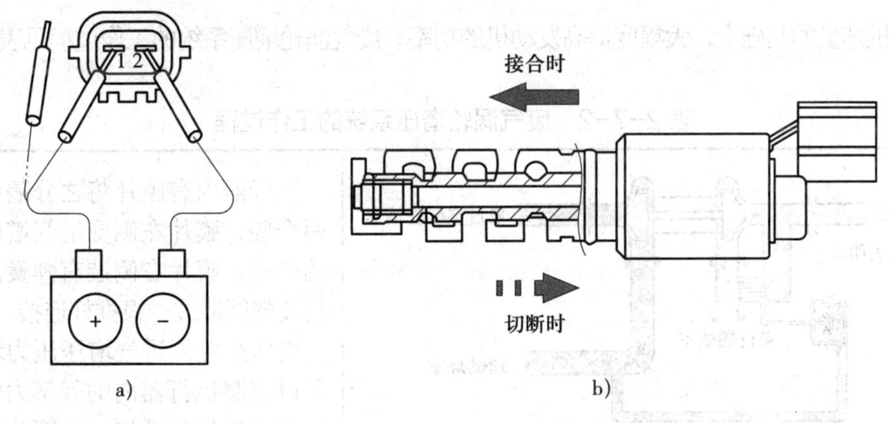

图 2-7-19 凸轮轴正时油压控制阀的检查

a）导线连接 b）移动情况的检查

三、废气涡轮增压系统

废气涡轮增压系统是利用发动机排出的废气作为动力来推动涡轮增压器内的涡轮（动力涡轮，位于排气道内）的，涡轮又带动同轴的压缩轮（增压涡轮，位于进气道内），压缩轮转动，压缩由空气滤清器送来的新鲜空气，再送入气缸，如图 2-7-20 所示。当发动机转速加快时，废气排出速度与涡轮转速也同步加快，空气压缩程度就得以加大，发动机的进气量就相应地得到增加，发动机的输出功率也得到增加。

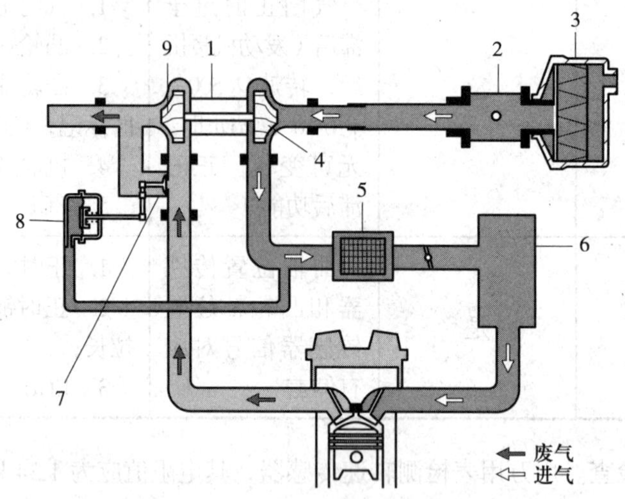

图 2-7-20　废气涡轮增压系统

1—涡轮增压器　2—空气流量传感器　3—空气滤清器　4—压缩轮　5—中冷器
6—进气室　7—废气阀　8—执行器　9—涡轮

废气涡轮增压系统采用执行器感知进气侧增压压力情况，再控制废气阀的开启，使一部分废气绕过涡轮直接排到排气歧管，最终改变进气侧的增压压力。废气涡轮增压系统采用中冷器对增压后的进气进行冷却，以提高进气空气密度和进气效率。涡轮增压的最大优点是它可在不增加发动机排量的基础上，大幅度提高发动机的功率。废气涡轮增压系统的工作过程见表 2-7-2。

表 2-7-2　废气涡轮增压系统的工作过程

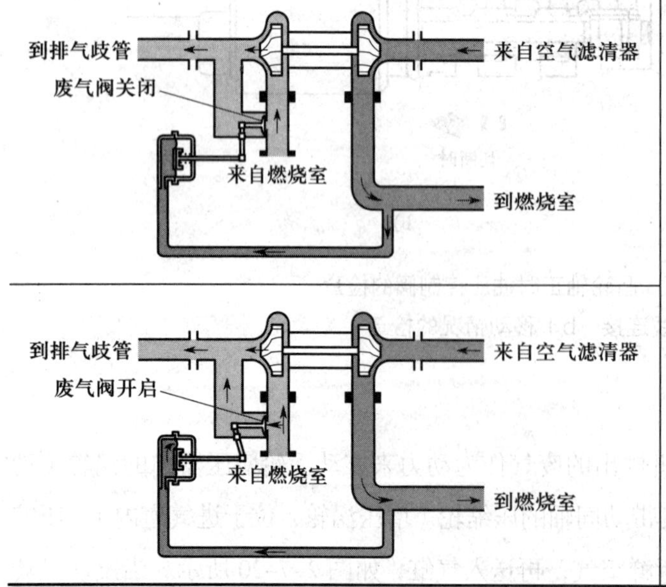	执行器内有膜片将之分隔成左右两个腔，膜片左侧受进气增压压力的作用，膜片右侧装有弹簧。膜片与废气阀通过一根推杆连接。 当压缩轮侧进气增压压力增加到足以克服执行器内的弹簧力时，推杆推动废气阀开启。一部分废气绕过涡轮经排气歧管直接排放出去，增压压力也随之下降。 可见增压压力的大小决定了膜片受压后的变形量，进而决定了废气阀的开度、废气旁通量的多少，最终增压压力发生改变，这就是一个闭环控制过程

1. 废气涡轮增压系统的工作原理

废气涡轮增压系统的控制对象就是增压压力，通过执行器控制废气阀的开启，将一部分废气直接排入排气歧管，绕过涡轮，推动涡轮的动力减少，涡轮转速降低，涡轮增压作用也就减小，从而调节进气侧的增压压力。

如图 2-7-21 所示，ECU 根据发动机转速传感器信号、冷却液温度传感器信号以及大气压力信号决定废气涡轮增压系统是否工作。当达到废气涡轮增压系统工作的要求时，ECU 使增压压力控制电磁阀通电，电磁阀通电后，在进气管进气气流的作用下，膜片式控制阀会产生一定的真空度，膜片在吸力的作用下向左移动，废气阀关闭，使废气旁通通道关闭，废气涡轮增压系统工作。

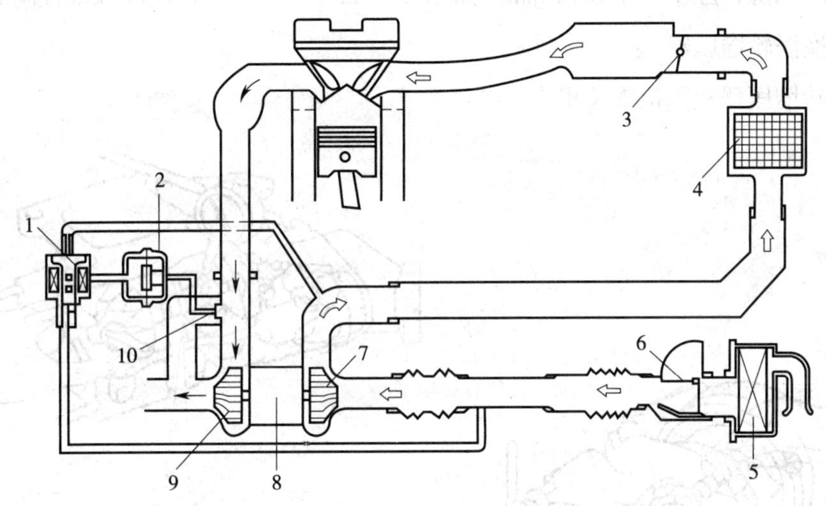

图 2-7-21 废气涡轮增压系统的工作原理

1—增压压力控制电磁阀 2—膜片式控制阀 3—节气门 4—中冷器 5—空气滤清器 6—空气流量传感器 7—压缩轮 8—涡轮增压器 9—涡轮 10—废气阀

当 ECU 检测到传感器信号并确定废气涡轮增压系统不工作时，ECU 使增压压力控制电磁阀断电，膜片式控制阀中的膜片向右移动，废气阀打开，使废气旁通通道打开，涡轮转速下降，废气涡轮增压系统停止工作。

2. 废气涡轮增压系统的检查

（1）系统检查

在车上进行故障检查。首先检查发动机基本工作条件、点火系统、燃油供给系统。如果供油量和压力都正常，则再检查点火系统的击穿电压是否足以点燃由涡轮增压产生的高度压缩的混合气，点火时刻是否正确。

如果必须从车上拆下涡轮增压器，则在检修时务必保持清洁，任何脏物或污染都会导致严重后果。在拆卸涡轮增压器前，应将壳体和零件的相对位置加上标识，以保证重新装配时正确无误。拆开涡轮装置，仔细检查涡轮和压缩轮，检查是否存在弯曲、破裂或过度磨损现象。

检查涡轮壳体内部是否存在由于轴的摆动范围过量、进入脏物或润滑不当而造成的磨损或冲击损伤。用手旋转涡轮，手感阻力应是均匀的，不应过大，转动应无阻滞感，即应无擦伤或任何接触。

由于对轴承间隙有严格要求，应按生产厂规定的程序检查轴向和径向间隙，下面以丰田汽车的涡轮增压器为例说明。可将百分表插入涡轮壳的孔中，使其接触轴端，沿轴向移动涡轮增压器轴，测量轴的轴向间隙，应不大于 0.13 mm，如图 2–7–22a 所示。将百分表从机油排出孔插过轴承隔圈的孔，使其接触涡轮增压器轴的中心，上下移动涡轮增压器轴，测量轴的径向间隙，应不大于 0.18 mm，如图 2–7–22b 所示。若轴向间隙或径向间隙不符合要求，则更换涡轮增压器。

（2）涡轮增压器故障检查（见表 2–7–3）

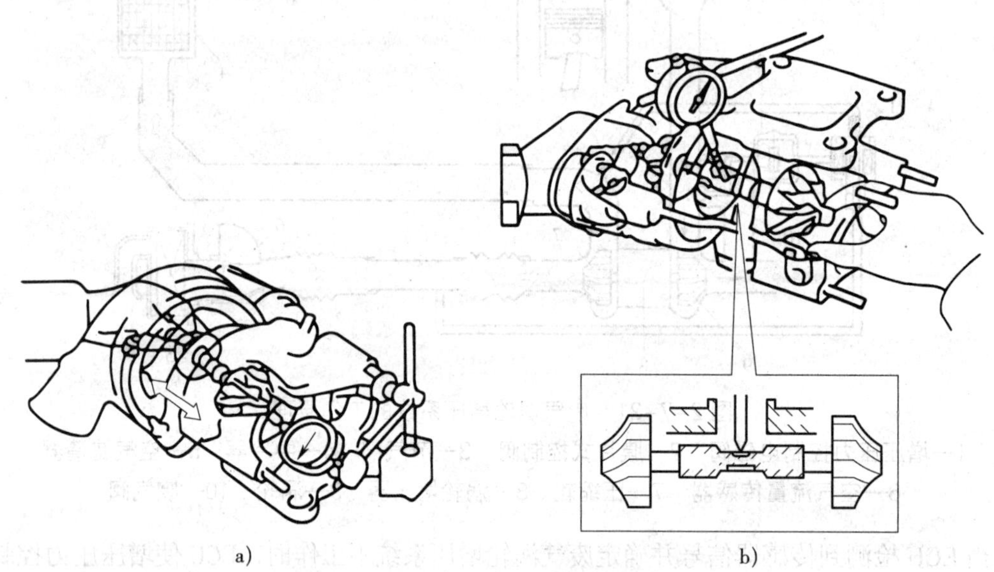

图 2–7–22　涡轮增压器轴承间隙的检查

a）测量轴向间隙　b）测量径向间隙

表 2–7–3　涡轮增压器故障检查

故障现象	可能原因	排除方法
增压发动机功率下降	废气阀关闭不严	一般是废气阀处有积炭、过脏，或者增压压力控制电磁阀或膜片式控制阀损坏造成的，进行清炭处理并对其电路进行检测
	空气进口阻力损失过大	应检查、清洗空气滤清器及管道，减少阻力损失

续表

故障现象	可能原因	排除方法
增压发动机功率下降	涡轮增压器叶轮、壳体和流道脏污	应拆下涡轮增压器进行清洗
	增压涡轮出口管路漏气	产生这一故障的原因大多是软管接头松动脱开、管子焊接处损坏、锁紧机构松动失效等。根据需要采取相应的措施加以排除
	发动机排气管连接处漏气	这种情况比较常见，主要是由于发动机的排气歧管、排气管垫片或排气管与涡轮壳之间连接不紧、螺栓松动或垫片损坏，还可能是涡轮壳体产生了裂纹引起漏气，必须更换新的涡轮壳
增压发动机进气压力上升	涡轮增压器及发动机燃油供给系统、配气系统的故障	由涡轮增压器直接造成增压压力上升的原因一般是增压压力控制电磁阀损坏，使废气阀不能适时打开，须更换增压压力控制电磁阀
涡轮增压器异常振动	涡轮增压器转子部件不平衡引起的振动	进行校正，严重者更换
	涡轮增压器工作时，异物进入涡轮的流道损坏了叶轮，使转子部件失去平衡	排除异物，进行校正，严重者更换
	涡轮增压器叶轮叶片的疲劳断裂	更换
	涡轮增压器叶轮叶片被严重玷污后，转子部件的平衡被破坏而产生异常振动	取出涡轮叶片，轻轻地除掉五氧化二钒，但要小心不能碰坏叶片，并用水清除硫化钠和其他污垢
异常噪声	叶片损坏，导致平衡被破坏，引起噪声 涡轮增压器转子部件和固定件发生碰撞产生噪声	进行适当的修复或更换
涡轮增压器外部漏油	外部漏油大多是机油进油管和回油管连接不牢固造成的	螺纹连接的锥形接头密封不好，可修理接头或更换新的油管；如果垫片损坏，应更换新的垫片

续表

故障现象	可能原因	排除方法
涡轮增压器内部漏油	1. 涡轮增压器密封装置（密封环）损坏引起漏油； 2. 发动机曲轴箱内的压力过高，使涡轮增压器回油不畅引起漏油； 3. 涡轮增压器回油管截面积小或过多的弯曲，使回油不畅引起漏油； 4. 发动机长时间空载运转，涡轮增压器容易漏油	排除故障时可根据漏油部位进行维修

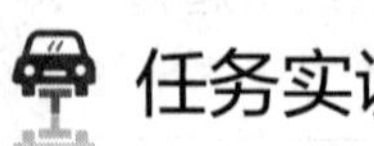

任务实训

可变气门正时系统的检修

一辆丰田卡罗拉，已行驶 55 000 km，正常起动后，发动机怠速不稳且伴有失速现象，故障灯亮。由于故障灯已亮，故应按照先考虑电控系统再考虑其他系统的原则进行检修。

一、实训目的

能够对可变气门正时系统进行检修。

二、实训准备

实训工具及设备准备见表 2-7-4。

表 2-7-4　实训工具及设备准备

序号	工具及设备	数量
1	丰田卡罗拉实训车（已设置故障）	1 辆
2	丰田故障诊断仪（GTS）	1 台
3	万用表	1 个
4	通用工具	1 套
5	发动机舱防护罩	1 套
6	驾驶室卫生防护“三件套”	1 套

三、实训步骤

1. 起动发动机

正常起动发动机，达到正常工作温度时，怠速有规律地忽高忽低，故障灯亮。

2. 检查机油、冷却液和蓄电池状况

①检查机油部位。抽出机油尺，检查机油液面高度。

②检查冷却液液面部位及冷却液液面高度。检查蓄电池部位，用万用表测量蓄电池电压，正常电压值为 12.6 V。

3. 正确选择连接线、接头、仪器

①准确找到诊断插座位置。

②连接仪器时点火开关应处于 OFF 位置。

③确认故障症状并记录症状现象（根据不同故障范围进行功能检测，并填写检测结果）。

4. 读取故障码

故障码为 P0013。

5. 定格数据分析

只分析故障发生时的数据帧内容，包括：

①基本数据。

②定格数据中除基本数据外的反应故障码特征的相关数据。

- 发动机转速。
- 点火提前角。

6. 清除故障码

分析确认故障码是否再次出现。

7. 判断可能出现故障的范围

①根据上述检查判断可能出现故障的范围，如凸轮轴正时油压控制阀及相关线路，如图 2-7-23 所示。

②进行外观检查，包括部件安装状态，线路等基本状态。

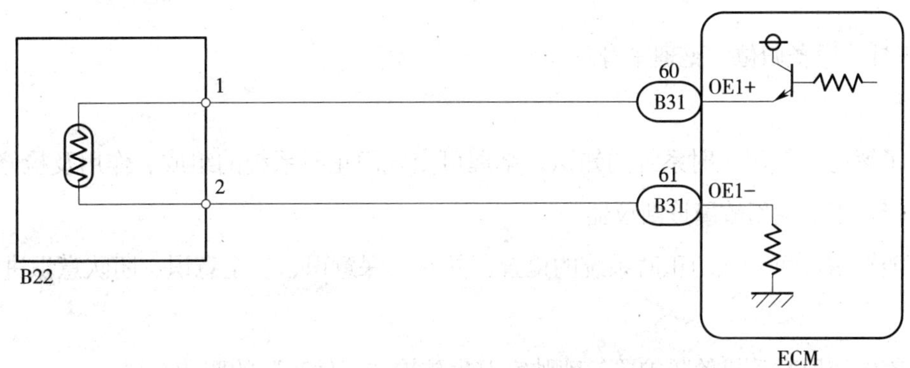

图 2-7-23 凸轮轴正时油压控制阀及相关线路

8. 对被怀疑的部件进行检测

①激活测试：凸轮轴正时油压控制阀断开 / 凸轮轴正时油压控制阀关闭。

②关闭点火开关，拔下凸轮轴正时油压控制阀插头，测量 B22 端子 1 和 2 间电阻值（正常为 6.9 ~ 7.9 Ω）。

9. 对被怀疑的线路进行检测

①关闭点火开关，断开凸轮轴正时油压控制阀插头，打开点火开关，测量 B22–1 与车身搭铁之间的电压（正常为 9 ~ 14 V）。

②断开凸轮轴正时油压控制阀与 ECM 之间的连接器线束。测量 B22–1 与 B31–60（OE1+）之间的电阻值（显示 0.5 Ω 为正常）、B22–2 与 B31–61（OE1–）之间的电阻值（显示 0.5 Ω 为正常）。

③断开凸轮轴正时油压控制阀与 ECM 之间的连接器线束。测量 B22–1 或 B31–60（OE1+）与车身搭铁之间的电阻值（显示 10 kΩ 或更大为正常），测量 B22–2 或 B31–61（OE1–）与车身搭铁之间的电阻值（显示 10 kΩ 或更大为正常）。

10. 根据检测结果确定故障内容

根据上述的所有检测结果，确定故障内容。例如：

①凸轮轴正时油压控制阀。

②凸轮轴正时油压控制阀线路。

③ ECM。

11. 读取维修后故障码

读取维修后故障码，确认原故障码 P0013 有无消失。

12. 与原故障码相关的动态数据检查分析

①发动机转速。

②点火提前角。

13. 现场整理

将工具、设备归位，整理车身及场地。

四、实训要求

1. 了解可变气门正时系统的知识，掌握可变气门正时系统的组成、作用及检修方法。

2. 能够正确使用故障诊断仪器。

3. 能够掌握可变气门正时系统的检查，并对环保意识、安全意识、团队意识进一步加深理解。

4. 养成使用发动机舱防护罩、驾驶室卫生防护“三件套”的职业习惯。

5. 养成工具、零件、油液“三不落地”的汽车维修操作习惯。

任务小结

发动机增压控制系统可将空气预先压缩后供入气缸，以提高空气密度、增加进气量。发动机进气量增加，可增加循环供油量，从而可增加发动机功率，得到良好的加速性，改善燃油经济性。

由于汽油机的特性，汽油机增压比柴油机增压困难。但是可以通过电控技术、点火提前角自适应控制来克服由于增压而增加的爆震倾向，对增压后的空气进行中间冷却，采用增压压力调节装置等方式来改善汽油机增压，使得增压控制系统在汽油机上广泛应用。

发动机增压类型主要有机械增压、气波增压、涡轮增压、复合增压四种。

可变进气系统主要包括可变进气管长度系统和可变气门正时系统两大类。这些技术的作用主要是使发动机在低转速时获得较大扭矩，在高转速时提高发动机的输出功率。

可变进气管长度系统利用进气控制阀改变进气歧管的有效长度或口径大小，提高发动机从低速到高速的所有转速范围内的动力性。可变进气管长度系统有两种类型：动力阀控制系统和进气谐波增压控制系统（ACIS）。

可变气门正时系统通过改变进、排气门的开启时刻或升程等来提高发动机的动力性和经济性。可变气门正时系统主要分为 VVT（可变气门正时）、CVVT（连续可变气门正时）、VVT-i（智能可变气门正时）、i-VTEC（智能可变气门升程）四种。

废气涡轮增压系统是利用发动机排出的废气作为动力来推动涡轮增压器内的涡轮（动力涡轮，位于排气道内）的，涡轮又带动同轴的压缩轮（增压涡轮，位于进气道内），压缩轮压缩由空气滤清器送来的新鲜空气，再送入气缸。当发动机转速加快时，废气排出速度与涡轮转速也同步加快，空气压缩程度得以加大，发动机的进气量相应地得到增加，发动机的输出功率也得到增加。

废气涡轮增压系统的检查主要包括系统检查和涡轮增压器检查，其中涡轮增压器的故障现象有增压发动机功率下降、增压发动机进气压力上升、涡轮增压器异常振动、异常噪声、涡轮增压器外部漏油、涡轮增压器内部漏油等。

项目三
电控发动机燃油供给系统的原理与检修

燃油喷射系统通过采用大量的传感器感受各种工况，根据直接或间接检测的进气信号，经过计算机的判断和分析，计算出燃烧时所需的燃油量，然后将加有一定压力的燃油经喷油器喷出，以供发动机使用。电控发动机燃油供给系统取消了化油器供油系中的喉管，喷油位置在节气门下方，直接在进气门附近，由计算机精确控制喷油脉宽。与化油器式发动机相比，燃油喷射系统具有许多优点，如提高发动机的充气系数，燃油燃烧更充分，可均匀分配各缸燃油以及改善汽车驾驶性能等。

任务❶ 电控发动机燃油供给系统的认知

学习目标

1. 掌握燃油供给系统的组成。
2. 掌握燃油供给系统的工作原理。
3. 掌握燃油供给系统主要部件的检查。

任务引入

燃油供给系统是电控发动机最重要的基本组成部分，掌握其基本结构、工作原理以及主要部件的检查，将对发动机的维护和故障的诊断排除奠定良好的基础。本任务主要介绍燃油供给系统的组成、工作原理及主要部件的检查。

相关知识

一、燃油供给系统的组成

电控发动机的燃油供给系统由油箱、电动燃油泵、燃油滤清器、燃油分配管、燃油蒸气回收罐、喷油器、燃油压力调节器及回油管等组成，如图 3–1–1 所示。对于不同类型的电控发动机，燃油供给系统的组成部件可能会有些差异，如有的电控发动机还有冷起动喷油器、油压脉动阻尼器等部件，但总体构成上基本相似。

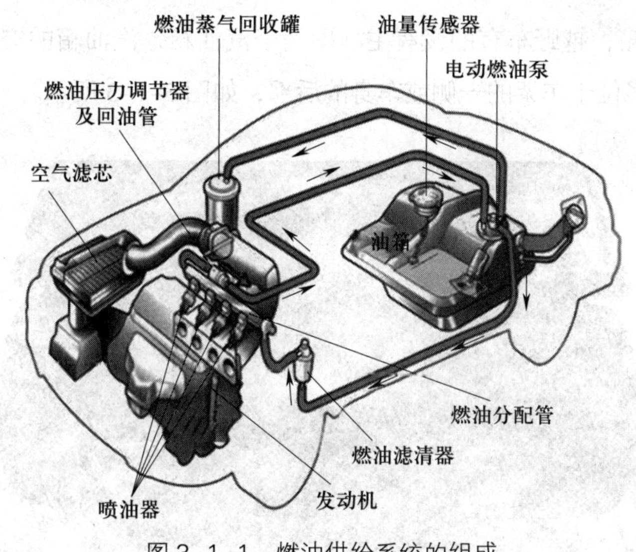

图 3–1–1　燃油供给系统的组成

二、燃油供给系统的工作原理

燃油供给系统的主要作用是向发动机提供燃烧所需要的燃油，燃油从油箱被电动燃油泵加压后，经燃油滤清器过滤燃油中的杂质，供给喷油器。发动机电控单元根据各传感器的输入信号控制喷油器的开启，将计量后的燃油喷入各进气歧管或燃烧室中，与流入发动机内的空气进行混合，形成可燃混合气，并参与燃烧。同时燃油供给系统还利用燃油压力调节器将多余的燃油送回油箱，使燃油的压力保持在 250 ~ 300 kPa 范围内，并利用油压脉动阻尼器来吸收管路中的油压波动，从而提高喷油的控制精度。图 3–1–2 所示为燃油供给系统的工作原理。

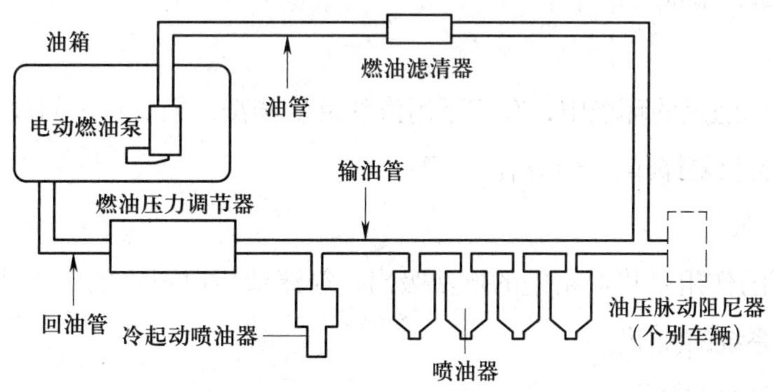

图 3–1–2　燃油供给系统的工作原理

三、燃油供给系统主要部件的检查

1. 油箱

（1）油箱的结构

油箱是储存燃油的设备，一般汽油箱所存汽油的容量可供汽车行驶 300 ~ 600 km。普通汽车装有一个汽油箱，越野车有的设有主、副两个汽油箱，汽油箱的安装位置和几何形状依车型而定，一般多位于车架的一侧或车身的后部，如图 3-1-3 所示。

图 3-1-3 汽油箱的安装位置

油箱是用薄钢板冲压而成的，内壁镀锌或锡，以防腐蚀，上部焊有加油管，加油管口由油箱盖盖住，内装可拉出的延伸管，延伸管底部有滤网，可滤去油中的杂质。油箱内部装有油面高度指示传感器（油量传感器），还有电动燃油泵，并通过上面的线束插头连接到外部。汽油箱如图 3-1-4 所示。在油箱顶部的密封口上一般可以见到三根管路：进油管、回油管、通气管（通向活性炭罐），还有一个线束插头，如图 3-1-5 所示。

（2）油箱的清洗

油箱长时间使用，会在内部存在一定的杂质，可对其进行清洗，清洗的方法如下。

①在车上排放净燃油。

②拆下油箱。

③在一个安全通风的环境中，在车下用汽油反复涮洗，最好在里面放一个长而细的铁链，由两个人配合反复操作，直到清洗干净。

2. 电动燃油泵

电动燃油泵的作用是将油箱中的燃油吸出，经滤清后以一定的压力输送到各喷油器，并保持燃油供给系统的油压。

（1）电动燃油泵的分类

不同类型电动燃油泵的区别主要是泵油组件不同。

1）按工作原理分类

按工作原理不同，电动燃油泵可分为容积泵和流体动力泵两类。

①容积泵

容积泵靠泵腔容积的变化来吸油和压油，因此是间歇性输油的，有较大的油压波动和

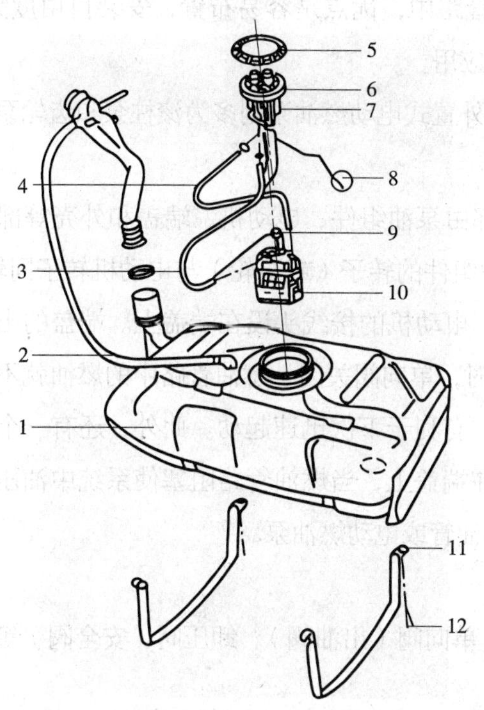

图 3-1-4　汽油箱

1—汽油箱　2—加注汽油通气管　3—回油管
4—进油管　5—塑料紧固螺母　6—通气管
7—密封凸缘　8—浮子　9—导线
10—汽油泵总成　11—汽油箱夹带　12—夹带螺栓

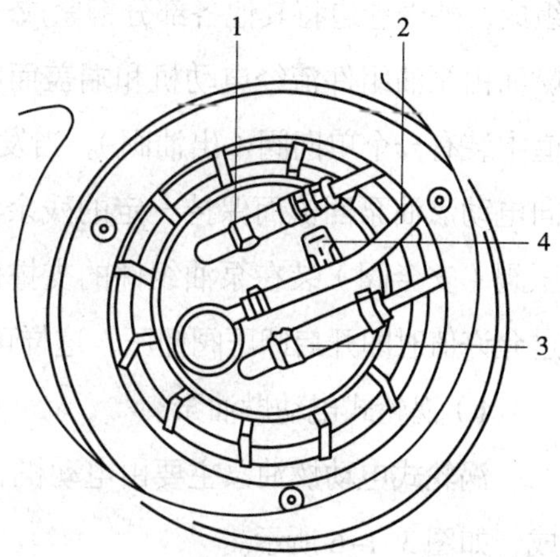

图 3-1-5　油箱顶部密封口上的管路

1—回油管　2—通气管
3—进油管　4—线束插头

振动噪声，但工作压力较高。滚柱泵、齿轮泵和叶片泵都属于容积泵。滚柱泵的工作压力约为 200 kPa，齿轮泵的工作压力可达 400 kPa，叶片泵的工作压力还可更高，前两种泵用得较多。

②流体动力泵

流体动力泵是靠泵轮驱动燃油流动的，燃油流动中因动量变化而产生油压，是一种连续输油的泵，油压波动小，但工作压力较低，宜用于大油量低油压的场合。离心泵、涡轮泵和侧槽泵均属于流体动力泵。侧槽泵的工作压力约为 100 kPa，另两种泵约为 300 kPa。涡轮泵和侧槽泵用得较多。

2）按安装位置不同分类

按安装位置不同，电动燃油泵可分为内置式和外置式两类。

①内置式电动燃油泵

内置式电动燃油泵安装在油箱中，具有噪声小、不易产生气阻、不易泄漏、安装管路较简单等优点，应用更为广泛。

②外置式电动燃油泵

外置式电动燃油泵串接在油箱外部的输油管路中，优点是容易布置，安装自由度大，但噪声大，且易产生气阻，所以只在少数车型上应用。

内置式电动燃油泵多采用涡轮泵和侧槽泵，外置式电动燃油泵则多为滚柱泵和齿轮泵。

（2）电动燃油泵的构造

电动燃油泵的具体结构虽然多种多样，但都由泵油组件、电动机、端盖和外壳等部分组成，外壳卷边将其他各部分铆紧成一体。泵油组件的转子（或泵轮）与电动机转子同轴。燃油由泵油组件流经电动机和端盖而向外输出。电动机的接线头设在端盖上。端盖的出油道中装有一个单向阀（出油阀）。当发动机停机时，单向阀关闭，燃油管路中的燃油就不会向电动燃油泵回流而保持一定的残余油压，这样有利于下次迅速起动。此外，还有一个卸压阀（安全阀）装在泵油组件的支撑件上或装在端盖上，当燃油管路阻塞使系统中油压超过允许值时即开启卸压阀卸压，这样可避免损坏油管或电动燃油泵。

1）涡轮式电动燃油泵

涡轮式电动燃油泵主要由电动机、涡轮泵、单向阀（出油阀）、卸压阀（安全阀）等组成，如图 3–1–6 所示。

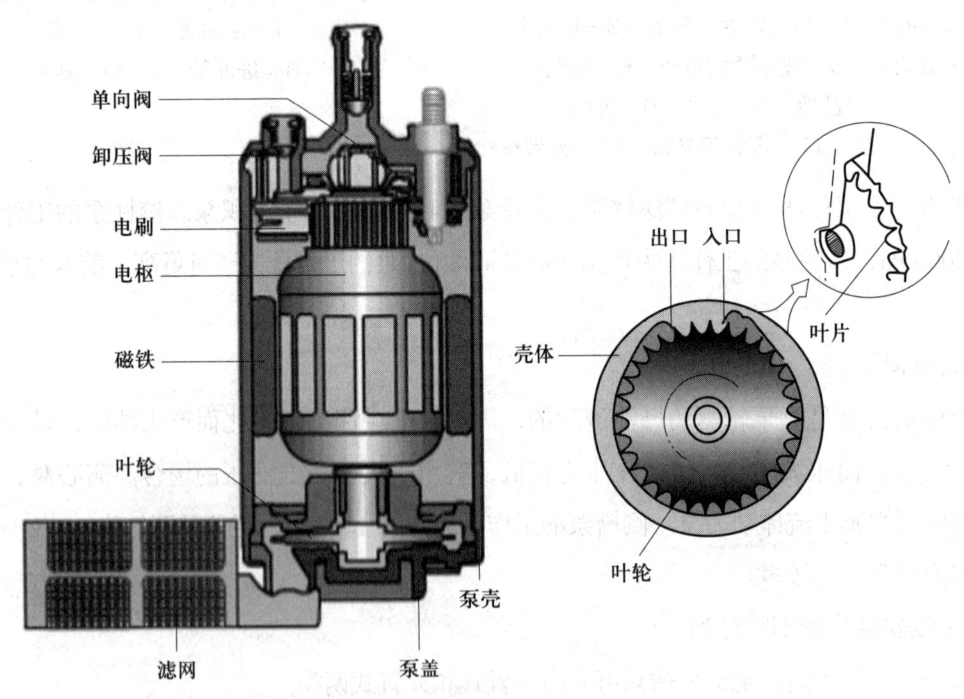

图 3–1–6　涡轮式电动燃油泵

涡轮泵主要由叶轮、叶片、泵壳和泵盖组成，叶轮安装在电动机的转子轴上。电动机通电时，驱动涡轮泵叶轮旋转，由于离心力的作用，叶轮周围小槽内的叶片贴紧泵壳。油箱内的燃油进入燃油泵内的进油室前，首先经过滤网初步过滤，然后从进油室被带往出油室。由于进油室内的燃油不断被带走，所以形成一定的真空度，将油箱内的燃油从进油口吸入；而出油室内的燃油不断增多，燃油压力升高，当油压达到一定值时，则顶开出油阀，经出油口输出。出油阀还可在燃油泵不工作时，阻止燃油倒流回油箱，这样可保持油路中有一定的残余压力，便于下次起动。

燃油泵工作中，燃油流经燃油泵内腔，对电动机起到冷却和润滑的作用。卸压阀安装在进油室和出油室之间，当燃油泵输出油压达到 0.4 MPa 时，卸压阀开启，使燃油泵内的进油室和出油室连通，燃油泵工作只能使燃油在泵的内部循环，以防止输油压力过高。

涡轮式电动燃油泵具有泵油量大、泵油压力较高（可达 600 kPa 以上）、供油压力稳定、运转噪声小、使用寿命长等优点，所以应用最为广泛。

2）滚柱式电动燃油泵

滚柱式电动燃油泵主要由电动机、滚柱泵、出油阀（单向阀）、卸压阀（安全阀）等组成，如图 3-1-7a 所示。滚柱式电动燃油泵的输油压力波动较大，在出油端必须安装油压脉动阻尼器，这使燃油泵的体积增大，所以一般都安装在油箱外面，即属外置式。

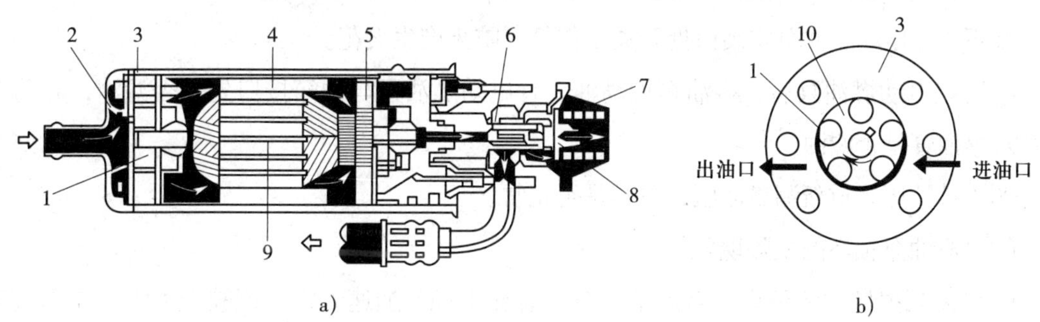

图 3-1-7　滚柱式电动燃油泵

a）结构　b）工作原理

1—滚柱　2—卸压阀　3—泵壳　4—磁铁　5—电刷　6—出油阀

7—油压脉动阻尼器　8—膜片室　9—电枢　10—转子

油压脉动阻尼器主要由膜片和弹簧组成，它可吸收燃油压力波的能量，降低压力波动，以便提高喷油控制精度。

滚柱式电动燃油泵的工作原理如图 3-1-7b 所示。装有滚柱的转子呈偏心状，置于泵壳内，由直流电动机驱动，当转子旋转时，位于转子槽内的滚柱在离心力的作用下，紧压在泵壳内表面上，对周围起密封作用，在相邻两个滚柱之间形成工作腔。在燃油泵运转过程中，工作腔转过出油口后，其容积不断增大，形成一定的真空度，当转到与进油口连通时，将燃油吸入；而吸满燃油的工作腔转过进油口后，其容积又不断减小，使燃油压力提高，受压燃油流过电动机，从出油口输出。滚柱式电动燃油泵出油阀和卸压阀的作用与涡轮式电动燃油泵的相同。

（3）电动燃油泵拆装的注意事项

因车型不同，电动燃油泵的结构及安装位置也不相同，一般都可以从行李舱或后排座椅下方拆下电动燃油泵，但有些车型必须把油箱拆下才能拆下电动燃油泵。在拆装电动燃油泵时应注意以下事项。

①油箱内不能有过多的燃油，如果有过多燃油，需要将过多的燃油抽出。

②关闭点火开关和所有电器。

③将油泵盖板处的灰尘清理干净。

④拆供油管时注意卸压，安装时不要把油管接反。

⑤有些电动燃油泵壳体与油箱有一定的标记。注意对好，不要错位，否则油量传感器将不能准确地检测油量。

⑥将电动燃油泵拆下后，注意把油箱口盖住，防止脏东西进入，而且要注意看一下油箱内是否有杂质等。

⑦拆装电动燃油泵时远离火源且要准备灭火器。

⑧不要在电动燃油泵安装口处开关工作灯，防止产生火花。

⑨装完电动燃油泵后，将油箱加满油，看电动燃油泵与油箱接口处是否漏油，起动车辆，观察油管是否漏油。

⑩连接油压表重新测量油压，看其是否正常。

（4）汽油泵损坏的故障现象

①汽油泵损坏的故障现象有起动困难、怠速不稳、加速无力、行驶无力等，夏季故障率高于冬季。

②脏堵造成的泵油量降低。脏堵会造成汽油泵进油口处滤网堵塞，清洗汽油泵后，泵油量能恢复正常。

③泵油能力衰退或失效，多由燃油滤清器脏堵或接反造成，有时因加油不及时，造成热负荷加大。电刷、弹簧、换向片、绕组发热、磨损加大、电阻值变大、转速下降，油压和油量下降而失效。

（5）电动燃油泵的检查

①电动燃油泵为不可拆解式，只能一次性使用，工作电压多为 12 V；绕组和电刷的电阻值为 0.2 ~ 3 Ω；油压为 200 ~ 350 kPa；流量为 80 ~ 120 L/h 为好。这是检测电动燃油泵好坏的依据。

②打开点火开关，电动燃油泵应运转 2 ~ 3 s 并且无异响，如有很大的异响，应清洗或更换电动燃油泵。如电动燃油泵不运转，则应检测电动燃油泵插头的电压，在点火开关打

开 2 ~ 3 s 内电压正常值为 12 V，如无电压，则应根据该车的控制电路进行检测。同时电动燃油泵的电阻值应符合规定值，如不符合规定值，则应更换电动燃油泵。如电动燃油泵运转但油压低，则对电动燃油泵和燃油泵滤网、汽油滤芯进行清洗，如油压仍低，则应更换电动燃油泵。

③熄火后，燃油分配管内的油压应保持 5 min 不降低为好，否则说明电动燃油泵中单向阀的功能失效，应更换新件。

3. 燃油滤清器

燃油滤清器的作用是将燃油中的粉尘、氧化铁等固体杂质除去，防止供油装置堵塞，减少机械磨损。燃油滤清器安装在电动燃油泵出口的一侧，燃油滤清器内部经常受到 20 ~ 300 kPa 的燃油压力，因此耐压强度要求在 500 kPa 以上。

燃油滤清器的结构如图 3–1–8 所示，燃油滤清器的滤芯元件一般采用滤纸叠成菊花形和弹簧形结构，以增大过滤面积。燃油滤清器是一次性的，应根据车辆行驶里程进行更换，一般每行驶 40 000 km 更换一次。若使用的燃油杂质较多，则应缩短更换周期。

图 3–1–8 燃油滤清器的结构

（1）拆卸燃油滤清器的注意事项

①在拆卸燃油滤清器时，必须远离火源，而且周围的环境要保持通风良好。

②有的燃油滤清器用 O 形圈密封，防止燃油泄漏，每次更换燃油滤清器时必须同时更换 O 形圈。

③拆卸燃油滤清器时会有燃油漏出，所以此时应在燃油滤清器下部放置合适的容器，并慢慢拆卸燃油滤清器接头。

（2）燃油滤清器损坏的故障现象

如果燃油滤清器堵塞，输出油压将降低，造成起动困难和发动机功率损耗等，所以燃油滤清器必须定期更换，如果燃油杂质含量大，更换的周期应相应缩短。燃油滤清器外壳上的箭头表示燃油的流动方向，安装燃油滤清器时，不允许倒装。如果将燃油滤清器倒装，那么即使工作很短的时间也必须更换。燃油滤清器的更换是修理厂机油三滤保养内容之一。

4. 油压脉动阻尼器

当喷油器喷射燃油及电动燃油泵工作时，在燃油输送管道内会产生燃油压力脉动。为减弱燃油输送管道中的压力脉动，降低噪声，在燃油管路上安装油压脉动阻尼器。

油压脉动阻尼器一般有两个安装位置：一是在供油总管上安装，如图 3–1–9 所示；二是在电动燃油泵上安装，如图 3–1–10 所示。值得注意的是，有些车型不加装油压脉动阻尼器。

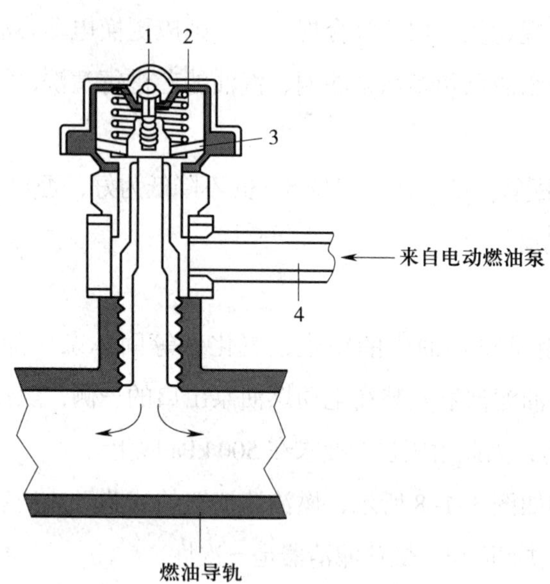

图 3-1-9　安装于供油总管上的油压脉动阻尼器

1—阀　2—弹簧　3—膜片　4—供油总管

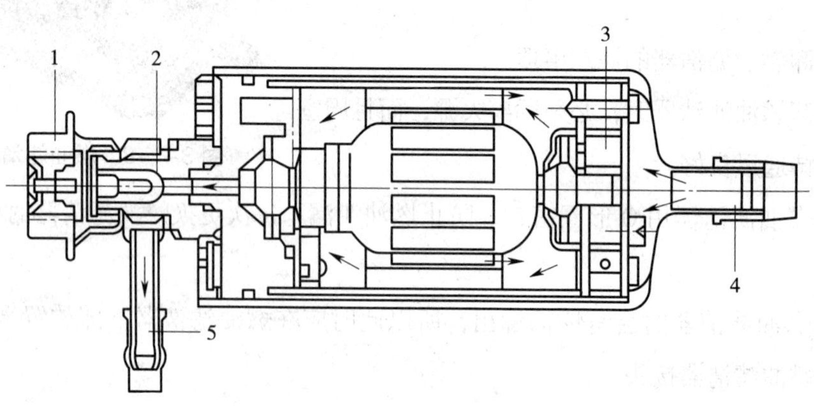

图 3-1-10　安装于电动燃油泵上的油压脉动阻尼器

1—油压脉动阻尼器　2—单向阀　3—电动燃油泵　4—进油口　5—出油口

（1）工作原理

油压脉动阻尼器的工作原理如图 3-1-11 所示，来自电动燃油泵的燃油先流到油压脉动阻尼器，然后流向燃油导轨。当油压过高时，膜片压缩弹簧使膜片前部的空间增大，使本来过大的压力值缓和下来；当油压过低时，弹簧伸张使膜片前部的空间减小，从而使油压略有上升。油压脉动阻尼器通常在 250 kPa 的压力下使用，但是由于喷油器工作时会产生压力脉动，它的常用工作压力可达 300 kPa 左右。图 3-1-12 所示为油压脉动阻尼器的效果，由图中可以看出，由于安装了油压脉动阻尼器，喷油器完成喷射动作之后，油压脉动阻尼器上游压力迅速衰减。

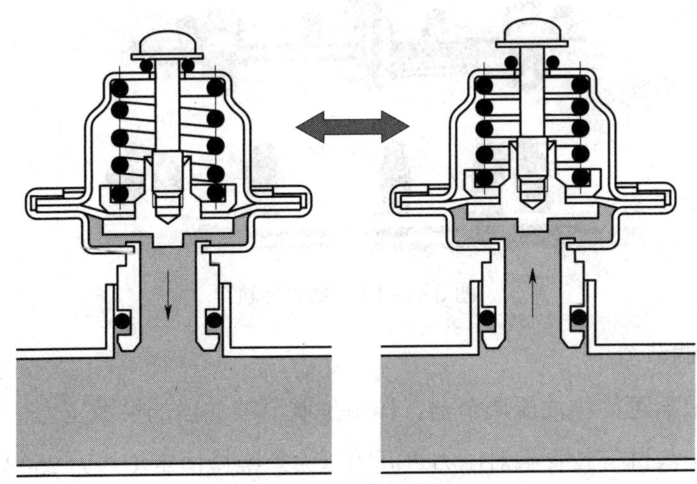

图 3-1-11 油压脉动阻尼器的工作原理

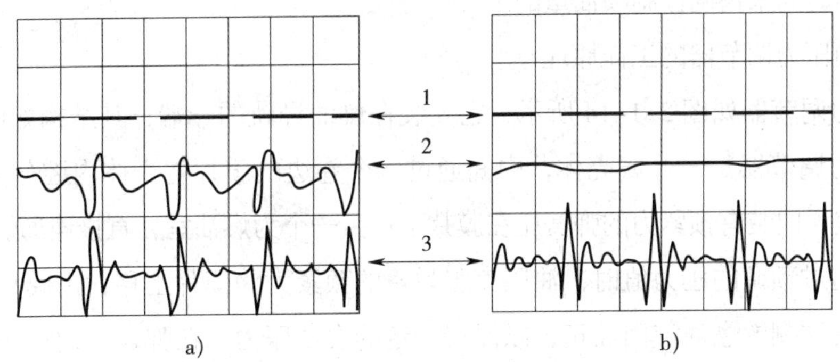

图 3-1-12 油压脉动阻尼器的效果

a）未安装油压脉动阻尼器 b）安装油压脉动阻尼器

1—喷油器脉冲信号 2—油压脉动阻尼器上游压力 3—油压脉动阻尼器下游压力

（2）油压脉动阻尼器的检查

当油压脉动阻尼器出现故障时，对燃油供给系统的影响不会很大，检查时可用手摸油压脉动阻尼器，当电动燃油泵运转时，应感觉内部有振动感，如果没有，则应给予更换。

5. 燃油导轨

燃油导轨也称燃油分配管，如图 3-1-13 所示。燃油导轨安装在进气歧管上，它的作用是安装喷油器并将高压燃油均匀、等压地输送给各个喷油器。燃油导轨与喷油器之间用 O 形圈和喷油器固定夹子密封，O 形圈可防止燃油渗漏，并具有隔热和隔振的作用，喷油器固定夹子将喷油器固定在燃油导轨上。大多数燃油导轨上都有燃油压力测试口，可用于检查和释放油压，燃油压力调节器一般安装在燃油导轨上。

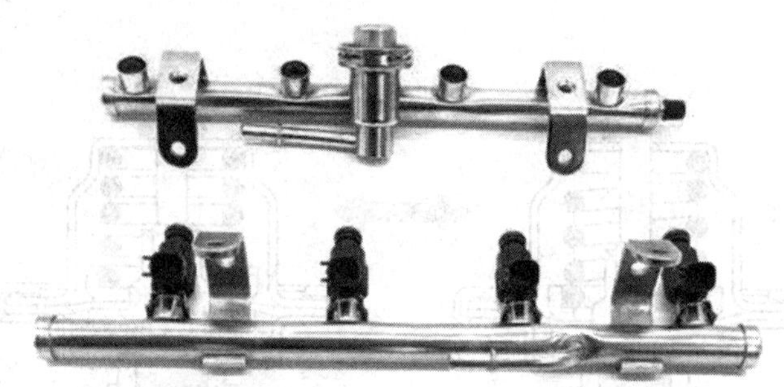
图 3-1-13　燃油导轨

6. 燃油压力调节器

燃油压力调节器可简称油压调节器，作用是调节喷油器的燃油压力，使系统油压（燃油分配管内油压）与进气歧管绝对压力之间的压力差维持恒定（约为 250 kPa），使喷油器喷出的燃油量唯一地取决于喷油器针阀的开启时间（即喷油时间）。ECU 实际上就是通过控制喷油器喷油时间来精确控制喷油量的。

（1）燃油压力调节器的工作原理

燃油压力调节器如图 3-1-14 所示，它安装在燃油导轨的一端，其结构如图 3-1-15 所示。燃油压力调节器是一金属壳体，中间通过一个卷边的膜片将壳体内腔分为两个小室：一个为弹簧室，内装有预紧力的弹簧压在膜片上；另一个为燃油室，直接连通燃油分配管。

当油压超过预调的压力值时，油压克服弹簧的预紧力使膜片上移，由膜片操纵的回油孔被打开，使过剩的燃油流回油箱，以保持一定的燃油压力。在弹簧室内有一根与节气门后方进气歧管相通的通气管，这样使燃油分配管内的系统油压与进气歧管内的绝对压力之差为一常数，如图 3-1-16 所示。在对喷油量进行控制时，ECU 只要控制喷油器的喷油时间就可以，而没有必要考虑系统油压的变化。

图 3-1-14　燃油压力调节器

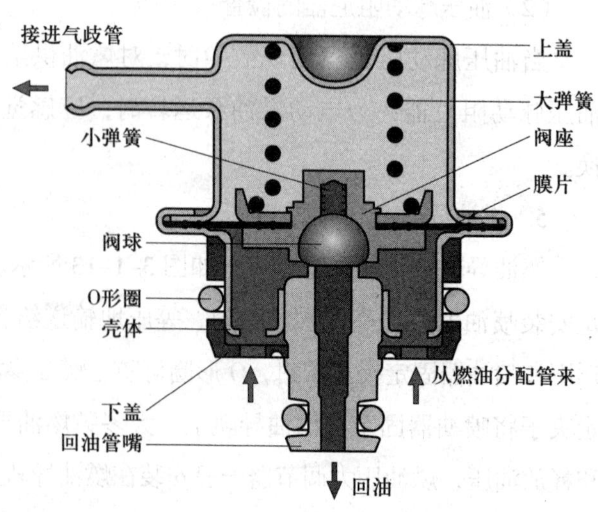

图 3-1-15　燃油压力调节器的结构

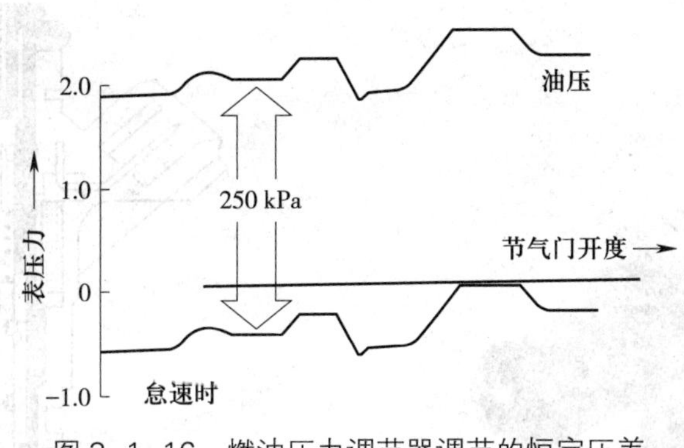

图 3-1-16　燃油压力调节器调节的恒定压差

（2）燃油压力调节器损坏的故障现象

燃油压力调节器是不可调节器件，它的主要故障是弹簧疲劳后张力变小或膜片破裂。由于燃油压力调节器的作用是调节喷油压力，所以其出现故障时会直接影响喷油压力的高低和发动机的供油量，使发动机供油不稳、怠速不稳、加速无力、耗油以及冒黑烟等。

（3）燃油压力调节器的检查

燃油压力调节器工作不良会造成系统油压过高、过低、不稳或残压降低。

①系统油压过高时，拆下燃油压力调节器上的回油管，另外套上一回油软管，回油软管另一端置于容器内。起动发动机，如果系统油压仍过高，说明燃油压力调节器不良，应更换。

②系统油压过低时，起动发动机并怠速运转，夹住回油管。如果此时油压能上升至 400 kPa，说明回油阀存在故障，应更换。

③起动发动机并怠速运行，脱开燃油压力调节器上的通气管，油压应上升 50 kPa 左右，否则说明燃油压力调节器不良，应更换。

④燃油压力调节器的上部弹簧室与下部燃油室由膜片隔开。若膜片损坏，则上下腔室相通，会使燃油被吸到进气管内，造成混合气过浓（热车难起动），此时应更换燃油压力调节器。

7. 喷油器

（1）喷油器的工作原理

喷油器如图 3-1-17 所示，它实际上是一个电磁阀，其结构如图 3-1-18 所示，针阀与衔铁制成一个整体。当发动机运转时，电动燃油泵向喷油器提供大约 250 kPa 的恒定供油压力。当喷油器喷嘴内的针阀开启时（电磁线圈接收 ECU 喷油脉冲信号通电后，产生的电磁力克服弹簧弹力而使针阀打开喷孔），燃油以雾状的形式喷出。由于喷油器的针阀升程设计为约 0.15 mm 的定值，喷嘴的流通截面积和喷油压力也为定值。因此，燃油喷射量的大小就可通过 ECU 控制给电磁线圈的通电时间来控制。

（2）喷油器的结构与分类

①轴针式喷油器。轴针式喷油器的结构与安装如图 3-1-19 所示，它主要由喷油器壳

图 3-1-17　喷油器

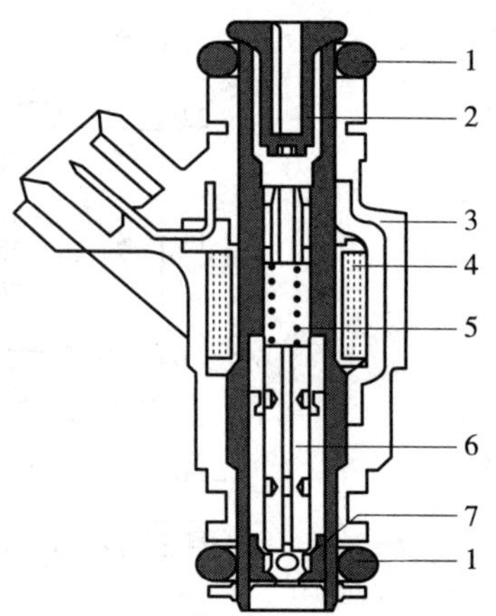

图 3-1-18　喷油器的结构
1—O 形圈　2—滤网
3—带电插头喷油器壳体　4—电磁线圈
5—弹簧　6—衔铁的针阀　7—带喷孔板的阀座

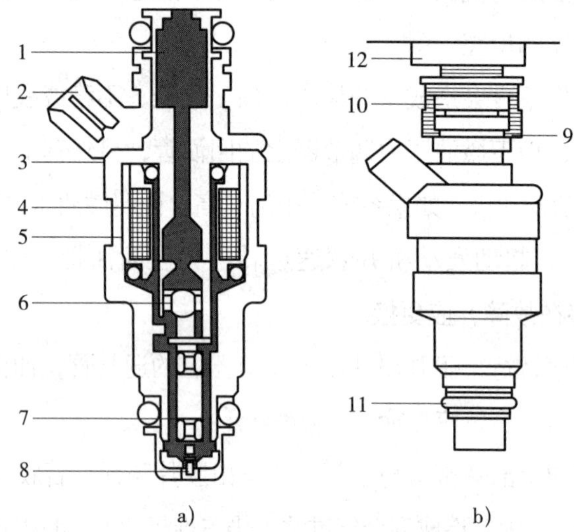

图 3-1-19　轴针式喷油器的结构与安装
a）轴针式喷油器的结构　b）连接与安装
1—滤网　2—电插头　3—喷油器壳体　4—电磁线圈　5—弹簧　6—衔铁
7—针阀　8—轴针　9—保险夹头　10—上密封圈　11—下密封圈　12—燃油分配管

体、针阀、套在针阀上的衔铁以及根据喷油脉冲信号产生电磁吸力的电磁线圈等组成。电磁线圈无电流时，喷油器内的针阀被弹簧压在喷油器出口处的密封锥形阀座上。电磁线圈通电时，产生磁场吸动衔铁上移，衔铁带动针阀从其座面上升约 0.1 mm，燃油从精密环形间隙中流出。轴针式单点喷油器的结构如图 3-1-20 所示，与多点喷射系统的轴针式喷油器结构大体相同，只是外形及尺寸略有不同，并将一个或两个喷油器与燃油压力调节器、进气温度传感器等一起安装在节气门体上（又称为中央喷射单元，如图 3-1-21 所示），一般采用底部或侧面供油方式。

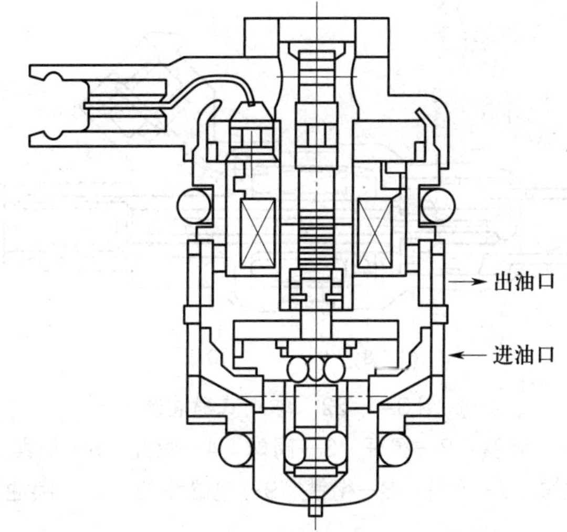

图 3-1-20 轴针式单点喷油器的结构

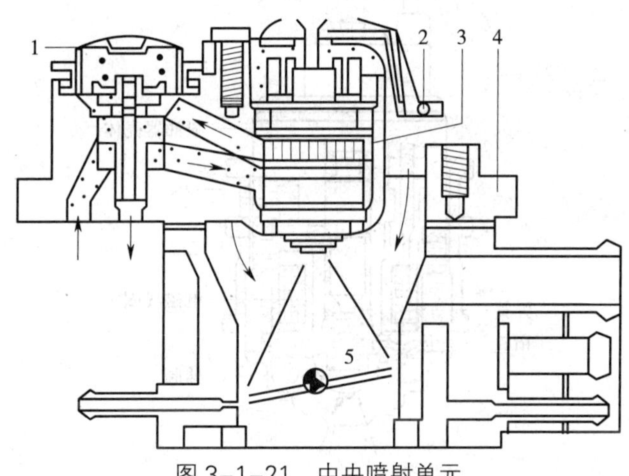

图 3-1-21 中央喷射单元

1—燃油压力调节器 2—进气温度传感器 3—喷油器 4—节气门体 5—节气门

②球阀式喷油器。球阀式喷油器如图 3-1-22 所示，它与轴针式喷油器的主要区别在于阀针的结构。球阀式喷油器的阀针是用激光束将阀球、阀杆和衔铁焊接在一起制成的，其质量减小到只有普通式阀针的一半，这是采用短的空心导管实现的。

球阀式喷油器在单点喷射系统中也有应用，但结构与多点喷油器略有不同。图 3-1-23 所示为球阀式单点喷油器，其特点是将球阀和扁平衔铁由激光熔焊成组件，支撑在膜片弹簧上，质量极小，仅 2 g，响应非常灵敏，阀门的开闭时间可以降低到 1 ms 左右，而且还有较好的重复性，会使发动机的怠速性能有所改善。阀座上有 6 个喷孔径向立体交叉分布，使喷出的燃油形成旋流，有利于燃油旋流与喷腔壁面碰撞后，进入进气流中，促使燃油更好地雾化，改善混合气的质量。另外，由于这种喷油器用于低压（0.1 MPa）单点喷射系统，所以采用通流式供油，即当发动机工作时，燃油连续不断地流过喷油器内部，冷却效果好，可防止气阻产生，具有良好的热起动性能。

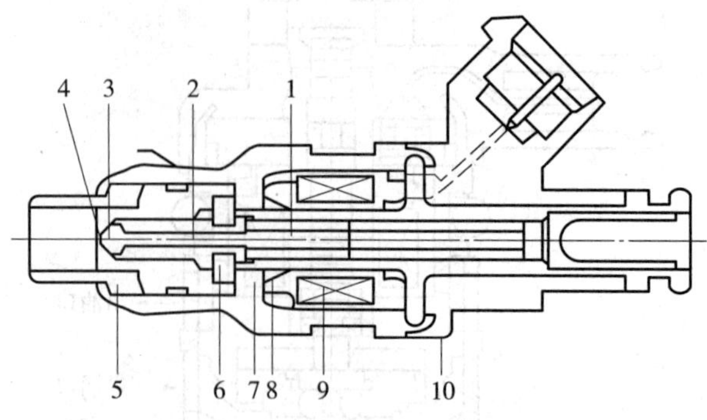

图 3-1-22　球阀式喷油器

1—弹簧　2—阀杆　3—阀球　4—喷孔　5—护套

6—限位块　7—阀体　8—衔铁　9—电磁线圈　10—喷油器壳体

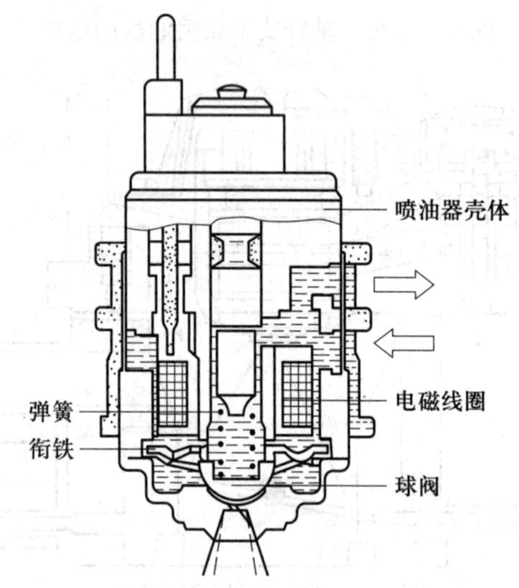

图 3-1-23　球阀式单点喷油器

③片阀式喷油器。片阀式喷油器的结构如图 3-1-24 所示，采用质量较小的阀片和空式阀座，不仅具有较大的动态流量范围，而且抗堵塞能力较强。

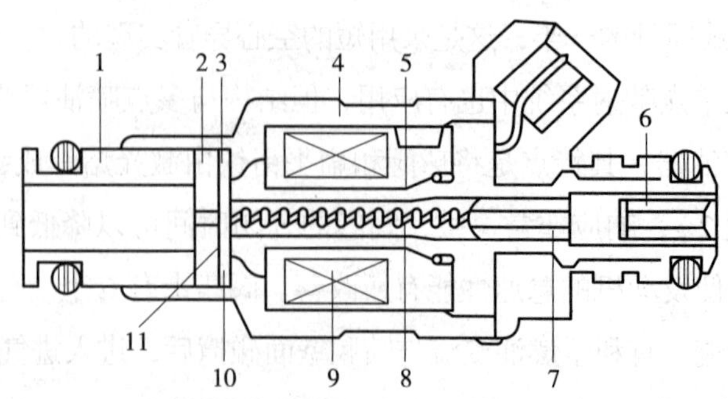

图 3-1-24　片阀式喷油器的结构

1—喷嘴套　2—阀座　3—垫圈　4—喷油器壳体　5—衔铁　6—滤网　7—调压滑套

8—弹簧　9—电磁线圈　10—挡圈　11—阀片

④双孔式喷油器。随着现在轿车发动机向多气门发展，在具有双进气门的发动机上，若仍采用单股油束的普通喷油器，则低速时的瞬时加速响应不佳。这主要是由于加速时，节气门迅速开大，而燃油附着在双进气口的隔墙上，阻滞燃油及时输至气缸内，使混合气突然变稀，转矩反而减小。为此，开发了双孔式喷油器，如图 3–1–25 所示，在双孔式喷油器头部加装一个流量严格均分的双孔分流套，两股油束能同时将相同的燃油量分别喷入两个进气口中，从而消除燃油附着在隔墙上的弊病，有效改善发动机的瞬时加速响应性能。同时，由于空燃比变化幅度减小，提高了三元催化转化器的转换效率，废气排放情况明显改善。

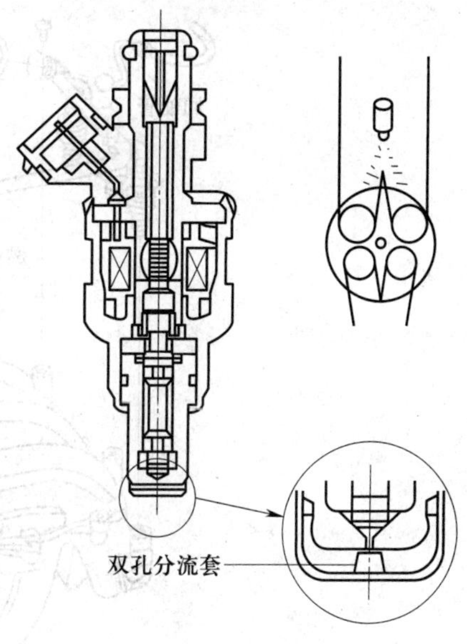

图 3–1–25 双孔式喷油器

另外，按喷油器电磁线圈的电阻值分，喷油器有高阻值喷油器和低阻值喷油器两种。高阻值喷油器的电磁线圈电阻值为 12 ~ 17 Ω 不等；低阻值喷油器的电磁线圈电阻值为 0.6 ~ 3 Ω 不等。高阻值电磁线圈的电感较大，对控制信号的响应较慢。为了提高响应速度，一般减少线圈匝数以降低电感，即产生了低阻值喷油器。

（3）喷油器的安装

喷油器通过专门的支座安装在进气歧管上或进气道附近的缸盖上，并通过燃油导轨固定。支座为橡胶成形件，具有隔热作用，防止喷油器中的燃油产生气泡，有助于提高发动机的高温起动性能。另外，橡胶成形件可保护喷油器不受过高振动的影响，图 3–1–26 所示为奥迪 A6 发动机喷油器的布置及安装。

喷油器是一个特别精密的装置，燃油中含有杂质，将会影响喷油器的正常工作。为了避免喷油器被杂质堵塞，现在汽车除了在供油管路安装燃油滤清器外，还在每个喷油器尾部都布置一个燃油滤网。在安装喷油器时应注意以下事项。

①安装喷油器时，一定要用新的垫片和 O 形圈，用过的垫片和 O 形圈绝对不能重复使用。

②装 O 形圈的时候要小心操作，不能有损伤，同时要给 O 形圈抹一点润滑脂或燃油，绝对不能用机油、齿轮油或者制动油等代替。

③将喷油器装到燃油导轨上后，喷油器应能平稳转动。

④装完以后要用扭力扳手按规定力矩拧紧燃油导轨的连接螺栓。

（4）喷油器损坏的故障现象

喷油器一旦发生故障，将造成喷油量偏少、喷油量过多、不喷油或者有泄漏，导致喷

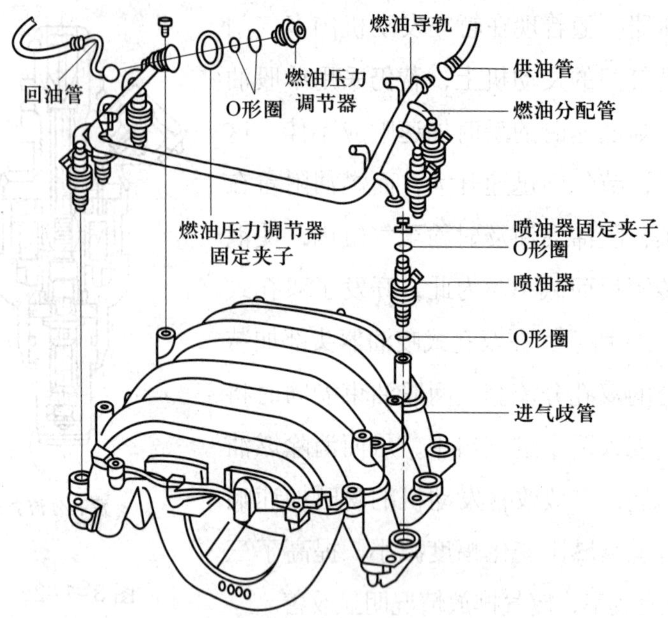

图 3–1–26　奥迪 A6 发动机喷油器的布置及安装

油雾化效果变差，最终出现发动机动力下降、排气管冒黑烟等故障。造成喷油器故障的主要原因有针阀处过脏、安装有问题等。

8. 冷起动喷油器

冷起动喷油器只在发动机低温起动时才投入工作，它也是一种电磁式喷油器，其喷油量取决于喷油时间，而其喷油时间可以由起动喷油器定时开关控制，也可以由 ECU 控制。

（1）冷起动喷油器的结构与工作原理

冷起动喷油器由燃油入口插接器、接线插座、电磁线圈、弹簧、柱塞阀与阀座以及漩涡喷油嘴等组成，如图 3–1–27 所示。

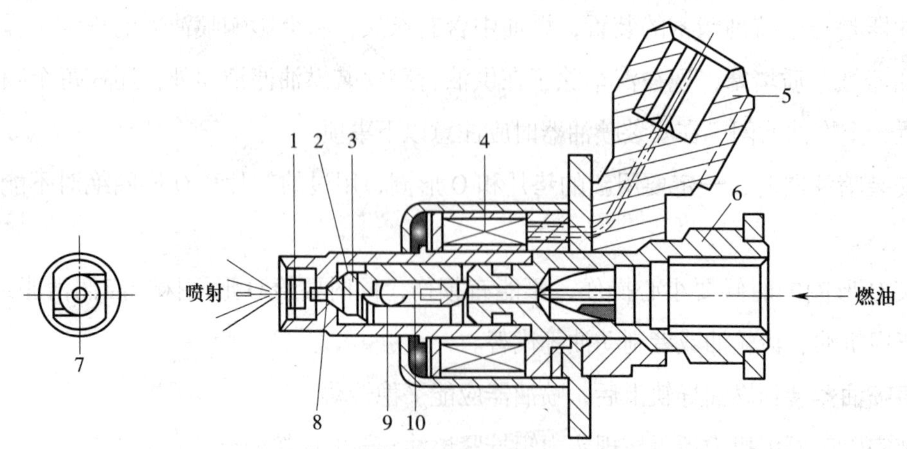

图 3–1–27　冷起动喷油器的结构

1—漩涡喷油嘴　2—喷射管道　3—柱塞阀　4—电磁线圈　5—接线插座
6—燃油入口插接器　7—漩涡喷油嘴　8—阀座　9—动磁芯　10—弹簧

锥形阀包覆在柱塞端部，在弹簧作用下，阀压紧在阀座上。冷车起动时，电磁线圈通电，在电磁力吸引下，柱塞克服弹簧张力而右移，阀打开，燃油喷出，由于喷油器结构所致，燃油在喷出时不但具有较大的喷射锥角（70°以上），而且在喷油嘴处形成旋转运动，改善了燃油的雾化性能。起动后，电磁线圈供电线路切断，冷起动喷油器停止工作。

（2）冷起动喷油器的控制

①起动喷油器定时开关控制。起动喷油器定时开关是个温控开关，用螺纹连接方式安装在发动机冷却液管路上。起动喷油器定时开关内部有一对常闭触点，其活动触点臂由双金属制成。在双金属周围缠有两个加热线圈，使双金属被加热后弯曲，从而将触点断开。发动机暖机后，原来常闭的这对触点应为常开状态。

图3-1-28所示为起动喷油器定时开关控制电路。发动机冷机时，起动喷油器定时开关触点闭合。冷起动时，使点火开关处于ST位置，冷起动喷油器电磁线圈通电，电流经蓄电池、点火开关ST、冷起动喷油器的STA、电磁线圈、STJ、起动喷油器定时开关的STJ、双金属触点及搭铁构成回路，冷起动喷油器喷油，如图3-1-28a所示。与此同时，也有电流经起动喷油器定时开关的STA，流经加热线圈1和2。两加热线圈使双金属受热，当其弯曲打开触点时，冷起动喷油器停喷。起动后，起动喷油器定时开关断开，点火开关由ST位置转至ON位置，冷起动喷油器停喷。与此同时，加热线圈1、2均断电，但此时发动机冷却液温度使双金属弯曲，触点保持断开，即发动机正常运转中，起动喷油器定时开关的触点保持常开状态，如图3-1-28b所示。

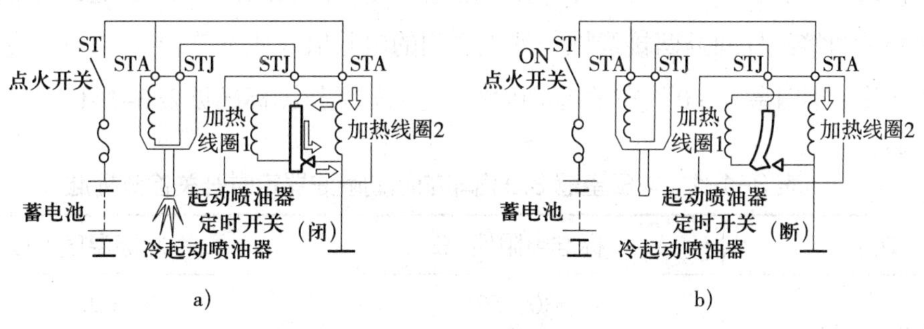

图3-1-28 起动喷油器定时开关控制电路
a）冷起动 b）起动后

② ECU与起动喷油器定时开关协同控制，其电路如图3-1-29所示。单独使用起动喷油器定时开关控制时，冷起动喷油器的喷油范围如图3-1-30阴影A部分所示，它决定的是基本喷油量。为改善发动机冷起动性能，使起动更迅速，热机混合气浓度过渡更平缓，在一些车上不但设起动喷油器定时开关控制基本喷油量，还由ECU根据冷却液温度传感器检测到的冷却液温度对冷起动喷油量进行修正。图3-1-30中阴影B部分即表示用ECU控制冷起动喷油器喷油的范围。

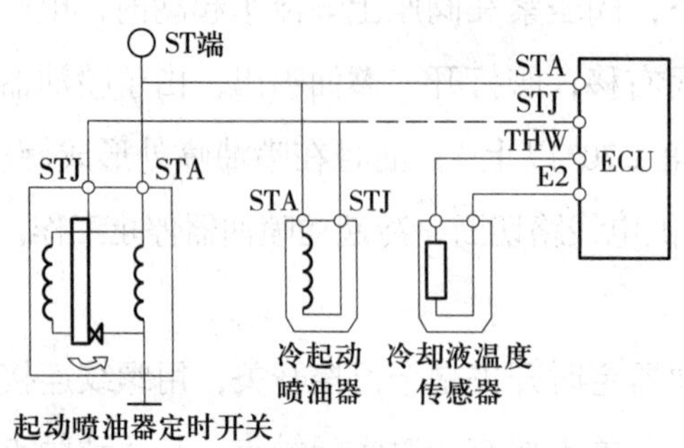

图 3-1-29 ECU 与起动喷油器定时开关协同控制电路

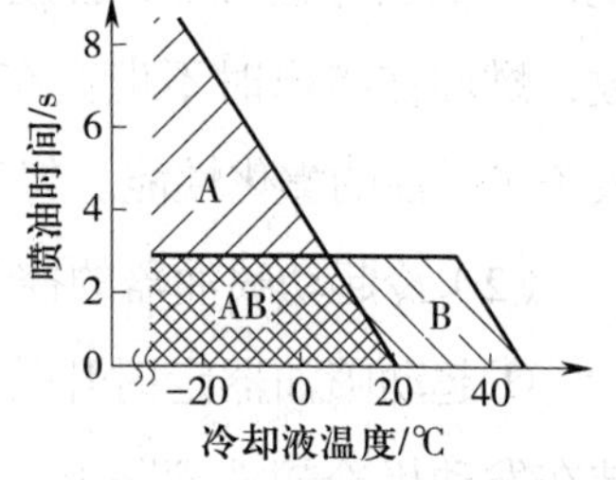

图 3-1-30 喷油量控制

有不少车已取消了起动喷油器定时开关，冷起动喷油器的工作完全由 ECU 控制，控制精度更高。

由于冷起动喷油器装在进气总管上，不可避免地影响冷起动时对各缸供油的均匀性，故现在已有一些车上取消了冷起动喷油器，冷起动的喷油任务亦由各缸的喷油器完成。

（3）冷起动喷油器的检查

①冷起动喷油器的基本检查。将点火开关置于 OFF 位置，拔下冷起动喷油器的线束插头，用万用表测量冷起动喷油器端子 STA 与 STJ 间的电阻值（电磁线圈的电阻值），应为 2～4 Ω。如果电阻值不符合标准，应更换冷起动喷油器。

②起动喷油器定时开关的检测。将点火开关置于 OFF 位置，拔下起动喷油器定时开关的插头，用万用表测量起动喷油器定时开关上各端子间的电阻值；或将起动喷油器定时开关拆下，将其浸入装有冷却液的烧杯中，并逐渐将冷却液加热，在不同温度下测量起动喷油器定时开关两接线柱间及两接线柱与外壳之间的电阻值。如不符合标准，应更换起动喷油器定时开关。丰田皇冠 3.0 汽车的起动喷油器定时开关检测标准见表 3-1-1。

表 3-1-1 丰田皇冠 3.0 汽车的起动喷油器定时开关检测标准

端子	标准电阻值 / Ω	冷却液温度 / ℃
STA—STJ	30～50	<10
	70～90	>25
STA—外壳	30～90	>25

9. 无回油系统

无回油系统的特点是燃油压力调节器装在油箱内，如图 3-1-31 所示，省去了回油管，因此称为无回油系统。由于燃油压力调节器上不能设置真空管，故不能受进气歧管真空度的控制，所以无回油系统的油压为 300 kPa 左右。图 3-1-32 所示为无回油燃油供给系统，切诺基 213、一汽花冠和中华轿车均采用此系统。

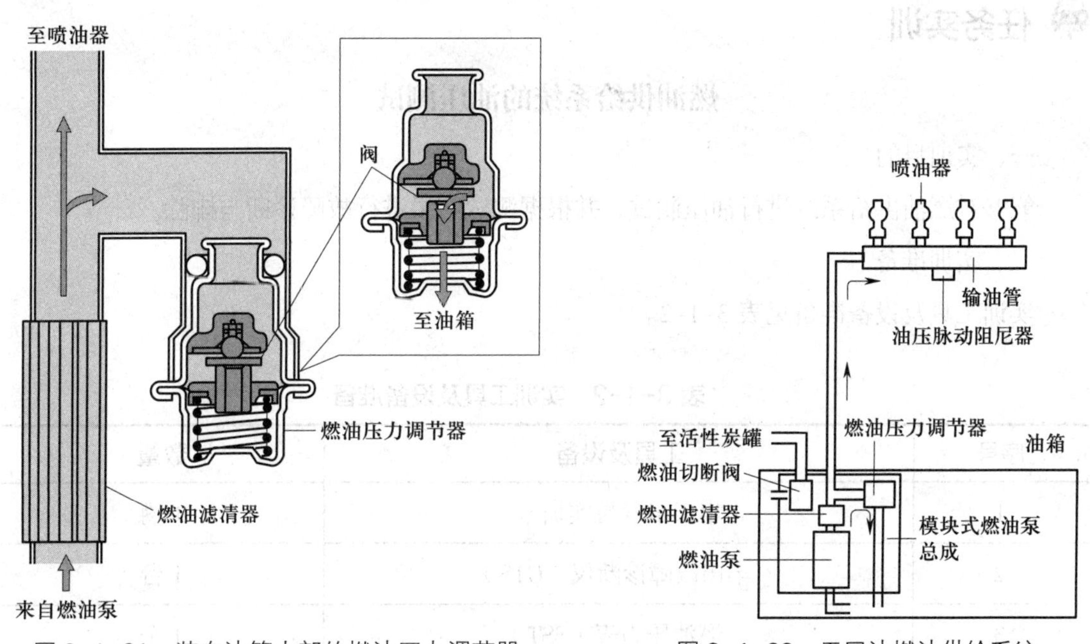

图 3–1–31　装在油箱内部的燃油压力调节器　　　图 3–1–32　无回油燃油供给系统

该系统采用燃油滤清器、燃油压力调节器、燃油油量传感器（燃油浮子）和燃油切断阀为一体的模块式燃油泵总成，如图 3–1–33 所示。

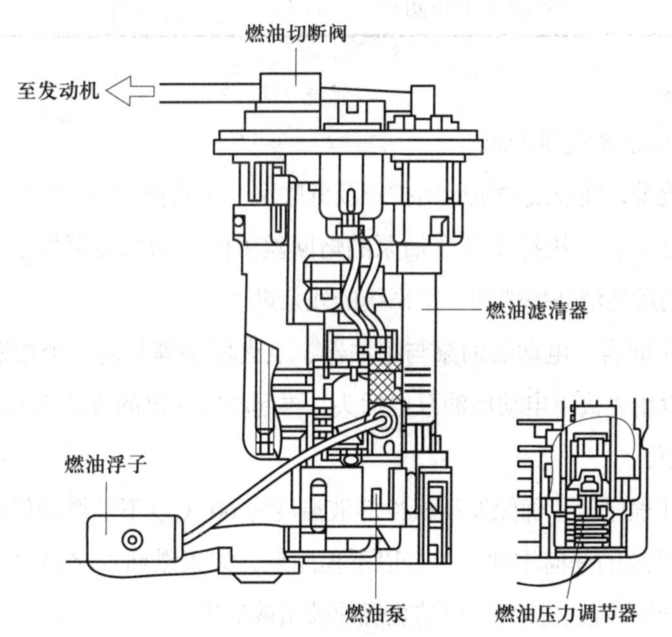

图 3–1–33　模块式燃油泵总成

这种系统取消回油管，避免了传统的供油管回油时受发动机温度影响而使油箱内部温度升高，从而减少了燃油蒸气的排放。但供油管内燃油温度较高，喷油器内容易产生气阻现象，而且清洗和更换燃油滤清器程序复杂，保养不方便。

任务实训

燃油供给系统的油压测试

一、实训目的

能够对燃油供给系统进行油压测试，并根据测试结果进行故障诊断与排除。

二、实训准备

实训工具及设备准备见表 3-1-2。

表 3-1-2 实训工具及设备准备

序号	工具及设备	数量
1	丰田卡罗拉实训车	1 辆
2	丰田故障诊断仪（GTS）	1 台
3	燃油压力表（SST）	1 个
4	通用工具	1 套
5	发动机舱防护罩	1 套
6	驾驶室卫生防护“三件套”	1 套

三、实训步骤

1. 卸掉燃油供给系统残余油压

打开发动机舱盖，铺设发动机舱防护罩及驾驶室卫生防护“三件套”。

（1）发动机运转法。拔掉电动燃油泵的熔断丝（使电动燃油泵停止工作），起动发动机，利用发动机的运转消耗掉燃油供给系统的残余燃油。

对于有些汽车而言，电动燃油泵与喷油器、点火模块等共用一个熔断丝，用该方法无法卸压，此时可以用先拔下电动燃油泵电插头，再起动发动机的方法来卸压。

操作规范如下。

注意：执行此程序时，确保发动机冷却液温度为 60 ℃以下。燃油供给系统卸压前，不要断开燃油供给系统的任何零件。执行以下程序后，如果燃油管路内仍留有压力，则断开燃油管路时，用一块布包住接头，以防止燃油喷出或流出。

①拆下发动机舱内 1 号继电器盒和 1 号接线盒总成盖，拆下 C/OPN 继电器，将发动机置于检查模式。

注意：

a. 检查模式下操作车辆时，可能存储故障码（DTC），因此，如果警告灯点亮，则使用故障诊断仪（GTS）检查并清除故障码。

b. 激活检查模式前，关闭空调，选择驻车挡（P）的情况下起动混合动力系统中的发动机，检查并确认发动机在起动后数秒内停机（发动机暖机检查）。

c. 检查完成后，立即解除检查模式（未解除检查模式的情况下驾驶车辆可能损坏混合动力汽车的传动桥）。

不使用 GTS 时激活检查模式的方法：在 60 s 内执行以下步骤，将点火开关置于 ON(IG）位置→选择驻车挡（P），完全踩下加速踏板两次→选择空挡（N），完全踩下加速踏板两次→选择驻车挡（P），完全踩下加速踏板两次。检查并确认多信息显示屏上显示“2WD（FWD）MAINTENANCE MODE”[二轮驱动（前轮驱动）检查模式]。

使用 GTS 时激活检查模式的方法：将 GTS 连接到 DLC3，将点火开关置于 ON（IG）位置，打开 GTS，进入菜单 Powertrain/Hybrid Control/Utility/Inspection Mode-2 WD for measuring Exhaust Gas，故障诊断仪显示“Inspection Mode”，按下“执行”按钮，检查并确认多信息显示屏上显示“2WD（FWD）MAINTENANCE MODE”[二轮驱动（前轮驱动）检查模式]。

解除检查模式的方法：将点火开关置于 OFF 位置并至少等待 30 s，同时关闭混合动力系统发动机。

注意：如果警告灯点亮，且多信息显示屏上显示警告信息，则使用 GTS 检查并清除故障码。

②起动发动机。发动机自行停止后，将点火开关置于 OFF 位置。

注意：等待发动机自行停机时，不要提高发动机转速或驾驶车辆。

③再次起动发动机，确保发动机无法起动。

提示：经过以上操作，系统可能存储故障码 P0171（混合气过稀）、P3190（发动机功率不足）、P3191（发动机不能起动）或 P3193（燃油耗尽）。转至下一步前，清除故障码。

④拆下油箱盖总成，释放油箱总成中的压力。

⑤断开辅助蓄电池负极（-）端子电缆。

⑥安装 C/OPN 继电器，安装发动机舱内 1 号继电器盒和 1 号接线盒总成盖。如果采用断开电动燃油泵电插头对燃油供给系统进行卸压的方法，则需要拆下后排座椅坐垫侧盖，拆下后排座椅坐垫总成，使用头部缠有保护胶带的卡子拆卸工具拆下后地板检修孔盖和丁基胶带，然后才能断开电动燃油泵电插头，再将发动机置于检查模式，其他步骤与操作方法参考前述有关内容。

（2）直接释放法（注意防火）。用棉纱包住燃油滤清器的油管接头，用工具慢慢松开油管接头，利用棉纱吸收从油管接头渗出的燃油，直至燃油供给系统的残余油压被完全释放，然后再拧紧油管接头。

2. 检查燃油泵总成工作情况，并检查燃油是否泄漏

（1）将 GTS 连接到 DLC3，将点火开关置于 ON（IG）位置，并打开 GTS。

注意：不要起动发动机。

（2）进入菜单 Powertrain/Engine and ECT/Active Test/Control the Fuel Pump/Speed，按下“执行”按钮。

（3）从燃油管路检查燃油管分总成的压力，检查并确认能听到油箱总成中燃油流动的声音。如果听不到声音，则检查燃油泵总成、ECM 和线束连接器。

（4）检查燃油是否泄漏。

（5）将点火开关置于 OFF 位置，从 DLC3 上断开 GTS。

3. 检查燃油压力

（1）卸掉燃油供给系统压力，测量辅助蓄电池电压（标准值：11~14 V）。

（2）断开辅助蓄电池负极（–）端子电缆，打开 1 号燃油管卡夹的盖，并从燃油管连接器上拆下 1 号燃油管卡夹，如图 3–1–34 所示。

（3）从燃油管上断开燃油管分总成，安装燃油压力表（SST），如图 3–1–35 所示。

（4）擦净溢出的燃油，连接辅助蓄电池负极（–）端子电缆。

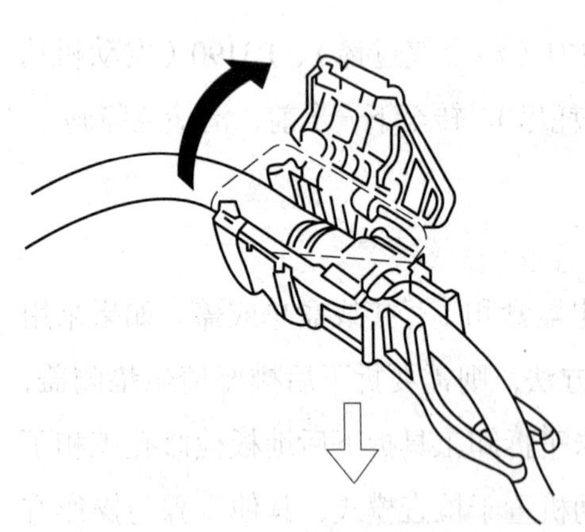

图 3–1–34　拆下 1 号燃油管卡夹

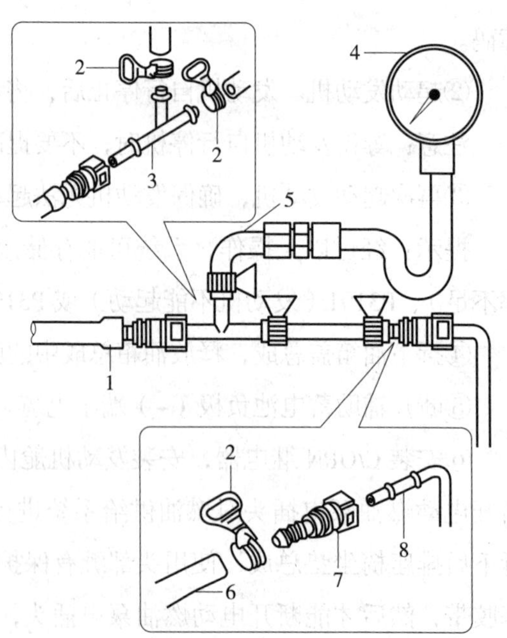

图 3–1–35　安装燃油压力表（SST）

1—燃油管分总成（车辆侧）　2—SST（软管箍带）

3—SST（T 形接头）　4—SST（仪表）

5—SST（软管接头）　6—SST（软管）

7—SST（燃油管连接器）　8—燃油管（车辆侧）

（5）将 GTS 连接到 DLC3，将点火开关置于 ON（IG）位置，并打开 GTS。

注意：不要起动发动机。

（6）进入菜单 Powertrain/Engine and ECT/Active Test/Control the Fuel Pump/Speed，按下“执行”按钮，测量燃油压力（标准值：304 ~ 343 kPa）。

如果燃油压力大于标准值，则更换燃油压力调节器总成；如果燃油压力小于标准值，则检查燃油软管及其连接部位、燃油泵总成、燃油滤清器和燃油压力调节器总成。

（7）从 DLC3 上断开 GTS，将发动机置于检查模式。

（8）起动发动机，测量怠速时的燃油压力（标准值：304 ~ 343 kPa）。

（9）停止发动机，检查并确认燃油压力保持规定值（标准值：≥147 kPa），并能持续 5 min。如果结果不符合规定，则检查燃油泵总成、燃油压力调节器总成和 / 或喷油器总成。

（10）检查燃油压力后，断开辅助蓄电池负极（–）端子电缆，并小心拆下 SST（燃油压力表），以防燃油喷出。

（11）将燃油管分总成连接到燃油管上，将 1 号燃油管卡夹安装到燃油管连接器上并关闭 1 号燃油管卡夹的盖。

（12）检查燃油是否泄漏。

四、实训要求

1. 能够熟练释放燃油供给系统残余油压。
2. 能够熟练接入燃油压力表，并进行规范的压力测试。
3. 能够根据燃油压力测试结果进行相关的故障诊断。
4. 养成使用发动机舱防护罩、驾驶室卫生防护“三件套”的职业习惯。
5. 养成工具、零件、油液“三不落地”的汽车维修操作习惯。

任务小结

电控发动机的燃油供给系统由油箱、电动燃油泵、燃油滤清器、燃油分配管、燃油蒸气回收罐、喷油器、燃油压力调节器及回油管等组成。

电动燃油泵通常装于油箱内部，有滚柱泵、齿轮泵、涡轮泵、侧槽泵等多种类型。燃油压力调节器可以确保燃油压力与进气歧管绝对压力之间的压力差维持恒定。油压脉动阻尼器可以消除输油管内的燃油压力脉动。燃油滤清器则可以过滤燃油中的杂质。

对燃油供给系统进行油压测试时，首先需要卸掉燃油供给系统残余油压，然后再接入燃油压力表，按照规范进行操作。当测试出来的燃油压力不符合要求时，可根据燃油供给系统的结构和工作原理进行故障诊断，并进行相应的故障排除。

任务❷　电动燃油泵控制电路的检修

学习目标

1. 了解电动燃油泵控制电路的类型。

2. 掌握常见电动燃油泵控制电路的工作原理。

3. 能够对电动燃油泵控制电路进行基本检查。

4. 能够对电动燃油泵控制电路组成部分进行检查，并根据检查结果进行故障诊断与排除。

任务引入

电动燃油泵控制电路用于向电动燃油泵提供工作电源，使其能够根据发动机运转的需要向燃油供给系统输送一定流量和一定压力的燃油。一旦该控制电路发生故障，使电动燃油泵不能运转或转速不足，必然会造成发动机不能运转或动力不足，此时就需要对电动燃油泵控制电路进行检查。

相关知识

一、丰田车系电动燃油泵控制电路检修

根据对发动机运转状态的感知方法不同以及控制功能的差异，丰田车系有多种形式的电动燃油泵控制电路，以下仅介绍两种具有代表性的典型电路。

1. 转速信号控制型电动燃油泵控制电路

转速信号控制型电动燃油泵控制电路的特点是利用发动机的转速信号来判断发动机的运转状态，有转速信号，表明发动机运转，电动燃油泵控制电路可以接通；没有转速信号，表明发动机不运转，电动燃油泵控制电路自动切断。其电路原理如图 3-2-1 所示，适用于凯美瑞、花冠用 3S-FE、4S-GE、5S-FE、JZ 系列发动机，皇冠 3.0 用 1JZ-FE 发动机等，其断路继电器中有两组线圈，一组线圈（L2）直接由点火开关起动挡控制，另一组线圈（L1）由 ECU 控制。

如果将点火开关转至 ON（IG）位置但不起动发动机，主继电器线圈通电，与此同时，ECU 内的三极管 VT 会导通 3 ~ 5 s，使断路继电器线圈 L1 通电 3 ~ 5 s，从而使电动燃油泵运转 3 ~ 5 s，以便建立初始燃油压力，为发动机起动做准备。

如果将点火开关转至 ST 位置，断路继电器线圈 L2 通电，电动燃油泵运转，此时，起动机电路也被接通，发动机开始运转，ECU 收到来自曲轴位置与转速传感器的转速信号

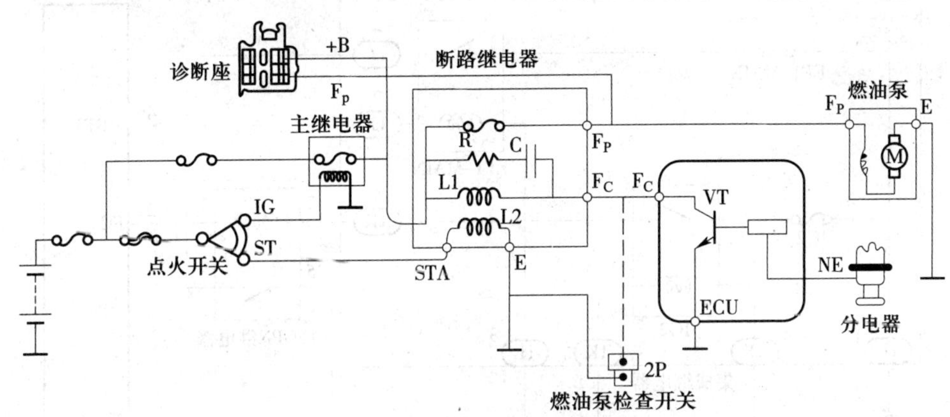

图 3-2-1　转速信号控制型电动燃油泵控制电路原理

NE，其内部的三极管 VT 导通，使断路继电器线圈 L1 通电。起动成功后，点火开关回 ON（IG）位，线圈 L2 断电，但线圈 L1 电路仍然被 ECU 接通，断路继电器处于通电状态，电动燃油泵继续运转。

如果发动机意外熄火，来自曲轴位置与转速传感器的转速信号 NE 中断，ECU 内部的三极管 VT 立即截止，线圈 L1 的电路被切断，断路继电器的触点断开，电动燃油泵断电而停止运转。

为了便于进行故障诊断及其他维修操作，丰田车系发动机舱内设有诊断座（检查连接器），诊断座内设有“+B”端子和“F_P”端子，由图 3-2-1 可知，点火开关转至 ON（IG）位置但不起动发动机时，只要用跨接线将“+B”端子和“F_P”端子短接，电动燃油泵就可以单独运转。

有些车型的驾驶室内还设有专用的燃油泵检查开关（图 3-2-1 中的 2P 即燃油泵检查开关），接通该开关，也可以使电动燃油泵单独运转。丰田卡罗拉 8ZR-FXE 发动机电动燃油泵控制电路如图 3-2-2 所示，智能钥匙 ECU 被激活时，IG2 继电器线圈通电、触点闭合，ECM 通过 MREL 端子和 FC 端子将 EFI-MAIN 继电器和 C/OPN 继电器线圈通电、触点闭合，燃油泵通电运转。如果发动机意外熄火，ECM 收不到发动机转速信号，ECM 则可通过 MREL 端子将 EFI-MAIN 继电器线圈断电，从而切断燃油泵的电源电路，使燃油泵停止运转。

2. 可调转速的电动燃油泵控制电路

由于发动机负荷不同，所需的供油量也有所不同，因此，有些车型的电动燃油泵控制电路具有转速调节功能。

可调转速的电动燃油泵控制电路如图 3-2-3 所示，适用于雷克萨斯 LS400 的 1UZ-FE、V 型 8 缸发动机、皇冠 3.0 发动机等。

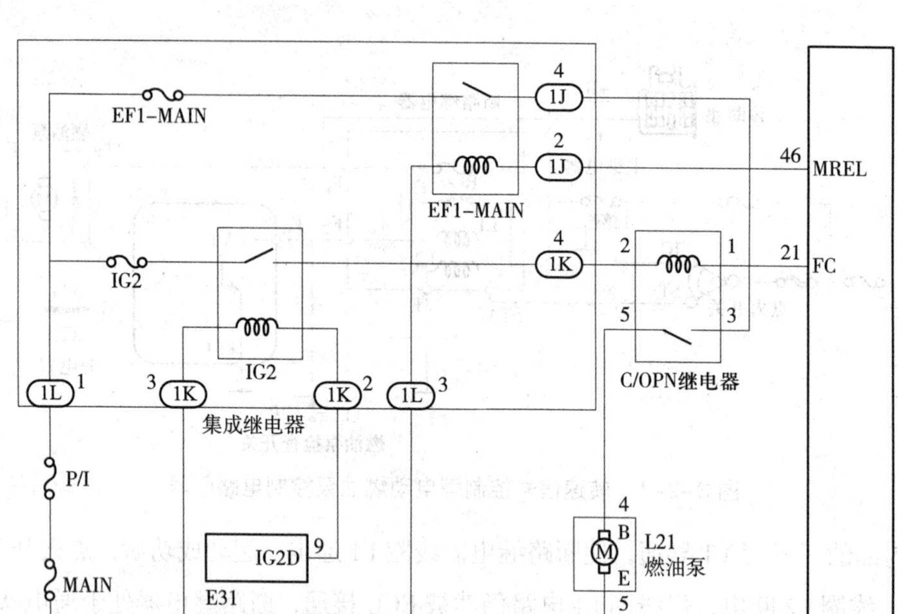

图 3-2-2 丰田卡罗拉 8ZR-FXE 发动机电动燃油泵控制电路

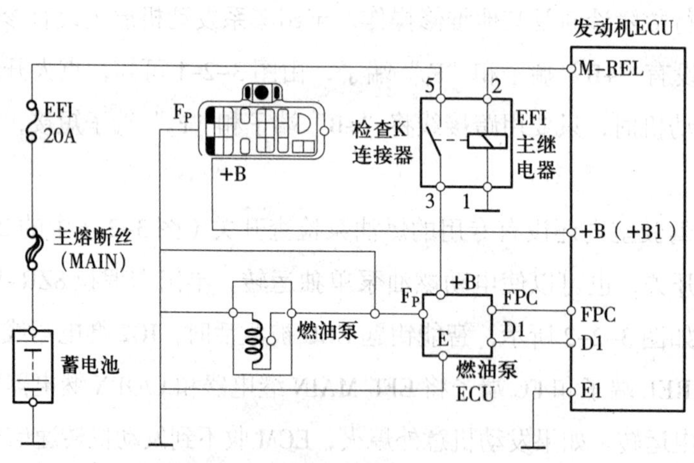

图 3-2-3 可调转速的电动燃油泵控制电路

该控制电路中，专设了一个燃油泵 ECU，用于对燃油泵转速（泵油量）进行控制。

当发动机在起动阶段或高速、大负荷工况下工作时，发动机 ECU 向燃油泵 ECU 的 FPC 端子输入一个高电位信号（5 V），燃油泵 ECU 的 F_P 端子则向燃油泵提供较高的工作电压（相当于蓄电池电源电压），使燃油泵高速运转。

当发动机在怠速或小负荷工况下工作时，发动机 ECU 向燃油泵 ECU 的 FPC 端子输入一个中电位信号（2.5 V），燃油泵 ECU 的 F_P 端子则向燃油泵提供较低的工作电压（约

9 V），使燃油泵低速运转。

当发动机的转速低于最低转速时，发动机 ECU 向燃油泵 ECU 的 FPC 端子输入一个低电位信号（0 V），燃油泵 ECU 停止向燃油泵提供工作电压，使燃油泵停止工作。

图 3–2–3 中发动机 ECU 与燃油泵 ECU 之间的 D1 电路为燃油泵 ECU 的故障诊断信号线路。

二、大众车系电动燃油泵控制电路检修

检修前应熟悉该车型的电动燃油泵控制电路，不同车系电动燃油泵控制电路各有差异，因此检查的方法、步骤各不相同，但检查的基本方法和思路基本相同。下面以桑塔纳 2000 GSi AJR 发动机电动燃油泵控制电路的检测过程为例加以说明。

1. 桑塔纳 2000 GSi 电动燃油泵控制特点

此车有一个四插头电动燃油泵继电器，安装在熔断器盒内；S5 为燃油泵熔断器；发动机 ECU 位于前风窗玻璃右下角，有三个卡子固定；当更换燃油泵时，需要从行李舱内更换。

2. 检测方法

桑塔纳 2000 GSi 的电动燃油泵控制电路如图 3–2–4 所示。接通点火开关，发动机 ECU 接收到允许工作命令后，即将 ECU 的端子 4 搭铁，使燃油泵继电器端子 85 搭铁。燃油泵继电器工作，端子 30 和 87 接通，燃油泵开始运转。若发动机没有起动，发动机 ECU 没有接收到发动机转速信号，ECU 自动切断端子 4 的搭铁，燃油泵继电器线圈断电，使端子 30 和 87 断开，燃油泵断电停止工作。若燃油泵不工作或工作不正常，可按下述步骤进行检查。

①检查 5 号熔断器熔断丝是否熔断。

②用手触摸燃油泵继电器，接通点火开关，检查燃油泵继电器是否有动作声。

③如果燃油泵继电器有动作声，则检查燃油泵继电器端子 87 至燃油泵的导线和插接器，若均良好，则检查或更换燃油泵。

④若燃油泵继电器没有动作声，用导线将燃油泵继电器端子 85 导出并直接搭铁。如果燃油泵继电器动作，则应检查继电器端子 85 至发动机 ECU 端子 4 之间导线、插接器及 ECU。如果燃油泵继电器没有动作，打开点火开关，检查继电器端子 86 是否有电。有电则应更换继电器，否则应继续检测点火开关、点火开关至继电器端子 86 的导线及插接器。

可用 V.A.G1552 故障诊断仪测试燃油泵继电器功能，接通点火开关，输入地址号码 01，输入选择功能 03 进入执行元件诊断，屏幕开始显示对 1 缸喷油器 N30 进行喷油诊断。此时可踩加速踏板使怠速开关打开，1 缸喷油器动作 5 次，同时可听到燃油泵继电器动作声，并且燃油泵继电器在运行，打开油箱盖可听到油泵运转声音，燃油分配管中可以听到燃油流动声。

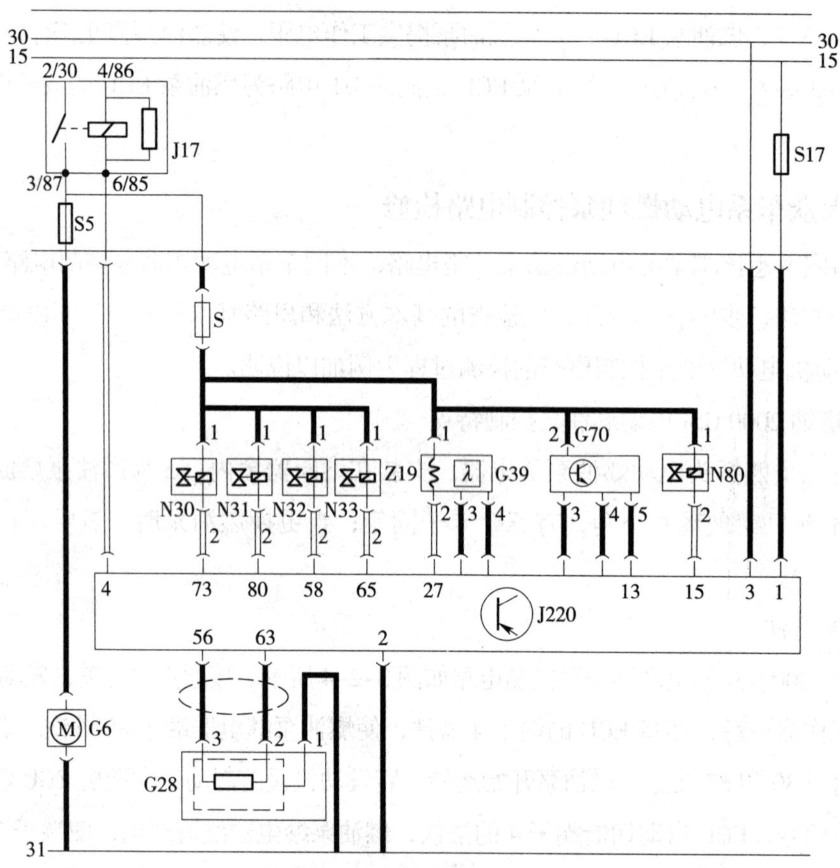

图 3-2-4　桑塔纳 2000 GSi 的电动燃油泵控制电路

J17—燃油泵继电器　S5—5 号熔断器　S17—17 号熔断器　S—附加熔断器

G70—空气流量传感器　N30 ~ N33—1 缸至 4 缸喷油器　Z19—氧传感器加热器

G39—氧传感器　N80—活性炭罐电磁阀　J220—发动机 ECU

G6—燃油泵　G28—发动机转速传感器

任务实训

电动燃油泵控制电路的检修

一、实训目的

对电动燃油泵控制电路进行检查，并根据检查结果进行故障诊断与排除。

二、实训准备

实训工具及设备准备见表 3-2-1。

表 3-2-1 实训工具及设备准备

序号	工具及设备	数量
1	丰田卡罗拉实训车	1 辆
2	丰田故障诊断仪（GTS）	1 台
3	万用表	1 个
4	通用工具	1 套
5	跨接线（SST）	1 条
6	导线（长 1 ~ 2 m）	1 条
7	发动机舱防护罩	1 套
8	驾驶室卫生防护“三件套”	1 套

三、实训步骤

1. 基本检查——电动燃油泵运转测试

测试方法有两种：专用故障诊断仪测试法和电动燃油泵控制电路短接法。

（1）专用故障诊断仪测试法（主动测试法）。将 GTS 与诊断接口 DLC3 相接，接通点火开关，打开故障诊断仪，进入菜单 Powertrain/Engine and ECT/Active Test/Control the Fuel Pump/Speed，按下“执行”按钮，即可执行主动测试，电动燃油泵开始运转，应该可以听到燃油泵运转声。测试结束，应退出上述菜单、关闭故障诊断仪、断开点火开关后，再断开故障诊断仪与诊断接口 DLC3 的连接。

（2）电动燃油泵控制电路短接法（此方法仅适用于带检查连接器的丰田发动机）。用跨接线短接发动机舱内诊断座（检查连接器）的“+B”端子和“F_P”端子，如图 3-2-5 所示，将点火开关置于 ON（IG）位置但不起动发动机，电动燃油泵开始运转，应该可以听到燃油泵运转声。

测试结束后，应断开点火开关，拆下诊断座（检查连接器）上的跨接线。

在基本检查中，如果听不到燃油泵运转声，则需要转入电动燃油泵控制电路的故障诊断程序。

2. 电动燃油泵控制电路的故障诊断与排除

电动燃油泵能够运转，但发动机不能起动时，则用 GTS 检查起动机信号、发动机转速信号等；电动燃油泵不能运转时，故障诊断流程如图 3-2-6 所示，对应电路见图 3-2-2。

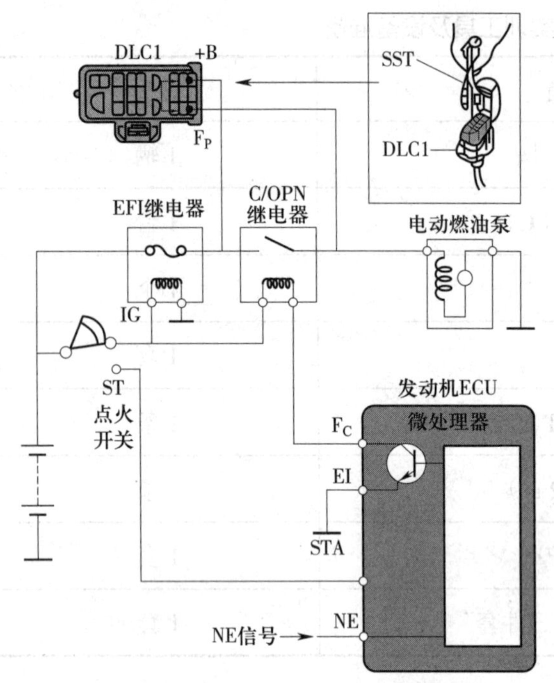

图 3–2–5　电动燃油泵控制电路短接法

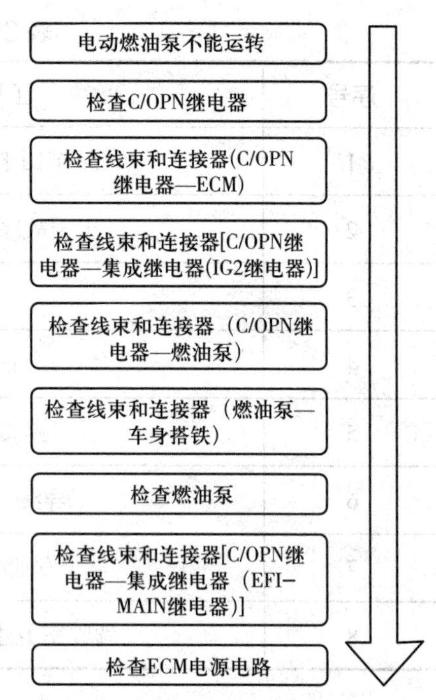

图 3–2–6　故障诊断流程

（1）检查 C/OPN 继电器。从发动机舱内 1 号继电器盒和 1 号接线盒总成上拆下 C/OPN 继电器，并对该继电器进行测试，如图 3–2–7 所示，用万用表测量 3 端子与 5 端子之间的电阻值，相关数据如下：

在 1 端子与 2 端子之间未施加辅助蓄电池电压（12 V）时：≥10 kΩ；

在 1 端子与 2 端子之间施加辅助蓄电池电压（12 V）时：<1 Ω。

如不正常，则更换该继电器；如正常，则进行下一步。

（2）检查线束和连接器（C/OPN 继电器—ECM）。从发动机舱内 1 号继电器盒和 1 号接线盒总成上拆下 C/OPN 继电器，断开 ECM 连接器（见图 3–2–8），用万用表测量相关插孔之间的电阻值，相关数据如下：

C/OPN 继电器 1 号插孔—ECM 连接器 A40–21（FC）插孔：<1 Ω；

C/OPN 继电器 1 号插孔或 ECM 连接器 A40–21（FC）插孔—车身搭铁：≥10 kΩ。

如不正常，则维修或更换线束或连接器；如正常，则进行下一步。

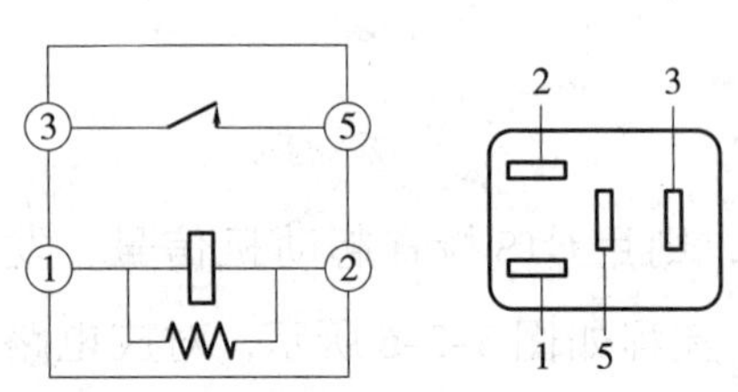

图 3–2–7　C/OPN 继电器端子示意图

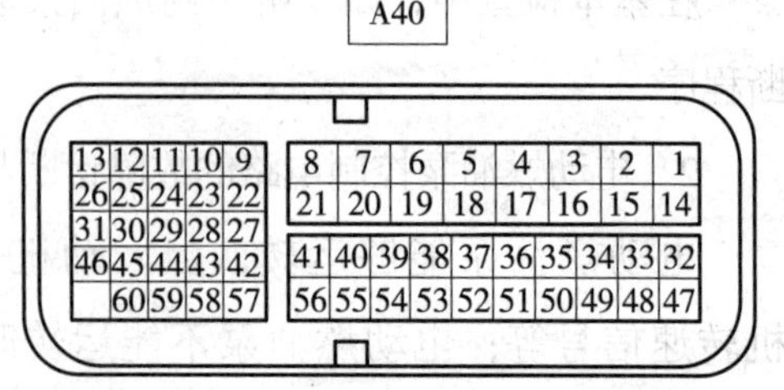

图 3–2–8　ECM 连接器端子示意图

（3）检查线束和连接器［C/OPN 继电器—集成继电器（IG2 继电器）］。从发动机舱内 1 号继电器盒和 1 号接线盒总成上拆下 C/OPN 继电器、集成继电器（IG2 继电器），用万用表测量相关插孔之间的电阻值，相关数据如下：

C/OPN 继电器 2 号插孔—集成继电器 1K–4 插孔：<1 Ω；

C/OPN 继电器 2 号插孔或集成继电器 1K–4 插孔—车身搭铁：≥10 kΩ。

如不正常，则维修或更换线束或连接器；如正常，则进行下一步。

（4）检查线束和连接器（C/OPN 继电器—燃油泵）。从发动机舱内 1 号继电器盒和 1 号接线盒总成上拆下 C/OPN 继电器，断开燃油泵连接器，用万用表测量相关插孔之间的电阻值，相关数据如下：

C/OPN 继电器 5 号插孔—燃油泵连接器 L21–4（B）插孔：<1 Ω；

C/OPN 继电器 5 号插孔或燃油泵连接器 L21–4（B）插孔—车身搭铁：≥10 kΩ。

如不正常，则维修或更换线束或连接器；如正常，则进行下一步。

（5）检查线束和连接器（燃油泵—车身搭铁）。断开燃油泵连接器，用万用表测量燃油泵连接器 L21–5（E）与车身搭铁之间的电阻值，电阻值应 <1 Ω。

如不正常，则维修或更换线束或连接器；如正常，则进行下一步。

（6）检查燃油泵。断开燃油泵连接器，用万用表测量燃油泵 1 号端子与 2 号端子之间的电阻值（见图 3–2–9），电阻值应为 0.2 ~ 3.0 Ω（条件：20 ℃）。如不正常，则更换燃油泵总成。在燃油泵两个端子之间施加辅助蓄电池电压（12 V），检查并确认燃油泵能够工作。如不能工作，则更换燃油泵总成。

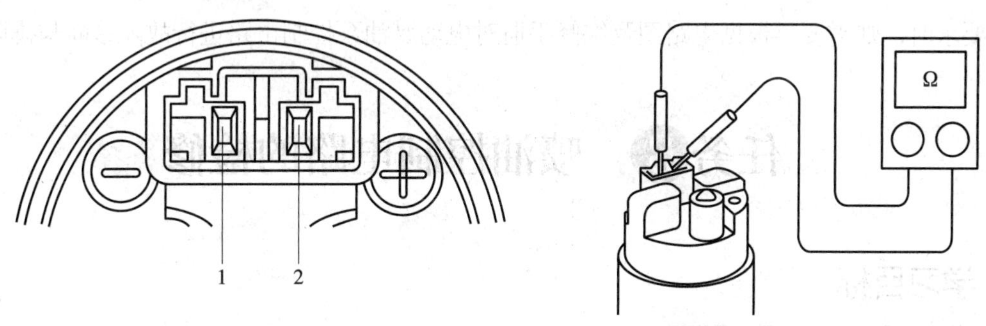

图 3–2–9 测量燃油泵电阻值

注意：为避免线圈烧坏，该测试必须在 10 s 内完成；使燃油泵总成尽量远离辅助蓄电池；务必从辅助蓄电池侧而非燃油泵总成侧通电和断电。

若以上检查均正常，则进行下一步。

（7）检查线束和连接器［C/OPN 继电器—集成继电器（EFI–MAIN 继电器）］。从发动机舱内 1 号继电器盒和 1 号接线盒总成上拆下 C/OPN 继电器、集成继电器（EFI–MAIN 继电器），用万用表测量相关插孔之间的电阻值，相关数据如下：

C/OPN 继电器 3 号端子—集成继电器 1J–4 端子：$<1\ \Omega$；

C/OPN 继电器 3 号端子或集成继电器 1J–4 端子—车身搭铁：$\geqslant 10\ k\Omega$。

如不正常，则维修或更换线束或连接器；如正常，则进行下一步。

（8）检查 ECM 电源电路。

四、实训要求

1. 熟练、规范操作相关仪器设备。
2. 能够将故障诊断各操作步骤与电路图联系起来，明确在电路图中的测量位置。
3. 操作过程仔细、规范，避免伤害相关连接器等零部件。
4. 养成使用发动机舱防护罩、驾驶室卫生防护“三件套”的职业习惯。
5. 养成工具、零件、油液“三不落地”的汽车维修操作习惯。

任务小结

电动燃油泵控制电路用于向电动燃油泵提供工作电源，其基本控制功能为起动时建立燃油供给系统初始油压、发动机运转时持续供电、发动机意外熄火时自动断电、燃油泵转速调节等。

电动燃油泵控制电路有转速信号控制型、可调转速型等多种形式，不同车系、不同车型的电动燃油泵控制电路存在一定的差异，因此，查阅电路图是电动燃油泵控制电路检查与维修必不可少的环节。

检查电动燃油泵控制电路时，首先需要进行基本检查（燃油泵运转测试），检查结果不符合要求时，则需要再根据电路图及维修手册对电动燃油泵控制电路进行故障诊断与排除。

任务3　喷油控制电路的检修

学习目标

1. 了解影响喷油量的因素。
2. 熟悉喷油量的控制方法。
3. 掌握喷油控制电路的检修方法。

任务引入

电控发动机的喷油量由发动机 ECU 控制。ECU 根据各种传感器测得的发动机进气量、发动机转速、节气门开度、冷却液温度、进气温度等诸多运转参数，按设定的程序进行计算，并按计算结果向喷油器发出电脉冲，通过改变电脉冲的宽度来控制各喷油器每次喷油的持续时间，从而达到控制喷油量的目的。电脉冲的宽度越大，喷油持续时间越长，喷油量也越大。

发动机在不同工况下运转，对混合气浓度的要求也不同。特别是在一些特殊工况下（如起动、急加速、急减速等），对混合气浓度有特殊的要求。ECU 会根据有关传感器测得的运转工况，按不同的方式控制喷油量。

相关知识

电控燃油喷射系统喷油量的控制是对喷油时序、喷油量、燃油停供进行控制。

一、喷油时序

1. 单点喷射系统

单点喷射系统对喷油正时没有要求，因为从中央喷油器到各缸进气门之间有较长的进气管道，喷出的燃油并不都直接随气流进气缸，而是有相当一部分要落到管壁上成为油膜，随后再由油膜蒸发进入气流；另一方面，相继点火的两个气缸有一段时间同时吸气，这样，中央喷油器的每一次喷油并不是专对一个气缸的，只是在工况稳定时，单位时间喷油量与各缸总进油量相等。

2. 多点喷射系统

多点喷射系统是一个喷油器对一个气缸的，把燃油喷到该气缸进气门前，要利用进气门及其附近进气管道的高温使燃油在进气门开启前就汽化，避免在进气门开启期间喷油（如果燃油来不及蒸发，CO 和 HC 的排放就会增多，且会稀释润滑油），因此多点喷射系统必须控制喷油时序。

在既定的曲轴位置进行喷油，被称为同步喷油。同步喷油有三种喷油时序，见表 3-3-1。

表 3-3-1 同步喷油的喷油时序

类型	特点	图示
同时喷射	所有 z 个喷油器共用一个驱动器，在发动机一个工作循环期间同时喷油 i 次。每一喷油器每次喷油量是每缸每循环需要油量的 $1/i$。	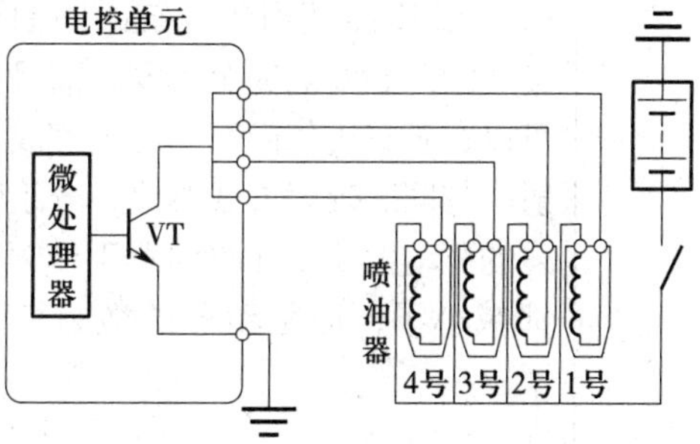 电控单元 微处理器 VT 喷油器 4号 3号 2号 1号

续表

类型	特点	图示
同时喷射	如果 $i<z$，则各缸由喷油至进气的时间间隔不都相同（例如，1、4两缸情况不同于2、3两缸），各进气道存油及蒸发的时间长短不一样，对混合气分配均匀性有不利影响。 如果 $i=z$，各缸的喷油至进气的时间间隔才相同，但是喷油器每次喷油量小，动作频率高，对其使用寿命不利，同时要求喷油器的许用最小喷油脉宽值很小，因而不得不采用低阻值喷油器和复杂的电流驱动电路。此外，实行 $i=z$ 的同时喷射时，各缸进气过程中都有喷油，难免汽化不完全和稀释润滑油。实际上，这种同时喷射方式只用于少数发动机上	
分组喷射	把 z 个喷油器分成几组，喷油器由不同喷射时序的驱动电路控制，每组2个（四、六、八缸机）或每组3个（六缸机）喷油器，同组的2～3个喷油器共用一个ECU中的驱动器，在发动机一个工作循环期间同时喷油 i 次，每次喷油量是每缸每循环需要油量的 $1/i$。只要 i 等于同组喷油器数，且分组适当，在 $i<z$ 时，就能做到各气缸的喷油至进气的时间间隔完全相同，而且都可以在各缸进气门开启之前完成喷射。与同时喷射方式相比，分组喷射的驱动器功率和喷油器工作频率都减小了，但驱动器的数目增多了	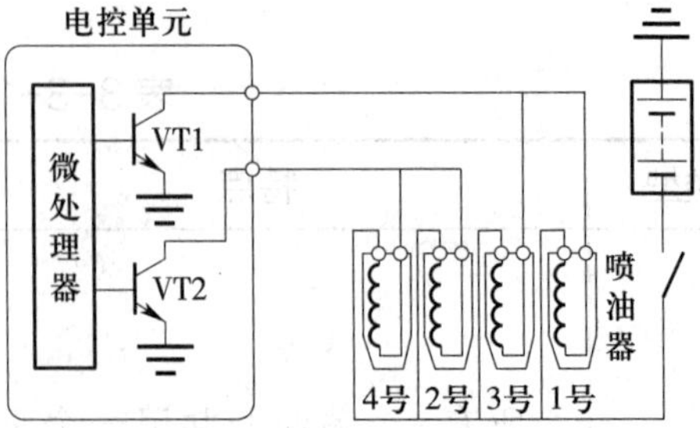

续表

类型	特点	图示
顺序喷射（简称SFI）	各喷油器在发动机一个工作循环期间，按照气缸工作顺序等间隔地依次喷油一次，这样，各个气缸从喷油到进气的时间间隔一样长，有利于混合气浓度分配均匀。同时，每个喷油器的工作频率是所有喷射方式中最低的，而每次喷油量是最多的，因此可以采用许用最小喷油脉宽值较大的高阻值喷油器和简单的电压驱动电路。ECU 需为每一个喷油器设置一个驱动器，还要让各喷油器依一定顺序和间隔，并在最有利的超前于进气上止点的时刻开始喷油（必须在进气门开启前结束喷油）	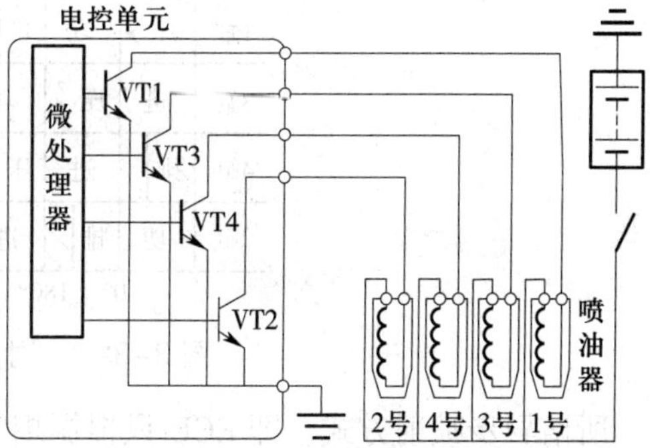

在上述三种多点喷油时序中，用得较多的是每两个喷油器为一组的分组喷射时序和顺序喷射时序。

二、喷油量（喷油脉宽）控制

电控燃油喷射系统通过控制喷油器电磁阀的通电持续时间（喷油触发脉冲宽度）来控制喷油量，通常能实现以下的控制内容，见表 3–3–2。

表 3–3–2　喷油量控制内容

类型	喷油量控制
同步喷油量控制	发动机起动时的喷油量控制
	发动机起动后的喷油量控制
异步喷油量控制	起动、加速异步喷油量控制

所谓同步喷射方式，即燃油的喷射与发动机旋转同步，ECU 根据曲轴的转角位置控制开始喷射的时刻。同步顺序喷射正时控制如图 3–3–1 所示，图中阴影部分为喷油时间。发动机处于稳定工况的大部分运转时间，喷射控制系统以同步方式工作。

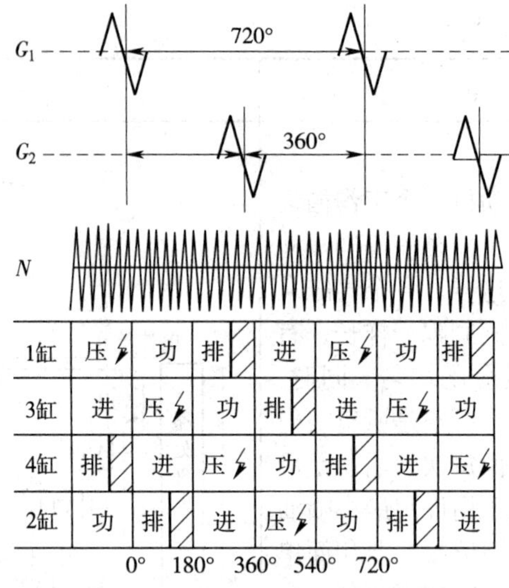

图 3-3-1　同步顺序喷射正时控制

所谓异步喷射方式，即 ECU 只根据相关传感器输入的信号，控制开始喷油时刻，而与曲轴的转角位置无关。异步喷射方式是一种临时的补偿喷射，发动机处于起动、加速等非稳定工况时，喷射控制系统以异步喷射方式工作或增加异步喷射，对同步喷射的喷油量进行补偿。

发动机起动后，异步喷射控制汽车的急加速。ECU 除了对同步喷射进行加速时燃油增量修正外，还控制喷油器进行异步喷射，以提高汽车的加速性能。

图 3-3-2 所示的异步喷射时序图表明了加速时节气门开度、吸入空气量与各缸进气行程的对应关系。

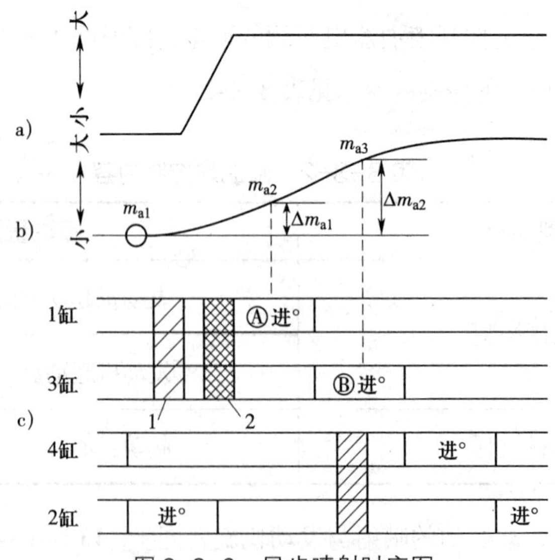

图 3-3-2　异步喷射时序图

a）节气门开度　b）吸入空气量　c）各缸进气行程

1—同步喷射　2—异步喷射

上图中的 m_{a1} 是 ECU 计算同步喷射持续时间 t_A 所依据的空气质量。在 t_A 内喷射的油量正好与 m_{a1} 匹配，达到目标空燃比。假定在进气行程 Ⓐ 实际吸入第 1 缸的空气质量为 m_{a2}，此时空气质量增加了 Δm_{a1}，则按同步喷射持续时间 t_A 喷入第 1 缸的油量就显得不足，混合气偏稀。按工作顺序，假定在进气行程 Ⓑ 实际吸入第 3 缸的空气质量为 m_{a3}，这时空气质量增加了 Δm_{a2}，则按同步喷射持续时间 t_A 喷入第 3 缸的油量也显得不足，混合气也偏稀。为了补充与空气增量 Δm_{a1} 和 Δm_{a2} 相对应的燃油喷射量，就必须进行异步喷射。

ECU 根据节气门开度的变化，对异步喷射及喷油量进行控制。在一定时间间隔（如 10~20 ms）内，节气门开度变化量越大，吸入空气的增量就越大，异步喷射的喷油量也越多。

1. 发动机起动时的喷油量控制

在发动机起动时，其转速很低（50 r/min 左右）且波动较大，无论是 D 型电控燃油喷射系统中的绝对压力传感器，还是 L 型电控燃油喷射系统中的空气流量传感器，都不能精确地确定进气量，也就无法确定合适的基本喷油时间。起动控制采用开环控制，喷油量的控制过程：当点火开关接通起动挡时，ECU 的 STA 端便接收到一个高电平信号，此时 ECU 再根据曲轴位置传感器和节气门位置传感器信号判定发动机是否处于起动状态，以便决定是否按起动程序控制喷油。

起动程序：发动机起动时，ECU 根据冷却液的温度信号（THW），由内存的冷却液温度—喷油持续时间曲线（即冷却液温度修正曲线）来确定基本喷油时间，如图 3–3–3 所示。再根据蓄电池电压 +B 信号进行修正，得到起动时的喷油持续时间，如图 3–3–4 所示。

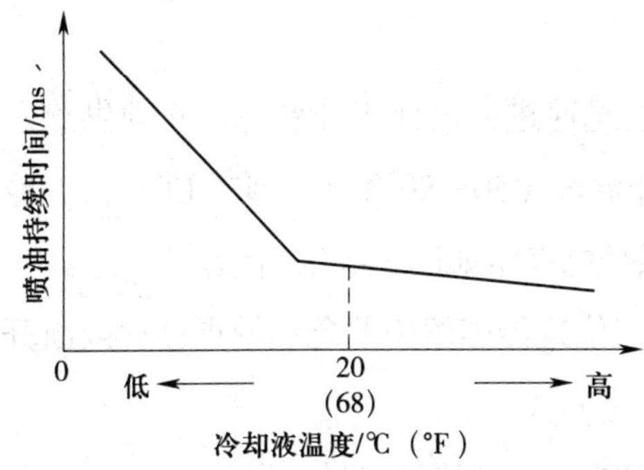

图 3–3–3 起动时的冷却液温度修正曲线

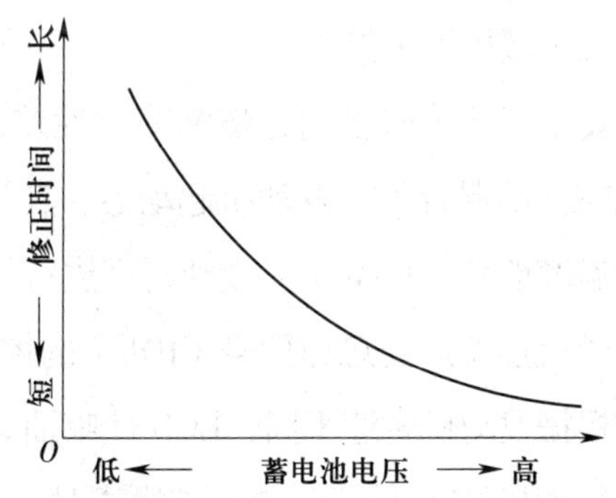

图 3–3–4 起动时蓄电池电压的喷油修正曲线

电压修正是因为喷油器的实际喷油时刻比 ECU 发出喷油指令的时刻晚，即存在一段滞后时间，使喷油器喷油的实际时间比 ECU 确定出的喷油时间短，导致喷油量不足而使实际空燃比高于发动机要求的空燃比。蓄电池电压越低，滞后时间越长，因此 ECU 需根据蓄电池电压适当延长喷油时间，以提高喷油量控制的精度。

如果曲轴位置传感器信号表明发动机转速低于 300 r/min，且节气门位置传感器信号表明节气门处于关闭状态，则判定发动机处于起动状态并控制运行起动程序。在燃油喷射系统具有“清除溢流”功能的汽车上，当发动机转速低于 300 r/min 时，如果节气门开度大于 80%，那么 ECU 将判定为“清除溢流”控制，喷油器将停止喷油。

2. 发动机起动后的喷油量控制

发动机起动后转速超过预定值时，ECU 确定的喷油持续时间：

喷油持续时间 = 基本喷油时间 + 喷油修正值 + 电压修正值

式中，喷油修正值是各种修正值的总和。

在 D 型电控燃油喷射系统中，ECU 根据发动机转速信号（NE）、进气管绝对压力信号（PIM）、进气温度信号（THA）及内存的基本喷油时间三维图确定基本喷油时间。

在 L 型电控燃油喷射系统中，ECU 则根据发动机转速信号（NE）和空气流量传感器信号（VS）确定基本喷油时间。这个基本喷油时间是实现既定空燃比（理论空燃比为 14.7 : 1）的喷射时间。

发动机起动后的各工况下，ECU 在确定基本喷油时间的同时，还必须根据各种传感器输送来的发动机运行工况信息对基本喷油时间进行修正。

（1）起动后加浓修正

发动机完成起动后，点火开关由 START（起动）位置转到 ON（点火）位置，或者发动机转速已达到或超过预定值时，ECU 将额外增加喷油量，使发动机保持稳定运转。喷油量的初始修正值在起动后这一瞬间最高，依据冷却液温度的变化，然后以固定的速度下降，逐步达到正常，如图 3–3–5 所示。

（2）暖机加浓修正

发动机温度较低时，燃油蒸发性差，为使发动机迅速进入最佳工作状态，必须供给发动机较浓的混合气。发动机起动后，在达到正常工作温度（50 ~ 80 ℃）之前，ECU 根据冷却液温度信号（THW）对喷油时间进行修正，修正系数的确定如图 3–3–5 所示。

暖机加浓还受怠速信号（IDL）的控制，当节气门位置传感器中的怠速触点接通或断开时，根据发动机转速不同，ECU 使喷油时间有少量变化。

发动机 ECU 处于失效保护模式时，ECU 提供设定的冷却液温度信号，通常为 80 ℃。

（3）进气温度修正

发动机进气温度影响进气密度，ECU 根据进气温度传感器提供的进气温度信号（THA），对喷油时间进行修正。通常以 20 ℃为进气温度信号的标准温度，低于 20 ℃时，空气密度大，ECU 适当增加喷油时间，使混合气不致过稀；进气温度高于 20 ℃时，空气密度减小，ECU 适当减少喷油时间，以防混合气偏浓。进气温度修正系数的确定如图 3–3–6 所示。

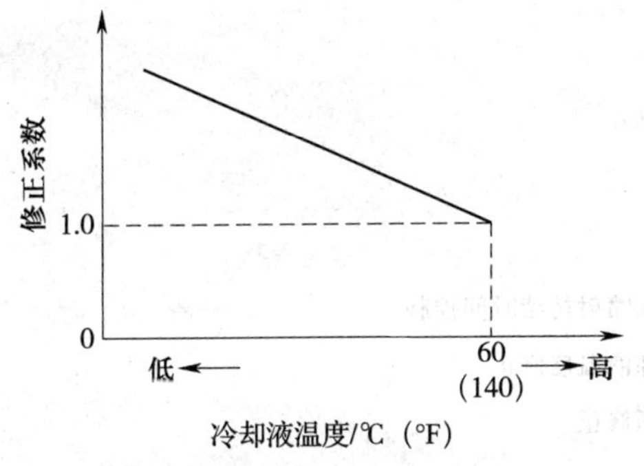

图 3-3-5　起动后加浓和暖机加浓修正曲线

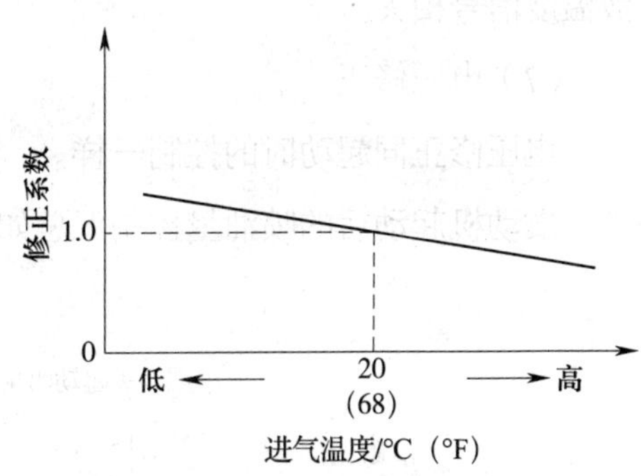

图 3-3-6　进气温度修正系数的确定

发动机 ECU 处于失效保护模式时，ECU 提供设定的进气温度信号，通常为 20 ℃。

（4）稳定工况喷油量修正

如果汽油机没有配置三元催化转化器和氧传感器，则在稳定工况一般实行开环控制，根据当前的转速、负荷及需要的空燃比确定基本喷油脉宽，再根据一些具体条件进行修正。如果汽油机配置了三元催化转化器和氧传感器，则只在划定的大负荷工况实行上述开环控制，而在热机怠速工况和部分负荷工况实行空燃比反馈闭环控制，使空燃比保持在化学计量比附近一个很窄的范围内。

（5）加速喷油量修正

发动机开始加速运行时，会出现燃油供应滞后于进入气缸内的空气快速变化量，空燃比变小的情况。为获得良好的动力性、经济性和响应性，就需要适当延长喷油时间。可根据进入的空气量来增加喷油量，以防止空气和燃油混合气偏稀。加速喷油量的大小取决于节气门开度的变化速度。

加速时，在稳定工况基本喷油脉宽的基础上进行加浓修正，修正量与冷却液温度、节气门开度变化率等有关，并随时间减少，如图 3-3-7 所示。

（6）大负荷工况喷油量修正

发动机在大负荷工况下运转时，要求使用较浓的混合气以获得较大功率。ECU 根据发动机负荷修正喷油时间。

ECU 可根据进气管绝对压力传感器信号（PIM）或空气流量传感器信号（VS、KS、VC）以及节气门位置传感器输送的全负荷信号（PSW）或节气门开度信号（VTA）判断发动机负荷状况。大负荷时适当增加喷油时间，加油量约为正常喷油量的 10%～30%，有些发动机大负荷的加油量还与冷却

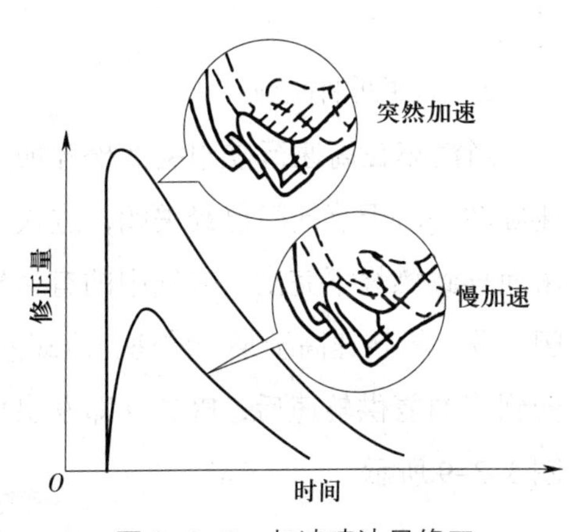

图 3-3-7　加速喷油量修正

液温度信号相关。

（7）电压修正

电压修正同起动时的控制一样。

发动机起动后的喷油量控制汇总如下：

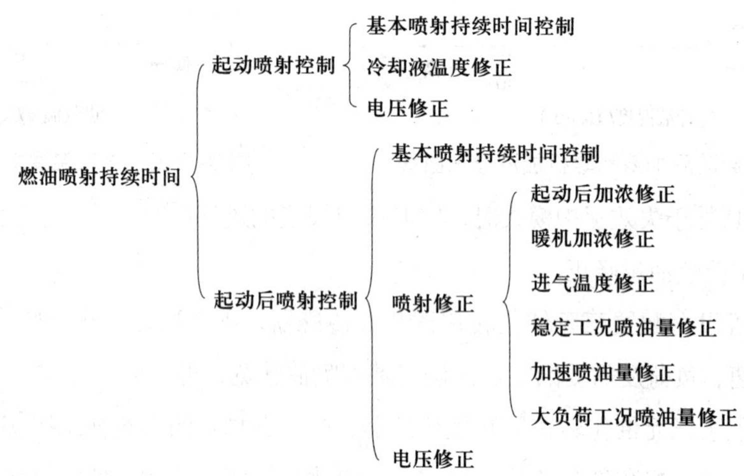

三、断油控制

断油控制就是发动机 ECU 在某些特殊情况下，暂时中断燃油喷射，以满足发动机运行的特殊要求。断油控制包括发动机超速断油控制、减速断油控制、清除溢流断油控制和减转矩断油控制等。

1. 发动机超速断油控制

发动机在运行中，ECU 随时都将曲轴位置传感器测得的发动机实际转速与存储器中存储的极限转速进行对比。当实际转速达到极限转速或超过极限转速 80 ~ 100 r/min 时，ECU 就会发出停止喷油的指令，控制喷油器停止喷油。当发动机转速下降至低于极限转速 80 ~ 100 r/min 时，ECU 将控制喷油器恢复喷油。发动机超速断油控制曲线如图 3–3–8 所示。

2. 减速断油控制

当汽车在高速行驶中突然松开加速踏板减速时，发动机将在汽车惯性力的作用下高速旋转。由于节气门已经关闭，进入气缸的空气量很少，如不停止供油，混合气将会很浓而导致燃烧不完全，排气中的有害气体成分将急剧增加。因此，ECU 将根据节气门关闭、发动机转速高于某一转速、冷却液温度信息，发出减速断油的指令。当发动机转速降低到汽油复供转速后，ECU 立即发出指令，控制喷油器恢复供油。减速断油控制曲线如图 3–3–9 所示。

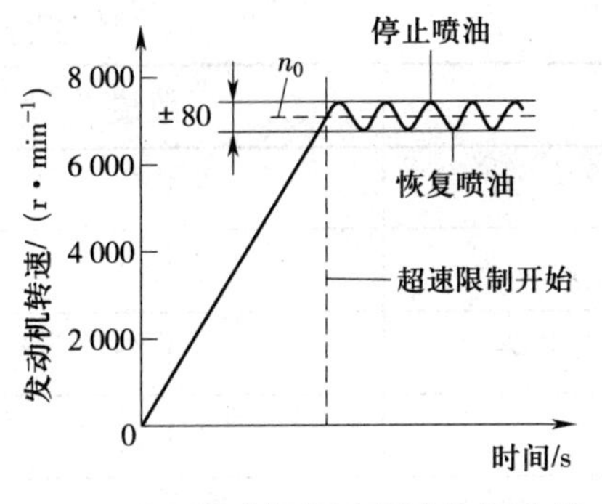

图 3-3-8　发动机超速断油控制曲线

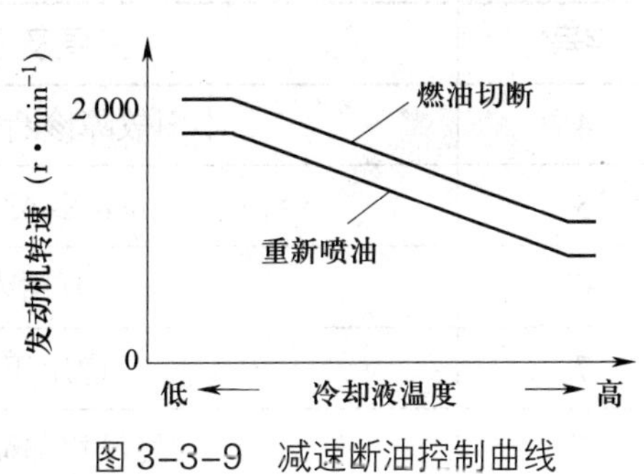

图 3-3-9　减速断油控制曲线

3. 清除溢流断油控制

发动机起动时，喷油系统将向发动机供给很浓的混合气。如果多次起动未能成功，那么淤积在气缸内的浓混合气就会浸湿火花塞，造成淹缸现象。

清除溢流断油控制就是将发动机加速踏板踩到底，接通点火开关起动发动机，ECU 自动控制喷油器中断喷油，以便排出气缸内的汽油蒸气。可见，起动电控发动机时，不必踩下加速踏板，直接接通点火开关即可，否则电控系统可能处于清除溢流断油控制状态而使发动机无法起动。

4. 减转矩断油控制

在配装电控自动变速器的汽车上，当行驶中变速器自动升挡时，变速器 ECU 会向发动机 ECU 发出一个减转矩信号。发动机 ECU 接到信号后会暂时中断个别气缸喷油，从而降低发动机转速，以便换挡。待换挡结束后，再恢复正常供油。

任务实训

喷油器及控制电路的检修

一、实训目的

能够掌握喷油器的检查、检测、清洗技能；能够掌握喷油器控制电路的检修技能。

二、实训准备

实训工具及设备准备见表 3-3-3。

表 3-3-3　实训工具及设备准备

序号	工具及设备	数量
1	喷油器	4 只
2	喷油器清洗检测实验台	1 台
3	丰田卡罗拉实训车（8ZR-FXE 发动机）	1 辆

续表

序号	工具及设备	数量
4	丰田故障诊断仪（GTS）	1 台
5	元征 Launch X-431 故障诊断仪	1 台
6	万用表	1 个
7	通用工具	1 套
8	发动机舱防护罩	1 套
9	驾驶室卫生防护“三件套”	1 套

三、实训步骤

1. 喷油器的检查与诊断

（1）测喷油器的电阻值

拔下喷油器电插头，用万用表测喷油器两端子之间的电阻值，应符合维修手册的要求（低阻值喷油器的电阻值一般为 2 ~ 3 Ω，高阻值喷油器的电阻值一般为 13 ~ 17 Ω）。如不符合要求，则更换喷油器。

（2）检查喷油器的工作情况

起动发动机，并用手触摸喷油器外表，应能感受到喷油器因开闭而产生的振动，用触杆式听诊器还能听到喷油器工作的声音。

如果感受不到喷油器的振动，或听不到喷油器工作的声音，则可以用人工通电的方法进行测试。使用元征 Launch X-431 故障诊断仪执行元件驱动功能，进行喷油器的检查，具体操作如下。

①连接故障诊断仪。将故障诊断仪与车辆的诊断接口正确连接。

②进入系统。在故障诊断仪上选择相应的车型和发动机控制系统。

③找到功能选项。在系统菜单中找到“执行元件测试”或类似的功能选项。

④选择喷油器。从执行元件列表中选择“喷油器”。

⑤启动测试。按照故障诊断仪的提示启动测试。

⑥观察现象。此时应可以听到喷油器工作时发出的“嗒嗒”声，同时观察喷油器是否有燃油喷出。

⑦逐个测试。通常可以对各个喷油器逐个进行测试，以检查它们的工作状态是否正常。

⑧分析结果。如果喷油器能正常工作，有正常工作声音且有燃油喷出，说明喷油器正常；如果没有声音或没有燃油喷出，则可能存在喷油器电路故障、喷油器堵塞或损坏等问题。

在进行测试时，要确保操作安全，避免燃油喷溅到高温部件或引起火灾等危险情况。

如果发现喷油器存在问题，应进行进一步检查和维修。

如果用人工通电的方法进行测试时喷油器正常，但起动发动机时喷油器不工作，则说明喷油器控制电路存在故障，应进行喷油器控制电路的检查。

2. 喷油器的清洗

喷油器的清洗有离车清洗和就车清洗两种方式。

（1）离车清洗

将各喷油器从发动机上拆下来，装在喷油器清洗检测实验台上，按照清洗检测实验台的操作说明进行清洗与检测。

该方法的优点是可以清楚地看到喷雾的形状，可以检测各喷油器的喷油量及喷油量的均匀性，还可以检测喷油器的滴漏情况，清洗的效果比较直观。

该方法的缺点是需要从发动机上拆下喷油器，且只能对喷油器本身进行清洗，不能清洗燃油供给系统的油路污物。

喷油器清洗检测实验台如图 3–3–10 所示。由于喷油器的内部有滤芯，为了保证清洗效果，最好采用先反向清洗，再正向清洗的方式进行清洗。

提示：喷油器的 O 形圈不可重复使用。安装 O 形圈时，应先将其涂上汽油。把喷油器向输油管上安装时，小心不要损坏 O 形圈。把喷油器安装到输油管上后，用手转动喷油器。若喷油器旋转不平滑，则说明 O 形圈已经损坏。

（2）就车清洗

专用的就车清洗机内装有加了除炭剂的燃油和电动燃油泵，可将就车清洗机的连接管与发动机燃油总管上的油压检测口及油压调节器回油管连接，如图 3–3–11 所示。同时断开

图 3–3–10　喷油器清洗检测实验台

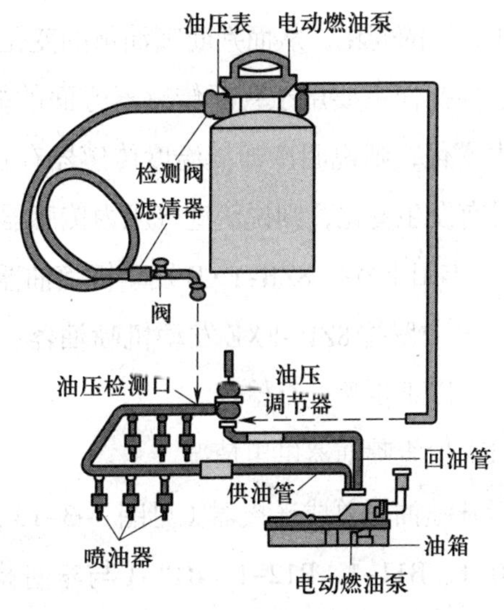

图 3–3–11　就车清洗机及其连接方法

汽车上的电动燃油泵控制电路（拔下电动燃油泵熔断丝即可），然后接通就车清洗机的电动燃油泵控制电路，起动发动机并以 2 000 r/min 左右的转速保持运转，约 10 min 即可完成清洗。这种方法的优点是不需要拆卸喷油器，且可以同时清洗油路污物；缺点是清洗效果不够直观，只能通过发动机的运转状况是否改善来进行判断。

另外还有一种就车清洗方法：不用就车清洗机，直接在油箱中加入清洗剂，在汽车使用一段时间后即可完成油路的整体清洗。不过，由于清洗剂的存在，会破坏发动机气缸的润滑油膜而增加发动机的磨损，因此，最好在油箱中油量较少时再使用该方法。

3. 喷油器控制电路的检修

（1）喷油器电源供给情况检查

拔下喷油器电插头，接通点火开关，用万用表测电插头中电源端子与搭铁间的电压，应为 12 V。否则，检查电源电路。

（2）喷油器与 ECU 的连接情况检查

用万用表测喷油器电插头中控制端子与 ECU 相应端子之间的连接情况，应该导通，否则，查找断路点。用万用表测喷油器电插头中控制端子与搭铁之间的电阻，应该不通，否则说明控制线路与搭铁之间有短路故障或 ECU 内部功率三极管发生短路故障，这种短路会造成喷油器连续喷油，引起发动机冒黑烟、运转不稳或不能起动等。

短路点的确定：拆下发动机 ECU 插头，再次用万用表测喷油器电插头中控制端子与搭铁之间的电阻，如果仍然导通，则说明短路点在控制线路中；如果不再导通，则说明 ECU 内部功率三极管短路，应更换发动机 ECU。

4. 喷油量的检查

喷油器的喷油量随发动机工况的变化而变化，可以用故障诊断仪的数据流读取功能读取喷油脉宽的变化，从而判断喷油量的变化。

这种操作主要用于判断传感器方面的故障，例如：冷却液温度变化时，喷油脉宽却没有发生变化，则说明冷却液温度传感器存在故障；人为改变进气压力传感器的压力，喷油脉宽没有发生变化，则说明进气压力传感器可能存在故障。

5. 丰田卡罗拉 8ZR–FXE 发动机喷油器控制电路的检查

丰田卡罗拉 8ZR–FXE 发动机喷油器控制电路如图 3–3–12 所示。如果喷油器不工作，可以按照以下步骤进行检查。

（1）检查喷油器供电情况

断开喷油器总成连接器（见图 3–3–13），将点火开关置于 ON（IG）位置，用万用表测量 B10–1、B11–1、B12–1、B13–1 与车身搭铁之间的电压，均应为 11 ~ 14 V。如果异常，则进行步骤（4）；如果正常，则进行下一步。

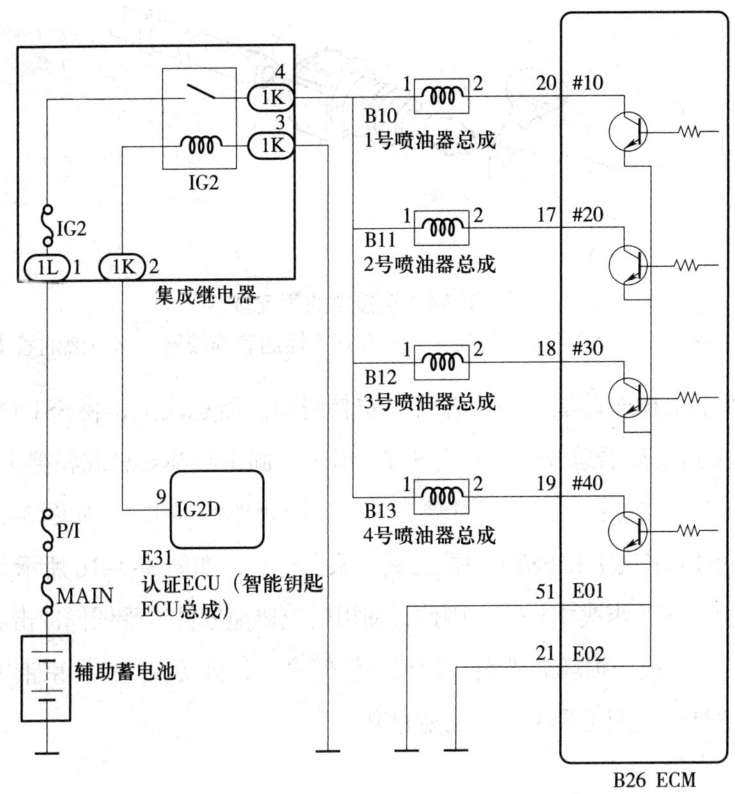

图 3-3-12　丰田卡罗拉 8ZR-FXE 发动机喷油器控制电路

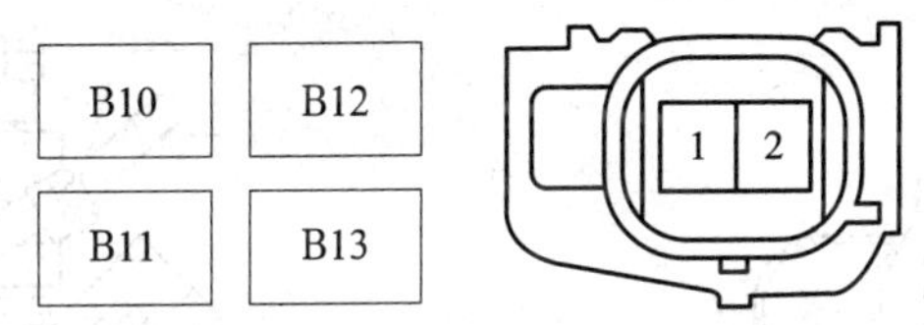

图 3-3-13　喷油器总成连接器

（2）检查喷油器总成

1）测量喷油器电阻值。测量喷油器两端子之间的电阻值，电阻值应该为 11.6~12.4 Ω（条件：20 ℃）。如果不正常，则更换喷油器总成；如果正常，则进行下一步。

2）检查喷油器工作情况。

①检查喷油器的喷油量。

注意：在通风良好的区域进行检查，且附近不要有明火。

用软管箍带（SST）将燃油管连接器（SST）连接到软管（SST）上，然后将其连接到燃油管（车辆侧）上，如图 3-3-14 所示。

注意：由于燃油管连接器（SST）O 形圈用于密封燃油管连接器（SST）和燃油管（车辆侧）之间的连接部位，所以应确保其未损坏且无异物黏附。

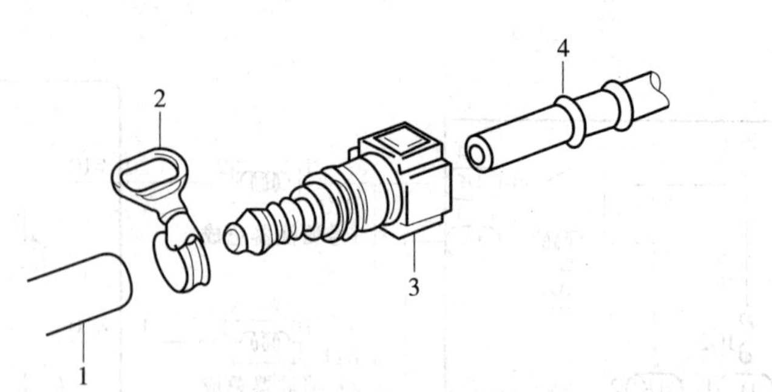

图 3-3-14　连接燃油管连接器

1—SST（软管） 2—SST（软管箍带） 3—SST（燃油管连接器） 4—燃油管（车辆侧）

在新 O 形圈上涂抹一薄层汽油，并将其安装到喷油器总成上，将 SST（适配工具）和 SST（软管）连接到喷油器总成上，并用 SST（卡夹）固定喷油器总成和接头，将乙烯管安装到喷油器总成上（注意：乙烯管尺寸要合适，以防止燃油喷出），如图 3-3-15 所示。用 SST（束带）将 SST（卡夹）和 SST（适配工具）系在一起，如图 3-3-16 所示。由于 SST（束带）无法完全防止 SST（卡夹）松动，因此，使用时应避免零件遭受任何冲击。使用 SST（束带）前，确保其无磨损、损坏或破裂。如果有任何异常，则更换 SST（束带）。检查并确认 SST（卡夹）和 SST（适配工具）不会轻易分离。

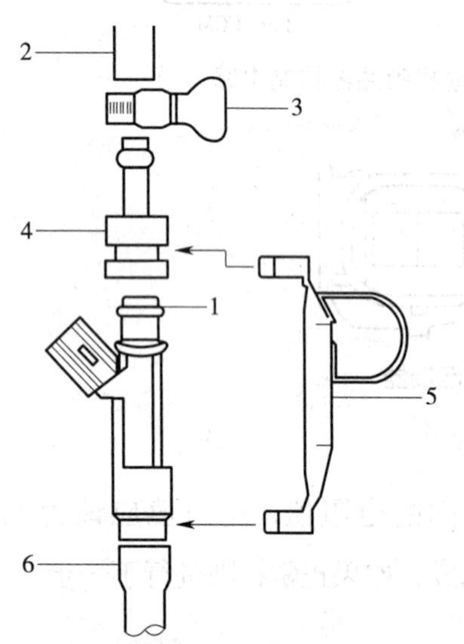

图 3-3-15　连接喷油器总成

1—O 形圈　2—SST（软管）

3—SST（软管箍带） 4—SST（适配工具）

5—SST（卡夹） 6—乙烯管

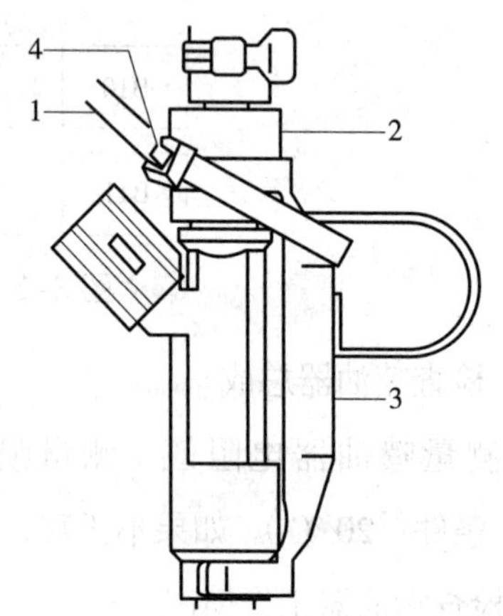

图 3-3-16　将卡夹和适配工具系在一起

1—SST（束带） 2—SST（适配工具）

3—SST（卡夹） 4—锁止

将喷油器总成放入量筒，操作燃油泵总成，方法如下。

将 GTS 连接到 DLC3，将点火开关置于 ON（IG）位置，并打开 GTS，进入菜单 Powertrain/Engine and ECT/Active Test/Control the Fuel Pump/Speed，按下“执行”按钮（燃油

泵开始运转），检查并确认能听到油箱总成中燃油流动的声音。

将 SST（EFI 检查线 H）连接到喷油器总成和辅助蓄电池上 15 s，并用量筒测量喷油量。测试各喷油器总成 2～3 次，如图 3-3-17 所示，每 15 s 时间内喷油器的喷油量应为 60～73 cc，各喷油器总成间的差值应≤13 cc。

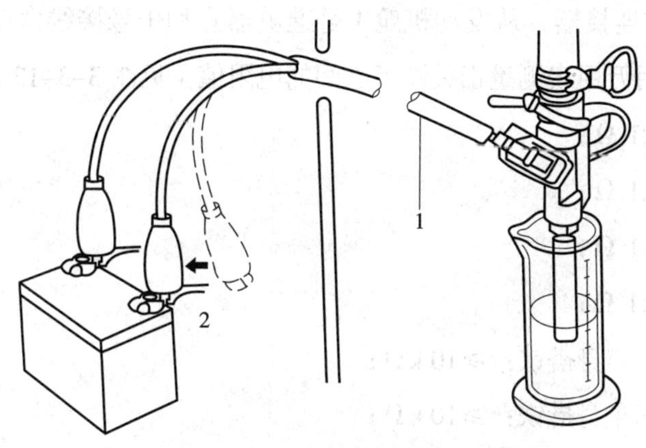

图 3-3-17　喷油器喷油量的检查
1—SST（EFI 检查线 H）　2—连线

注意：确保 SST（EFI 检查线 H）连接牢固；务必在辅助蓄电池侧而不是在喷油器总成侧进行通电和断电操作。

如果结果不符合规定，则更换喷油器总成

②检查喷油器是否泄漏。

从辅助蓄电池上断开 SST（EFI 检查线 H），并检查喷油器总成是否存在燃油泄漏。

标准滴油量：每 25 min≤1 滴。

如果结果不符合规定，则更换喷油器总成。

检查并确认燃油供给系统没有泄漏，将点火开关置于 OFF 位置，从 DLC3 上断开 GTS。

以上检查如果发现异常，则更换喷油器总成；如果正常，则进行下一步。

（3）检查线束和连接器（喷油器总成—ECM）

断开喷油器总成连接器，断开 ECM 连接器，用万用表测量相关端子之间的电阻值（见图 3-3-12），相关数据如下：

B10-2—B26-20（#10）：<1 Ω；

B11-2—B26-17（#20）：<1 Ω；

B12-2—B26-18（#30）：<1 Ω；

B13-2—B26-19（#40）：<1 Ω；

B10-2 或 B26-20（#10）—车身搭铁：≥10 kΩ；

B11-2 或 B26-17（#20）—车身搭铁：≥10 kΩ；

B12–2 或 B26–18（#30）—车身搭铁：≥10 kΩ；

B13–2 或 B26–19（#40）—车身搭铁：≥10 kΩ。

如果异常，则维修或更换线束或连接器；如果正常，则按照故障症状表检查可疑部位。

（4）检查线束和连接器［喷油器总成—集成继电器（IG2 继电器）］

断开喷油器总成连接器，从发动机舱 1 号继电器盒和 1 号接线盒总成上拆下集成继电器（IG2 继电器），用万用表测量相关端子之间的电阻值（见图 3–3–12），相关数据如下：

B10–1—1K–4：<1 Ω；

B11–1—1K–4：<1 Ω；

B12–1—1K–4：<1 Ω；

B13–1—1K–4：<1 Ω；

B10–1 或 1K–4—车身搭铁：≥10 kΩ；

B11–1 或 1K–4—车身搭铁：≥10 kΩ；

B12–1 或 1K–4—车身搭铁：≥10 kΩ；

B13–1 或 1K–4—车身搭铁：≥10 kΩ。

如果异常，则维修或更换线束或连接器；如果正常，则检查 ECM 电源电路。

四、实训要求

1. 熟练、规范操作相关仪器设备。
2. 操作过程仔细、规范，避免伤害相关连接器等零部件。
3. 能够将故障诊断各操作步骤与电路图联系起来，明确在电路图中的测量位置。
4. 养成使用发动机舱防护罩、驾驶室卫生防护“三件套”的职业习惯。
5. 养成工具、零件、油液“三不落地”的汽车维修操作习惯。

任务小结

电控燃油喷射系统喷油量的控制是对喷油时序、喷油量、燃油停供进行控制。

在既定的曲轴位置进行喷油，被称为同步喷油。同步喷油有三种喷油时序：同时喷射、分组喷射、顺序喷射。

电控燃油喷射系统通过控制喷油器电磁阀的通电持续时间（喷油触发脉冲宽度）来控制喷油量。

发动机起动时喷油量的控制过程：当点火开关接通起动挡时，ECU 的 STA 端接收到一个高电平信号，此时 ECU 根据曲轴位置传感器和节气门位置传感器信号判定发动机是否处于起动状态，以便决定是否按起动程序控制喷油。

发动机起动后转速超过预定值时，ECU 确定的喷油持续时间：

喷油持续时间 = 基本喷油时间 + 喷油修正值 + 电压修正值。

断油控制就是发动机 ECU 在某些特殊情况下，暂时中断燃油喷射，以满足发动机运行的特殊要求。断油控制包括发动机超速断油控制、减速断油控制、清除溢流断油控制和减转矩断油控制等。

喷油器检查与诊断的内容包括：测喷油器的电阻值、检查喷油器的工作情况、检查喷油量等，喷油器的清洗有离车清洗和就车清洗两种方式。

喷油器控制电路的检查内容包括：喷油器电源供给情况检查、喷油器与 ECU 的连接情况检查等。

项目四 电控发动机点火系统的原理与检修

典型的汽车电子点火系统如图 4-0-1 所示。

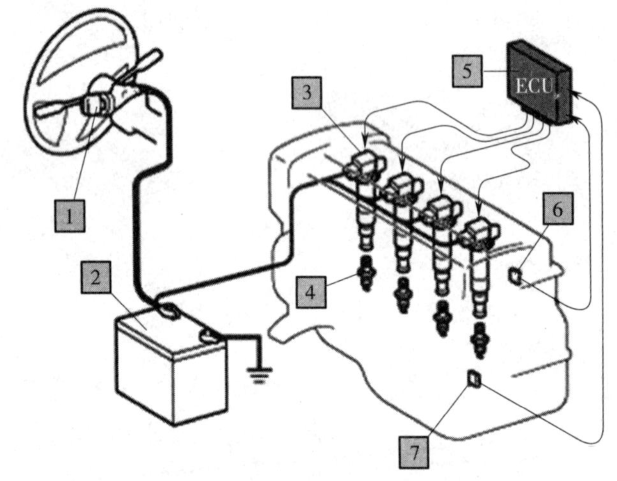

图 4-0-1　典型的汽车电子点火系统

1—点火开关　2—蓄电池　3—带点火器的点火线圈　4—火花塞

5—发动机 ECU　6—凸轮轴位置传感器　7—曲轴位置传感器

任务❶　电控发动机点火系统的认知

学习目标

1. 了解电控发动机点火系统的基本组成。
2. 熟悉电控发动机点火系统的工作原理及分类。
3. 掌握电控发动机点火系统元件的检查。

任务引入

点火系统经历了从传统点火系统到电子点火系统，再到计算机控制点火系统的发展过程，这一发展过程让汽车点火性能从各个方面都得到了优化。汽油发动机的正常运转，除了需要适当浓度的可燃混合气、足够的缸压外，还需要足够的点火能量来点燃可燃混合气，同时需要点火系统各部件的协调工作产生合适的点火时刻。

相关知识

汽车点火系统的功用：把汽车电源低压电（12 ~ 14 V）转变为高压电（15 ~ 20 kV），并依照发动机各缸做功顺序适时引入气缸内火花塞电极，使之跳火点燃可燃混合气。

发动机对点火系统的要求：

1. 产生足够的电压击穿火花塞间隙（击穿电压）；

2. 火花应具有足够的能量（50 ~ 80 mJ）；

3. 点火正时（各缸点火顺序和点火提前角）适应发动机工况。

点火系统按照控制方式可以分为传统（机械触点式）点火系统、传统电子（信号触发式）点火系统、计算机控制点火系统；按照配电方式可以分为机械配电点火系统（分电器配电）、电子配电点火系统（无分电器，又称直接点火系统）。传统电子点火系统采用由“机电组合”的点火信号发生器发出点火信号控制点火控制器，同时由离心提前装置和真空提前装置等机械装置分别根据转速和负荷变化调整点火提前角（即点火时刻），具有参考信号不完备、调整精度低等缺点，发动机综合性能差，同时传统电子点火系统采用分电器机械配电，严重浪费电能，且配电精度低，现在已不能满足需求，因此当前电控发动机普遍采用计算机控制电子配电点火系统。

一、电控发动机点火系统的功能

汽油机电控点火系统的主要功能有点火提前角控制、通电时间控制和爆震控制。

1. 点火提前角控制

（1）点火提前角对发动机性能的影响

点火提前角是指从火花塞电极间跳火开始，活塞运行到上止点时曲轴转过的角度。当发动机保持节气门开度、转速以及混合气浓度一定时，发动机功率和耗油率随点火提前角的改变而变化。发动机每一工况都存在一个最佳点火提前角。点火提前角过大，易爆震；点火提前角过小，排气温度升高，功率降低。点火提前角对发动机性能的影响如图 4–1–1 所示。

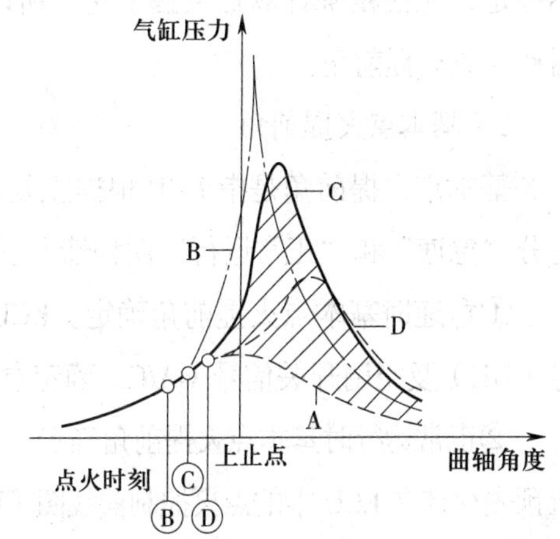

图 4–1–1 点火提前角对发动机性能的影响

A—不点火 B—点火过早

C—点火适当 D—点火过迟

实验证明：发动机的最佳点火提前角，应使发动机气缸内的最高压力出现在上止点后 10° ~ 15° 范围之内。

（2）最佳点火提前角的确定依据

最佳点火提前角主要与以下因素有关。

1）发动机转速。转速升高，点火提前角增大。采用电控点火系统，更接近理想的点火提前角。

2）发动机负荷。进气歧管压力高（真空度小、负荷大），点火提前角小；反之，点火提前角大。采用电控点火系统时，可以使发动机的实际点火提前角接近于理想的点火提前角。

3）燃料性质。汽油辛烷值越高，抗爆性越好，点火提前角可适当增大。

4）其他因素。包括燃烧室形状、燃烧室内温度、空燃比、大气压力和冷却液温度。

（3）最佳点火提前角的确定方法

最佳点火提前角通常有两种确定方法。

第一种方法：实际最佳点火提前角 = 初始点火提前角 + 基本点火提前角 + 修正点火提前角，如图 4–1–2 所示。

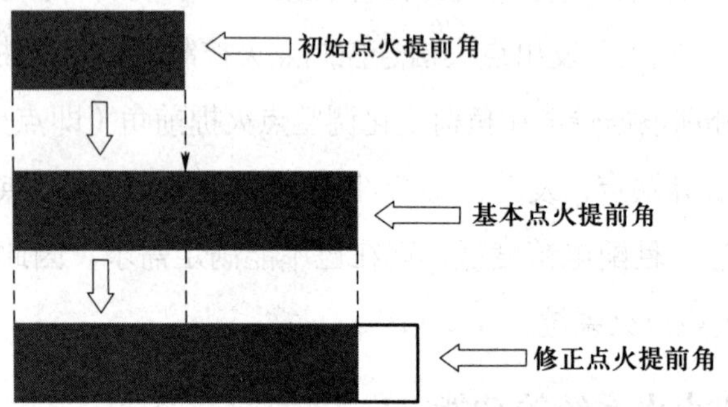

图 4–1–2　最佳点火提前角的确定

1）初始点火提前角

初始点火提前角又称固定点火提前角，原始设定后存入 ECU 程序，一般为 5° ~ 10°。

发动机起动时，采用初始点火提前角。因为此时转速变化大，进气管压力和流量信号不稳定，无法精确计算点火提前角，所以由起动开关信号和转速信号判断为起动状态后采用初始点火提前角。

2）基本点火提前角

基本点火提前角是指 ECU 根据主要影响因素（转速和负荷）确定的点火提前角。其确定分“怠速”和“正常运行”两种情况进行。

①怠速时基本点火提前角确定。ECU 根据节气门位置传感器怠速信号（IDL）、转速信号（NE）及空调开关信号（A/C）确定怠速状态下的基本点火提前角。

②正常运行时基本点火提前角确定。正常运行时参考转速和负荷两个基本影响因素，通过查预先存储在 ECU 中的点火控制曲线图（MAP 图）确定基本点火提前角，如图 4–1–3 所示。

3）修正点火提前角

修正点火提前角是指 ECU 根据其他影响因素对点火提前角进行修正的部分。修正可分为暖机修正、过热修正、怠速稳定修正、空燃比反馈修正等。

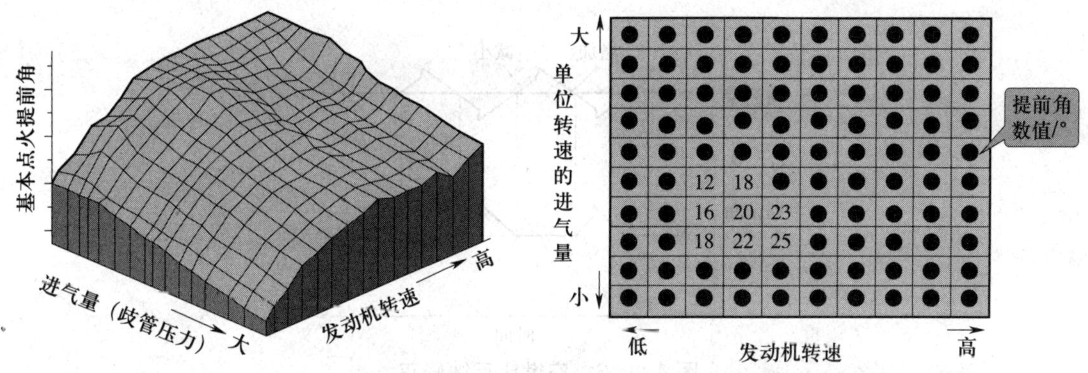

图 4-1-3　点火控制曲线图（MAP 图）

①暖机修正

怠速暖机时，随着冷却液温度的升高，燃烧速度加快，点火提前角修正逐渐减小，如图 4-1-4 所示。

②过热修正

冷却液温度过高时，为避免爆震，减小点火提前角，如为怠速状态，为避免发动机长时间过热，增大点火提前角，如图 4-1-5 所示。

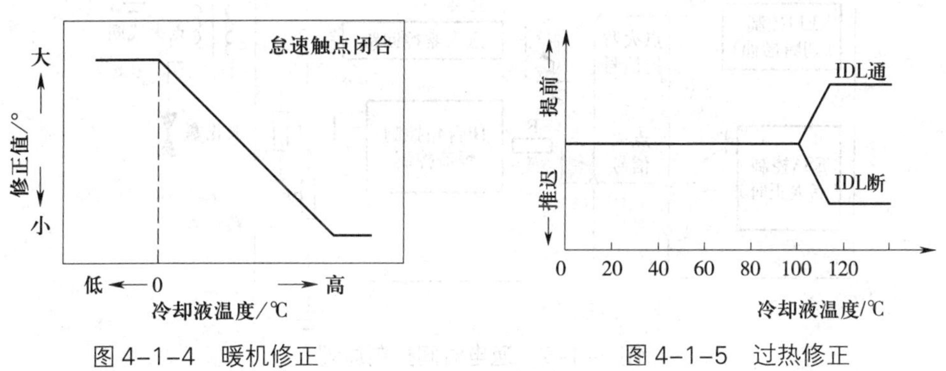

图 4-1-4　暖机修正　　　图 4-1-5　过热修正

③怠速稳定修正

怠速时，由于负荷的变化（例如开启空调）引起发动机转速的波动，ECU 会根据情况对点火提前角进行修正，以稳定怠速。

④空燃比反馈修正

在反馈控制时，随着喷油量的修正，会带来转速的波动，此时 ECU 会根据喷油量的变化对点火提前角进行修正，如图 4-1-6 所示。

第二种方法：实际最佳点火提前角 = 基本点火提前角 × 点火提前角修正系数。这种方法主要应用在日产车系当中。

2. 通电时间控制

通电时间控制又称点火闭合角控制，是指点火线圈一次侧的通电时间。它主要影响点

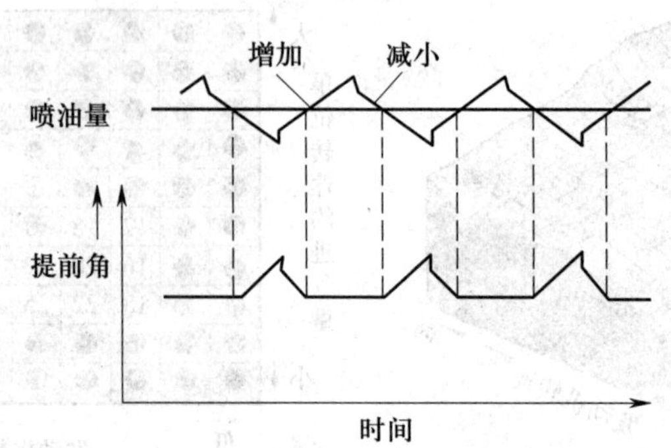

图 4–1–6　空燃比反馈修正

火线圈一次电路的通电时间和点火线圈的存储能量，而点火线圈的通电时间和存储能量取决于发动机转速和蓄电池的供电电压，其控制原理如图 4–1–7 所示。点火线圈一次电路的通电时间由 ECU 控制，根据发动机的转速信号和电源电压信号确定最佳的闭合角（通电时间），并控制点火器输出指令信号（点火信号），以控制点火器中晶体管的导通时间。

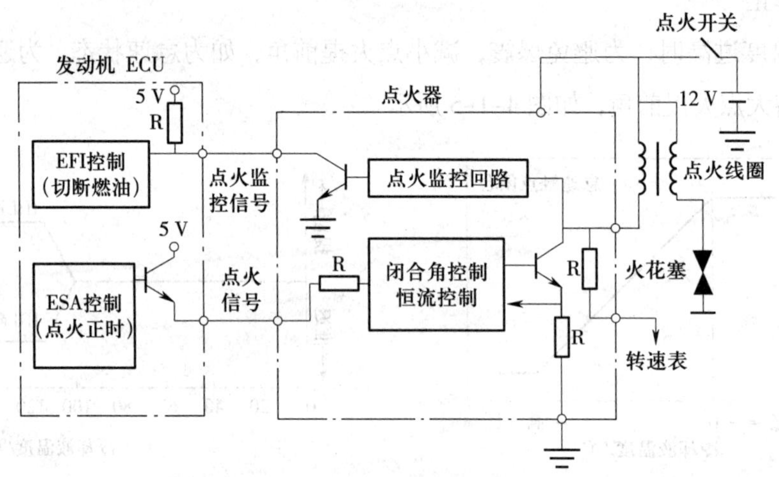

图 4–1–7　通电时间控制原理

恒流控制的基本方法是在点火器功率晶体管的输出回路中增设一个电流检测电阻，用电流在该电阻上形成的电压降反馈控制晶体管的基极电流。只要这种反馈为负反馈，就可使晶体管的集电极电流稳定，实现恒流控制，从而使点火能量保持稳定。恒流控制电路框图如图 4–1–8 所示。

3. 爆震控制

（1）发动机爆震的危害

爆震是指汽油发动机的火花塞点火后，在火焰到达之前，其余混合气未被引燃就自行发火的燃烧现象。爆震是一种发动机不正常的燃烧。轻微的爆震，可使发动机功率上升，油耗下降。但严重的爆震，会使气缸发出特别尖锐的金属敲击声（敲缸），且会导致冷却系统过热、发动机功率下降、油耗迅速上升等故障。

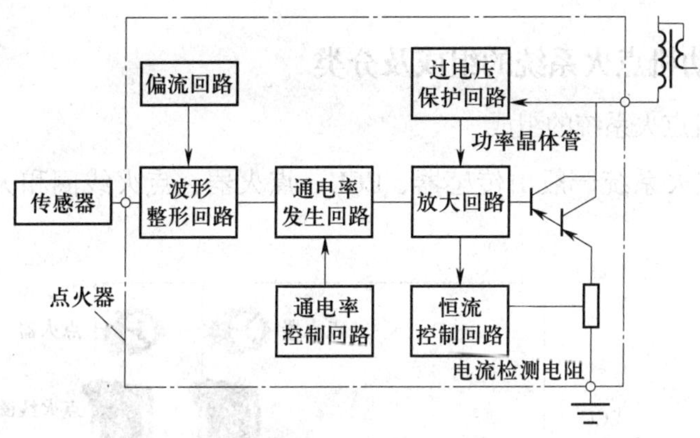

图 4-1-8　恒流控制电路框图

（2）爆震控制原理

减少爆震发生最有效的方法是减小点火提前角。爆震控制原理如图 4-1-9 所示。当爆震传感器感受到发动机有爆震时，就会逐渐减小点火提前角（推迟点火），直到爆震消失。无爆震时，则通过增大点火提前角（提前点火），使发动机燃烧速度加快以接近爆震，如图 4-1-10 所示。爆震反馈控制可以提高发动机的动力性及经济性，其主要作用是使汽油发动机一直工作在爆震的边缘状态，即待爆震又没有爆震的临界状态。

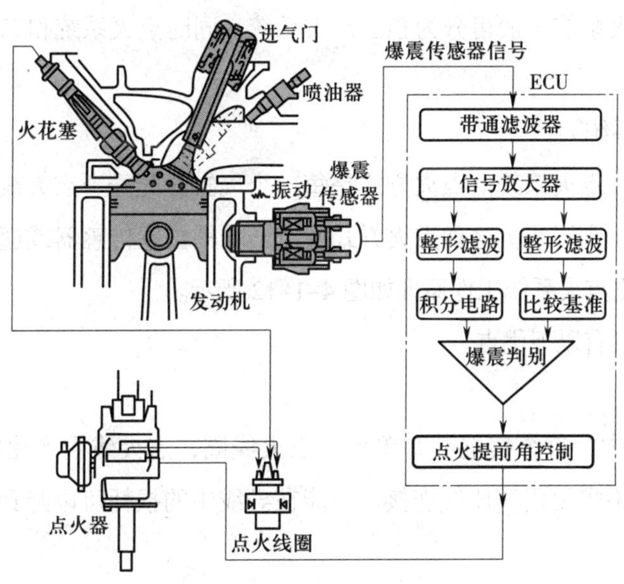

图 4-1-9　爆震控制原理

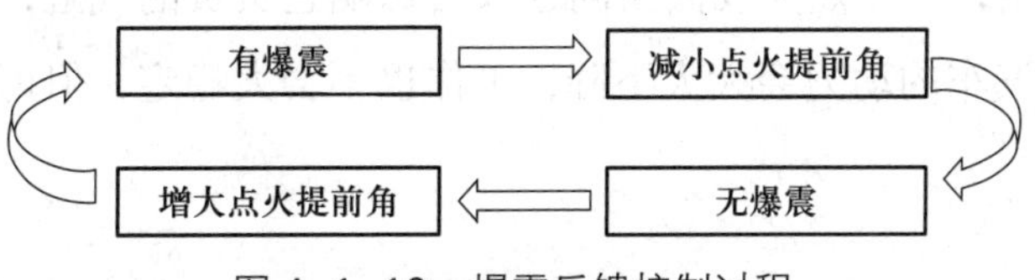

图 4-1-10　爆震反馈控制过程

二、电控发动机点火系统的组成及分类

1. 电控发动机点火系统的组成

电控发动机点火系统一般由传感器、ECU、点火器、点火线圈和火花塞等组成，如图 4–1–11 所示。

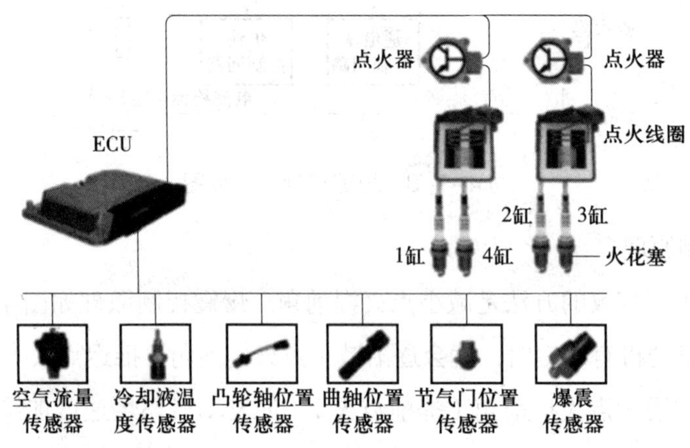

图 4–1–11　电控发动机点火系统的组成

2. 电控发动机点火系统的分类

电控发动机点火系统一般可分为独立点火系统、同时点火系统和二极管配电式点火系统等。

（1）独立点火系统

电控发动机独立点火系统的点火方式是每一个气缸分配一个点火线圈，点火线圈安装在火花塞上，取消了高压线。这种点火方式通过凸轮轴位置传感器或通过检测气缸压缩来实现精确点火，独立点火系统工作原理如图 4–1–12 所示。

独立点火系统具有以下优点。

1）能量损耗小

独立点火系统中，每个气缸都有单独的点火线圈，点火线圈产生的高压电直接传给火花塞进行点火，不需要用高压线连接。电能在导线中的损耗可以降到最低，大大提升性能。

2）工作更加稳定、可靠

独立点火系统中，一个点火线圈出问题只会影响它负责的气缸，其他的气缸点火都不会受影响。虽然汽车的动力会大大下降，工作也不会太稳定，但可以保证汽车基本功能。

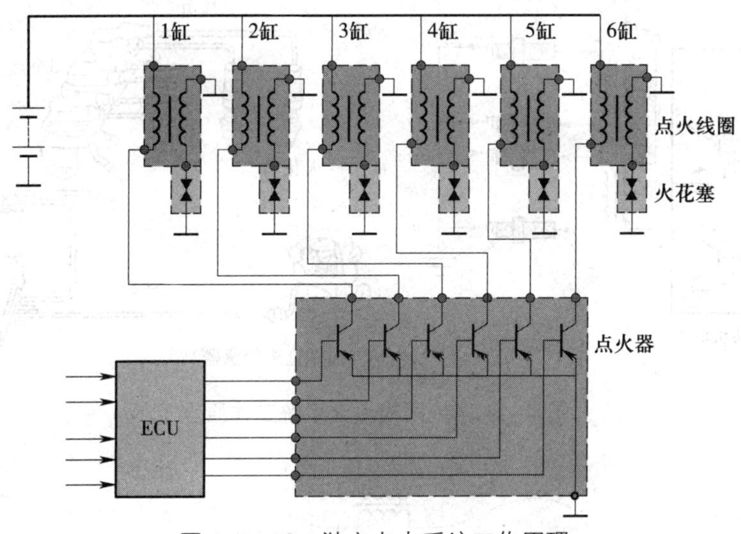

图 4-1-12　独立点火系统工作原理

3）具有一定的抗电子干扰能力

独立点火系统导线的电流都是低压传输，电压产生的电磁干扰极小。

有些发动机把点火线圈和火花塞制成一体单独安装在气缸盖上。汽车常用的独立点火系统如图 4-1-13 所示。

图 4-1-13　汽车常用的独立点火系统

（2）同时点火系统

同时点火系统又称分组点火系统，其特点是两个气缸共用一个点火线圈，即点火线圈数量为气缸数量的一半，其工作原理如图 4-1-14 所示。同时点火系统有两个气缸同时点火，其中一个气缸压缩行程点火，另一个气缸排气行程点火，如图 4-1-15 所示。

以工作顺序 1—3—4—2 四缸发动机为例，1、4 缸和 2、3 缸的活塞同时到达上止点，称为同步缸。两同步缸共用一个点火线圈，两个缸的火花塞与共用的点火线圈中的二次线圈串联。当点火线圈一次电路断电时，一个气缸接近压缩行程的上止点，火花塞跳火可点

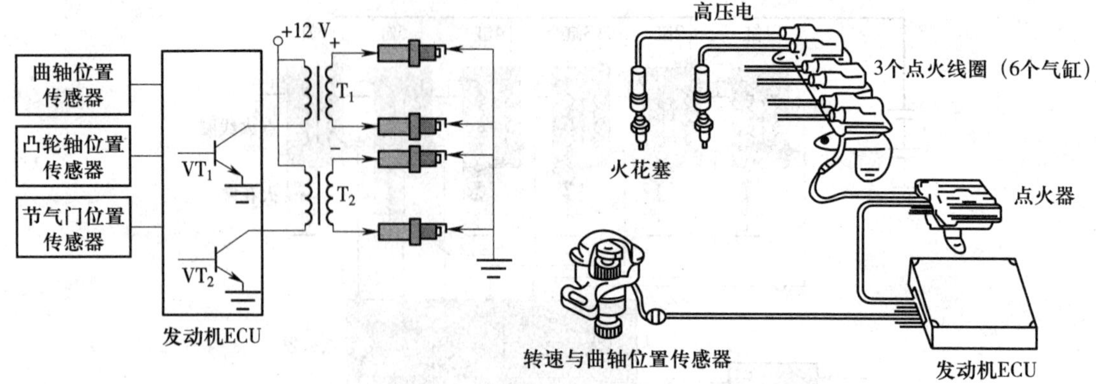

图 4-1-14　同时点火系统工作原理

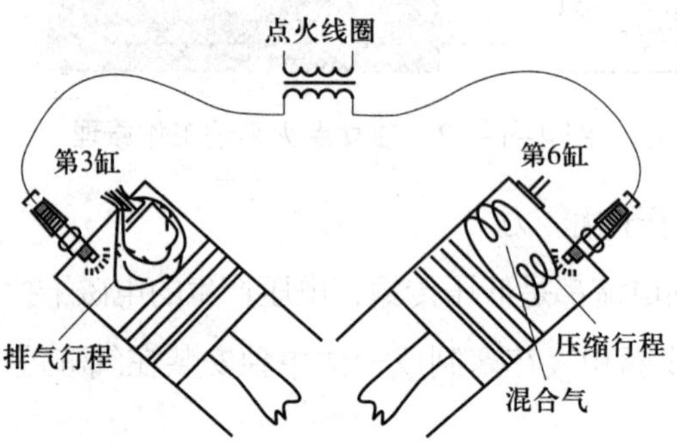

图 4-1-15　同时点火系统的特点

燃该缸的混合气，称为有效点火；而另一个气缸接近排气行程的上止点，火花塞跳火不起作用，称为无效点火。

（3）二极管配电式点火系统

二极管配电式点火系统如图 4-1-16 所示。其特点是四个气缸共用一个点火线圈，点火线圈为内装一次线圈、双输出二次线圈的特制点火线圈，利用四个二极管的单向导电特性交替完成对 1、4 缸和 2、3 缸的配电过程。

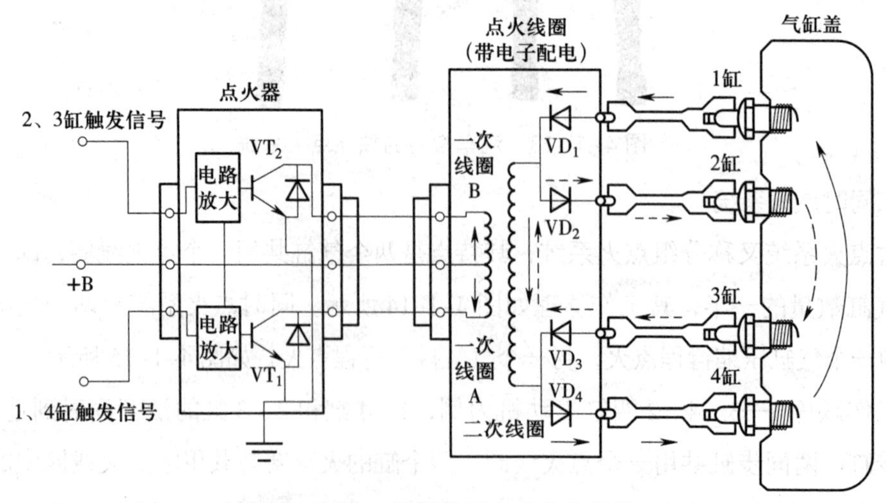

图 4-1-16　二极管配电式点火系统

由于二极管配电式点火系统对点火线圈的要求比较高，且发动机气缸数必须是 4 的倍数，因此在应用上受到一定限制。

任务实训

实训一　点火高压回路部件的检测

一、实训目的

通过实训，认识点火高压回路各个部件，掌握点火高压回路各个部件的检测方法。

二、实训准备

实训工具及设备准备见表 4–1–1。

表 4–1–1　实训工具及设备准备

序号	工具及设备	数量
1	丰田实训车	1 辆
2	万用表	1 个
3	通用工具	1 套
4	发动机舱防护罩	1 套
5	驾驶室卫生防护“三件套”	1 套

三、实训步骤

1. 检查分火头电阻，如图 4–1–17 所示，分火头电阻值应为（1 ± 0.4）kΩ。
2. 检查火花塞插头电阻，如图 4–1–18 所示，火花塞插头电阻值应为（1 ± 0.4）kΩ。
3. 检查防干扰插头电阻，如图 4–1–19 所示，其电阻值应为（1 ± 0.4）kΩ。
4. 检查高压线电阻，如图 4–1–20 所示，中央高压线的电阻值应为 0 ~ 2.8 kΩ，高压分线的电阻值应为 0.6 ~ 7.4 kΩ。

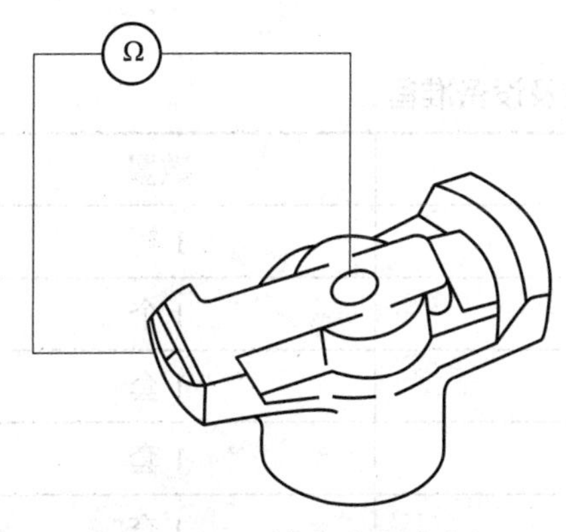

图 4–1–17　检查分火头电阻

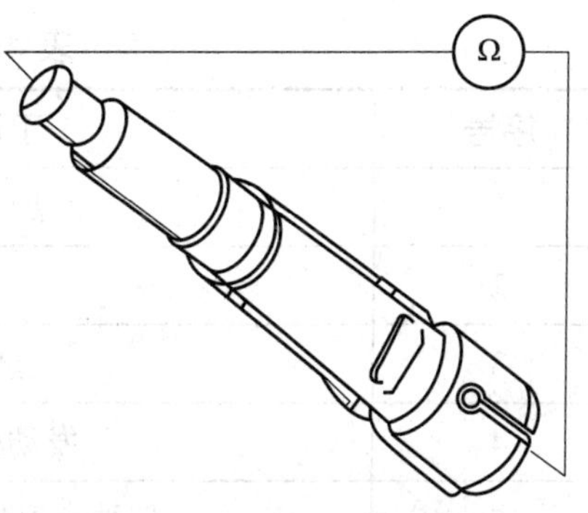

图 4–1–18　检查火花塞插头电阻

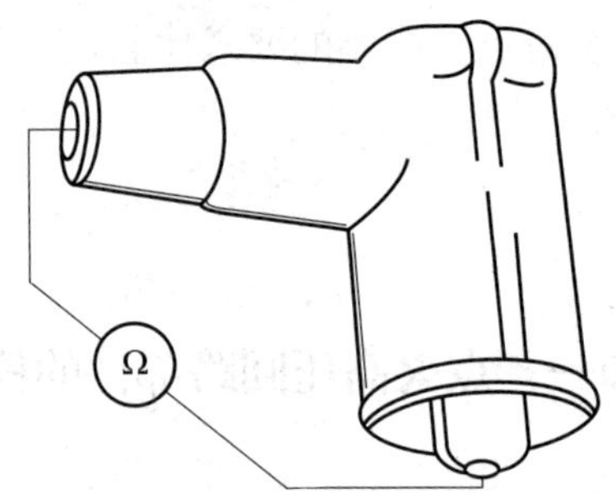

图 4-1-19　检查防干扰插头电阻

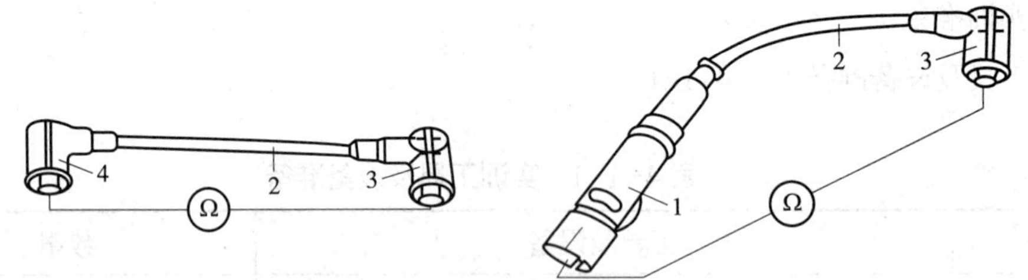

图 4-1-20　检查高压线电阻
1—火花塞插头　2—高压线　3、4—防干扰插头

四、实训要求

1. 操作仔细、规范，以免造成相关元件损坏。
2. 养成使用发动机舱防护罩、驾驶室卫生防护“三件套”的职业习惯。
3. 养成工具、零件、油液“三不落地”的汽车维修操作习惯。
4. 每一个检测步骤都应思考检测理由。

实训二　电控发动机点火线圈的检测

一、实训目的

通过实训，认识点火线圈的安装位置和电路图，掌握点火线圈的检测方法。

二、实训准备

实训工具及设备准备见表 4-1-2。

表 4-1-2　实训工具及设备准备

序号	工具及设备	数量
1	速腾实训车	1 辆
2	万用表	1 个
3	通用工具	1 套
4	发动机舱防护罩	1 套
5	驾驶室卫生防护“三件套”	1 套

三、实训步骤

检查条件：蓄电池电压为12 V，霍尔传感器正常，发动机转速传感器正常。

1. 关闭点火开关。

2. 一次线圈的检测。将万用表的功能转换开关拨到电阻R×1 Ω挡，两支表笔分别接在点火线圈15与1端子上，电阻值应为0.5~1.2 Ω。如果电阻值为无穷大，说明一次线圈断路，应更换点火线圈。

3. 二次线圈的检测。将万用表的功能转换开关拨到电阻R×1 kΩ挡，一支表笔接点火线圈的高压插孔，另一支表笔接15或1中任意一个端子，电阻值应为1~6 kΩ。如果电阻值为无穷大，说明二次线圈断路；如果电阻值过小，说明二次线圈短路。不论是断路还是短路，都应更换点火线圈。

四、实训要求

1. 操作仔细、规范，以免造成相关元件损坏。

2. 养成使用发动机舱防护罩、驾驶室卫生防护“三件套”的职业习惯。

3. 养成工具、零件、油液“三不落地”的汽车维修操作习惯。

4. 每一个检测步骤都应思考检测理由。

任务小结

汽车点火系统的功用：把汽车电源低压电（12~14 V）转变为高压电（15~20 kV），并依照发动机各缸做功顺序适时引入气缸内火花塞电极，使之跳火点燃可燃混合气。

汽油机电控点火系统的主要功能有点火提前角控制、通电时间控制和爆震控制。影响最佳点火提前角的因素主要有发动机的转速、发动机的负荷、燃料性质、发动机冷却液温度等。最佳点火提前角通常有两种确定方法：第一种方法，实际最佳点火提前角=初始点火提前角+基本点火提前角+修正点火提前角；第二种方法，实际最佳点火提前角=基本点火提前角×点火提前角修正系数。通电时间控制又称点火闭合角控制，是指点火线圈一次侧的通电时间。减少爆震发生最有效的方法是减小点火提前角。

电控发动机点火系统一般由传感器、ECU、点火器、点火线圈和火花塞等组成。电控发动机点火系统一般可分为独立点火系统、同时点火系统和二极管配电式点火系统等。

任务❷ 曲轴位置传感器的检修

学习目标

1. 了解曲轴位置传感器的分类。
2. 熟悉曲轴位置传感器的结构。
3. 掌握曲轴位置传感器的工作原理。
4. 掌握曲轴位置传感器的检修方法。

任务引入

曲轴位置（曲柄转角）传感器用来感知曲柄转角的位置，以确定活塞在气缸中往复运动的位置，作为喷油正时和点火正时的基准点。曲轴位置传感器不仅可提供相对于活塞上止点位置的曲轴转角信号，还能精确测量发动机的转速。

曲轴位置传感器是发动机控制系统中最主要的传感器之一，是确认曲轴转角位置和发动机转速不可缺少的信号之一，发动机控制单元用此信号控制燃油喷射量、喷油正时、点火时刻（点火提前角）、点火闭合角、怠速转速和电动燃油泵的运行。

相关知识

曲轴位置传感器根据信号形成的原理可以分为电磁感应式、霍尔式和光电式三大类。就其安装位置而言，有在曲轴前端、凸轮轴前端、飞轮上和分电器内的，车辆不同，所采用的结构形式不完全一样。电磁感应式曲轴位置传感器应用比较广泛，大部分车辆都使用这种传感器，如比亚迪汽车、奥迪、帕萨特 B5 以及大部分国产车型等。

曲轴位置传感器及曲轴位置传感器的安装位置分别如图 4–2–1、图 4–2–2 所示。

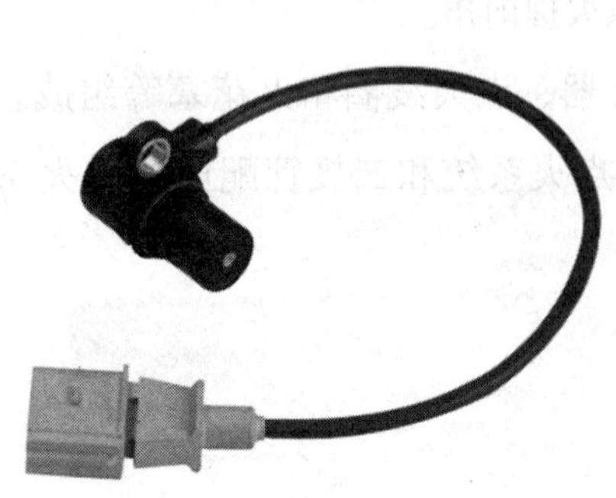

图 4–2–1　曲轴位置传感器

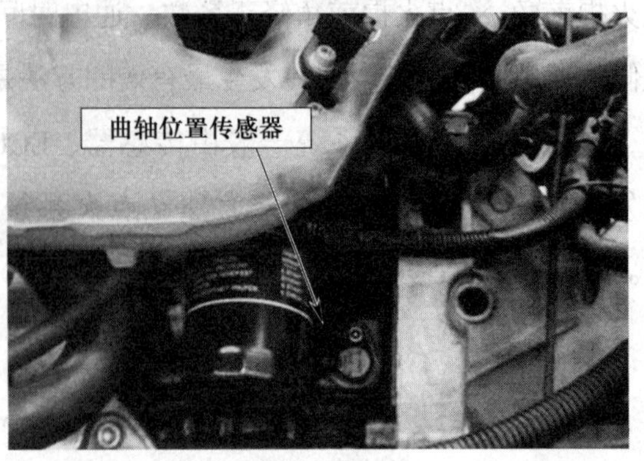

图 4–2–2　曲轴位置传感器的安装位置

一、电磁感应式曲轴位置传感器

1. 电磁感应基本原理

如图 4-2-3 所示，一个导体可以在磁铁的 N 极与 S 极之间自由运动，用电流表连接导体，形成闭合回路。当导体在磁极间运动时，电流表的指针就会摆动。

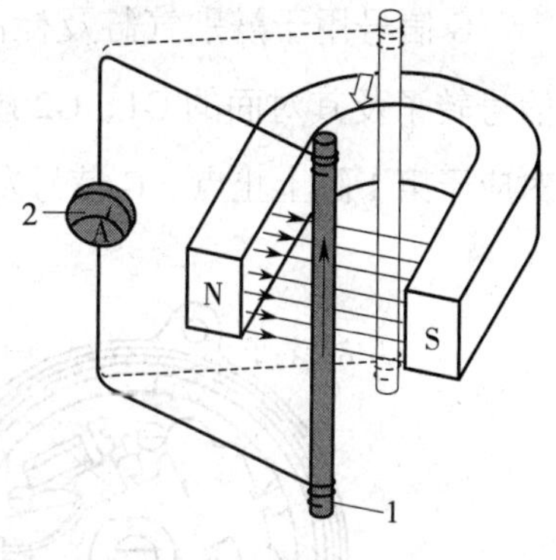

图 4-2-3 电磁感应基本原理
1—导体 2—电流表

因为这个导体运动在磁极之间，导体切割磁力线，就产生了感应电流。如果导体的运动方向平行于磁力线方向，就没有感应电流产生。这种产生感应电流的现象就叫作电磁感应。

2. 电磁感应式曲轴位置传感器的结构

丰田公司六缸电控发动机 TCCS 系统的电磁感应式曲轴位置传感器安装在分电器内，主要由两个信号转子（G 信号转子、NE 信号转子）和三个感应线圈（G1 感应线圈、G2 感应线圈、NE 感应线圈）组成，其结构如图 4-2-4 所示。

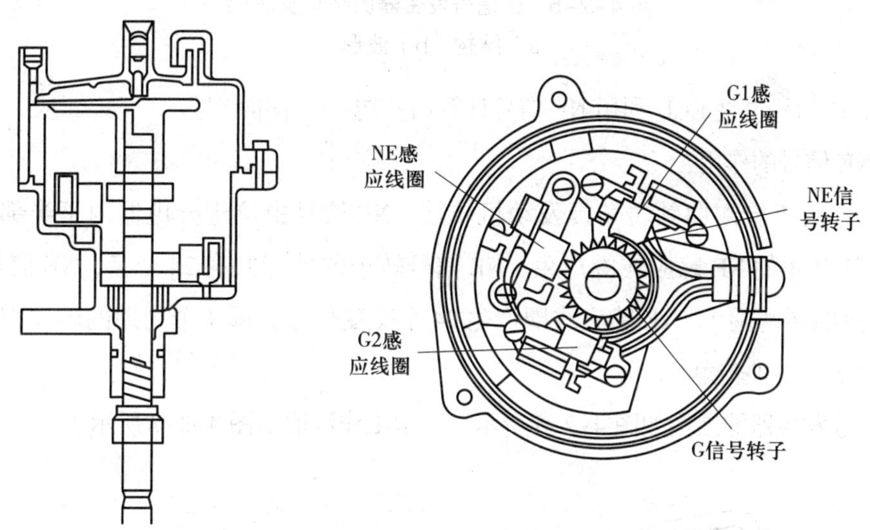

图 4-2-4 丰田公司六缸电控发动机 TCCS 系统的电磁感应式曲轴位置传感器结构

该传感器分为上下两部分，上半部分由 G1 感应线圈、G2 感应线圈和 G 信号转子产生 G 信号；下半部分由 NE 感应线圈和 NE 信号转子产生 NE 信号。

（1）工作过程

发动机运转时，G 信号转子和 NE 信号转子随分电器轴一起旋转，信号转子上的齿与 G1、G2、NE 感应线圈中永久磁铁间的气隙不断变化，使感应线圈内的磁通发生变化，于是在 G1、G2、NE 感应线圈中产生感应电动势。将此感应电动势转换成矩形波并加以放大，即可作为发动机 ECU 计算发动机转速、曲轴转角和确认活塞上止点位置的基本信号。

（2）G 信号的作用

G 信号用于辨别气缸及检测活塞压缩上止点位置。G 信号由位于分电器内上半部的 G 信号转子及其对面的 G1、G2 感应线圈产生。其中，G1 信号对应于第 6 缸上止点；G2 信号对应于第 1 缸上止点。G 信号发生器的结构及波形如图 4-2-5 所示。

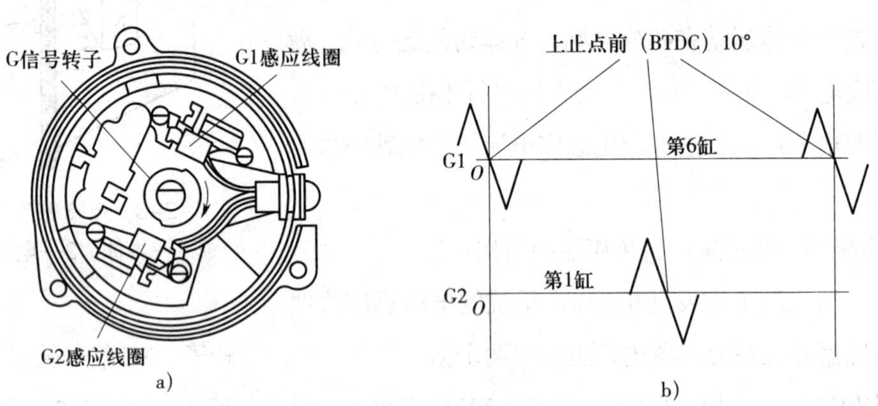

图 4-2-5　G 信号发生器的结构及波形

a）结构　b）波形

此外，G 信号也是 ECU 利用 NE 信号计算曲轴转角的基准信号。

（3）NE 信号的作用

NE 信号用于检测曲轴转角及发动机转速，NE 信号由位于分电器内下半部的 NE 信号转子及其对面的 NE 感应线圈产生。NE 信号转子的外缘共有 24 个齿，NE 信号转子每转一圈（曲轴转两圈），NE 感应线圈产生 24 个交变信号，即 1 个周期的脉冲相当于 30°（720° ÷24）的曲轴转角。

NE 信号发生器的结构如图 4-2-6 所示，正常工作波形如图 4-2-7 所示。

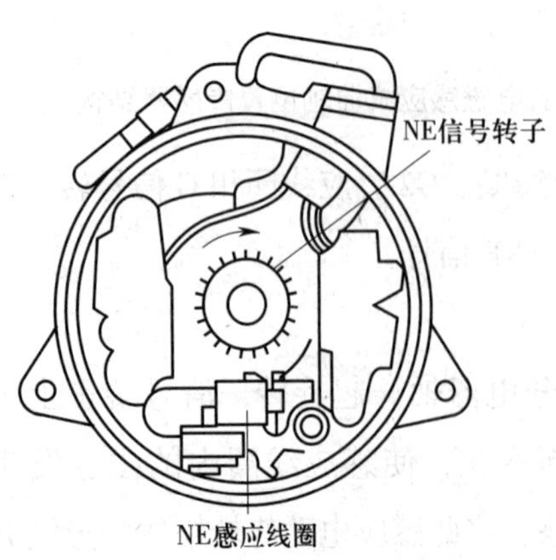

图 4-2-6　NE 信号发生器的结构

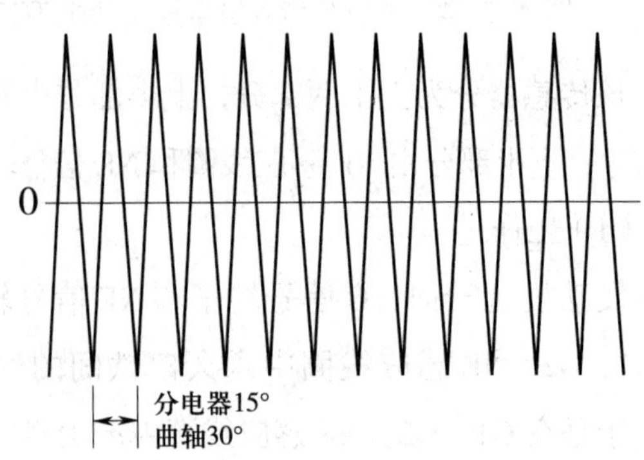

图 4-2-7　NE 信号发生器的正常工作波形

如果更精确地检测，可将30°曲轴转角所经过的时间，由ECU再分为30等份，即产生曲轴转角的1°信号。同理，对于发动机转速，ECU可依靠NE信号的两个脉冲（即60°曲轴转角）所经过的时间为基准进行计算和检测。

3. 电磁感应式曲轴位置传感器损坏的故障现象

曲轴位置传感器如果出现故障，将会使发动机无法起动。电磁感应式曲轴位置传感器的常见故障主要包括：信号发生器感应线圈短路、断路；转子轴磨损、偏摆或感应线圈与导磁铁芯组件移动，使转子和磁头之间的间隙不当，磁铁磁场强度不足，造成信号减弱或无信号输入ECU；转子轮齿间有脏物填塞，造成输出信号变形等。

4. 电磁感应式曲轴位置传感器的检查

电磁感应式曲轴位置传感器的检查过程主要包括：检查各端子间电阻、检查线路导通情况、检查信号转子凸齿与磁头之间间隙等。大众车系电磁感应式曲轴位置传感器与ECU的连接电路如图4-2-8所示。

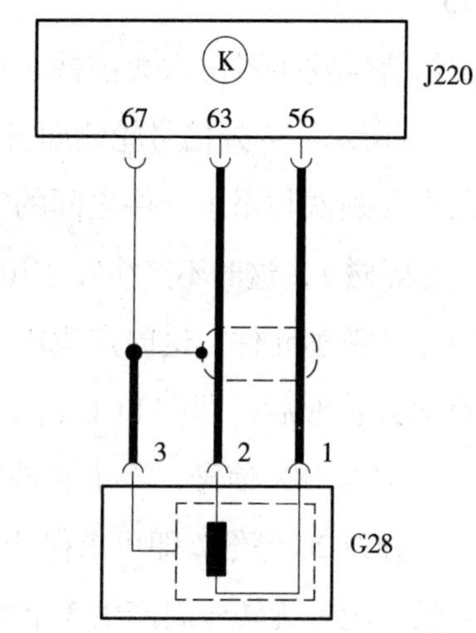

图4-2-8 大众车系电磁感应式曲轴位置传感器与ECU的连接电路

（1）检查电阻。关闭点火开关，拔下曲轴位置传感器插接器的插头，检查曲轴位置传感器1号端子与2号端子之间的电阻，其规范值应为450～1 000 Ω，若电阻值为无穷大或过小，应更换曲轴位置传感器。检查曲轴位置传感器1号或2号端子与屏蔽端子3之间的电阻，电阻值应为无穷大，如果电阻值不是无穷大，则应更换曲轴位置传感器。

（2）检查曲轴位置传感器与ECU间的连接线束。连接线束接触不良的现象非常少见，在测量时可以将此步放在最后。现在的轿车线束在出厂时已做了很好的保护，一般不会出现断路或短路的现象，除非此车以前出现过事故，在修复时没有做好线束的保护工作。

（3）检查信号转子凸齿与磁头之间的间隙。用塞尺检查信号转子凸齿与磁头之间的间隙，标准值为0.2～0.4 mm。若不在标准范围内，需进行调整（可在传感器固定螺钉的地方加或减一垫片来调整）。

二、霍尔式曲轴位置传感器

霍尔式曲轴位置传感器一般有触发叶片霍尔式和触发齿轮霍尔式两种。

1. 触发叶片霍尔式曲轴位置传感器的结构与工作原理

美国通用公司的霍尔式曲轴位置传感器安装在曲轴前端的扭转减振器背面，采用触发叶片的结构形式，如图 4–2–9 所示。在发动机曲轴带轮前端安装着内外两个带触发叶片的信号轮，与曲轴一起旋转。外信号轮外缘上均匀分布着 18 个触发叶片和 18 个窗口，每个触发叶片和窗口的宽度均为 10° 弧长；内信号轮外缘上设有 3 个触发叶片和 3 个窗口，3 个触发叶片的宽度不同，分别为 100°、90° 和 110° 弧长，3 个窗口的宽度亦不相同，分别为 20°、30° 和 10° 弧长。由于内信号轮的安装位置关系，宽度为 100° 弧长的触发叶片前沿位于 1、4 缸上止点前 75°，90° 弧长的触发叶片前沿位于 6、3 缸上止点前 75°，110° 弧长的触发叶片前沿位于 5、2 缸上止点前 75°。

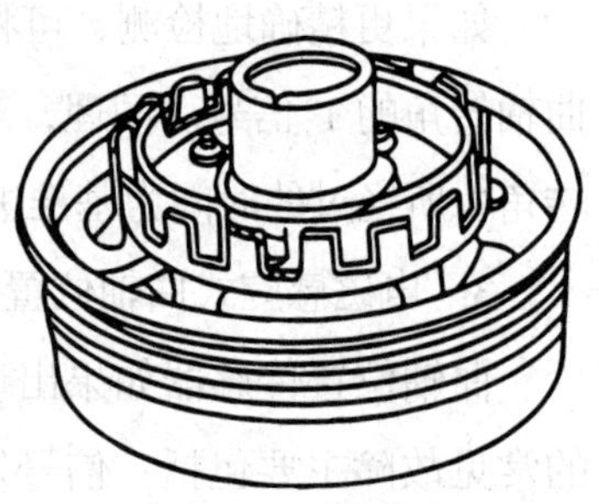
图 4–2–9 触发叶片霍尔式曲轴位置传感器

霍尔信号发生器由永久磁铁、导磁板和霍尔元件（集成电路）等组成，其工作原理如图 4–2–10 所示。内外信号轮侧面各设置一个霍尔信号发生器，信号轮转动时，每当触发叶片进入永久磁铁与霍尔元件之间的空气隙中时，霍尔集成电路中的磁场即被触发叶片所旁路（或称隔磁），这时不产生霍尔电压。当触发叶片离开空气隙时，永久磁铁的磁通便通过导磁板穿过霍尔元件，这时产生霍尔电压。将霍尔元件间歇产生的霍尔电压信号经霍尔集成电路放大整形后，即向 ECU 输送电压脉冲信号。外信号轮每旋转一周产生 18 个电压脉冲信号，称为 18X 信号，一个脉冲周期相当于曲轴旋转 20° 转角的时间，ECU 再将一个脉冲周期均分为 20 等份，即可求得曲轴旋转 1° 所对应的时间，ECU 根据这一信号控制点火时刻。内信号轮每旋转一周产生 3 个宽度不同的电压脉冲信号，称为 3X 信号，脉冲周期均为 120° 曲轴转角的时间，脉冲上升沿分别产生于 1、4 缸，3、6 缸和 2、5 缸上止点前 75°，作为 ECU 判别气缸和计算点火时刻的基准信号。

2. 触发齿轮霍尔式曲轴位置传感器的结构与工作原理

北京切诺基就采用过这种类型的曲轴位置传感器，将其装在变速器飞轮壳体上。曲轴

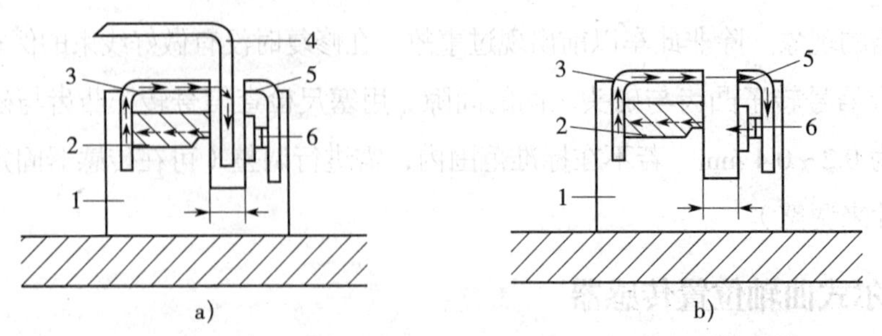

图 4–2–10 霍尔信号发生器的工作原理

a）触发叶片进入空气隙中，霍尔元件磁场被旁路 b）触发叶片离开空气隙，霍尔元件磁饱和
1—金属板 2—永久磁铁 3、5—导磁板 4—触发叶片 6—霍尔元件

位置传感器产生的信号，表示曲轴（或活塞）位置和发动机转速信息，它是控制发动机燃油喷射和点火时刻的主要信号之一。

曲轴位置传感器与发动机 ECU 有三条引线相连，如图 4-2-11 所示，第一条是发动机 ECU 向传感器供电的电源线，在 1996 年前的车型中输入传感器的电压为 8 V，1996 年以后的车型中为 5 V；第二条是传感器的输出信号线，输出的是矩形脉冲信号，高电位为 5 V，低电位为 0.3 V；第三条是传感器接地线。

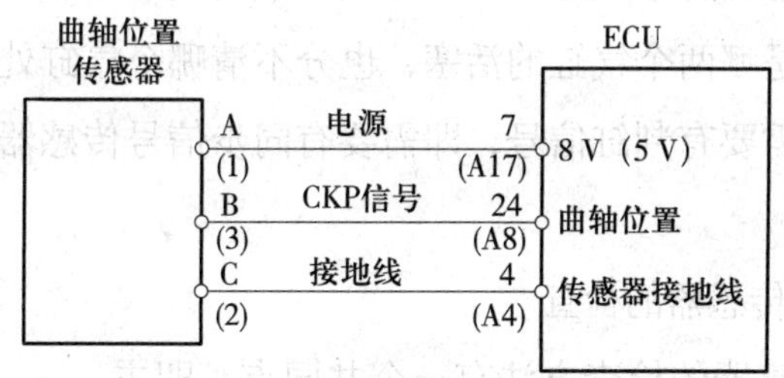

图 4-2-11　曲轴位置传感器与 ECU 的连接电路

触发齿轮霍尔式曲轴位置传感器工作示意图如图 4-2-12 所示，在 2.5 L 四缸发动机的飞轮外沿上有八个齿槽，分为两组，之间相隔 180°，每一组中每个齿槽宽度为 2°，两个齿槽之间相隔 18°；在 4.0 L 六缸发动机的飞轮外沿上有 12 个齿槽，分为 3 组，每组相隔 120°，每一组中的每个齿槽宽度也为 2°，两个齿槽之间相隔也为 18°。

当飞轮齿槽通过传感器的磁铁时，传感器输出 5 V 的高电位；当飞轮两齿槽间的金属通过传感器的磁铁时，传感器输出 0.3 V 的低电位。因此，当 1 个飞轮齿槽通过传感器时，传

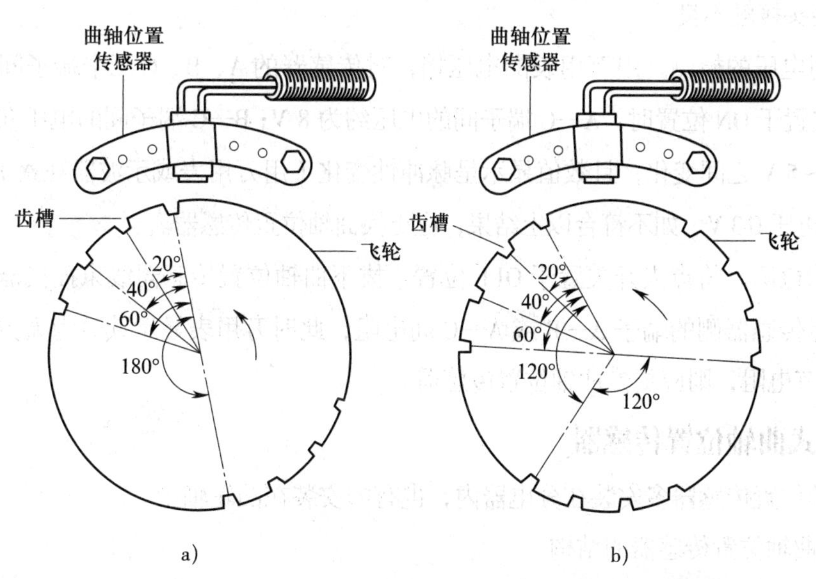

图 4-2-12　触发齿轮霍尔式曲轴位置传感器工作示意图

a）2.5 L 四缸发动机　b）4.0 L 六缸发动机

感器便产生一个高、低电位脉冲信号。

由于发动机 ECU 是通过曲轴位置传感器获得曲轴（或活塞）运行位置与发动机转速信息的，所以曲轴位置传感器产生的信号是控制喷油和点火提前角的重要信号，一般在排气行程上止点前 64° 时开始喷油。基本点火正时（怠速）在压缩行程上止点前 10° 左右。发动机 ECU 如果收不到曲轴位置传感器信号，发动机将不会起动。发动机运转中如果收不到曲轴位置传感器信号，发动机将停止工作。

利用曲轴位置传感器的信号，发动机 ECU 可以获得两个活塞在接近上止点且其相应位置的信息，但并不清楚是哪两个气缸的活塞，也分不清哪个气缸处于排气行程、哪个气缸处于压缩行程。因此还需要有判缸信号，即需要有同步信号传感器（分电器内）向发动机 ECU 提供信息。

3. 霍尔式曲轴位置传感器的检查

霍尔式曲轴位置传感器的检查方法有一个共同点，即主要通过测量有无输出电压脉冲信号来判断其是否良好，下面以北京切诺基的霍尔式曲轴位置传感器为例来说明其检查方法。曲轴位置传感器的线束插头（线束插接器）如图 4-2-13 所示。

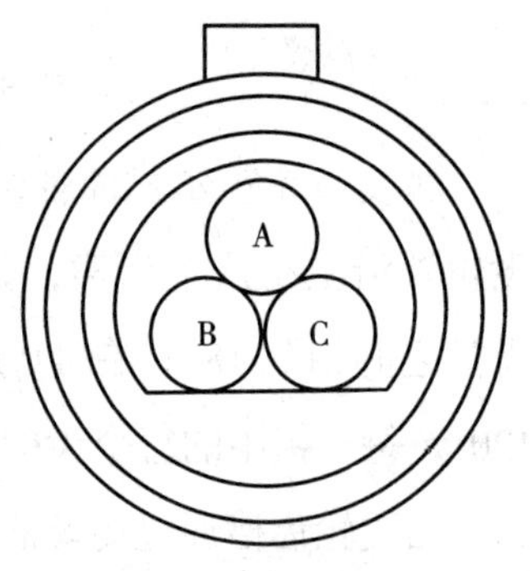

图 4-2-13　曲轴位置传感器的线束插头

（1）传感器电源电压的检测。将点火开关置于 ON 位置，用万用表电压挡测量 ECU 侧 7 号端子的电压，应为 8 V，在传感器线束插接器 A 端子处测量电压，也应为 8 V，否则说明电源线断路或接头接触不良。

（2）端子间电压的检测。用万用表的电压挡，对传感器的 A、B、C 三个端子间进行检测。当点火开关置于 ON 位置时，A—C 端子间的电压约为 8 V；B—C 端子间的电压在发动机转动时，在 0.3 ~ 5 V 之间变化，且数值显示呈脉冲性变化（用万用表或示波器观察），最高电压 5 V，最低电压 0.3 V。如不符合以上结果，应更换曲轴位置传感器。

（3）电阻的检测。将点火开关置于 OFF 位置，拔下曲轴位置传感器线束插接器，用万用表电阻挡测量传感器侧的端子 A—B 或 A—C 间电阻，此时万用表显示读数为无穷大（开路）。如果指示有电阻，则应更换曲轴位置传感器。

三、光电式曲轴位置传感器

光电式曲轴位置传感器多安装在分电器内，也有的安装在凸轮轴上。

1. 光电式曲轴位置传感器的结构

图 4-2-14 所示为一种安装在日产六缸发动机电控系统中的光电式曲轴位置传感器。该传感器结构较为典型，许多电控发动机均采用这种类型，如日产 V6 发动机等，它主要由带

透光槽的信号转子（遮光盘）和带光电耦合元件的信号发生器两部分组成。

（1）1°信号作用及信号的产生

传感器的信号转子安装在分电器轴上，其外缘内侧开有360条透光槽（窄缝），用来产生1°信号，供发动机ECU计算曲轴转角和发动机转速。

（2）120°信号作用及信号的产生

紧靠360条透光槽（窄缝）的内侧开有6个透光槽（小方孔），用来产生120°信号，供发动机ECU确认活塞上止点位置。在这6个间隔60°的透光槽中，有1个孔口较宽的槽（大方孔），它产生的是供发动机ECU确认1缸上止点位置的120°信号。

（3）信号发生器的结构

信号发生器固定在分电器壳上，由发光二极管、光敏二极管、遮光盘和对输出信号进行整形处理的电子电路组成，其结构及安装位置如图4-2-15所示。发光二极管、光敏二极管和电路板都装在固定底板座上，发光二极管与光敏二极管位置相对，分别位于遮光盘的两侧。遮光盘边缘刻有360条缝隙，每转过一条缝隙对应凸轮轴1°转角。在遮光盘边缘还刻有表示1缸上止点位置的缝隙和60°（六缸发动机）或90°（四缸发动机）间隔的缝隙。

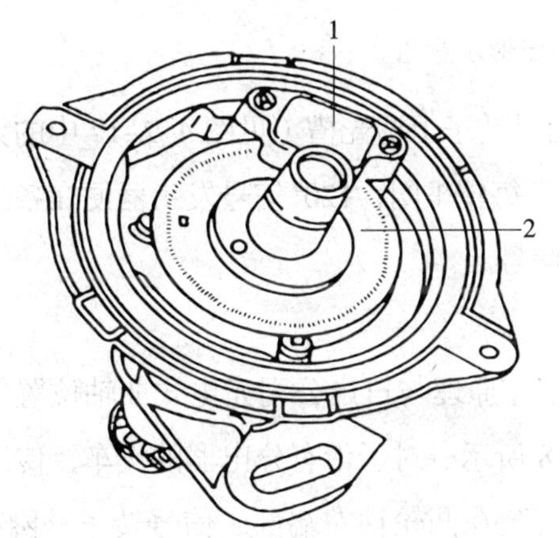

图4-2-14 一种安装在日产六缸发动机电控系统中的光电式曲轴位置传感器

1—曲轴位置传感器 2—信号转子

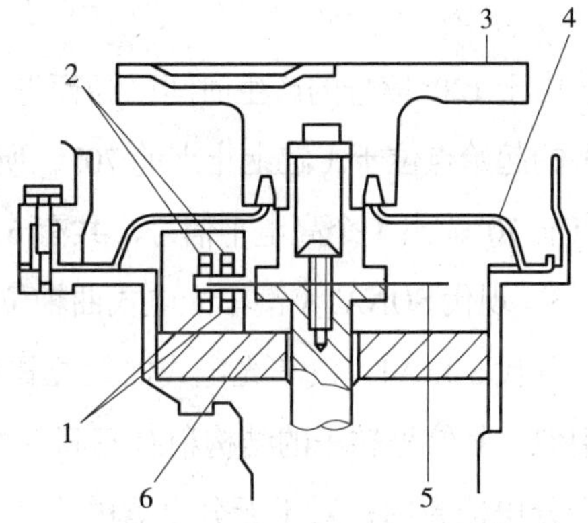

图4-2-15 信号发生器的结构及安装位置

1—光敏二极管 2—发光二极管 3—分火头 4—密封盖 5—遮光盘 6—电路板

2. 光电式曲轴位置传感器的工作过程

发光二极管与光敏二极管对称安装，信号转子位于发光二极管和光敏二极管之间。当信号转子随分电器轴一起旋转时，由于信号转子上开有透光槽，于是在发光二极管与光敏二极管之间便不断出现透光与遮光的交替变化。

当发光二极管发出的光束照射到光敏二极管上时，光敏二极管感光并产生电动势，信号发生器输出高电平信号；当发光二极管发出的光束被遮住时，光敏二极管不产生电动势，信号发生器输出低电平信号。

将上述信号传送给电子电路进行整形、放大处理以后，即可作为发动机 ECU 计算曲轴转角、发动机转速和确认活塞上止点位置的基准信号。

由于工作时信号转子随分电器轴一起旋转，并且上面开有 360 个透光槽（窄缝），所以信号转子每转 1 圈（360°），则曲轴旋转两圈（720°），1° 信号发生器便输出 360 个高电平信号和 360 个低电平信号，共 720 个信号。于是 1° 信号发生器就会出现表示有电压输出的高电平信号和表示无电压输出的低电平信号，分别对应于曲轴的 1° 转角，1° 信号的波形示意图如图 4–2–16 所示。

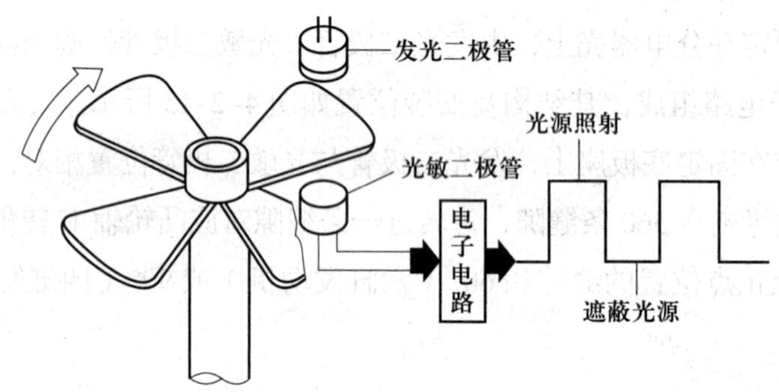

图 4–2–16　1° 信号的波形示意图

由于 120° 信号的产生时间已经预先设定，即信号转子上透光槽（见图 4–2–17 中的大方孔）的起始点位于 1 缸上止点前 70°，所以信号转子每转 1 圈，120° 信号发生器便在各缸上止点前 70° 输出 1 个高电平信号，共有 6 个高电平信号。

3. 现代 SONATA 汽车光电式曲轴位置传感器

现代 SONATA 汽车光电式曲轴位置传感器的工作原理与日产公司光电式曲轴位置传感器相似，其信号转子的结构稍有不同，如图 4–2–18 所示。对于带有分电器的汽车，传感器装于分电器壳内；对于无分电器的汽车，传感器安装在凸轮轴左端部。信号转子外圈有 4 个光孔，用来检测曲轴转角并将其转化为电压脉冲信号，ECU 根据该信号计算发动机转速，并控制汽油喷射正时和点火正时。信号转子内圈有 1 个光孔，用来检测第 1 缸压缩上止点（在有些 SONATA 车上，设有两孔，用来检测第 1、4 缸的压缩上止点，目的是提高精度），并将它转化成电压脉冲信号输入 ECU，ECU 根据此信号计算出汽油喷射顺序，其输出特性如图 4–2–19 所示。

光电式曲轴位置传感器的线路连接如图 4–2–20 所示，其内设有两个发光二极管和两个光敏二极管，当发光二极管照射到信号转子光孔中的某一孔时，光线便照射到光敏二极管上，使电路导通。

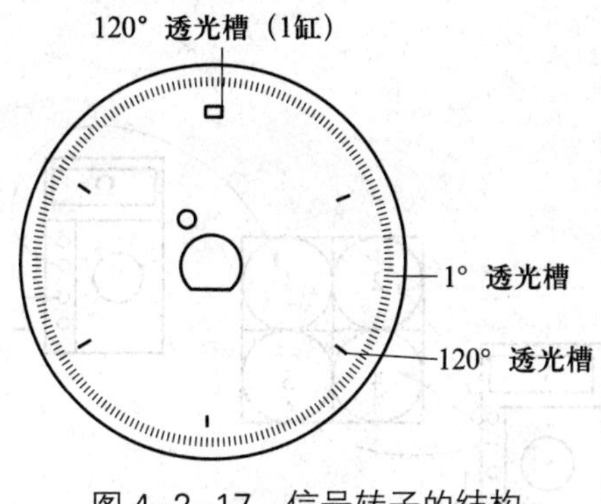

图 4-2-17　信号转子的结构

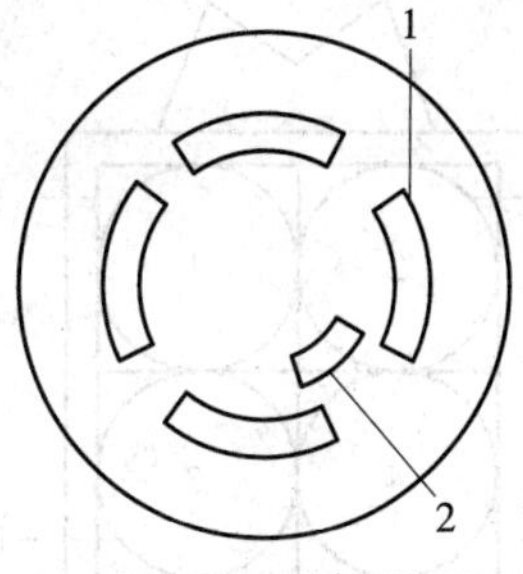

图 4-2-18　现代 SONATA 汽车光电式曲轴位置传感器信号转子

1—检测曲轴转角的光孔

2—检测第 1 缸压缩上止点的光孔

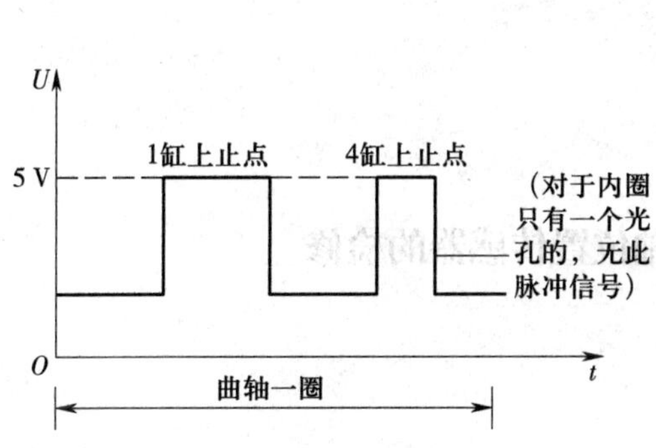

图 4-2-19　上止点位置信号输出特性

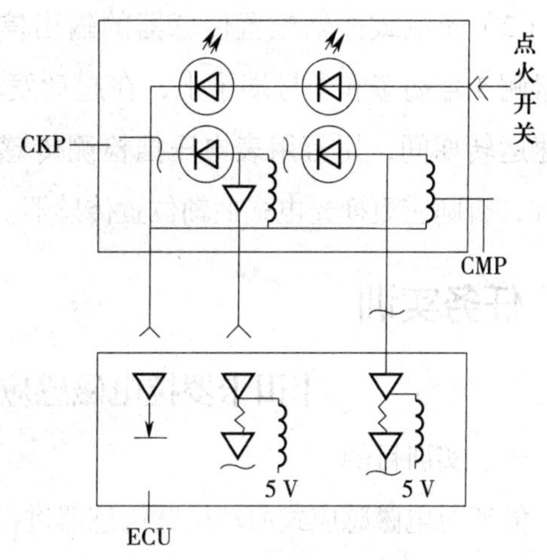

图 4-2-20　光电式曲轴位置传感器的线路连接

4. 光电式曲轴位置传感器损坏的故障现象

光电式曲轴位置传感器的常见故障：发光二极管、光敏二极管脏污、损坏；信号转子上的光栅或弧形槽残缺，信号转子翘曲；内部电路断路或接触不良等，使信号减弱、变形或无信号产生，造成发动机不能工作。

5. 光电式曲轴位置传感器的检查

以现代轿车用光电式曲轴位置传感器为例，简述其检查过程。

（1）光电式曲轴位置传感器的线束检查。光电式曲轴位置传感器线束插接器的端子及检测如图 4-2-21 所示。检查时，脱开光电式曲轴位置传感器的线束插接器，把点火开关置于 ON 位置，用万用表电压挡测量线束侧 4 号端子与接地间的电压，应为 12 V，测量线束侧 2 号端子和 3 号端子与接地间电压，应为 4.8 ~ 5.2 V，用万用表电阻挡测量线束侧 1 号端子与接地间的电阻，应为 0 Ω。

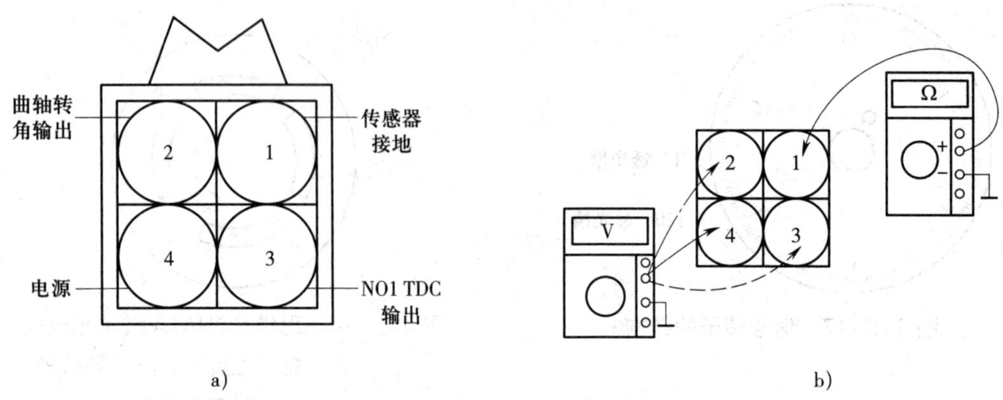

图 4–2–21　光电式曲轴位置传感器线束插接器的端子及检测

a）传感器线束插接器的端子　b）传感器的检测

（2）光电式曲轴位置传感器的输出信号检测。将万用表调至电压挡，两表笔接在传感器侧 3 号端子和 1 号端子上，在起动发动机时，电压应为 0.2 ~ 1.2 V。在起动发动机后怠速运转期间，用万用表电压挡检测传感器侧 2 号端子和 1 号端子间的电压，应为 1.8 ~ 2.5 V，否则应更换光电式曲轴位置传感器。

任务实训

丰田卡罗拉电磁感应式曲轴位置传感器的检修

一、实训目的

能够对电磁感应式曲轴位置传感器进行检修。

二、实训准备

实训工具及设备准备见表 4–2–1。

表 4–2–1　实训工具及设备准备

序号	工具及设备	数量
1	丰田卡罗拉实训车	1 辆
2	丰田故障诊断仪（GTS）	1 台
3	万用表	1 个
4	双通道示波器	1 台
5	通用工具	1 套
6	发动机舱防护罩	1 套
7	驾驶室卫生防护“三件套”	1 套

三、实训步骤

1. 检测感应线圈电阻值

断开传感器线束连接器，其上各端子的排列位置如图 4-2-22a 所示。用万用表测量各端子间的电阻值，电阻值应符合表 4-2-2 中的规定值，否则应更换传感器总成。

2. 检测传感器间隙

用非导磁性厚薄规测量信号转子与感应线圈磁头之间的间隙，如图 4-2-22b 所示，间隙应为 0.2 ~ 0.4 mm，否则应更换传感器总成。

3. 检测传感器输出信号

起动发动机，同时用双通道示波器检测传感器线束连接器中 NE—G-、G1—G-、G2—G- 之间的信号输出波形，应产生交变信号波形（见图 4-2-23），否则应更换传感器总成。

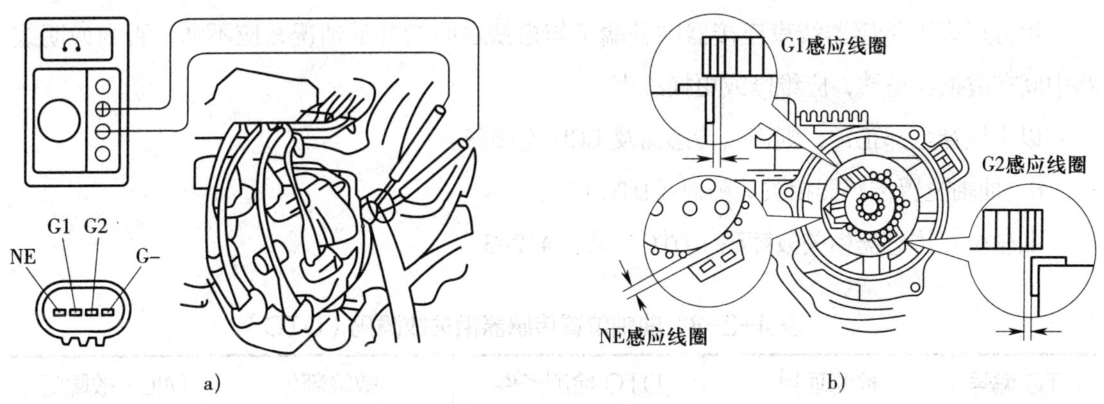

图 4-2-22 丰田卡罗拉电磁感应式曲轴位置传感器的检查
a）检测感应线圈电阻值 b）检测传感器间隙

表 4-2-2 曲轴位置传感器感应线圈的电阻值

端子名称	检测状态	电阻值 /Ω
NE—G-	冷态	155 ~ 250
	热态	190 ~ 290
G1—G-	冷态	125 ~ 200
	热态	160 ~ 235
G2—G-	冷态	125 ~ 200
	热态	160 ~ 235

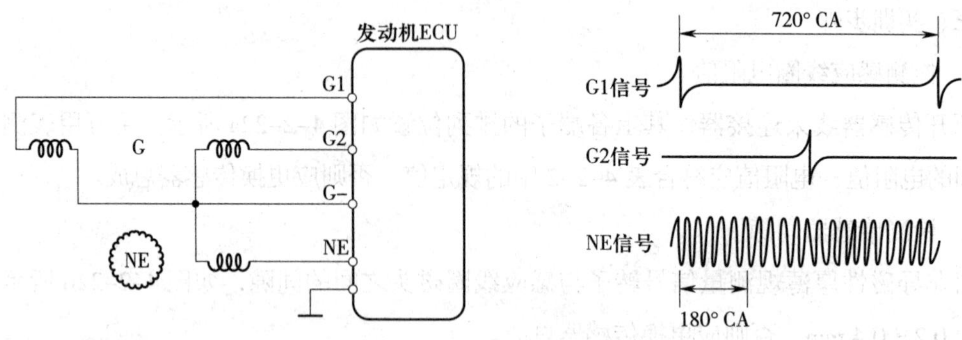

图 4-2-23　信号电路与信号波形

4. 检测传感器线路导通情况

用万用表测传感器线束连接器中各端子与 ECU 对应端子之间的电阻值，从而判断二者之间的线路情况，应导通，且电阻值小于 1 Ω。

5. 检测传感器线路绝缘情况

用万用表测传感器线束连接器中各端子与搭铁之间的导通情况，应不通，否则说明线路中间有破损、搭铁，应维修或更换线束。

以上检查全部正常，则连接传感器及 ECU 连接器。

6. 曲轴位置传感器相关故障码（DTC）

曲轴位置传感器相关故障码（DTC）见表 4-2-3。

表 4-2-3　曲轴位置传感器相关故障码（DTC）

DTC 编号	检测项目	DTC 检测条件	故障部位	MIL（故障灯）
P0335	曲轴位置传感器“A”电路	满足以下任一条件： 1. 发动机运转时，无曲轴位置传感器信号发送至 ECM； 2. 发动机起动后，凸轮轴位置传感器信号输入正常，但曲轴位置传感器信号丢失	1. 曲轴位置传感器电路断路或短路； 2. 曲轴位置传感器； 3. 1 号曲轴位置信号转子； 4. ECM	点亮

7. 出现故障码 P0335 时的诊断方法

（1）确认行驶模式。出现故障码 P0335 时，“确认行驶模式”操作方法如下。

将 GTS 连接到 DLC3，将点火开关置于 ON（IG）位置，打开 GTS，清除 DTC（即使未存储 DTC，也应执行清除 DTC 程序）。将点火开关置于 OFF 位置并至少等待 30 s，再将点火开关置于 ON（IG）位置，并打开 GTS，将发动机置于检查模式，起动发动机，怠速运转发动机 20 s 或更长时间，进入菜单 Powertrain/Engine and ECT/Trouble Codes，读取待定 DTC。

如果输出待定 DTC，则系统确实发生故障。如果未输出待定 DTC，则执行以下程序。

进入菜单 Powertrain/Engine and ECT/Utility/All Readiness，输入 DTC　P0335。检查 DTC 判断结果：

如果显示“NORMAL”，则表示“DTC 判断完成，系统正常”——这种情况，说明系统是正常的，原 DTC 为虚假故障码；

如果显示“ABNORMAL”，则表示“DTC 判断完成，系统异常”——这种情况，说明系统确实是异常的，原 DTC 为真实故障码，此时，执行下述步骤（2）；

如果显示“INCOMPLETE”，则表示“DTC 判断未完成，确认 DTC 启动条件后，执行行驶模式”；

如果显示“N/A”，则表示“无法执行 DTC 判断，不满足 DTC 前提条件的 DTC 数量达到 ECU 存储器极限”。

如果是后两种情况，则执行确认行驶模式［重复步骤（1）］并再次检查 DTC 判断结果。

（2）使用 GTS 读取发动机转速（读取数据值）。将 GTS 连接到 DLC3，将点火开关置于 ON（IG）位置，打开 GTS，进入菜单 Powertrain/Engine and ECT/Data List/All Data/Engine Speed，按下“执行”按钮，起动发动机，发动机运转时读取显示在 GTS 上的值。如果发动机不能起动，则在起动机带动曲轴转动时检查发动机转速。如果显示在 GTS 上的发动机转速始终为 0，则曲轴位置传感器电路可能断路或短路。

如果能够正常显示转速值，则检查是否存在间歇性故障。如果异常，则进行下一步。

（3）检测曲轴位置传感器电阻值。断开曲轴位置传感器插接器，用万用表测量曲轴位置传感器电阻值，如图 4-2-24 所示。

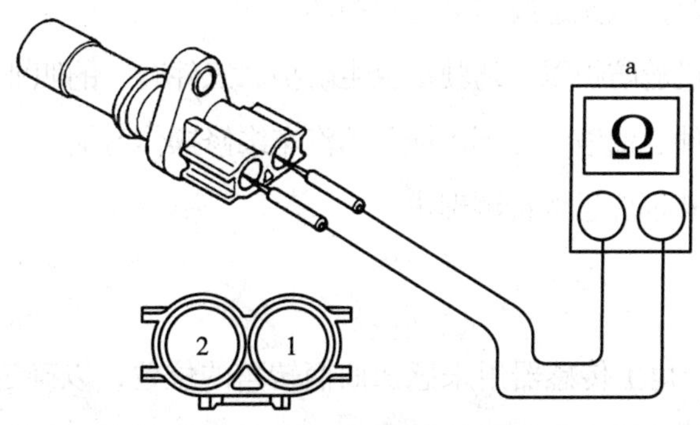

图 4-2-24　测量曲轴位置传感器电阻值

电阻值：冷态（-10~50 ℃）时应为 1 630~2 740 Ω；热态（50~100 ℃）时应为 2 065~3 225 Ω。如果结果不符合规定，则更换曲轴位置传感器。如果正常，则进行下一步。

（4）检查线束和插接器（曲轴位置传感器—ECM）（检查线路）。断开曲轴位置传感器插接器，断开 ECM 插接器，用万用表测量相关端子之间的电阻值，电阻值如下：

B14-1—B26-78（NE+）：<1 Ω；

B14-2—B26-110（NE-）：<1 Ω；

B14-1 或 B26-78（NE+）—车身搭铁：≥10 kΩ；

B14-2 或 B26-110（NE-）—车身搭铁：≥10 kΩ。

如果异常，则维修或更换线束或连接器；如果正常，则进行下一步。

（5）检查曲轴位置传感器的安装情况。曲轴位置传感器的安装情况如图 4-2-25 所示。如果异常，则重新牢固安装曲轴位置传感器；如果正常，则进行下一步。

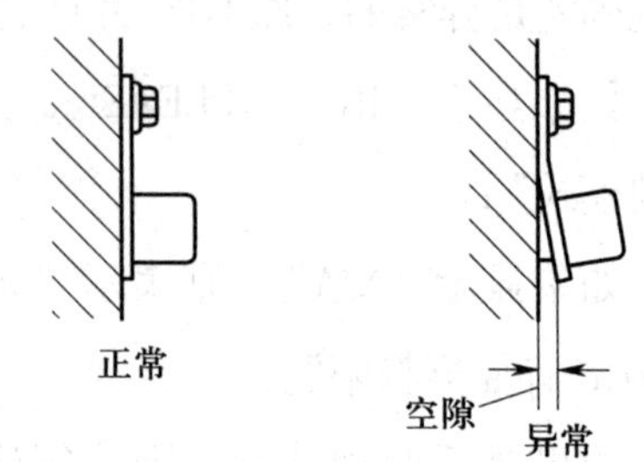

图 4-2-25　曲轴位置传感器的安装情况

（6）检查曲轴位置传感器的信号转子。曲轴位置传感器的信号转子应该无破裂或变形。如果异常，则更换传感器的信号转子；如果正常，则更换曲轴位置传感器。

（7）检查是否再次输出 DTC（确认排故是否成功）。将 GTS 连接到 DLC3，将点火开关置于 ON（IG）位置，打开 GTS，清除 DTC（进入菜单 Powertrain/Engine and ECT/Clear DTCs，按下“执行”按钮），将点火开关置于 OFF 位置并至少等待 30 s，将点火开关置于 ON（IG）位置，打开 GTS，将发动机置于检查模式，起动发动机，按照确认行驶模式中所述的行驶模式驾驶车辆，进入菜单 Powertrain/Engine and ECT/Trouble Codes，读取 DTC。

如果未输出 DTC，则诊断结束；如果输出 DTC P0335，则更换 ECM。

四、实训要求

1. 操作仔细、规范，以免造成相关元件损坏。
2. 养成使用发动机舱防护罩、驾驶室卫生防护“三件套”的职业习惯。
3. 养成工具、零件、油液“三不落地”的汽车维修操作习惯。
4. 每一个检测步骤都应思考检测理由。

任务小结

曲轴位置（曲柄转角）传感器用来感知曲柄转角的位置，以确定活塞在气缸中往复运动的位置，作为喷油正时和点火正时的基准点。曲轴位置传感器不仅可提供相对于活塞上止点位置的曲轴转角信号，还能精确测量发动机的转速。

曲轴位置传感器根据信号形成的原理可以分为电磁感应式、霍尔式和光电式三大类。

电磁感应式传感器的检查内容主要包括：感应线圈电阻值的检测、传感器间隙的检测、传感器输出信号的检测、传感器线路导通情况的检测等。霍尔式和光电式曲轴位置传感器的检查内容主要包括：工作电源的检测、信号参考电压的检测、传感器搭铁情况的检测、传感器输出信号波形的检测等。

任务3　凸轮轴位置传感器的检修

学习目标

1. 熟悉凸轮轴位置传感器的结构。
2. 掌握凸轮轴位置传感器的工作原理。
3. 掌握凸轮轴位置传感器的检修方法。

任务引入

凸轮轴位置传感器如图 4–3–1、图 4–3–2 所示，它主要用来检测凸轮轴的转角位置，发动机控制单元用此信号确定发动机某气缸（如 1 缸）上止点的位置。凸轮轴位置传感器的结构、工作原理及检修过程与曲轴位置传感器基本相同。

图 4–3–1 帕萨特凸轮轴位置传感器

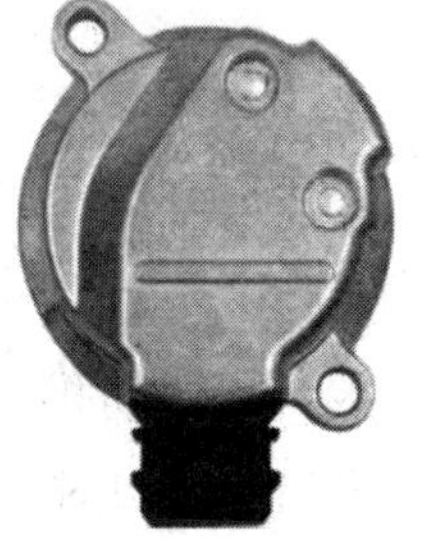

图 4–3–2　奥迪 A6 凸轮轴位置传感器

相关知识

一、凸轮轴位置传感器的结构原理

以捷达 GTX 型轿车为例，简述霍尔式凸轮轴位置传感器的结构原理。捷达 GTX 型轿车霍尔式凸轮轴位置传感器的结构如图 4–3–3 所示。

捷达 GTX 型轿车采用的霍尔式凸轮轴位置传感器安装在发动机进气凸轮的一端，如图 4–3–4 所示，它主要由霍尔传感器和信号转子等组成。

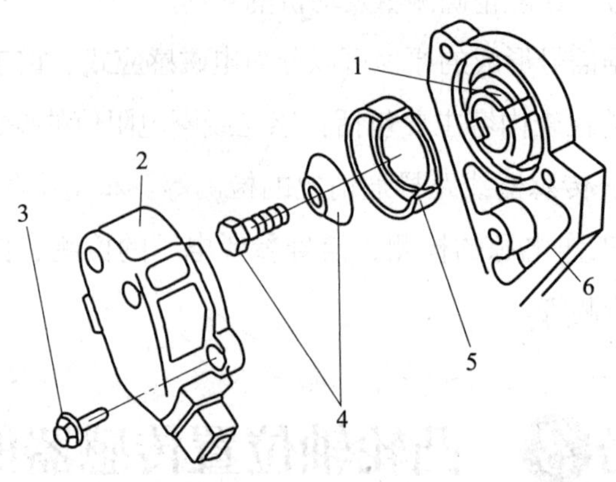

图 4-3-3　捷达 GTX 型轿车霍尔式凸轮轴位置传感器的结构

1—进气凸轮　2—凸轮轴位置传感器　3—固定螺钉

4—定位螺栓与座圈　5—信号转子　6—缸盖

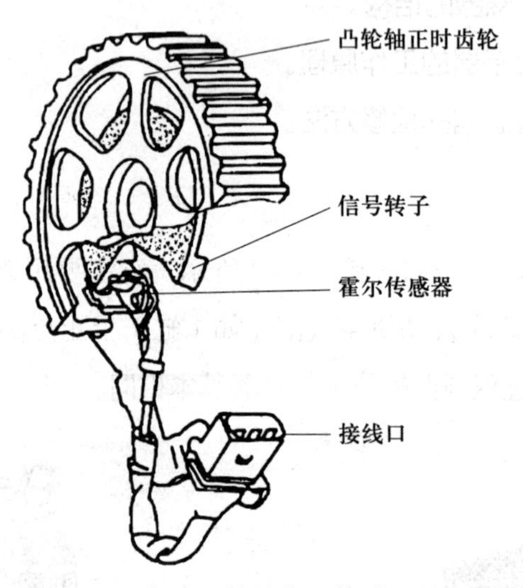

图 4-3-4　霍尔式凸轮轴位置传感器的安装位置

信号转子安装在进气凸轮上，用定位螺栓和座圈固定。信号转子的隔板又叫作叶片，在隔板上有一个窗口，窗口对应产生的信号为低电平信号，隔板对应产生的信号为高电平信号。霍尔传感器主要由霍尔元件（集成电路）、永久磁铁和导磁片组成。霍尔元件与永久磁铁之间有 1 mm 的间隙，当信号转子随进气凸轮轴一同转动时，隔板和窗口从霍尔元件与永久磁铁之间的间隙中转过。当信号转子的隔板进入间隙时，霍尔集成电路中的磁场被旁路，霍尔元件上没有磁力线穿过，霍尔电压为零，集成电路输出极晶体管截止，传感器输出的信号电压为高电位，约 4.0 V；当信号转子的隔板离开间隙时，永久磁铁的磁通经导磁片和霍尔集成电路构成回路，这时产生的霍尔电压约为 2.0 V，集成电路输出极晶体管导通，传感器输出的信号电压为 0.1 V，为低电位。

发动机工作时，曲轴位置传感器和凸轮轴位置传感器产生的信号不断地输入 ECU。当

ECU 同时接收到曲轴位置传感器大齿缺对应的低电平信号（15°）和凸轮轴位置传感器窗口对应的低电平信号时，可以识别出 1 缸活塞在压缩上止点、4 缸活塞处于排气行程，并根据曲轴位置传感器小齿缺对应输出的信号控制点火提前角。

霍尔式凸轮轴位置传感器与 ECU 的连接电路如图 4–3–5 所示。该传感器 G40 线束插接器有三个接线端子，这三个端子分别与 ECU 的 62、76 和 67 端子相连。

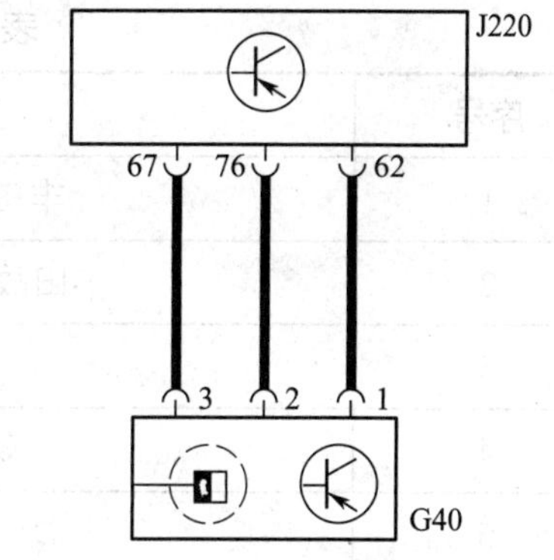

图 4–3–5　霍尔式凸轮轴位置传感器与 ECU 的连接电路

1—电源正极端子　2—信号输出端　3—电源负极端子

二、凸轮轴位置传感器的检查方法

1. 传感器电源电压的检测

断开点火开关，拔下传感器线束插接器插头，将万用表的正、负表笔分别与插接器 1、3 端子相连接，接通点火开关时，电压应为 4.5 V 以上。如果电压为零，说明线束存在断路、短路或 ECU 有故障，断开点火开关后应继续检查故障部位。

2. 导线电阻的检测

用万用表电阻挡检测传感器的 1 端子与 ECU 的 62 端子、传感器的 2 端子与 ECU 的 76 端子、传感器的 3 端子与 ECU 的 67 端子间的电阻值，各导线间电阻值均应不大于 1.5 Ω。如果电阻值过大或为无穷大，证明线束接触不良或导线断路，应进行维修或更换线束。

再用万用表电阻挡检测传感器插接器 1 端子与 2 端子和 3 端子间的电阻，或检查 ECU 的 62 端子与 76 端子和 67 端子间的电阻，测得的电阻值均应为无穷大。如果电阻值不是无穷大，说明导线存在短路，应进行更换。

任务实训

凸轮轴位置传感器的检修

一、实训目的

能够对凸轮轴位置传感器进行检修。

二、实训准备

实训工具及设备准备见表 4–3–1。

表 4-3-1　实训工具及设备准备

序号	工具及设备	数量
1	丰田卡罗拉实训车	1 辆
2	丰田故障诊断仪（GTS）	1 台
3	万用表	1 个
4	双通道示波器	1 台
5	通用工具	1 套
6	发动机舱防护罩	1 套
7	驾驶室卫生防护“三件套”	1 套

三、实训步骤

1. 凸轮轴位置传感器相关故障码（DTC）

凸轮轴位置传感器相关故障码（DTC）见表 4-3-2。

表 4-3-2　凸轮轴位置传感器相关故障码（DTC）

DTC 编号	检测项目	DTC 检测条件	故障部位	MIL（故障灯）
P0340	凸轮轴位置传感器电路	满足以下任一条件： 1. 发动机转速≥600 r/min 时，无凸轮轴位置传感器信号发送到 ECM； 2. 发动机转速≥600 r/min 时，即使曲轴位置传感器信号输入正常，也会丢失凸轮轴位置传感器信号	1. 凸轮轴位置传感器电路断路或短路； 2. 凸轮轴位置传感器； 3. 进气凸轮轴； 4. 气门正时； 5. ECM	点亮
P0342	凸轮轴位置传感器“A”电路输出电压低	凸轮轴位置传感器的输出电压低于 0.3 V，持续 4 s	1. 凸轮轴位置传感器电路断路或短路； 2. 凸轮轴位置传感器； 3. ECM	点亮
P0343	凸轮轴位置传感器“A”电路输出电压高	凸轮轴位置传感器的输出电压高于 4.7 V，持续 4 s	1. 凸轮轴位置传感器电路断路或短路； 2. 凸轮轴位置传感器； 3. ECM	点亮

凸轮轴位置传感器为磁阻效应式，其电路图如图 4–3–6 所示，信号波形如图 4–3–7 所示。

2. 出现故障码 P0340、P0342、P0343 时的诊断方法

（1）确认行驶模式（故障再现与确认）。操作方法参见前述内容，注意：进入菜单 Powertrain/Engine and ECT/Utility/All Readiness 后输入实际出现的故障码（P0340 或 P0342 或 P0343）。

（2）检查凸轮轴位置传感器电源（确保供电）。断开凸轮轴位置传感器连接器，其线束连接器如图 4–3–8 所示。将点火开关置于 ON（IG）位置，用万用表测量 B18–3（VC）与车身搭铁之间的电压，应为 4.5～5.5 V。

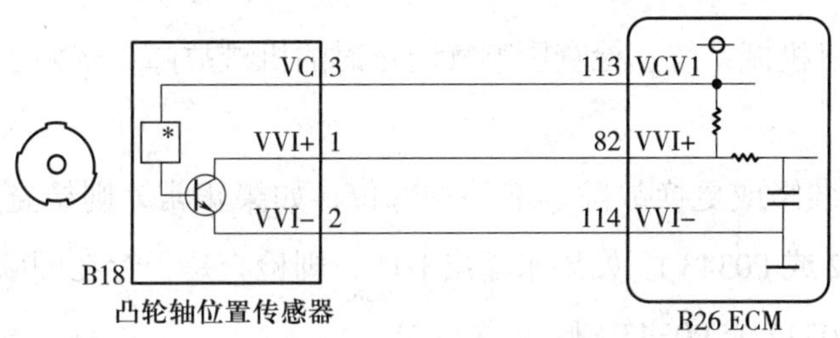

图 4–3–6 凸轮轴位置传感器的电路图

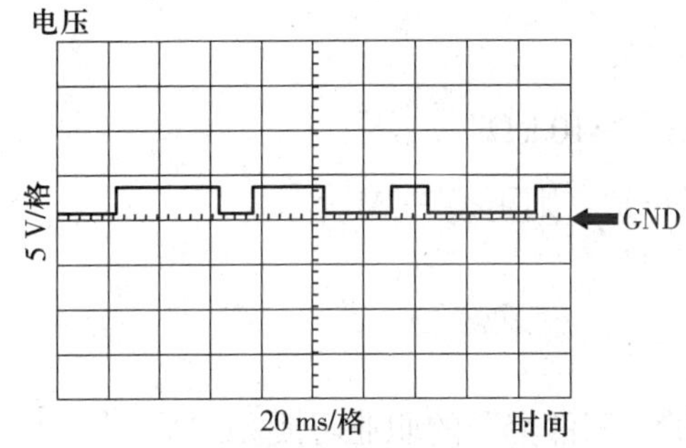

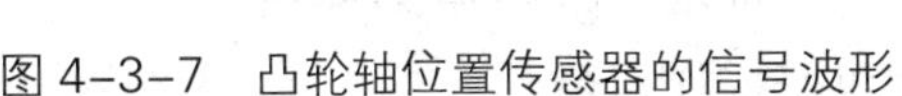
图 4–3–7 凸轮轴位置传感器的信号波形

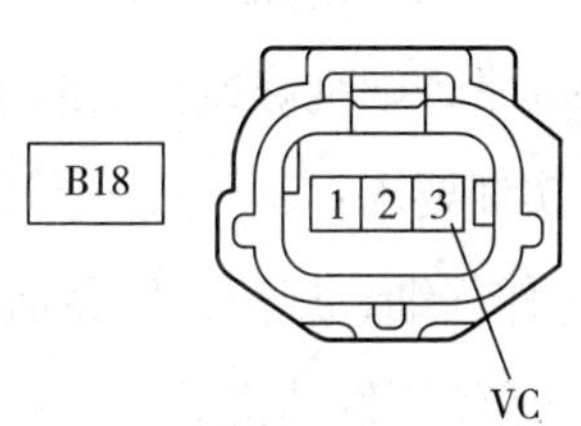

图 4–3–8 凸轮轴位置传感器线束连接器

如果异常，则进行第（7）步；如果正常，则进行下一步。

（3）检查线束和连接器（凸轮轴位置传感器—ECM）（检查线路）。断开凸轮轴位置传感器连接器，断开 ECM 连接器，用万用表测量相关端子之间的电阻值，相关数据如下：

B18–1（VVI+）—B26–82（VV1+）：<1 Ω；

B18–2（VVI–）—B26–114（VV1–）：<1 Ω；

B18–1（VVI+）或 B26–82（VV1+）—车身搭铁：≥10 kΩ；

B18–2（VVI–）或 B26–114（VV1–）—车身搭铁：≥10 kΩ。

如果异常，则维修或更换线束或连接器：如果正常，则进行下一步。

（4）检查凸轮轴位置传感器的安装情况（确保安装正常）。如果异常，则重新牢固安装凸轮轴位置传感器。如果正常，则检查进气凸轮轴（正时转子），正时转子应无任何破裂或变形，如果正常，则更换凸轮轴位置传感器；如果异常，则更换进气凸轮轴。

（5）检查是否再次输出 DTC（DTC P0340、P0342 或 P0343）（确认排故是否成功）。将 GTS 连接到 DLC3，将点火开关置于 ON（IG）位置，打开 GTS，清除 DTC，将点火开关置于 0FF 位置并至少等待 30 s，将点火开关置于 ON（IG）位置，打开 GTS，将发动机置于检查模式（保养模式），起动发动机，按照确认行驶模式中所述的行驶模式驾驶车辆，进入菜单 Powertrain/Engine and ECT/Trouble Codes，读取 DTC。

如果未输出 DTC，则诊断结束；如果输出 DTC P0340、P0342 或 P0343，则进行下一步。

（6）检查发动机机械系统。检查影响气门正时的机械故障，例如正时链条跳齿或伸长等。

如果异常，则维修或更换故障零部件和部位；如果正常，则检查是否再次输出 DTC（DTC P0340、P0342 或 P0343）。如果未输出 DTC，则检查是否存在间歇性故障；如果仍然输出 DTC P0340、P0342 或 P0343，则更换 ECM。

（7）检查线束和连接器（凸轮轴位置传感器—ECM）[接第（2）步]。断开凸轮轴位置传感器连接器，断开 ECM 连接器，用万用表测量相关端子之间的电阻值，相关电阻值如下：

B18–3（VC）—B26–113（VCV1）：<1 Ω；

B18–3（VC）或 B26–113（VCV1）—车身搭铁：≥10 kΩ。

如果异常，则维修或更换线束或连接器；如果正常，则更换 ECM。

四、实训要求：

1. 操作仔细、规范，以免造成相关元件损坏。
2. 养成使用发动机舱防护罩、驾驶室卫生防护“三件套”的职业习惯。
3. 养成工具、零件、油液“三不落地”的汽车维修操作习惯。
4. 每一个检测步骤都应思考检测理由。

任务小结

凸轮轴位置传感器又称为气缸识别传感器，为了区别于曲轴位置传感器（CPS），凸轮轴位置传感器一般都用 CIS 表示。凸轮轴位置传感器的功用是采集进气凸轮轴的位置信号，并输入 ECU，以便 ECU 识别气缸 1 压缩上止点，从而进行顺序喷油控制、点火时刻控制和爆震控制。此外，凸轮轴位置信号还用于发动机起动时识别出第一次点火时刻。因为凸轮轴位置传感器能够识别哪一个气缸活塞即将到达上止点，所以也称为气缸识别传感器。

任务❹ 爆震传感器的检修

学习目标

1. 了解爆震传感器的分类。
2. 熟悉爆震传感器的结构。
3. 掌握爆震传感器的工作原理。
4. 掌握爆震传感器的检修方法。

任务引入

现在到加油站加油，添加的都是无铅汽油，而早期的汽油中都含有铅，作用是防止汽油燃烧时产生爆震，但却带来了环境污染。随着爆震传感器（见图 4-4-1）的出现，使用无铅汽油也可以防止爆震，所以含铅汽油就逐渐消失了。那么，爆震传感器是如何防止爆震产生的？爆震传感器工作时又有何特性？本任务将学习相关知识以解决这些疑问。

图 4-4-1　爆震传感器

相关知识

和正常燃烧相比，爆震时混合气压缩程度大，燃烧速度很快，并产生高温高压，强烈的爆震将降低发动机的输出功率。爆震产生的压力波直接冲击气缸盖和活塞的顶面，产生“嗒嗒”的金属敲击声，同时燃烧室内各零件的温度会急剧上升。持续的爆震会造成发动机活塞和气门的机械损坏。

爆震传感器能把发动机爆震产生的振动转变为电信号，传送给发动机 ECU。ECU 根据爆震传感器传送来的信号，对点火提前角进行修正，从而使点火提前角的值始终处于最佳状态。

爆震传感器是压电陶瓷元件，其输出电压与一定频率的振动强度相关，振动增强时，输出电压增大，反之则减小。ECU 根据爆震传感器输出电压的大小确定是否存在爆震，如果存在爆震，ECU 将推迟点火，以消除爆震。爆震消除后，点火提前角再恢复到爆震发生前的点火角度。如果爆震传感器信号中断，ECU 则将各缸点火时间推迟。

一、爆震传感器的安装位置和类型

1. 爆震传感器的安装位置

爆震传感器安装在发动机机体上，图 4–4–2 所示为爆震传感器的安装位置。

图 4–4–2　爆震传感器的安装位置

2. 爆震传感器的类型

利用振动法检测爆震的传感器有磁致伸缩式和压电式两种类型，其中压电式又有共振型和非共振型之分。

二、爆震传感器的结构和工作原理

1. 共振型磁致伸缩式爆震传感器

共振型磁致伸缩式爆震传感器是应用最早的爆震传感器，其结构如图 4–4–3 所示。高镍合金组成的磁芯外侧设有永久磁铁，在其周围绕着感应线圈，由于发动机爆震而使机体发生振动，磁芯受振偏移致使感应线圈内磁力线发生变化。依据电磁感应原理，通过线圈的磁通变化时，线圈将产生感应电动势，此电动势即爆震传感器的输出电压信号。输出电压的大小与发动机振动的频率有关，当传感器的固有振动频率与发动机的振动频率相同时将产生谐振，此时，传感器将输出最大电压信号，如图 4–4–4 所示。

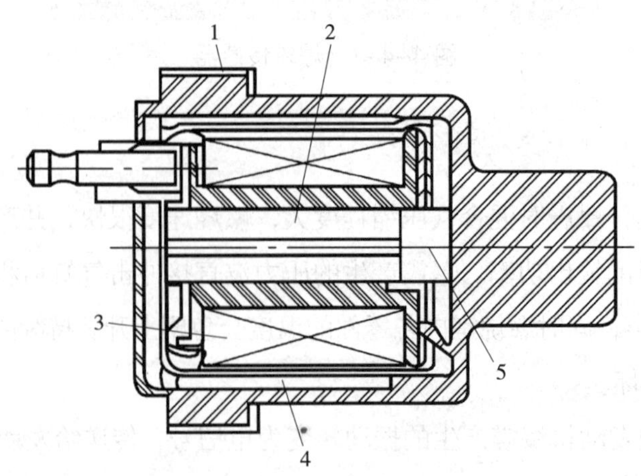

图 4–4–3　共振型磁致伸缩式爆震传感器的结构
1—外壳　2—磁芯（高镍合金）　3—感应线圈　4—内壳　5—永久磁铁

2. 共振型压电式爆震传感器

图 4-4-5 所示为共振型压电式爆震传感器的结构。压电元件紧密地贴合在振荡片上，振荡片则固定在传感器的基座上。振荡片随发动机的振动而振荡，波及压电元件，使其变形而产生电压信号。当发动机爆震时的振动频率与振荡片的固有频率相符合时，振荡片产生共振，此时压电元件将产生最大的电压信号，如图 4-4-6 所示。该爆震传感器在爆震时输出的电压比较高，因此无须使用滤波器即可判别有无爆震产生。

3. 非共振型压电式爆震传感器

非共振型压电式爆震传感器的结构如图 4-4-7 所示。它由平衡重（配重）、压电元件等构成。两个压电元件同极性相向对接，平衡重将加速度变换成作用于压电元件上的压力，

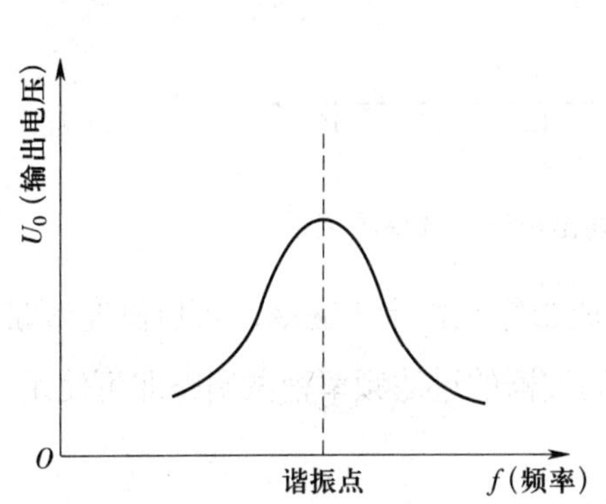

图 4-4-4 共振型磁致伸缩式爆震传感器输出电压与频率的关系

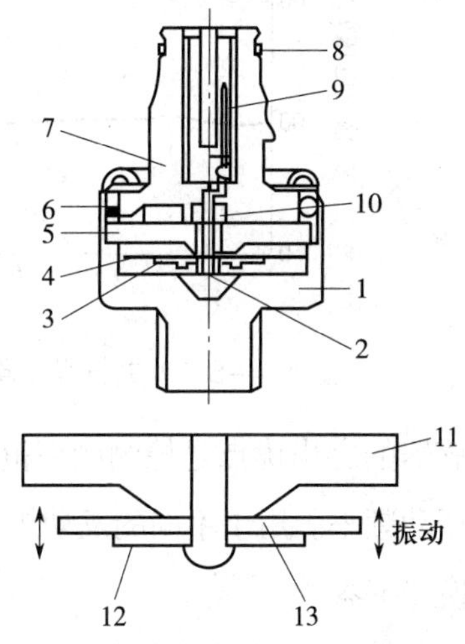

图 4-4-5 共振型压电式爆震传感器的结构

1—外壳 2—引线接头 3、12—压电元件 4、13—振荡片 5、11—基座 6、8—O 形圈 7—插接器 9—接头 10—密封剂

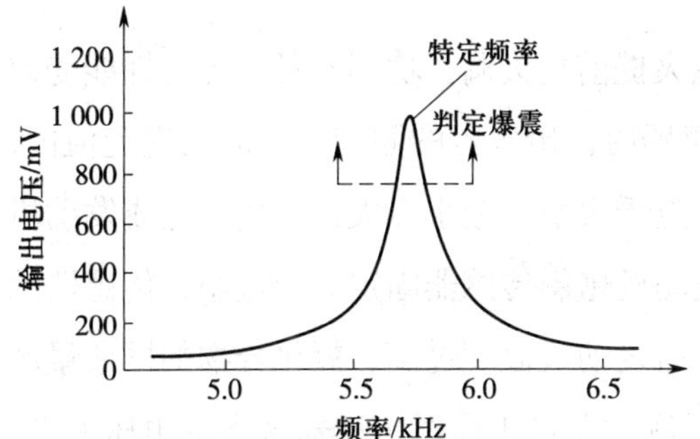

图 4-4-6 共振型压电式爆震传感器输出电压与频率的关系

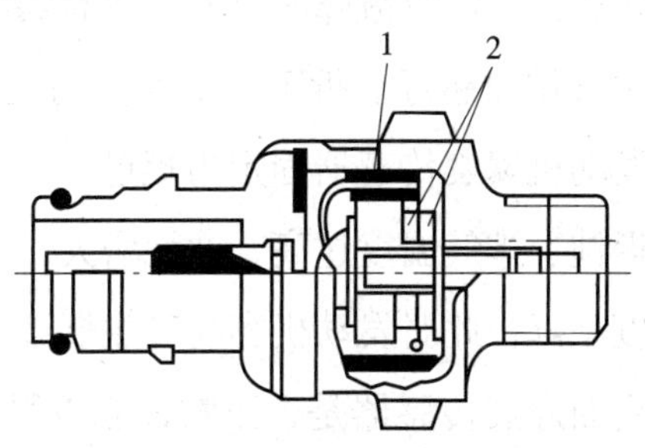

图 4-4-7 非共振型压电式爆震传感器的结构

1—配重 2—压电元件

信号电压由这两个压电元件的中央输出，平衡重由螺钉固定在壳体上。该爆震传感器构造简单，制造时不需要调整。

当发动机爆震时，安装在发动机机体上的爆震传感器内部平衡重因受振动的影响而产生加速度，因此，压电元件受到加速时惯性力的作用而产生压电信号。爆震产生时，这种传感器输出的电压不是很大，具有平缓的输出特性，如图 4-4-8 所示。因此，必须将反映发动机振动频率的输出电压信号送至识别爆震的滤波器中，判别是否有爆震产生。

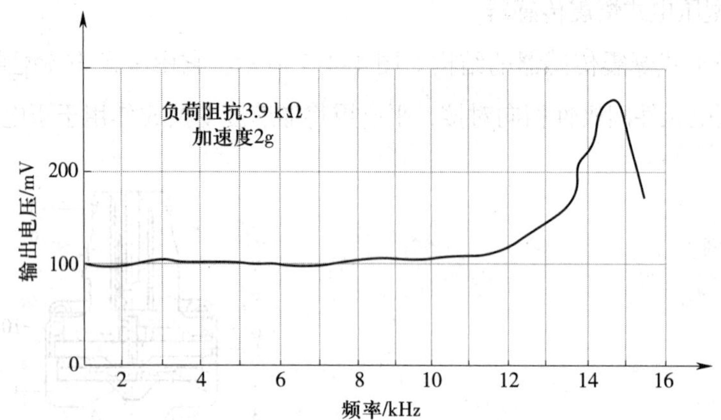

图 4-4-8　非共振型压电式爆震传感器输出电压与频率的关系

该传感器的突出优点是检测频率范围宽，可设计成由零至数十千赫兹，可检测宽频带的发动机振动频率。用于不同的发动机上时，只需将滤波器的过滤频率稍做调整即可使用，而不需更换传感器。

共振型与非共振型爆震传感器的输出波形对比如图 4-4-9 所示，从共振型爆震传感器的输出波形可以直接观察出爆震的波形（爆震点），而非共振型爆震传感器需经过滤波器检出爆震信号。

三、爆震传感器的检查

爆震传感器有故障时可能造成有爆鸣声、点火提前角失调、功率不足、经济性能变差以及尾气排放超标。拆下或更换发动机爆震传感器时，传感器的固定力矩应在规定值内，如果发动机爆震传感器固定力矩过大，可能使它过于灵敏，减小点火提前角，造成发动机反应迟钝、排气温度过高、油耗增大；而如果发动机爆震传感器固定力矩过小，传感器的灵敏度下降，此时发动机容易产生爆震，从而使得发动机温度过高、氧化合物的排放量超标。判断爆震传感器是否正常，应该用示波器检测发动机工作时传感器输出的电压波形，如果有不规则的振动波形出现，并且该波形随发动机爆震情况的变化而有明显的变化，则说明爆震传感器工作正常；如果没有波形输出或者输出波形不随发动机工作情况的变化而变化，说明爆震传感器有故障，应该更换。在没有示波器的情况下，也可以通过测量电阻

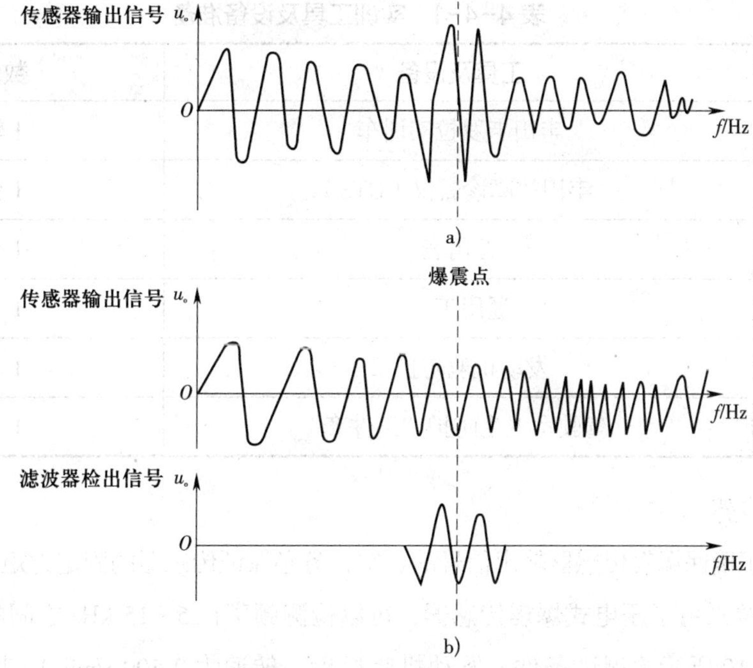

图 4-4-9　共振型与非共振型爆震传感器的输出波形对比

a）共振型　b）非共振型

的方法对爆震传感器进行粗略的检测，将爆震传感器插接器插头拔下，用万用表测量端子与接地之间的电阻，如果此电阻值极小，说明爆震传感器有故障，需要进行更换。

1. 爆震传感器的外观检查。观察爆震传感器的外壳有无裂纹，如果有裂纹，则更换爆震传感器。注意：安装时固定螺钉不能加任何垫片，接触面一定要清洁，否则爆震信号会与实际爆震有很大的误差。

2. 爆震传感器的电阻检查。关闭点火开关，拔下爆震传感器插接器插头，用万用表电阻挡检查爆震传感器的接线端子与外壳间的电阻，若导通，说明传感器已经损坏，必须更换。

3. 爆震传感器的单件检查。将爆震传感器从车上拆下，用万用表交流 20 mV 挡测量爆震传感器的两个端子，然后用小锤轻敲传感器，看万用表是否会有微弱的电压。如果无电压，则更换爆震传感器。

任务实训

爆震传感器的检修

一、实训目的

能够对爆震传感器进行检修。

二、实训准备

实训工具及设备准备见表 4-4-1。

表 4-4-1　实训工具及设备准备

序号	工具及设备	数量
1	丰田卡罗拉实训车	1 辆
2	丰田故障诊断仪（GTS）	1 台
3	万用表	1 个
4	通用工具	1 套
5	发动机舱防护罩	1 套
6	驾驶室卫生防护“三件套”	1 套

三、实训步骤

检查前为了确保爆震传感器输出信号的正常，务必保证传感器的固定力矩准确无误。

丰田卡罗拉采用了压电式爆震传感器，可以检测频率在 5 ~ 15 kHz 之间的振动，信号波形如图 4-4-10 所示（测试条件：发动机暖机后，转速为 2 500 r/min）。其工作电路如图 4-4-11 所示。

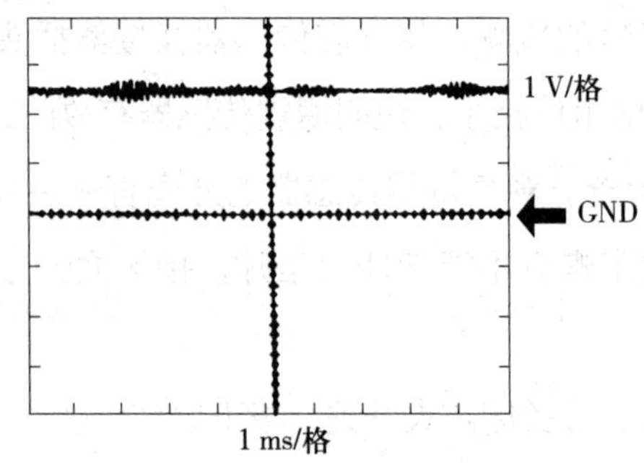

图 4-4-10　丰田卡罗拉爆震传感器信号波形

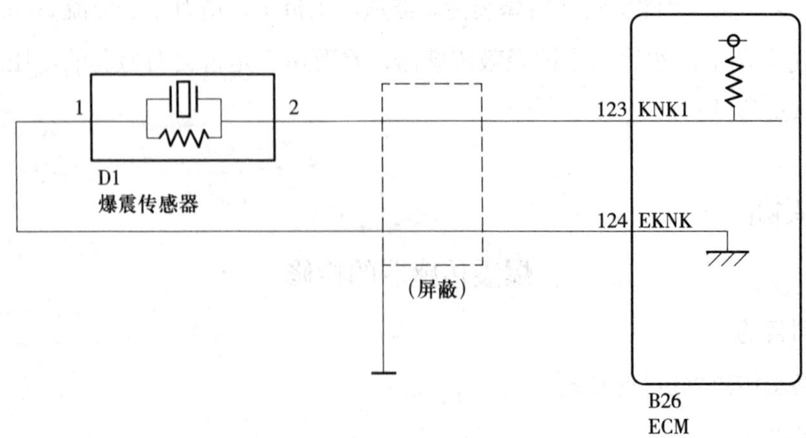

图 4-4-11　丰田卡罗拉爆震传感器工作电路

1. 爆震传感器相关故障码（DTC）

爆震传感器相关故障码（DTC）见表 4-4-2，ECM 存储故障码 P0327 或 P0328 时，将进入失效保护模式，该模式下，点火正时推迟至其最大延迟时间。

表 4-4-2　爆震传感器相关故障码（DTC）

DTC 编号	检测项目	DTC 检测条件	故障部位	MIL（故障灯）
P0327	1 号爆震传感器电路低输入	爆震传感器的输出电压低于 0.5 V，持续 1 s 或更长时间	1. 爆震传感器电路短路； 2. 爆震传感器； 3. ECM	点亮
P0328	1 号爆震传感器电路高输入	爆震传感器的输出电压高于 4.5 V，持续 1 s 或更长时间	1. 爆震传感器电路断路； 2. 爆震传感器； 3. ECM	点亮

2. 爆震传感器及线路的检查

（1）确认行驶模式（故障再现与确认）

将 GTS 连接到 DLC3，将点火开关置于 ON（IG）位置，打开 GTS，清除 DTC（即使未存储 DTC，也应执行清除 DTC 程序）。将点火开关置于 OFF 位置并至少等待 30 s，再将点火开关置于 ON（IG）位置，并打开 GTS，将发动机置于检查模式（保养模式），起动发动机并等待 5 min，进入菜单 Powertrain/Engine and ECT/Trouble Codes，读取待定 DTC。如果输出待定 DTC，则系统发生故障；如果未输出待定 DTC，则执行以下程序：进入菜单 Powertrain/Engine and ECT/Utility/All Readiness，输入 DTC P0327 或 P0328，检查 DTC 判断结果。

如果判断结果显示 INCOMPLETE 或 N/A，则使发动机怠速运转 5 min 并再次检查 DTC 判断结果。

如果判断结果显示 NORMAL，则系统正常。

如果判断结果显示 ABNORMAL，则系统存在故障，进行下一步。

（2）使用 GTS 读取爆震反馈值

将 GTS 连接到 DLC3，将点火开关置于 ON（IG）位置，打开 GTS，将发动机置于检查模式（保养模式），起动发动机，暖机后进入菜单 Powertrain/Engine and ECT/Data List/All Data/Knock Feedback Value，按下“执行”按钮，驾驶车辆时读取爆震反馈值（通过高负载运转发动机，如激活空调系统和高速空转发动机，可以确认爆震反馈值的变化）。

如果未出现故障，则爆震反馈值会发生改变，此时，检查是否存在间歇性故障；

如果出现故障，则爆震反馈值不变，此时，进行下一步。

（3）检查爆震传感器电源电压

断开爆震传感器线束连接器（见图 4-4-12），将点火开关置于 ON（IG）位置，测量相关端子之间的电压，相关数据如下：

D1-2—D1-1：4.5 ~ 5.5 V。

如果正常，则进行下一步；如果异常，则检查线束和连接器（爆震传感器—ECM）[步骤（5）]。

（4）爆震传感器的检查

用万用表测量爆震传感器两端子之间的电阻，如图 4-4-13 所示，标准值应为 120 ~ 280 kΩ。如果不符合规定，则更换爆震传感器；如果正常，则更换 ECM。

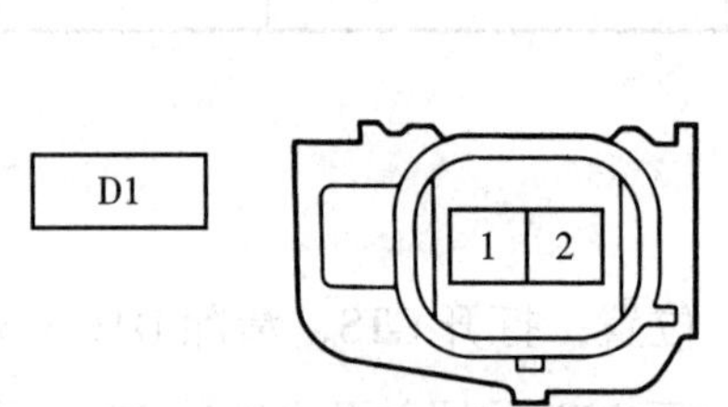

图 4-4-12　爆震传感器线束连接器

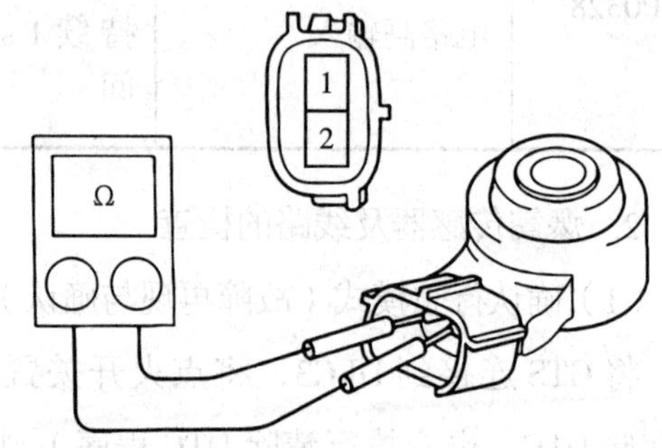

图 4-4-13　测量爆震传感器的电阻

（5）检查线束和连接器（爆震传感器—ECM）

断开爆震传感器连接器，断开 ECM 连接器，用万用表测量相关端子之间的电阻，相关数据如下：

D1-2—B26-123（KNK1）：<1 Ω；

D1-1—B26-124（EKNK）：<1 Ω；

D1-2 或 B26-123（KNK1）—车身搭铁：≥10 kΩ。

如果异常，则维修或更换线束或连接器；如果正常，则更换 ECM。

四、实训要求

1. 认真思考每一步操作的理由，并与电路图进行对照。

2. 操作仔细、认真、规范，避免损坏设备。

3. 养成使用发动机舱防护罩、驾驶室卫生防护“三件套”的职业习惯。

4. 养成工具、零件、油液“三不落地”的汽车维修操作习惯。

任务小结

爆震传感器用来检测发动机的爆震情况，ECU 利用其信号对点火正时进行闭环控制。爆震传感器一般通过检测发动机缸体或缸盖的振动状态来判断发动机的爆震情况，根据工作原理的不同，有压电式和磁致伸缩式两种类型。爆震传感器的检查内容一般包括：读取爆震传感器的反馈数据、检查 ECU 提供的工作电压、检查爆震传感器与 ECU 之间的线路情况、测量爆震传感器的电阻等。

任务5 电控发动机点火系统的检修

学习目标

1. 了解电控发动机点火线圈与点火器的结构及功能。
2. 掌握电控发动机点火线圈的检修方法。
3. 掌握电控发动机火花塞的检修方法。

任务引入

王先生上班时发现自己的丰田卡罗拉发动机不能起动，于是拨打电话向 4S 店求助。经维修技师张师傅上门查看后发现问题无法解决，只能拖回店里，后经张师傅的诊断，确定由点火系统故障导致。电控发动机点火系统主要由点火线圈、点火器、火花塞等组成，针对点火系统的故障，张师傅该如何对这些主要部件一一进行排除？

相关知识

一、点火线圈与点火器的结构及功能

点火线圈的一次线圈和二次线圈都环绕在铁芯上，二次线圈的匝数大约是一次线圈的 100 倍。一次线圈的一端连接在点火器上，二次线圈的一端连接在火花塞上。两个线圈各自的另一端则连接在电源上，如图 4–5–1 所示。

点火器的功率三极管导通时，一次电路接通，有电流通过一次线圈，在一次线圈周围产生磁力线，该磁力线也穿过二次线圈，如图 4–5–2 所示。

点火器的功率三极管截止时，一次电路被切断，一次线圈周围的磁力线消失，二次线圈因互感效应产生约 30 kV 的高压电动势（二次电压），该高压电动势被送往火花塞，火花塞放电产生电火花，如图 4–5–3 所示。

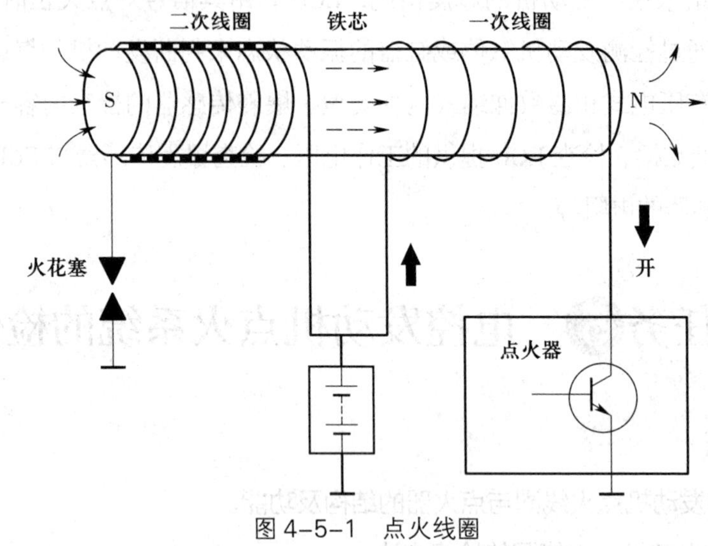

图 4-5-1　点火线圈

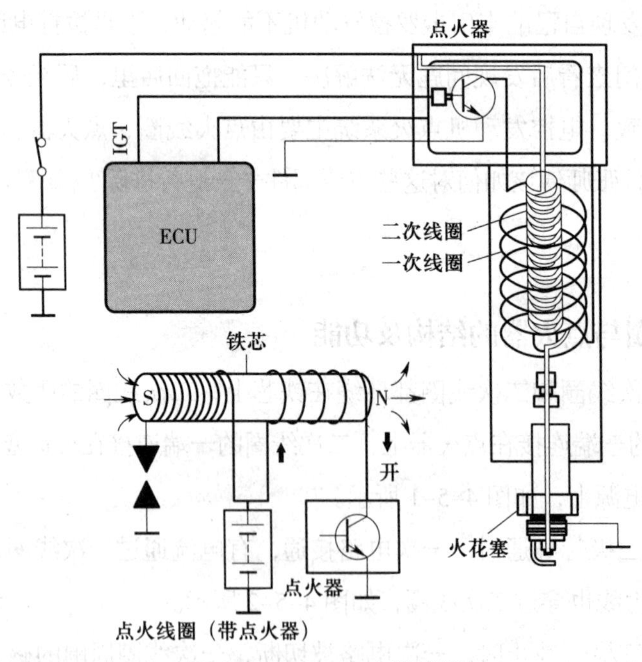

图 4-5-2　一次电路接通

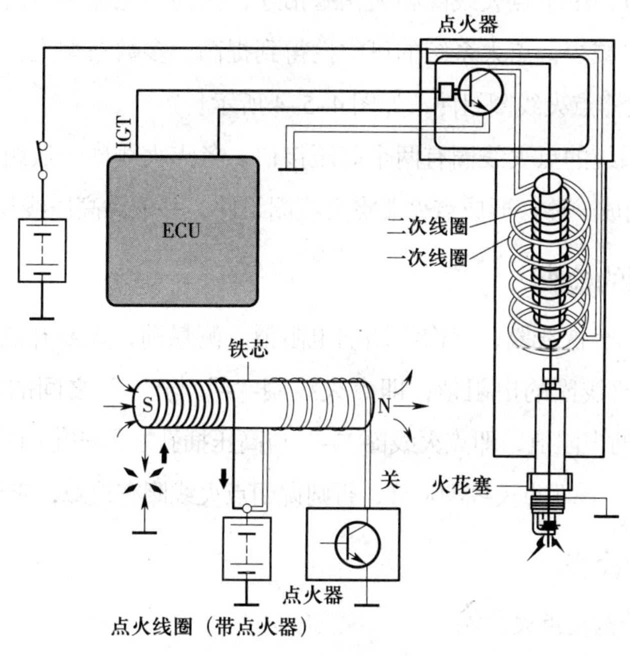

图 4-5-3　一次电路被切断

现在的汽车上，点火器一般与点火线圈制为一体，主要有两个方面的功能：其一，根据发动机 ECU 发来的控制信号（丰田公司称为 IGT 信号）控制点火线圈一次电流的通断；其二，根据点火线圈工作时的感应电动势，向发动机 ECU 发回相应的点火确认信号（丰田公司称为 IGF 信号），以便发动机 ECU 能够随时监测点火系统的工作情况，发动机 ECU 接收不到该信号时，会判定为点火系统故障，并储存相应的故障码。

点火器往往还具有以下辅助控制功能。

①过电压保护功能。电源电压过高时，点火器停止工作，使发动机停止运转，以保护汽车用电设备的安全。

②闭合角控制功能。转速升高时，闭合角增大，以确保一次电流足够大；转速降低时，闭合角减小，以确保点火线圈不致过热。所谓闭合角（也称导通角），是指点火线圈一次电路导通期间曲轴转过的角度。

③锁止保护功能（又称停转断电保护功能）。发动机熄火而点火开关仍接通时，点火器电路中的功率三极管截止，从而切断一次电路的电流，以防止点火线圈发热烧坏，并避免不必要的电能消耗。

④恒流控制功能。在正常转速范围内，点火器使点火线圈的一次电流能迅速达到并不超过规定值（一般为 6 A、7 A），以减小转速对二次电压的影响，同时，还可防止因一次电流过大而烧坏点火线圈。

点火线圈有多种形式，各缸独立点火系统的点火线圈只有一个高压接口，并各自独立地安装在火花塞上方，由于点火线圈和火花塞相连，使高压电流流过的距离缩短，因而电压损失和电磁干扰也减少，点火系统的可靠性得到提高。多数车型上，点火线圈与点火器制成一体，形成点火器点火线圈组件，如图 4–5–4 所示。

双缸同时点火系统的点火线圈有两个高压接口。各点火线圈一般组合成一体，其点火器也可与点火线圈制成一体，形成点火器点火线圈组件，并依靠高压线与各火花塞相连。

二、点火线圈的检查

测量点火线圈的一次线圈、二次线圈的电阻值。测量前，先断开点火开关，拆除点火线圈上的导线。一次线圈的电阻值，即点火线圈“+”与“–”之间的电阻值应为 0.45 ~ 0.76 kΩ；二次线圈的电阻值，即点火线圈“–”与高压插孔之间的电阻值应为 2.4 ~ 3.5 kΩ。如果电阻值符合规定，说明点火线圈良好，否则说明点火线圈有故障，应予以更换。

三、火花塞的检查

（1）火花塞的结构及点火性能

火花塞的结构如图 4–5–5 所示。影响火花塞点火性能的因素包括电极形状和放电性能。圆形电极放电较困难，方形或尖形的电极更容易放电。火花塞的电极越细越尖，越容易产生电火花，但是，这样的火花塞损耗更快，使用寿命较短。为了延长使用寿命，有些火花塞电极上带有白金或铱金，称之为白金或铱金火花塞。

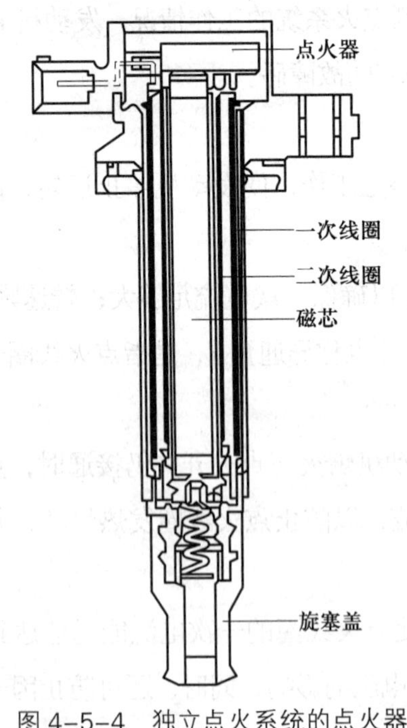

图 4–5–4　独立点火系统的点火器点火线圈组件

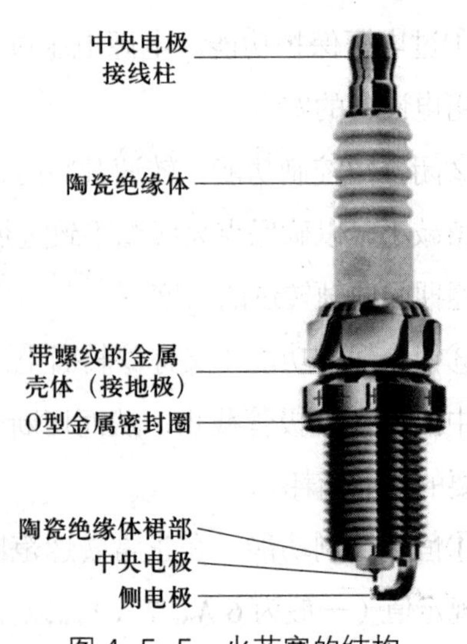

图 4–5–5　火花塞的结构

白金火花塞：白金焊在中央电极和侧电极的顶端，中央电极的直径较常规火花塞的要小。铱金火花塞：铱金焊在中央电极的顶端，但侧电极上仍焊有白金，其中央电极的直径较白金火花塞的更小。不论哪种火花塞，经过长时间的使用，电极损耗成圆形之后，都会使放电变得困难。因此，应定期更换火花塞。火花塞的更换间隔里程：普通型为 10 000 ~ 60 000 km，白金或铱金电极型为 100 000 ~ 240 000 km。

火花塞的更换里程可以根据车型、发动机特性、使用地区而变化。

（2）火花塞间隙的检查

电极间隙的正常值一般为 0.9 ~ 1.1 mm。电极间隙过小时，可能发生熄弧效应；间隙过大时，火花不易跳过该间隙，发动机可能会因此而熄火。所以有时需要调整电极间隙（常规火花塞）。对于白金或铱金火花塞，电极间隙不允许调整，只能更换火花塞。

（3）火花塞的热值与电极温度

火花塞的散热量称为热值。能散发较多热量的火花塞，由于其自身温度保持较低而被称为“冷塞”；散热量较少的火花塞，由于其自身保持较多的热量而被称为“热塞”。

火花塞表面打印有数字和字母的组合代码，用来说明其构造和性能，如图 4-5-6 所示。

图 4-5-6 火花塞代码

代码因生产厂家的不同而稍有不同。通常情况下，数字代表了热值，热值越大，说明它散热越好，火花塞越冷；热值越小，说明它越不容易散热，火花塞越热。

火花塞的热值会直接影响火花塞中央电极的温度，该温度在 450 ~ 950 ℃之间时，火花塞的性能最佳。

自洁温度：当火花塞电极达到一定温度时，能自动烧掉聚集在点火区域内的积炭，保持点火区域的清洁，此温度称为自洁温度。最低自洁温度一般为 450 ℃，低于该温度，点火区域就容易积炭，从而导致发动机缺火。

自燃温度：如果火花塞电极温度过高，不用火花就可点燃混合气，此时的温度称为自燃温度。自燃温度一般为 950 ℃左右，达到或高于该温度，会发生异常点火，导致发动机严重运转不良。

任务实训

点火系统的检修

一、实训目的

能够对点火系统各元器件及线路进行检修。

二、实训准备

实训工具及设备准备见表 4-5-1。

表 4-5-1　实训工具及设备准备

序号	工具及设备	数量
1	丰田卡罗拉实训车（8ZR-FXE 发动机）	若干
2	丰田故障诊断仪（GTS）	1 台
3	双通道示波器	1 台
4	万用表	1 个
5	通用工具	1 套
6	1.5 V 干电池三节（串联起来）	3 节
7	发动机舱防护罩	1 套
8	驾驶室卫生防护“三件套”	1 套

三、实训步骤

丰田卡罗拉 8ZR-FXE 发动机点火系统原理图如图 4-5-7 所示，点火系统控制电路如图 4-5-8 所示。其中，各点火器与点火线圈制为一体，形成 4 个点火线圈总成。

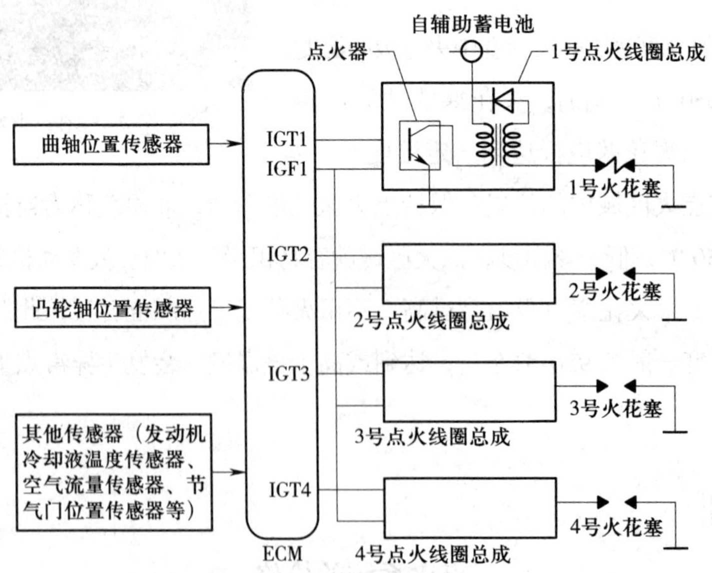

图 4-5-7　丰田卡罗拉 8ZR-FXE 发动机点火系统原理图

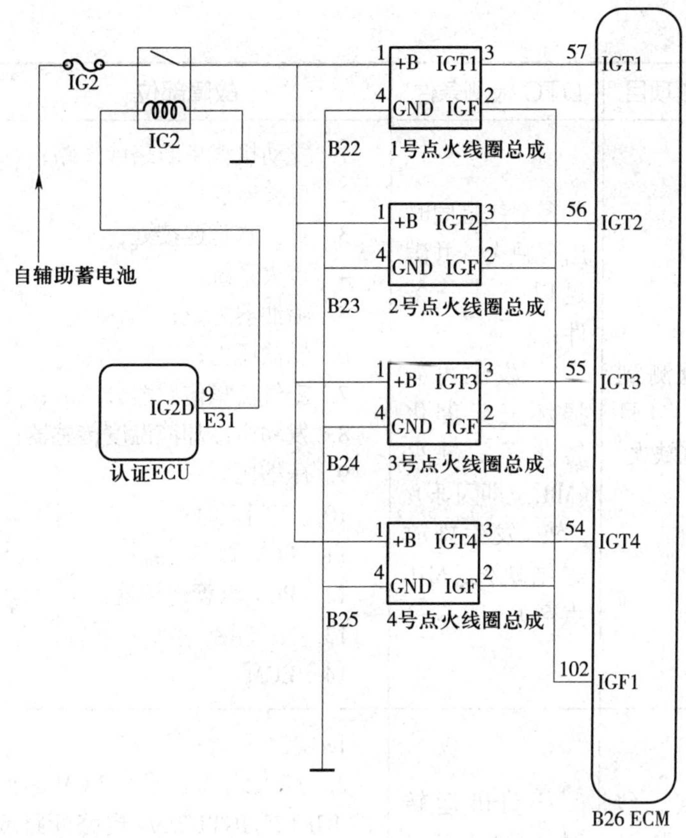

图 4-5-8 丰田卡罗拉 8ZR-FXE 发动机点火系统控制电路

1. 点火系统相关故障码（DTC）

点火系统相关故障码（DTC）见表 4-5-2。

表 4-5-2 点火系统相关故障码（DTC）

DTC 编号	检测项目	DTC 检测条件	故障部位	MIL（故障灯）
P0300	检测到任意/多个气缸缺火	多个气缸同时出现缺火，并满足以下任一条件： 1. 发生可能损坏三元催化转化器的缺火（MIL 立即闪烁）； 2. 发生排放恶化缺火（MIL 点亮）	1. 发动机线束断路或短路； 2. 连接器连接处； 3. 真空软管连接处； 4. 点火系统； 5. 喷油器总成； 6. 燃油压力； 7. 空气流量传感器分总成； 8. 发动机冷却液温度传感器； 9. 压缩压力； 10. 气门正时； 11. PCV 阀和软管处； 12. PCV 软管连接处； 13. 空气供给系统； 14. ECM	点亮或闪烁（检测到催化剂损坏的缺火时闪烁）

续表

DTC 编号	检测项目	DTC 检测条件	故障部位	MIL（故障灯）
P0301/P0302/P0303/P0304	检测到 1/2/3/4 号气缸缺火	多个气缸同时出现缺火，并满足以下任一条件： 1. 发生可能损坏三元催化转化器的缺火（MIL 立即闪烁）； 2. 发生排放恶化缺火（MIL 点亮）	1. 发动机线束断路或短路； 2. 连接器连接处； 3. 真空软管连接处； 4. 点火系统； 5. 喷油器总成； 6. 燃油压力； 7. 空气流量传感器分总成； 8. 发动机冷却液温度传感器； 9. 压缩压力； 10. 气门正时； 11. PCV 阀和软管； 12. PCV 软管连接处； 13. 空气供给系统； 14. ECM	点亮或闪烁（检测到催化剂损坏的缺火时闪烁）
P0351/P0352/P0353/P0354	点火线圈一次/二次电路	发动机运转时，无 IGF 信号发送至 ECM	1. 点火系统； 2. 点火线圈总成和 ECM 之间的 IGF1 或 IGT1/2/3/4 电路断路或短路； 3. 1/2/3/4 号点火线圈总成； 4. ECM	点亮

2. 出现故障码（DTC）P0300/P0301/P0302/P0303/P0304 时的诊断方法

故障描述：发动机缺火时，高浓度碳氢化合物（HC）进入废气中，会导致废气排放量增加，也可能使三元催化转化器的温度升高，从而导致其损坏。为了避免废气排放量的增加以及高温造成的损坏，ECM 将监测发动机缺火数。三元催化转化器的温度达到热衰退点时，ECM 会使 MIL 闪烁。ECM 通过凸轮轴位置传感器和曲轴位置传感器监测缺火情况。凸轮轴位置传感器用于识别缺火的气缸，曲轴位置传感器用于测量曲轴转速的变化。曲轴转速变化超出预定阈值时，将统计缺火数。缺火数如果超过了阈值，可能导致排放控制系统性能恶化，ECM 将点亮 MIL，并存储 DTC。

如果气缸缺火 DTC 是随机存储的，但未存储 DTC P0300，则表示在不同时间、不同气缸中检测到缺火。只有同时检测到多个气缸缺火才会存储 DTC P0300。

故障监视描述：检测到可能导致排放恶化的以下任一条件时，ECM 点亮 MIL，并存储 DTC。

①共出现 4 次过度缺火（曲轴每转动 1 000 转，50 ~ 80 次缺火）。

②检测到可能导致三元催化转化器损坏的以下任一条件时，ECM 将使 MIL 闪烁，并存储 DTC。

a. 在发动机高转速下，在每 200 转曲轴转数内检测到损坏催化剂的缺火 1 次；

b. 发动机以正常转速运转时，在曲轴每 200 转内检测到缺火 3 次，足以损坏催化剂的情况。

③确认行驶模式。将 GTS 连接到 DLC3，将点火开关置于 ON（IG）位置，打开 GTS，记录 DTC 和定格数据，清除 DTC（即使未存储 DTC，也应执行清除 DTC 程序）。将发动机置于检查模式（保养模式），在发动机怠速运转状态下，读取各气缸缺火数（1 号至 4 号气缸缺火数）。如果显示了缺火数，则跳过以下确认行驶模式。

以定格数据记录的相同工况（缺火转速和缺火负载）驾驶车辆，并执行数次，另外，再按表 4-5-3 中的时间操作车辆。

表 4-5-3 确认缺火试验操作表

发动机转速 /（$r \cdot min^{-1}$）	持续时间	发动机转速 /（$r \cdot min^{-1}$）	持续时间
怠速转速	4.5 min 或更长时间	2 000	2.5 min 或更长时间
1 000	4.5 min 或更长时间	3 000	1.5 min 或更长时间

通过检查 DTC 和定格数据，检查是否发生缺火。

a. 如果除缺火 DTC 外，还输出了其他 DTC，应首先对其他 DTC 进行故障排除。

b. 如果缺火不再出现，则再现 ECM 中作为定格数据而存储的条件。如果仍无法再现缺火，故障原因可能为下列之一：油箱中燃油不足；使用的燃油不当；火花塞脏污。该故障需要进一步诊断。

c. 维修完成后，再次检查各气缸缺火数（1 号至 4 号气缸缺火数）。

d. 完成维修后务必执行确认行驶模式，以确认没有再次存储缺火 DTC。

e. 如果定格数据 Short FT#1（短期燃油修正）或 Long FT#1（长期燃油修正）中的一个超出了 ±20% 范围，则混合气可能偏浓（–20% 或更小）或偏稀（+20% 或更大）。

f. 如果定格数据中的冷却液温度低于 75 ℃，则仅在发动机暖机过程中发生过缺火。

g. 极度失衡的驱动轮会导致车身振动，也可能导致存储缺火 DTC。

④检查其他 DTC 输出（除缺火 DTC 外）。

读取 DTC，如果输出 DTC P0300、P0301、P0302、PO303、PO304 和 / 或其他 DTC，则先对其他 DTC 进行检查。

如果输出 DTC P0300、P0301、P0302、P0303 和 / 或 P0304，则进行下一步。

⑤检查 PCV 软管连接情况。

PCV 阀和软管应该连接正确且无损坏。如果异常，则维修或更换 PCV 软管；如果正常，则进行下一步。

⑥使用 GTS 读取值（缺火转速和缺火负载）。

将 GTS 连接到 DLC3，将点火开关置于 ON（IG）位置，读取并记录缺火转速（Misfire RPM）和缺火负载值（Misfire Load）。

⑦使用 GTS 读取值（1 号至 4 号气缸缺火数）。起动发动机并使发动机怠速运转，读取 GTS 上显示的值（1 号至 4 气缸缺火数）。如果任一气缸均不显示缺火数，则执行程序 a 和 b，然后再次检查缺火数。

a. 按照上述程序使用 GTS 读取值（缺火转速和缺火负载）中记录的缺火转速和缺火负载值驾驶车辆。

b. 读取 GTS 上显示的 1 号至 4 号气缸缺火数或 DTC。如果结果是 3 个或更多个气缸有相等的缺火数，则检查发动机空气供给系统；如果结果是只在 1 个或 2 个气缸中出现缺火，则进行下一步。

⑧检查火花塞。

⑨检查气缸压缩压力。

⑩检查喷油器端子电压（#10、#20、#30 和 / 或 #40）。断开 ECM 连接器（见图 4–5–9），将点火开关置于 ON（IG）位置，用万用表测量相关端子之间的电压（#10、#20、#30、#40 为喷油器控制端子，B26–51 为 ECM 搭铁端子），相关数据如下：

B26–20（#10）—B26–51（E01）：11 ~ 14 V；

B26–17（#20）—B26–51（E01）：11 ~ 14 V；

B26–18（#30）—B26–51（E01）：11 ~ 14 V；

B26–19（#40）—B26–51（E01）：11 ~ 14 V。

如果异常，则检查喷油器电路；如果正常，则检查喷油器总成、空气供给系统、燃油压力，如果均正常，则进行下一步。

⑪使用 GTS 读取冷却液温度。

发动机冷机和暖机时，读取数据表两次。

发动机冷机时，数据应与环境温度相同；发动机暖机后，数据应在 75 ~ 100 ℃之间。

如果异常，则更换发动机冷却液温度传感器：如果正常，则进行下一步。

⑫使用 GTS 读取值（MAF）。

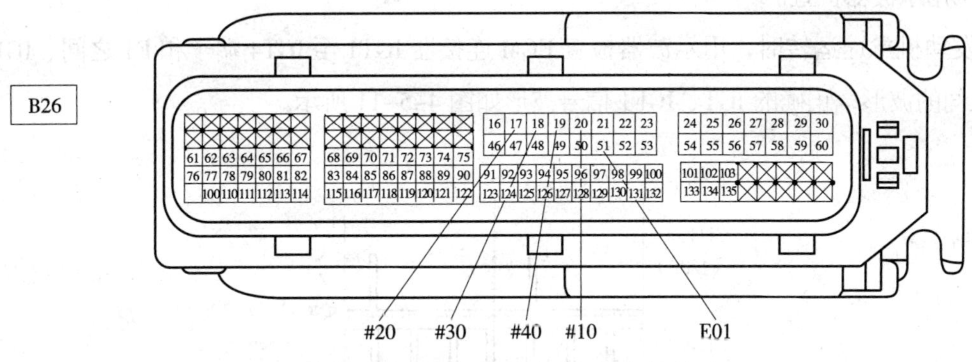

图 4-5-9　ECM 连接器及喷油器控制相关端子

使发动机怠速运转直至冷却液温度达到 75 ℃或更高，发动机转速为 2 500 r/min 时，读取 MAF 值，应在 4.5 ~ 8.5 mg/s 之间。

提示：充电控制期间，发动机转速设定为怠速。因此，踩下加速踏板时，发动机转速未增加。在这种情况下，在完成充电控制后再读取数据表。

如果正常，则检查发动机机械系统；如果异常，则检查线束和连接器（空气流量传感器连接器连接情况）。

诊断过程完成后，应检查是否再次输出 DTC（缺火 DTC），如果仍然输出 DTC，则更换 ECM。

3. 出现故障码（DTC）P0351/P0352/P0353/P0354 时的诊断方法

故障监视描述：尽管 ECM 发送了 IGT 信号，但未接收任何 IGF 信号，则 ECM 将此视为点火器故障并存储 DTC，如图 4-5-10 所示。

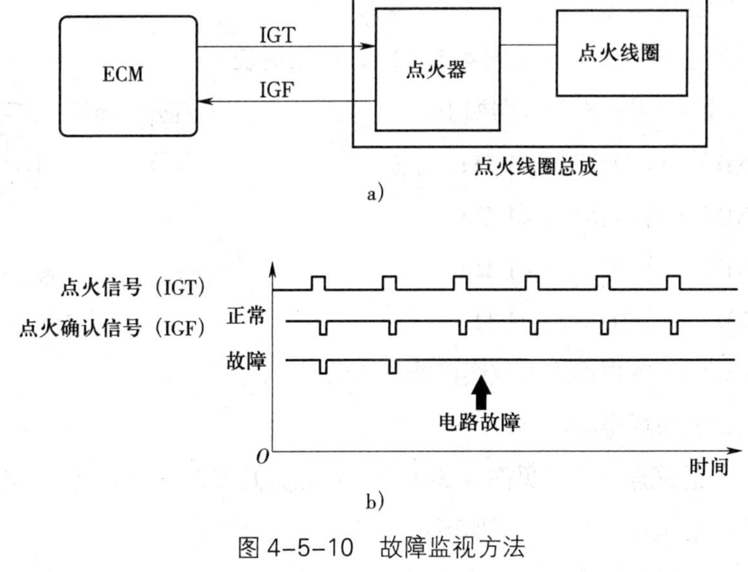

图 4-5-10　故障监视方法

a）信号回路　b）信号波形

①用示波器检查。

发动机怠速运转时，用示波器检查 ECM 连接器 IGT1 至 IGT4 端子和 E1 之间、IGF1 和 E1 之间的波形，正确的 IGT、IGF1 信号波形如图 4-5-11 所示。

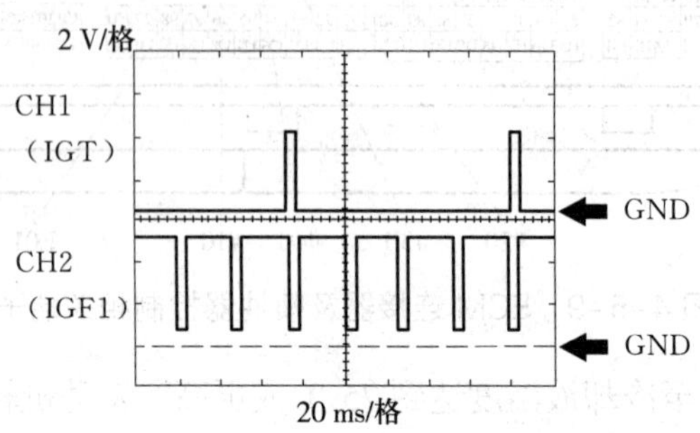

图 4-5-11 正确的 IGT、IGF1 信号波形

如果 IGT 信号缺失，则重点检查 IGT 信号电路；如果 IGF1 信号缺失，则重点检查 IGF1 信号电路。

②确认行驶模式。

③读取输出 DTC（DTC P0351、P0352、P0353 或 P0354）。

将 GTS 连接到 DLC3，将点火开关置于 ON（IG）位置，打开 GTS，清除 DTC。将点火开关置于 0FF 位置并至少等待 30 s，互换点火线圈总成（1 号至 4 号气缸之间，注意不要改变连接器的位置），进行模拟测试（运转发动机 2 ~ 3 min），读取 DTC。

如果输出不同的点火线圈 DTC，则更换点火线圈总成；如果输出相同 DTC，则进行下一步。

④检查线束和连接器（点火线圈总成—车身搭铁）。

断开点火线圈总成连接器（见图 4-5-12），用万用表测量相关端子之间的电阻，相关数据如下：

B22-4（GND）—车身搭铁：<1 Ω；

B23-4（GND）—车身搭铁：<1 Ω；

B24-4（GND）—车身搭铁：<1 Ω；

B25-4（GND）—车身搭铁：<1 Ω。

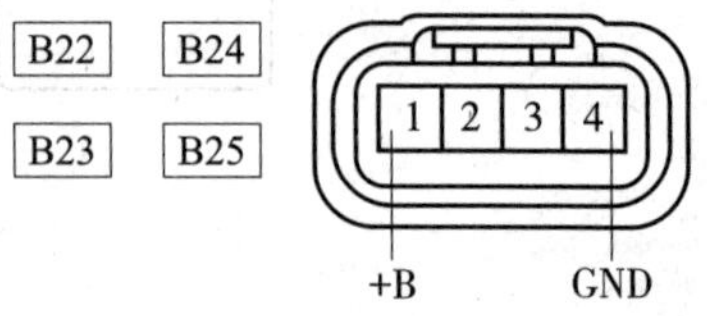

B22 B24 B23 B25 1 2 3 4 +B GND

图 4-5-12 点火线圈总成连接器

如果异常，则维修或更换线束或连接器；如果正常，则进行下一步。

⑤检查点火线圈总成电源。

断开点火线圈总成连接器（见图 4-5-12），将点火开关置于 ON（IG）位置，用万用表测量相关端子之间的电压，相关数据如下：

B22-1（+B）—B22-4（GND）：11 ~ 14 V；

B23–1（+B）—B23–4（GND）：11 ~ 14 V；

B24–1（+B）—B24–4（GND）：11 ~ 14 V；

B25–1（+B）—B25–4（GND）：11 ~ 14 V。

如果异常，则进行步骤⑦；如果正常，则进行下一步。

⑥检查线束和连接器（点火线圈总成—ECM）。

断开点火线圈总成连接器，断开 ECM 连接器，用万用表测量相关端子之间的电阻，相关数据如下：

B22–2（IGF）—B26–102（IGF1）: <1 Ω；

B23–2（IGF）—B26–102（IGF1）: <1 Ω；

B24–2（IGF）—B26–102（IGF1）: <1 Ω；

B25–2（IGF）—B26–102（IGF1）: <1 Ω；

B22–3（IGT1）—B26–57（IGT1）: <1 Ω；

B23–3（IGT2）—B26–56（IGT2）: <1 Ω；

B24–3（IGT3）—B26–55（IGT3）: <1 Ω；

B25–3（IGT4）—B26–54（IGT4）: <1 Ω；

B22–2（IGF）或 B26–102（IGF1）—车身搭铁：≥10 kΩ；

B23–2（IGF）或 B26–102（IGF1）—车身搭铁：≥10 kΩ；

B24–2（IGF）或 B26–102（IGF1）—车身搭铁：≥10 kΩ；

B25–2（IGF）或 B26–102（IGF1）—车身搭铁：≥10 kΩ；

B22–3（IGT1）或 B26–57（IGT1）—车身搭铁：≥10 kΩ；

B23–3（IGT2）或 B26–56（IGT2）—车身搭铁：≥10 kΩ；

B24–3（IGT3）或 B26–55（IGT3）—车身搭铁：≥10 kΩ；

B25–3（IGT4）或 B26–54（IGT4）—车身搭铁：≥10 kΩ。

如果正常，则更换 ECM；如果异常，则维修或更换线束或连接器。

⑦检查线束和连接器（点火线圈总成—1 号集成继电器）。

断开点火线圈总成连接器，从发动机舱继电器盒和接线盒总成上拆下 1 号集成继电器，用万用表测量相关端子之间的电阻，相关数据如下：

B22–1（+B）—1K–4: <1 Ω；

B23–1（+B）—1K–4: <1 Ω；

B24–1（+B）—1K–4: <1 Ω；

B25–1（+B）—1K–4: <1 Ω；

B22–1（+B）、B23–1（+B）、B24–1（+B）、B25–1（+B）或 1K–4—车身搭铁：≥10 kΩ。

如果正常，则更换 1 号集成继电器：如果异常，则维修或更换线束或连接器。

4. 检查火花塞

①执行火花测试（跳火试验）。

拆下 4 个点火线圈总成和 4 个火花塞，断开 4 个喷油器连接器（该步骤很重要，可以防止跳火试验时喷油器喷油而造成燃油冲刷气缸表面润滑油膜），将发动机置于检查模式（保养模式），将火花塞安装到点火线圈总成上，然后连接点火线圈总成连接器。

将火花塞搭铁，起动发动机，检查各火花塞是否产生火花（注意：检查时确保火花塞搭铁良好；起动发动机的时间不要超过 2 s；如果点火线圈总成或火花塞曾受过敲击或掉落等，则将其更换）。

如果没有产生火花，则执行下列程序：连接 4 个喷油器连接器，安装 4 个火花塞和 4 个点火线圈总成，检查 DTC，清除 DTC。

②检查点火线圈总成和火花测试。

检查点火线圈总成连接器的连接是否牢固，如果牢固，则进行更换点火线圈总成和火花测试，方法如下：将原点火线圈总成更换为确认正常的点火线圈总成，再次进行火花测试。

如果正常，则更换点火线圈总成；如果异常，则进行更换火花塞和火花测试，方法如下：将原火花塞更换为确认正常的火花塞，再次进行火花测试。

如果正常，则更换火花塞；如果异常，则检查点火系统控制电路，具体方法见前述内容“3. 出现故障码（DTC）P0351/P0352/P0353/P0354 时的诊断方法”。

连接 4 个喷油器连接器，安装 4 个火花塞和 4 个点火线圈总成，检查 DTC，清除 DTC。

③检查火花塞。

注意：小心不要损坏火花塞的铱尖或铂尖；由于铱尖易损坏，应目视检查；不要尝试调节旧火花塞的电极间隙；如果火花塞脏污严重、彻底损坏、受到敲击或掉落，则将其更换；在将新火花塞安装到发动机上之前，不要拆下火花塞端部的护盖。

如图 4-5-13 所示，使用兆欧表测量火花塞的绝缘电阻，应≥10 MΩ。如果结果不符合规定，则用火花塞清洗器清洗火花塞，并再次测量绝缘电阻。如果仍然不符合规定，则更换火花塞。

如果没有兆欧表，则可用下述检查方法代替。

将发动机置于检查模式（保养模式），起动发动机（输出以下任一 DTC 时，不要进行此步骤：P0300、P0301、P0302、P0303、P0304，即检测到气缸缺火），将发动机迅速加速至 2 500 r/min，重复操作 5 次，拆下火花塞，目视检查火花塞。

如果电极干燥，则火花塞正常工作；如果电极潮湿，则进行下一步。

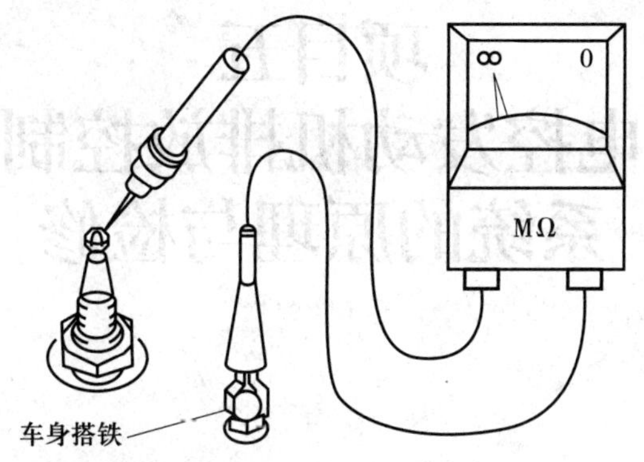

图 4-5-13　火花塞绝缘电阻检查

检查火花塞的螺纹和绝缘垫是否损坏，如果有任何损坏，则更换火花塞。

检查火花塞电极间隙（不要尝试调节旧火花塞的电极间隙），旧火花塞的最大电极间隙：1.3 mm。

如果火花塞电极间隙大于最大值，则更换火花塞。新火花塞的标准电极间隙：0.9 ~ 1.1 mm。

清洗火花塞：如果电极上有积炭的痕迹，则用火花塞清洗器清洗电极并进行干燥。

火花塞清洗器标准气压：588 kPa；标准时长：20 s 或更短时间。

提示：火花塞电极上没有机油时，仅使用火花塞清洗器；如果电极上有机油痕迹，则在使用火花塞清洗器之前用汽油洗掉机油。

任务小结

点火系统主要由各种传感器、发动机 ECU、点火器、点火线圈、火花塞、高压线等组成。发动机 ECU 根据各种传感器的信号确定点火正时，并通过点火控制信号（IGT 信号）控制点火器，再由点火器控制点火线圈的工作。点火正时方面的信息由 IGT 信号传递，点火系统的监测信息则由点火确认信号（IGF 信号）来传递。

点火系统检查的内容主要包括：点火线圈总成供电电压及电源线路的检查、IGF 信号线路的检查、IGT 信号线路的检查、点火线圈总成搭铁电路的检查等。

项目五 电控发动机排放控制系统的原理与检修

随着世界环境问题的日益突出，汽车尾气的排放和控制成为电控发动机新技术的集中体现（如图 5-0-1 所示的电控发动机排放系统）。在本项目中，将介绍汽车尾气排放控制的各种方法和技术，同时要求掌握各控制部分的原理和检修方法。

排放控制系统主要包括催化转化系统、曲轴箱强制通风系统、燃油蒸发控制系统、废气再循环控制系统和二次空气喷射系统。

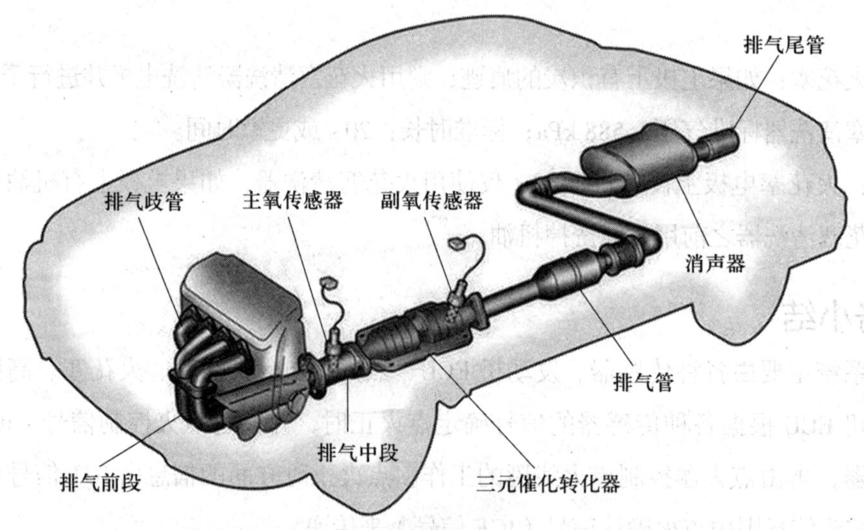

图 5-0-1 电控发动机排放系统

任务❶ 氧传感器的检修

学习目标

1. 了解氧传感器的分类。
2. 熟悉氧传感器的结构。
3. 掌握氧传感器的工作原理。
4. 掌握氧传感器的检修方法。

任务引入

在传统的化油器式发动机上，其燃油经过燃烧后，废气从排气管直接排放到大气中，发动机无法检测其燃油的燃烧情况并自动进行调整。而在电控发动机上一般安装有氧传感器，氧传感器能够在燃油喷射闭环控制系统中将燃油的燃烧情况反馈给 ECU，而 ECU 则根据其提供的信息，自动调整空燃比，保证燃油充分燃烧。氧传感器究竟是如何将燃烧情况反馈给 ECU 的？当氧传感器出现故障时应该怎样检查？本任务将学习氧传感器的相关知识。

相关知识

一、氧传感器的安装位置和类型

1. 氧传感器的安装位置

氧传感器安装在发动机排气管上。图 5–1–1 所示为氧传感器的安装位置。

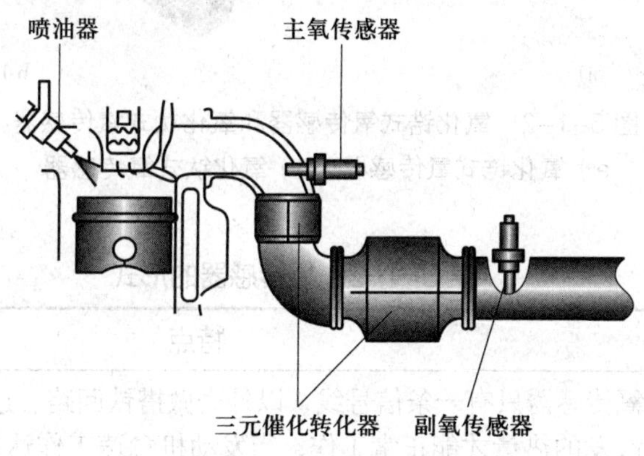

图 5–1–1　氧传感器的安装位置

2. 氧传感器的类型

氧传感器的类型见表 5–1–1。

表 5–1–1　氧传感器的类型

分类方法	类型
按材质分类	氧化锆（ZrO_2）式
	氧化钛（TiO_2）式
按作用分类	非加热型
	加热型
按在排气管中的安装数量分类	单氧传感器
	双氧传感器
按信号特征分类	窄域式
	宽域式

双氧传感器用在采用OBD–Ⅱ系统的车辆上，一个氧传感器安装在三元催化转化器前面的排气管上（上游氧传感器，即主氧传感器），另一个安装在三元催化转化器后面的排气管上（下游氧传感器，即副氧传感器）。上游氧传感器被ECU用于进行空燃比调节，下游氧传感器被ECU用于判断三元催化转化器的转化效率。目前使用的氧传感器有氧化锆式和氧化钛式两种，其中应用最多的是氧化锆式氧传感器。图5–1–2所示分别为氧化锆式氧传感器和氧化钛式氧传感器。

氧传感器的形式见表5–1–2。

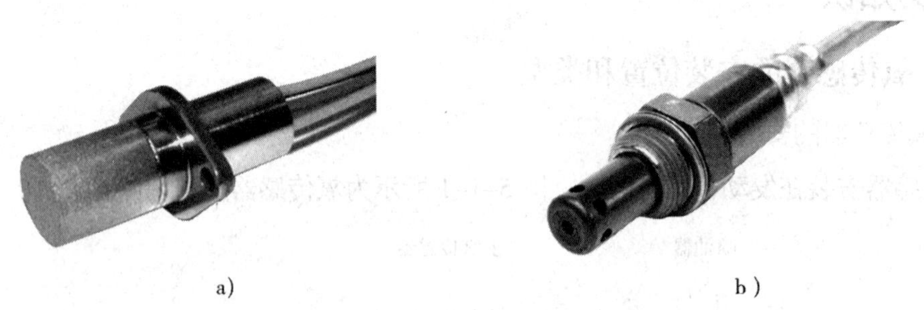

a)　　　　b）

图5–1–2　氧化锆式氧传感器和氧化钛式氧传感器

a）氧化锆式氧传感器　b）氧化钛式氧传感器

表5–1–2　氧传感器的形式

形式	特点
单引线式	氧传感器只有一条信号线，以外壳做搭铁回路。这种氧传感器依靠排气管散发的热量才能正常工作，当发动机怠速工作达不到正常工作温度时，ECU会以一固定值代替氧传感器信号值
两线式	一条为信号线，另一条则为搭铁线
三线式	用在加热型的氧传感器上，其中两条引线为信号线和搭铁线，第三条线为来自继电器（或点火开关）的12 V加热电源线
四线式	信号线与加热线各自有搭铁回路，即有两条搭铁线

二、氧传感器的结构和工作原理

1. 氧化锆式氧传感器

在使用三元催化转化器降低排放污染的发动机上，氧传感器是必不可少的。三元催化转化器安装在排气管的中段，它能净化排气中CO、HC和NO_x三种主要的有害成分，但只在混合气的空燃比处于接近理论空燃比的一个窄小范围内，三元催化转化器才能有效地起到净化作用。故在排气管中插入氧传感器，借检测废气中的氧浓度测定空燃比，并将其转换成电压信号或电阻信号，反馈给ECU，ECU控制空燃比收敛于理论值。

氧化锆式氧传感器的基本元件是氧化锆陶瓷管（固体电解质），也称锆管（见图 5–1–3）。锆管固定在带有安装螺纹的保护套管中，内外表面均覆盖着一层多孔性的铂膜（铂电极层），其内表面与大气接触，外表面与废气接触。氧化锆式氧传感器的接线端有一个金属护套，其上开有一个用于锆管内腔与大气相通的孔，导线将锆管内表面铂电极经绝缘套从接线端引出。

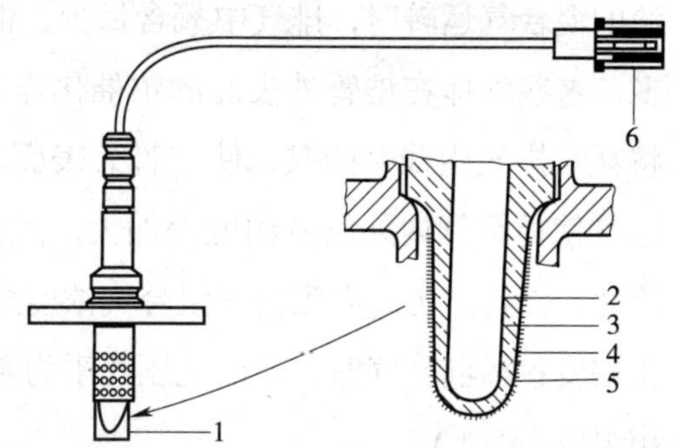

图 5–1–3 氧化锆式氧传感器的锆管
1—保护套管 2—内表面铂电极层
3—氧化锆陶瓷管 4—外表面铂电极层
5—多孔氧化铝保护层 6—接线端

图 5–1–4 所示为两种不同的氧化锆式氧传感器。氧化锆式氧传感器在温度超过 300 ℃后才能进行正常工作。早期使用的氧化锆式氧传感器靠排气加热，这种传感器必须在发动机起动运转数分钟后才能开始工作，它只有一根接线与 ECU 相连，如图 5–1–4a 所示。

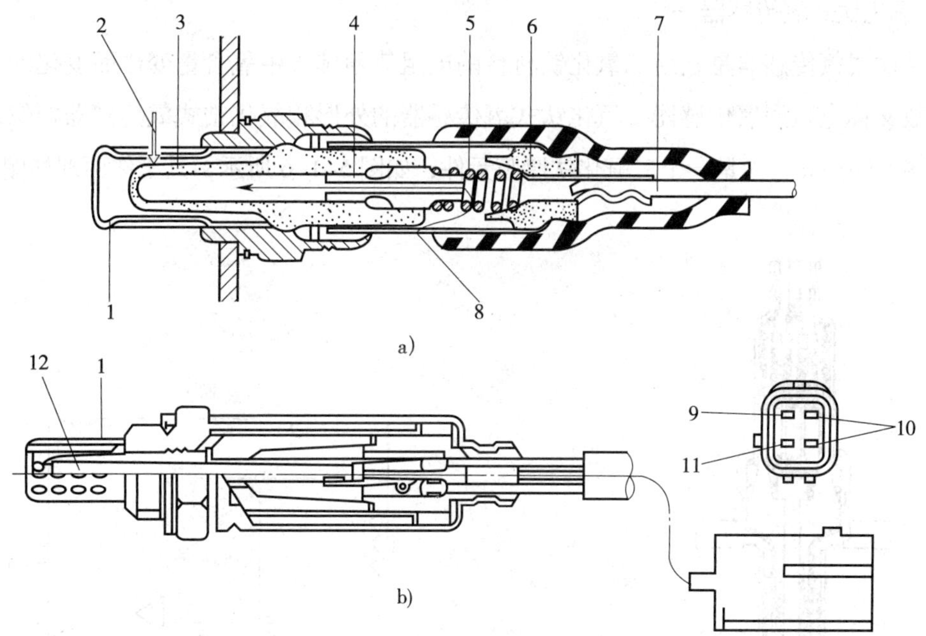

图 5–1–4 两种不同的氧化锆式氧传感器
1—保护套管 2—废气 3—锆管 4—电极 5—弹簧 6—绝缘体 7—信号输出导线
8—空气 9—接地端子 10—加热器接线端子 11—信号输出端子 12—加热器

现在大部分汽车使用带加热器的氧化锆式氧传感器，如图 5–1–4b 所示，这种传感器内有一个加热器，可在发动机起动后的 20 ~ 30 s 内迅速将传感器加热至工作温度。它有三根接线，一根接 ECU，另外两根分别接地和电源。

锆管的陶瓷体是多孔的，渗入其中的氧气在温度较高时发生电离。由于锆管内外侧氧含量不一致，存在浓度差，因而氧离子从大气侧向排气一侧扩散，从而使锆管成为一个微电池，在两铂电极间产生电压，如图 5–1–5 所示。

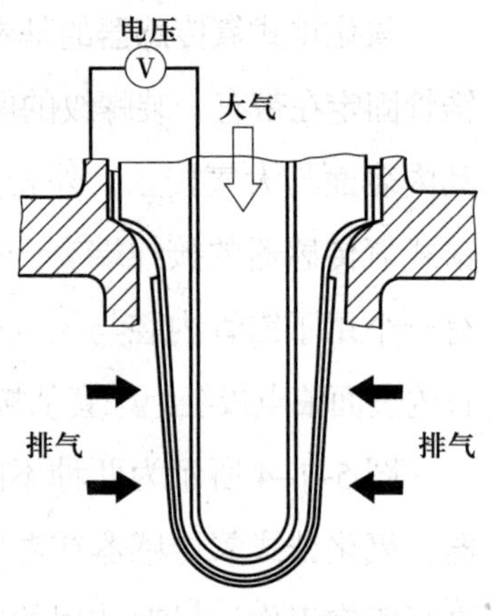

图 5–1–5　氧化锆式氧传感器的工作原理

当混合气的实际空燃比小于理论空燃比，即发动机以较浓的混合气运转时，排气中氧含量少，但 CO、HC、H_2 等较多。这些气体在锆管外表面的铂催化作用下与氧发生反应，将耗尽排气中残余的氧，使锆管外表面的氧气浓度变为零，这就使得锆管内外侧氧浓度差加大，两铂电极间电压陡增。因此，锆管产生的电压将在混合气浓度接近理论空燃比时发生突变：稀混合气时，输出电压几乎为零；浓混合气时，输出电压接近 1 V。

正常情况下，氧传感器的输出电压在 0.1 ~ 0.8 V 之间不断变化，通常每 10 s 内变化 6 ~ 8 次。如果氧传感器输出电压变化过缓或电压保持不变（不论保持在高电位还是低电位），则表明氧传感器有故障，需检修。

2. 氧化钛式氧传感器

氧化钛式氧传感器是利用二氧化钛材料的电阻值随排气中氧含量变化而变化的特性制成的，故又称电阻型氧传感器。氧化钛式氧传感器的外形和氧化锆式氧传感器相似，在传感器前端的保护套管内是一个二氧化钛厚膜元件，如图 5–1–6 所示，其工作原理如图 5–1–7 所示。

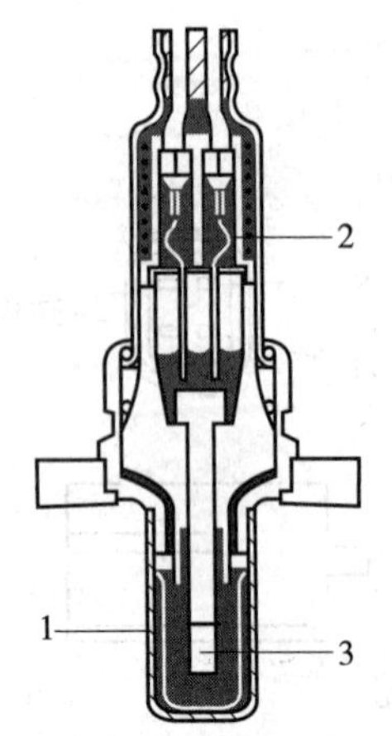

图 5–1–6　氧化钛式氧传感器
1—保护套管　2—连接线
3—二氧化钛厚膜元件

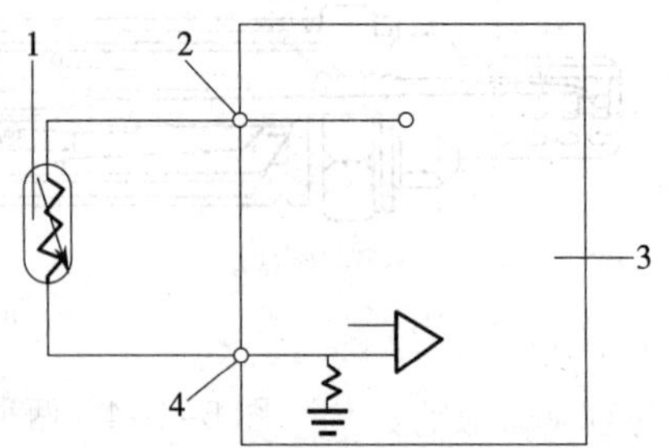

图 5–1–7　氧化钛式氧传感器的工作原理
1—氧化钛式氧传感器　2—1 V 电压端子
3—ECU　4—输出电压端子

纯二氧化钛在常温下是一种高电阻的半导体，但表面一旦缺氧，其特性便出现缺陷，电阻随之减小。由于二氧化钛的电阻也随温度不同而变化，因此，在氧化钛式氧传感器内部也有一个加热器，以保持氧化钛式氧传感器在发动机工作过程中温度恒定不变。

如图 5–1–7 所示，ECU 的端子 2（1 V 电压端子）将一个恒定的 1 V 电压加在氧化钛式氧传感器的一端，传感器的另一端与 ECU 端子 4（输出电压端子）相接。当排出的废气中氧浓度随发动机混合气浓度变化而变化时，氧化钛式氧传感器的电阻随之改变，ECU 端子 4 上的电压也随着变化。当端子 4 上的电压高于参考电压时，ECU 判定混合气过浓；当端子 4 上的电压低于参考电压时，ECU 判定混合气过稀。

通过 ECU 的反馈控制，可保持混合气的浓度在理论空燃比附近。在实际的反馈控制过程中，端子 4 上的电压在 0.1 ~ 0.9 V 之间不断变化。

3. 宽带型氧传感器

普通型氧传感器的工作范围是在过量空气系数 λ =1 的附近产生一个跳跃性的输出电压变化，一旦超出此范围，其反应性能便降低。当发动机需要做稀混合气或浓混合气控制时，这一类型的氧传感器便无法胜任了，所以才有宽带型氧传感器的产生。宽带型氧传感器安装在三元催化转化器前，该传感器的信号是一个几乎呈线性增长的电流，能在发动机全部转速范围内被测量到，如图 5-1-8 所示。宽带型氧传感器的安装位置如图 5-1-9 所示。

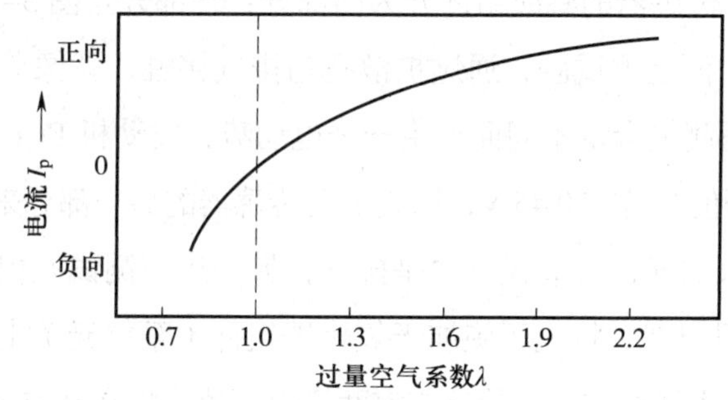

图 5-1-8 宽带型氧传感器的信号

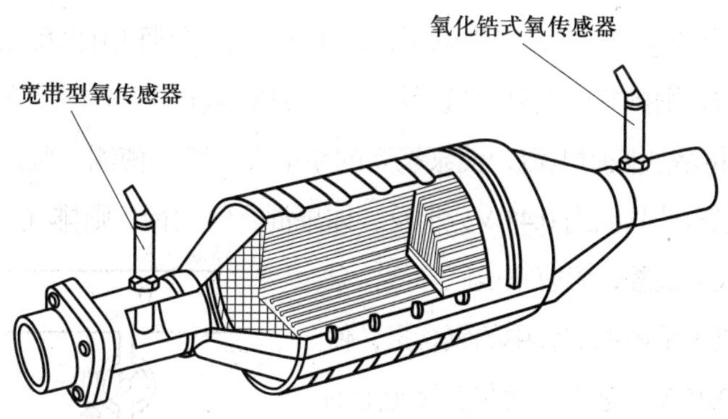

图 5-1-9 宽带型氧传感器的安装位置

宽带型氧传感器的工作原理如图 5-1-10 所示，其基本控制原理就是以普通氧化锆式氧传感器为基础而加以扩充的，氧化锆式氧传感器有一个特性，就是当氧离子移动时会造成电动势的产生。若采用反向程序，将电压施加于氧化锆组件上，即会造成氧离子的移动，根据此步骤即可由发动机 ECU 控制所想要的比例值。

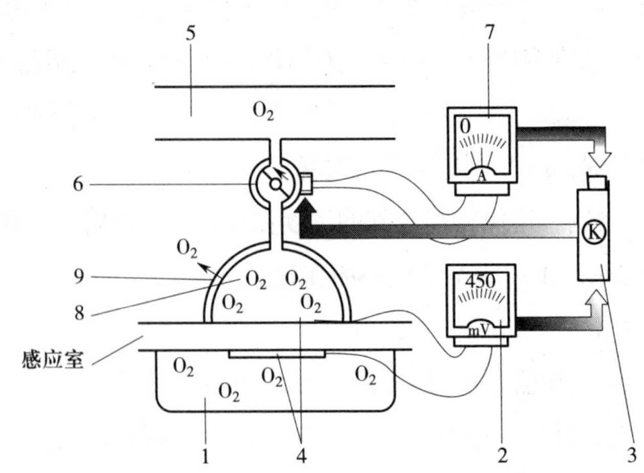

图 5-1-10　宽带型氧传感器的工作原理

1—大气　2—感应室电压　3—发动机 ECU　4—电极　5—排气

6—泵氧元　7—泵氧元电流　8—测试腔　9—扩散孔

宽带型氧传感器将传感器的感应组件分为两部分：一部分是图 5-1-10 中的感应室，它一面与大气接触，另一面是测试腔，通过扩散孔与排气接触，就像普通的氧化锆式氧传感器一样，由于感应室两侧氧含量不同而产生一个电动势，发动机 ECU 要把感应室两侧的氧含量保持一致，让电压值维持在 0.45 V，这就需要传感器的另一部分来完成；另一部分是传感器的关键部件——泵氧元，泵氧元一边是排气，另一边与测试腔相连。泵氧元利用氧化锆式氧传感器的反作用原理，将电压施加于氧化锆组件（泵氧元）上，即会造成氧离子的移动，把排气中的氧泵入测试腔中，使感应室两侧电压值维持在 0.45 V。

图 5-1-11 为宽带型氧传感器的探头截面图，图中间部分为氧化锆组件，中间部分与普通氧化锆式氧传感器的原理相同，产生电压，而上半部泵氧则利用相反原理工作。

如果混合气太浓，则排气中的氧含量下降，此时从扩散孔溢出的氧比较多，感应室的电压升高，发动机 ECU 将增加控制电流，使泵氧元的泵增加效率，使测试腔的氧含量增多，这样可以调节感应室的电压使其回到 0.45 V；相反，如果混合气太稀，则排气中的氧含量上升，此时氧要从扩散孔进入测试腔，感应室电压降低，泵氧元又要向外排出氧来平衡测试腔中的氧含量，使感应室电压维持在 0.45 V。总之，加在泵氧元上的电压可以保证当测试腔内的氧多时，排出测试腔内的氧，这时发动机 ECU 的控制电流是正电流，而当测试腔内的氧少时，向测试腔供氧，这时发动机 ECU 的控制电流是负电流，这一过程中提供给泵氧元的电流就反映了排气中的 λ 值。

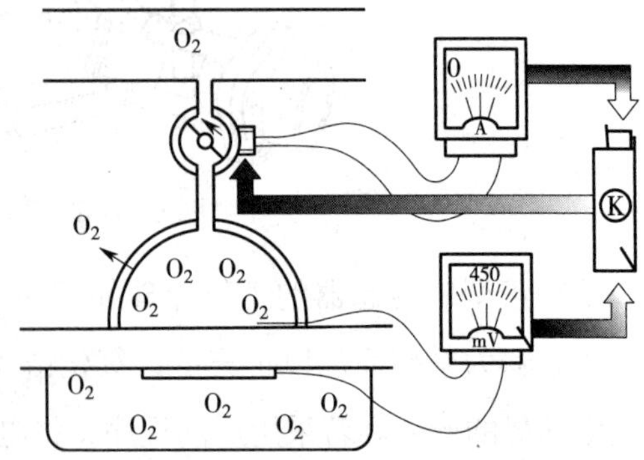

图 5-1-11　宽带型氧传感器的探头截面图

宽带型氧传感器和氧化锆式氧传感器在检测时有明显的不同：氧化锆式氧传感器直接利用电压信号作为测量值，而宽带型氧传感器将经过特殊处理和控制的泵氧元供给电流作为测量过量空气系数的参数，这样的传感器产生的就不是阶跃函数性质的响应，而是连续递增的信号，如图 5-1-12、图 5-1-13 所示。

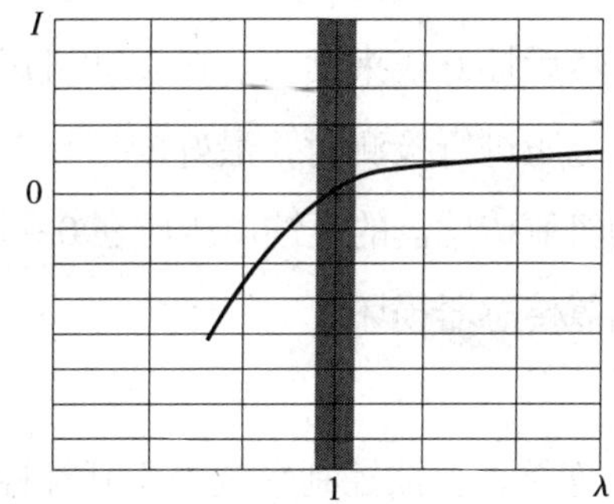

图 5-1-12　宽带型氧传感器的输出特性

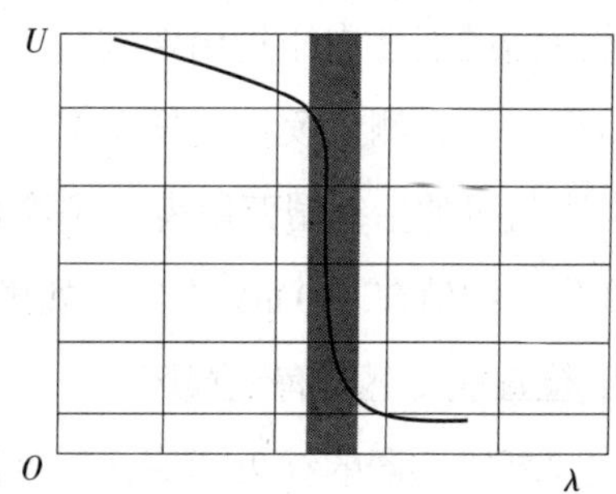

图 5-1-13　氧化锆式氧传感器的输出特性

三、氧传感器损坏的现象

虽然大多数氧传感器没有建议的更换周期（即“视情”更换），但反应迟钝的氧传感器应当更换。非加热型的单引线式或两线式氧传感器一般每 50 000 ~ 80 000 km 更换一次，加热型的三线式或四线式氧传感器约每 100 000 km 更换一次，对于 OBD-Ⅱ车型，约每 160 000 km 更换一次。

氧传感器失效一般有两种原因：一是已到使用期限；二是碳烟、铅化物、硅胶以及机油等物质沉积在氧传感器上，造成其失效。

氧传感器失效会导致混合气过浓或过稀，产生怠速不稳、油耗过大以及排放过高等故障，此时发动机自诊断系统将点亮汽车仪表上的发动机报警灯，提示要立即检修。

四、氧传感器的检查

氧传感器有多种形式，除结构上有差异外，在外形上也有不同，其接线有一根、二根或三根、四根、六根，后三种是装有加热器的加热型氧传感器。检查时需要使用万用表或示波器来检测输出电压信号随混合气浓度变化的情况，以及 ECU 对电压信号的响应。发动机在正常工作温度时，氧传感器如果不能随混合气浓度变化输出相应的电压，则证明氧传感器已失效，需进行更换。对氧传感器一般要进行加热器电阻、反馈电压等几个方面的检查。

1. 氧传感器加热器电阻的检查

以速腾 EA211-DLS 型发动机为例。将万用表调到电阻挡，找到氧传感器（通常安装在发动机排气管上），拔下氧传感器线束插头（在检查前，需要先将氧传感器的线束插头拔下），用万用表的两个表笔分别接触氧传感器线束插头中加热器的两个接线柱，测量其电阻值。速腾 EA211-DLS 型发动机氧传感器加热器的电阻值在特定温度下有一个标准范围，通常为 1 ~ 5 Ω。如果测量得到的电阻值在标准范围内，说明氧传感器加热器正常；如果电阻值为无穷大，则说明加热器损坏，需要更换氧传感器。

2. 反馈电压的检测

将万用表调到电压挡，找到氧传感器并拔下氧传感器线束插头。对照车型的电路图，从氧传感器的反馈电压输出接线柱上引出一条细导线，然后插好线束插头。在发动机运转中，从引出线上测量反馈电压。对汽车氧传感器的反馈电压进行检测时，最好使用具有低量程和高阻抗的指针型万用表。速腾 EA211-DLS 型发动机氧传感器的反馈电压应在 0 ~ 1 V 之间变化，中值在 500 mV 左右。如果电压无变化，说明氧传感器损坏。

3. 检查氧传感器有无损坏

拔掉氧传感器的线束插头，使氧传感器不再与 ECU 连接，反馈控制系统处于开环控制状态。将万用表电压挡的正表笔直接与氧传感器反馈电压输出接线柱连接，负表笔良好搭铁。在发动机运转中测量反馈电压，先脱开接在进气管上的曲轴箱强制通风管或其他真空软管，人为地形成稀混合气，同时观察万用表，其指针读数应下降；然后接上脱开的管路，再拔下冷却液温度传感器插头，用一个 4 ~ 8 kΩ 的电阻器代替冷却液温度传感器，人为地形成浓混合气，同时观察万用表，其指针读数应上升。也可以用突然踩下或松开加速踏板的方法来改变混合气的浓度，在突然踩下加速踏板时，混合气变浓，反馈电压应上升；突然松开加速踏板时，混合气变稀，反馈电压应下降。如果氧传感器的反馈电压无上述变化，表明氧传感器已损坏。另外，在采用上述方法检查氧化钛式氧传感器时，若是良好的氧传感器，输出端的电压应以 2.5 V 为中心上下波动，否则可拆下氧传感器并暴露在空气中，冷却后测量其电阻值，若电阻值很大，说明氧传感器是好的，否则应更换氧传感器。

4. 氧传感器外观颜色的检查

从排气管上拆下氧传感器，检查氧传感器外壳上的通气孔有无堵塞，陶瓷芯有无破损。如果有，则应更换氧传感器。通过观察氧传感器顶尖部位的颜色也可以判断故障（见表 5-1-3）。

表 5-1-3　根据氧传感器顶尖部位的颜色判断氧传感器的故障

故障现象	可能原因	解决方法
淡灰色顶尖	正常颜色	—
白色顶尖	由硅污染造成的	更换氧传感器
棕色顶尖	由铅污染造成的	如果严重，必须更换氧传感器
黑色顶尖	由积炭造成的	在排除发动机积炭故障后，一般可以自动清除氧传感器上的积炭

5. 宽带型氧传感器的检测

在对三元催化转化器的前后氧传感器进行检测时，可以利用专用故障诊断仪读取数据流的方法来进行诊断分析，发动机 ECU 将宽带型氧传感器的电流信号转化成电压值显示出来，并可分别显示三元催化转化器前的宽带型氧传感器的电压值和三元催化转化器后的氧化锆式氧传感器的电压值。所不同的是，宽带型氧传感器的电压值应在 1 ~ 2 V 之间来回变化，当电压在 1.5 V 以上时，说明混合气过稀，当电压出现恒定值 1.5 V、4.9 V、0 V 时，说明宽带型氧传感器线路出现故障；氧化锆式氧传感器的电压值应在 0.5 ~ 0.8 V 之间（而不是在 0 ~ 1 V 之间），当电压出现恒定值 1.1 V、0.4 ~ 0.5 V、0 V 时，说明氧化锆式氧传感器线路出现故障。在其他显示组还可以读取有关氧化锆式氧传感器的其他数据，可参照维修手册进行读取。

任务实训

氧传感器的检修

一、实训目的

能够对氧传感器进行检修。

二、实训准备

实训工具及设备准备见表 5–1–4。

表 5–1–4 实训工具及设备准备

序号	工具及设备	数量
1	丰田卡罗拉实训车（8ZR–FXE 发动机）	1 辆
2	丰田故障诊断仪（GTS）	1 台
3	万用表	1 个
4	通用工具	1 套
5	发动机舱防护罩	1 套
6	驾驶室卫生防护“三件套”	1 套

三、实训步骤

丰田卡罗拉 8ZR–FXE 发动机采用了两个氧传感器，分别安装于三元催化转化器（TWC）之前和之后，TWC 之前的为宽带型氧传感器（主氧传感器），TWC 之后的为加热型氧传感器（副氧传感器），副氧传感器的结构如图 5–1–14 所示。ECM 主要利用主氧传感器信号来调节空燃比（主空燃比控制），使其接近理论值。TWC 之后的加热型氧传感器信号既可以用来监测 TWC 的工作状态，又可以作为辅助信号，用于进一步提高空燃比的调节精度（辅助空燃比控制）。为了确保废气温度低时主氧传感器仍然能够产生有用的电压信号，主氧传感器也带有加热器。副氧传感器与加热器集成在一起，即使在进气量较小时（废气温度较低），也能检测出氧的浓度。混合气变稀时，废气中的氧浓度增大，副氧传感器输出低电压（低于 0.45 V）；混合气变浓时，废气中氧浓度减小，副氧传感器输出高电压（高于 0.45 V）；混合气浓度接近理论值时，副氧传感器的输出电压会急剧变化，其性能曲线如图 5-1-15 所示。

主氧传感器和副氧传感器的工作电路如图 5-1-16 所示。

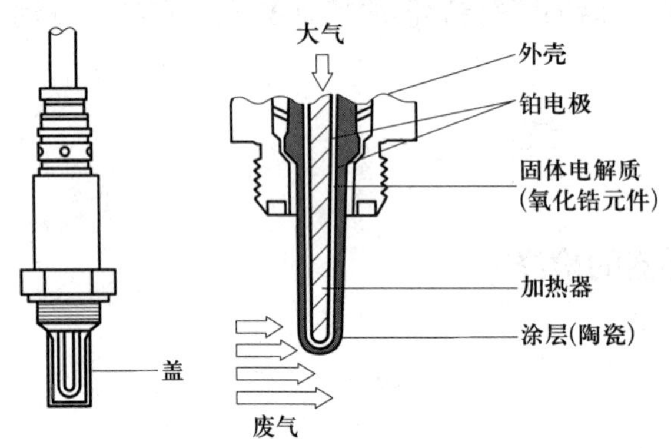

图 5-1-14　副氧传感器的结构

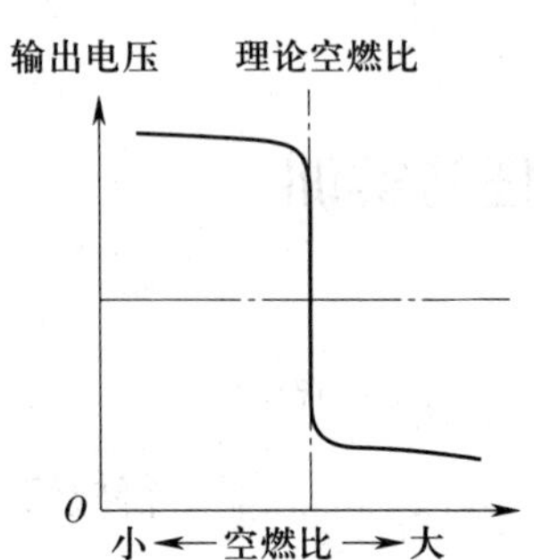

图 5-1-15　副氧传感器的性能曲线

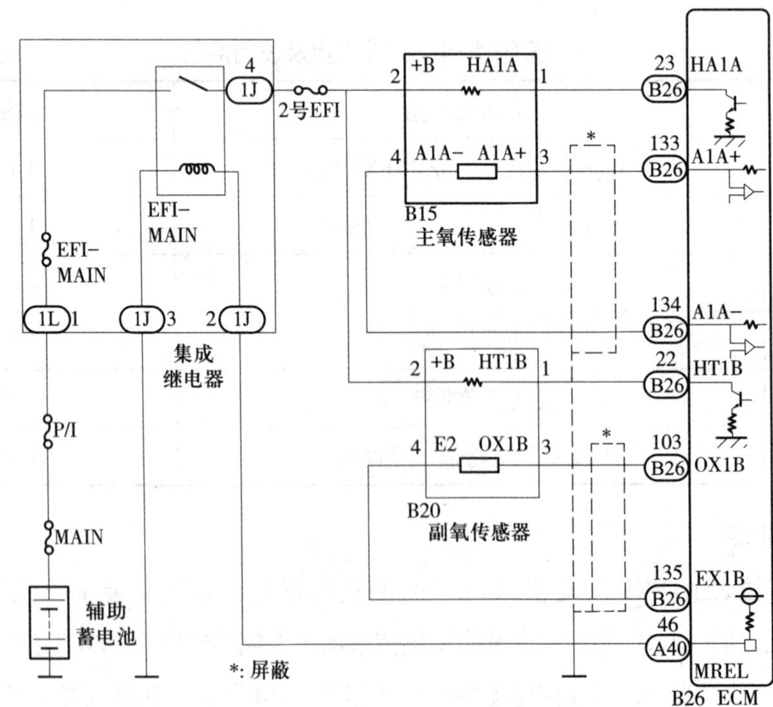

图 5-1-16　主氧传感器和副氧传感器的工作电路

1. 氧传感器相关故障码（DTC）

丰田卡罗拉氧传感器相关故障码（DTC）见表 5-1-5。

表 5-1-5 丰田卡罗拉氧传感器相关故障码（DTC）

DTC 编号	检测项目	DTC 检测条件	故障部位	MIL（故障灯）
P0031	氧传感器电路高电压	电压过高（短路），主动空燃比控制期间，在一定时间内满足以下条件： 1. 副氧传感器输出电压高于 0.59 V； 2. 目标空燃比过大	1. 副氧传感器电路； 2. 副氧传感器； 3. 主氧传感器； 4. ECM	点亮
P0032	主氧传感器加热器控制电路高电压	主氧传感器加热器电流达到上限	1. 主氧传感器加热器电路短路； 2. 主氧传感器； 3. 集成继电器； 4. ECM	点亮
P101D	主氧传感器加热器电路性能卡在 ON 位置	加热器不工作时，主氧传感器加热器电流大于规定值	1. 主氧传感器加热器电路短路； 2. ECM	点亮
P0037	副氧传感器加热器控制电路低电压	加热器工作时，副氧传感器加热器电流等于或小于规定值	1. 副氧传感器加热器电路断路； 2. 副氧传感器； 3. 集成继电器； 4. ECM	点亮
P0038	副氧传感器加热器控制电路高电压	副氧传感器加热器电流达到上限	1. 副氧传感器加热器电路短路； 2. 副氧传感器； 3. 集成继电器； 4. ECM	点亮

续表

DTC 编号	检测项目	DTC 检测条件	故障部位	MIL（故障灯）
P102D	副氧传感器加热器电路性能卡在 ON 位置	加热器不工作时，副氧传感器加热器电流大于规定值	ECM	点亮
P0136	主氧传感器电路	异常电压输出，主动空燃比控制期间，在一定时间内满足以下条件： 1. 副氧传感器电压未升高至 0.59 V 或更高； 2. 副氧传感器电压未降至 0.21 V 以下	1. 副氧传感器电路； 2. 副氧传感器； 3. 主氧传感器； 4. 排气系统漏气； 5. 燃油压力； 6. 喷油器总成； 7. PCV 阀和软管； 8. 空气供给系统	点亮
P0137	氧传感器电路低电压	电压过低（断路），主动空燃比控制期间，在一定时间内满足以下条件： 1. 副氧传感器输出电压低于 0.21 V； 2. 目标空燃比过小	1. 副氧传感器电路； 2. 副氧传感器； 3. 主氧传感器； 4. 排气系统漏气	点亮
P0138	氧传感器电路高电压	电压过高（短路），主动空燃比控制期间，在一定时间内满足以下条件： 1. 副氧传感器输出电压高于 0.59 V； 2. 目标空燃比过大	1. 副氧传感器电路； 2. 副氧传感器； 3. 主氧传感器； 4. ECM	点亮

续表

DTC 编号	检测项目	DTC 检测条件	故障部位	MIL（故障灯）
P2195	主氧传感器信号始终偏稀	满足以下1或2任一条件： 1. 条件（1）和（2）持续5 s或更长时间： （1）主氧传感器电压高于3.8 V； （2）副氧传感器电压为0.21 V或更高； 2. 进行燃油切断操作时（车辆减速过程中），主氧传感器电流为2.2 mA或更大，持续3 s	1. 主氧传感器电路断路或短路； 2. 主氧传感器； 3. 空气供给系统； 4. 燃油压力； 5. 喷油器总成； 6. ECM	点亮
P2196	主氧传感器信号始终偏浓	满足以下1或2任一条件： 1. 条件（1）和（2）持续5 s或更长时间： （1）主氧传感器电压低于2.8 V； （2）副氧传感器电压低于0.59 V； 2. 进行燃油切断操作时（车辆减速过程中），主氧传感器电流小于0.7 mA，持续3 s	1. 主氧传感器电路断路或短路； 2. 主氧传感器； 3. 空气供给系统； 4. 燃油压力； 5. 喷油器总成； 6. ECM	点亮
P2237	主氧传感器泵送电流电路断路	发动机运转时，主氧传感器的端子A1A+和A1A-之间的电路断路	1. 主氧传感器电路断路； 2. 主氧传感器； 3. ECM	点亮

续表

DTC 编号	检测项目	DTC 检测条件	故障部位	MIL（故障灯）
P2238	主氧传感器泵送电流电路低电压	情况 1： 条件（1）或（2）持续 5.0 s 或更长时间： （1）端子 A1A+ 电压为 0.5 V 或更低； （2）端子 A1A+ 和 A1A- 之间的电压差为 0.1 V 或更低； 情况 2： 主氧传感器导纳小于 0.007 41/ Ω	1. 主氧传感器电路断路或短路； 2. 主氧传感器； 3. ECM	点亮
P2239	主氧传感器泵送电流电路高电压	端子 A1A+ 电压高于 4.5 V	1. 主氧传感器电路断路或短路； 2. 主氧传感器； 3. ECM	点亮
P2252	主氧传感器参考搭铁电路低电压	端子 A1A- 电压为 0.5 V 或更低	1. 主氧传感器电路断路或短路； 2. 主氧传感器； 3. ECM	点亮
P2253	主氧传感器参考搭铁电路高电压	端子 A1A- 电压高于 4.5 V	1. 主氧传感器电路断路或短路； 2. 主氧传感器； 3. ECM	点亮

续表

DTC 编号	检测项目	DTC 检测条件	故障部位	MIL（故障灯）
P2A00	主氧传感器电路响应慢（B1 S1）	主氧传感器响应速度恶化程度的计算值小于阈值	1. 主氧传感器； 2. 空气供给系统； 3. 喷油器总成； 4. 燃油泵； 5. 燃油管路； 6. ECM	点亮

2. 出现故障码（DTC）P0031、P0032、P101D 时的检查方法

存储这些 DTC 中的任何一个，ECM 都将进入失效保护模式，该模式下，ECM 将关闭主氧传感器加热器。尽管 DTC 内容提及氧传感器，但这些 DTC 往往与主氧传感器有关。主氧传感器加热器电路使用 +B 侧的继电器（见图 5–1–16），ECM 提供脉宽调制控制电路，用占空比的方式调节通过加热器的电流，加热器中的电流超出正常工作范围时，ECM 将视为传感器加热器故障并存储相应的 DTC，存储 DTC 的条件为：

P0031：加热器输出占空比≥ 30%；

P0032：加热器输出占空比≥ 0%；

P101D：加热器输出占空比＜ 60%。

（1）确认行驶模式。

（2）检查主氧传感器（加热器电阻）。

断开主氧传感器连接器（见图 5–1–17），用万用表测量传感器相关端子之间的电阻，相关数据如下：

1（HA1A）—2（+B）：1.6 ~ 3.22 Ω（20 ℃）；

1（HA1A）—4（A1A–）：≥ 10 kΩ。

如果不符合规定，则更换主氧传感器；如果符合规定，则进行下一步。

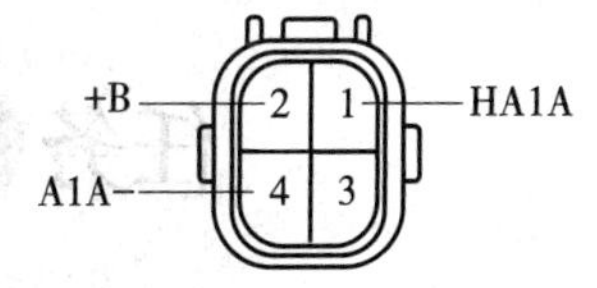

图 5–1–17 主氧传感器连接器

（3）检查主氧传感器电源电压。

断开主氧传感器连接器，将点火开关置于 ON（IG）位置，用万用表测量线束侧连接器 B15–2（+B）与车身搭铁之间的电压，应为 11 ~ 14 V。

如果异常，则维修或更换线束或连接器（主氧传感器—EFI-MAIN 继电器）；如果正常，则进行下一步。

（4）检查线束和连接器（主氧传感器—ECM）。

断开主氧传感器连接器，断开 ECM 连接器，用万用表测量相关端子之间的电阻，相关数据如下：

B15-1（HA1A）—B26-23（HA1A）：< 1 Ω；

B15-1（HA1A）或 B26-23（HA1A）—车身搭铁：≥ 10 kΩ。

如果异常，则维修或更换线束或连接器；如果正常，则进行下一步。

（5）检查是否再次输出 DTC（P0031、P0032 或 P101D）。

如果未输出 DTC，则检查是否存在间歇性故障；如果输出 DTC P0031、P0032 或 P101D，则更换 ECM。

四、实训要求

1. 认真思考每一步操作的理由，并与电路图进行对照。

2. 操作仔细、认真、规范，避免损坏设备。

3. 养成使用发动机舱防护罩、驾驶室卫生防护“三件套”的职业习惯。

4. 养成工具、零件、油液“三不落地”的汽车维修操作习惯。

任务小结

氧传感器用来检测废气中氧含量，从而判断混合气的浓度，以便 ECU 对喷油量实施“闭环调节”。有些汽车装有主、副两个氧传感器，主氧传感器用于喷油量的“闭环调节”，副氧传感器则用于三元催化转化器工作状态的监测。

氧传感器有氧化锆式和氧化钛式两种类型，其中氧化锆式又分为加热型与非加热型两种，氧化钛式一般都为加热型。

氧传感器的检查内容包括：加热器控制电路的检查、氧传感器信号的检查、“闭环调节”功能的检查等。

任务❷　燃油蒸发控制系统的检修

学习目标

1. 了解汽车发动机的有害排放物。

2. 了解燃油蒸发控制系统的结构及作用。

3. 掌握燃油蒸发控制系统的工作原理。

4. 掌握燃油蒸发控制系统的检修方法。

任务引入

汽车所造成的环境污染已越来越多地引起人们的普遍关注，各国的废气排放标准越来越严格，各大汽车生产厂家为能顺利达到废气排放标准，纷纷研究开发控制废气排放的各种系统。汽车发动机的有害排放物究竟有哪些？燃油蒸发控制系统又是如何控制和减少发动机排放的有害物质的？通过本任务的学习，将了解这方面的相关知识，同时学会燃油蒸发控制系统的检修方法。

相关知识

一、汽车发动机的有害排放物

汽车产生的有害气体主要从三个途径排出。

1. 燃烧排气

发动机燃烧后所排放废气的有害成分主要有三种。

（1）一氧化碳（CO）。CO 是在空气量不足的情况下所产生的不完全燃烧的产物，因此，CO 的排出量基本上受空燃比支配。通常在空燃比过小时容易产生。

（2）碳氢化合物（HC）。HC 是燃料不完全燃烧的产物（即有未燃的，也有燃料分解的产物）。当发动机点火不良，排气门泄漏，空燃比过小或过大时，因燃烧不完全而产生，特别是在怠速和减速时最多。

（3）氮氧化物（NO_x）。NO_x 是指 NO、NO_2、N_2O_4 等各种氮氧化物的总称，其中对环境危害最大的是 NO 和 NO_2，当气缸内的温度高且氧气充足的情况下最易产生。

怠速时，CO 的排放量最多，NO_x 最少；行驶时，NO_x 排放量最多，HC 最少；加速时，各种有害气体的排放量都增加，其中 NO_x 增加的最显著；减速时，NO_x 最少，HC 却显著增加。

2. 曲轴箱窜气

发动机从压缩到做功行程时，未燃烧的气体经活塞环、气缸的间隙窜入曲轴箱中，导致机油与废气混合，使机油变稀，降低了发动机的润滑性；机油产生热分解而变脏，生成油泥，使金属零件加速磨损；窜气使活塞和气缸过热，造成早燃，引起活塞环胶着，造成气缸擦伤等，这些都成为产生各种故障的原因。因此，曲轴箱内必须有新鲜空气不断循环。过去，新鲜空气被吸入发动机曲轴箱后和窜气一起排入大气，其废气成分与发动机燃烧所排放的废气相同，成为污染源之一。

窜气的主要成分是 HC，占 70%～80%，剩下的 20%～30% 是 CO、CO_2、NO_x、SO_2、PbO 等。

3. 燃油蒸发

随着外界温度的降低，油箱内部的燃油蒸气凝结，因此产生部分真空，从油箱盖吸入空气；而随着外界温度的上升，空气与燃油蒸气（HC）一起排出。此外，除燃油泵外，燃油管道等接头处渗出的燃油蒸气也会散至大气中。以上各种燃油蒸气，成为大气污染源之一。

汽车废气排放控制的方式大致可分为发动机燃烧过程控制和发动机外部废气控制两种。发动机外部废气控制又可分为燃油蒸发和窜缸废气及废气排放净化控制。

二、燃油蒸发控制系统的结构及工作原理

1. 作用

汽车产生的排放物大约有20%来自燃油蒸发。燃油蒸发控制（EVAP）系统能够存储燃油供给系统产生的燃油蒸气（HC），阻止燃油蒸气泄漏到大气中，减少环境污染；同时将收集的燃油蒸气适时地送入进气歧管，与正常混合气混合后进入发动机燃烧，使燃油得到充分利用。

2. 结构与工作原理

燃油蒸发控制系统随汽车生产厂家和生产年代的不同而有所不同。早期的燃油蒸发控制系统多利用真空进行控制，近年来基本采用ECU进行控制。目前常见的燃油蒸发控制系统主要由燃油单向阀、蒸气通气管路、活性炭罐、活性炭罐电磁阀等组成，如图5-2-1所示。

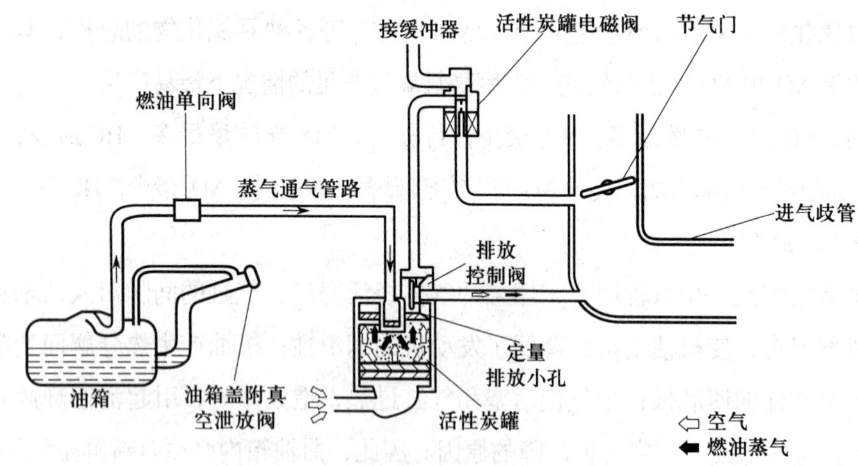

图5-2-1　燃油蒸发控制系统的基本组成

油箱内的燃油蒸气压力大于外界环境大气压力时，燃油蒸气经油箱顶部的蒸气通气管路进入活性炭罐。活性炭罐内充满颗粒状的活性炭，燃油蒸气中的燃油分子被吸附在活性炭表面，剩下的空气经活性炭罐的下出气口（如图5-2-2中箭头所示）排入大气中。

活性炭罐上出气口经真空软管与发动机进气歧管相连，真空软管中部设有一个活性炭

罐电磁阀（常闭阀）控制管路的通断。当发动机运转时，如果ECU控制活性炭罐电磁阀开启，则在进气管真空吸力的作用下，外界空气从活性炭罐底部进入，经过活性炭至上出气口，再经真空软管进入发动机进气歧管。流动的空气使吸附在活性炭表面的燃油分子又重新蒸发，随新鲜空气一起被吸入发动机气缸燃烧，一方面使燃油得到充分利用，另一方面也恢复活性炭的吸附能力。

图 5-2-2　丰田车系活性炭罐

1—炭罐　2—油箱压力阀　3—排放控制阀

3. 系统控制

为了防止破坏发动机正常的空燃比，回收进入进气歧管的燃油蒸气量必须加以控制，这一控制过程由ECU控制活性炭罐电磁阀的开闭来实现。一般来说，ECU控制活性炭罐电磁阀通电开启是有一定条件的，通常考虑以下情况：冷却液温度高于规定值、发动机转速高于规定值、车速高于规定值、发动机起动超过规定时间及怠速触点开关处于断开状态。

当发动机运行工况满足活性炭罐电磁阀开启条件时，ECU控制活性炭罐电磁阀通电开启，储存在活性炭罐内的燃油蒸气经真空软管吸入发动机燃烧，此时由于发动机进气量较大，少量的燃油蒸气进入发动机不会影响混合气的浓度。较先进的燃油蒸发控制系统可根据发动机负荷等情况，适时控制活性炭罐电磁阀通电时的占空比，以达到控制电磁阀门开启程度、调节吸入的燃油蒸气流量的目的。

三、燃油蒸发控制系统的检查

1. 检查注意事项

（1）在EVAP系统元件附近不要抽烟，也不要让其他火源接近。

（2）如果在汽车内或汽车附近有汽油味，应立即检查EVAP系统的软管是否有裂纹或断开，并检查燃油供给系统是否漏油。若有燃油泄漏或燃油蒸发泄漏，应立即维修处理。

（3）不能用水清洗活性炭罐，应该去掉没有活性的炭。

2. 检查方法

在发动机怠速或在很低速度下工作时，如果EVAP系统将燃油蒸气注入进气歧管，发动机将会工作不稳定。EVAP系统的一般检查方法如下。

（1）检查EVAP系统中所有软管是否泄漏、堵塞和连接松动。检查EVAP系统中的电路连接是否松动、接线端是否腐蚀。如果活性炭罐电磁阀和相关电路内发生故障，常常在发动机ECU存储器内设置故障码。

（2）可使用故障诊断仪诊断EVAP系统，故障诊断仪指示活性炭罐电磁阀接通或断开。将故障诊断仪连接到DLC上，再起动发动机。当发动机怠速时，活性炭罐电磁阀应该断开。

（3）继续起动直到满足活性炭罐电磁阀接通的条件。如果在此条件下电磁阀没有接通，应检查该电磁阀的供电导线、电磁阀以及从该电磁阀至ECU的导线。

3. 元件检查

（1）将发动机预热至正常工作温度，然后使发动机怠速运转。

（2）脱开活性炭罐上的真空软管，用手触摸软管开口端，检查有没有真空吸力。怠速时活性炭罐电磁阀不通电，软管内应无真空吸力。若此时有吸力，则检查电磁阀线束插头内的电源电压，若有电压，则检查ECU；若无电压，则检查电磁阀是否泄漏。

（3）踩下加速踏板，使发动机转速升高到2 000 r/min以上，检查软管内有无真空吸力，若有吸力，则正常。若没有吸力，则检查电磁阀的电源电压，若电压正常，说明电磁阀有故障；若电压不正常或没有电压，则进一步检查线路和ECU。

（4）检查活性炭罐电磁阀。

1）脱开活性炭罐电磁阀插头，用万用表测量电磁阀两端子间的电阻值，应符合要求，如丰田卡罗拉活性炭罐电磁阀的电阻值为22～30 Ω。

2）脱开活性炭罐电磁阀插头，向活性炭罐进气孔吹气时应不通气，将蓄电池电压加在电磁阀的两端子上，再向活性炭罐进气孔吹气时应能通气。否则说明电磁阀有故障，应更换。

（5）检查活性炭罐。

1）检查活性炭罐表面，应没有损坏或裂开。

2）如图5-2-3a所示，用压缩空气吹入油箱接管，空气应无阻碍地从其他接管流出。用压缩空气吹入排污接管，空气应不能从其他接管流出。如有问题，更换活性炭罐。

3）清洗活性炭罐中的滤清器。如图5-2-3b所示，堵住排污接管，用294 kPa的压缩空气吹入油箱接管，可清洗活性炭罐滤清器。

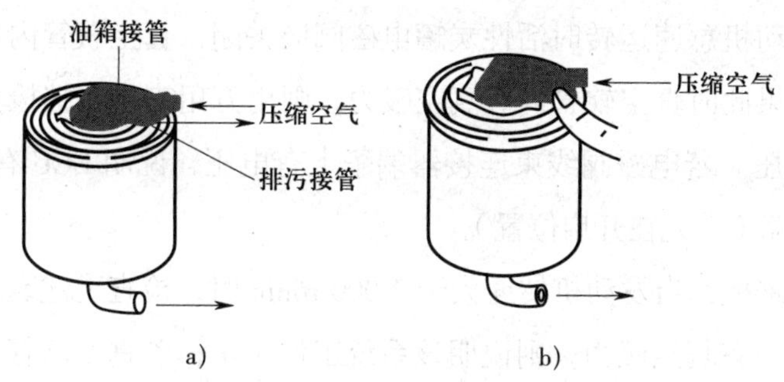

图 5-2-3 活性炭罐的检查与清洗
a）检查活性炭罐 b）清洗活性炭罐滤清器

任务实训

燃油蒸发控制系统的检修

一、实训目的

能够对燃油蒸发控制系统进行检修。

二、实训准备

实训工具及设备准备见表 5-2-1。

表 5-2-1 实训工具及设备准备

序号	工具及设备	数量
1	丰田卡罗拉实训车（8ZR-FXE 发动机）	1 辆
2	丰田故障诊断仪（GTS）	1 台
3	通用工具	1 套
4	万用表	1 个
5	发动机舱防护罩	1 套
6	驾驶室卫生防护“三件套”	1 套

三、实训步骤

对燃油蒸发控制系统的故障，ECU 一般不能自行诊断，只能采用就车检查和单件检查的方法来查找。

1. 就车检查

就车检查可按下述顺序进行。

（1）将发动机预热至正常工作温度，并使之怠速运转。

（2）拔下活性炭罐上的真空软管，检查真空软管内有无真空吸力。若燃油蒸发控制系统工作正常，在发动机怠速运转时活性炭罐电磁阀应关闭，真空软管内应无真空吸力，如图 5-2-4 所示。如果此时真空软管内有真空吸力，则用万用表电压挡检查电磁阀线束连接器端子上是否有电压。若电磁阀线束连接器端子上有电压，说明 ECU 有故障；若无电压，则说明电磁阀有故障（卡死在开启位置）。

（3）踩下加速踏板，当发动机转速大于 2 000 r/min 时，检查上述真空软管内有无真空吸力。若真空软管内有真空吸力，则说明该系统工作正常；若真空软管内无真空吸力，则用万用表电压挡检查电磁阀线束连接器端子上是否有电压。若有 12 V 电压，说明电磁阀有故障；若电压异常，则说明 ECU 或控制线路有故障。

2. 电磁阀的单件检查

（1）检查电磁阀电磁线圈的电阻值。拔下电磁阀线束连接器，用万用表电阻挡测量电磁阀电磁线圈的电阻值，应为 22 ~ 30 Ω。电阻值应符合规定，否则应更换电磁阀。

（2）检查电磁阀的工作。拆下电磁阀，首先向电磁阀内吹气，电磁阀应不通气；然后将蓄电池电压加到电磁阀线束连接器的两端子上，如图 5-2-5 所示，并同时向电磁阀内吹气，此时电磁阀应通气。如果电磁阀的状态与上述情况不符，则电磁阀有故障，应更换。

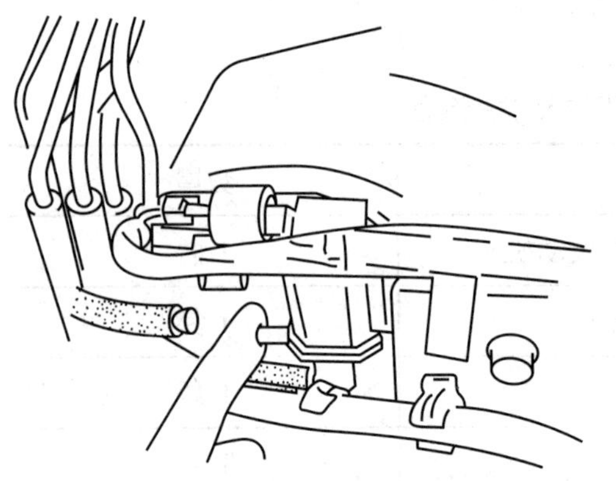

图 5-2-4　燃油蒸发控制系统的就车检查

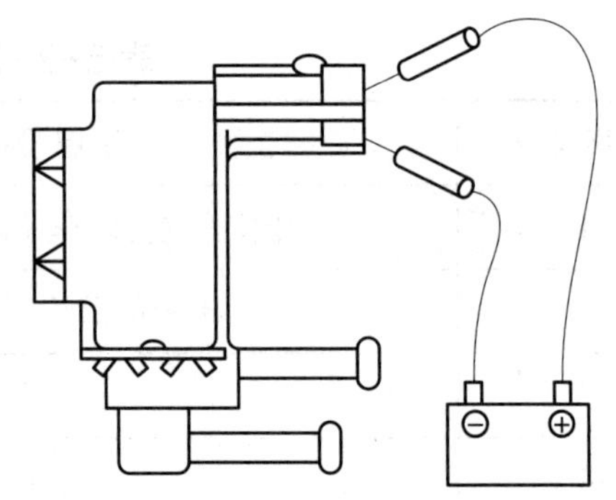

图 5-2-5　燃油蒸发控制系统的单件检查

四、实训要求

1. 清楚燃油蒸发控制系统检查的基本流程，确保思路清晰。
2. 操作仔细、规范，以免造成相关元件损坏。
3. 养成使用发动机舱防护罩、驾驶室卫生防护“三件套”的职业习惯。
4. 养成工具、零件、油液“三不落地”的汽车维修操作习惯。

任务小结

通过本任务的学习，了解到汽车发动机的有害排放物主要是一氧化碳、碳氢化合物和氮氧化物等，其主要通过燃烧排气、曲轴箱窜气和燃油蒸发三个途径排放到大气中。

燃油蒸发控制（EVAP）系统的作用是阻止油箱内的燃油蒸气泄漏到大气中污染环境，同时收集燃油蒸气并适时送入进气歧管，与正常混合气混合后进入发动机燃烧，提高燃油经济性。

燃油蒸发控制系统的检查内容包括：真空软管的检查、电路的检查、活性炭罐电磁阀的检查、活性炭罐的检查等。

任务3 催化转化系统的检修

学习目标

1. 了解催化转化器的工作原理。
2. 掌握催化转化器维修的注意事项。
3. 掌握三元催化转化器的检修方法以及注意事项。

任务引入

催化转化器安装在排气歧管与消声器之间，在正常情况下，废气中的 HC、CO 和 NO_x 及氧在一起加热到 500 ℃也不会产生化学反应。如果这些气体经过催化转化器，就会在内部发生反应，把上述三种气体转化为无害的 CO_2、H_2O 和 N_2，所以在汽车上加装催化转化器很有必要。目前，催化转化器在汽车上得到广泛应用。

相关知识

一、催化转化器的工作原理

目前采用的催化转化器有几种形式，其中包括氧化型催化转化器、三元催化转化器、双级催化转化器（将前两种合为一体）以及在一些最新的系统中采用的预热催化转化器。

1. 氧化型催化转化器

氧化型催化转化器如图 5-3-1 所示，这种催化转化器采用沉积在面容比很大的载体表面上的催化剂作为介质，发动机排出的气体通过时，使消除未燃的 HC 和 CO 的再氧化反应能在较低的温度下更快进行，使排气中的 HC、CO 与排气中的余氧结合，生成无害的 H_2O、CO_2，从而达到净化的目的。

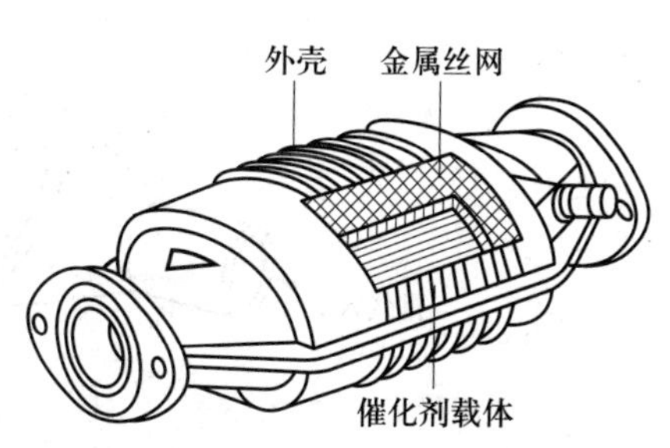

图 5-3-1 氧化型催化转化器

通常用金属铂、钯，或它们的氧化物作为催化剂，常用的催化剂载体材料是氧化铝，其外观及使用条件与三元催化转化器基本相同。

2. 三元催化转化器

这种催化转化器除所用的催化剂不同外，很难与传统催化转化器（氧化型催化转化器）区分开来。传统催化转化器用铂或钯作为催化剂，只能减少 HC 和 CO 的排放。三元催化转化器采用铂（或钯）和铑作为催化剂，除可减少 HC 和 CO 的排放外，还有助于减少 NO_x 的排放。由于这种催化转化器能够减少所有三种主要污染物，所以称其为三元催化转化器。

为了将实际空燃比精确地控制在理论空燃比 14.7 : 1 附近，使三元催化转化器工作在最佳状态，在发动机控制系统中采用氧传感器实现空燃比反馈控制，即闭环控制。在发动机起动、怠速、暖机、加速、全负荷、减速断油等工况下，发动机不可能以理论空燃比工作，仍采用开环控制方式。此外，氧传感器温度在 400 ℃以下、氧传感器或其电路发生故障时，也只能采用开环控制。电控燃油喷射系统进行开环控制还是进行闭环控制，由 ECU 根据相关输入信号确定。三元催化转化器中主要起作用的是三元催化剂，它是铂（或钯）和铑的混合物，它促使有害气体 HC、CO 和 NO_x 发生反应，生成无害的 CO_2、N_2 和 H_2O。只有当空燃比保持稳定时，三元催化转化器的转化效率才能得到精确控制。

3. 双级催化转化器

双级催化转化器的结构如图 5-3-2 所示，将三元催化转化器与传统催化转化器装在一个公用壳体内作为一个单独的总成，称之为双级催化转化器。两者用一个小块空气室隔开，排气首先经过三元催化转化器，减少 CO、HC、NO_x 的排放，然后经过传统催化转化器，再次减少 CO 和 HC 的排放。

催化转化器使污染物与氧气发生反应来减少污染物排放，反应过程中需要大量的氧气，所以很多双级催化转化器用空气喷射系统（空气泵）在两个催化转化器之间的空气室喷入空气以提供氧气。

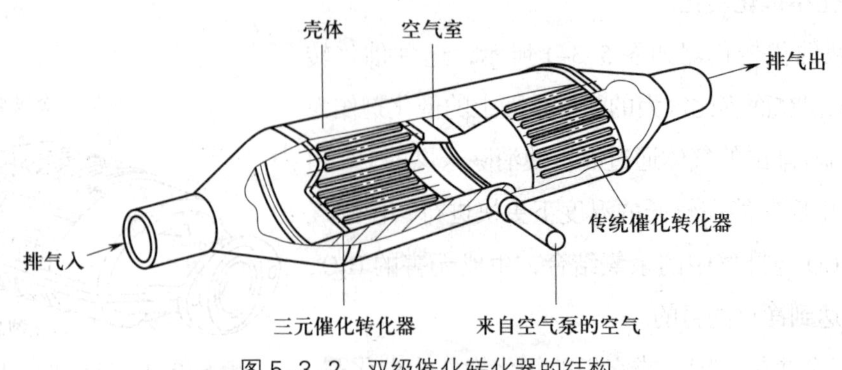

图 5-3-2　双级催化转化器的结构

4. 预热催化转化器

有些轿车采用小型附加的预热催化转化器，安装在紧靠排气歧管的地方。该催化转化器通常采用整体结构，具有两个作用：其一，在排放物到达主催化转化器之前对其进行氧化；其二，任何催化转化器都只有在排气温度达到 260 ℃以上时才开始工作，而预热催化转化器靠近排气歧管，且其尺寸较小，达到所需温度的时间要比大型、主催化转化器短得多，所以在主催化转化器处于预热期间时，预热催化转化器起到一定的控制排放的作用。

催化转化器工作时的氧化反应产生大量的热。在正常工作期间，催化转化器内部温度将达到 500～850 ℃，表面温度为 370 ℃甚至更高。为防止损坏车身底部，并防止热量传过底板和进入发动机舱内，一般汽车都安装隔热罩。此外，在乘员室内还可以采取其他隔热措施，以防底板过热，提升安全性和舒适性。用渗铝钢板制作的隔热罩通常位于催化转化器和消声器上方的关键部位。隔热罩一般比这些零件的周边大出几十毫米。隔热罩结构因汽车生产厂家、所用传动系统和催化转化器的不同而有所变化。当更换遗失或已损坏的隔热罩时，一定要用完全相同的零件。

二、催化转化器的维护与检查

催化转化器不需要定期维护，但装有催化转化器的车辆要长久保持良好的排放就必须做到正确使用。一般在使用或维修中要注意以下几个方面。

1. 因为铅能使催化剂中毒、活性下降、催化转化效率降低，所以装有三元催化转化器的汽车严禁使用含铅汽油。

2. 在崎岖不平的道路上行驶时一定要多加注意。因为催化转化器装在汽车底部，路况不好时容易造成托底，损害催化转化器。

3. 对发动机起动困难的故障一定要及时维修。因为发动机起动时，喷油器可能一直在喷油，但如果燃油没有燃烧，就会聚集在催化转化器中。当发动机运行温度上升时，这些燃油的燃烧会使催化转化器温度过高而损坏。

4. 在维修中严禁用拔下高压线的方法进行试火或断缸试验，因为这种情况下火花塞不点火，而喷油器还在喷油，没有燃烧的燃油会积聚在催化转化器中燃烧，造成催化转化器温度过高而损坏。

5. 必须使用车辆要求标号的燃油。

三、三元催化转化器

1. 三元催化转化器的安装

图 5–3–3 所示为三元催化转化器的安装位置。三元催化转化器安装在发动机排气管中段。

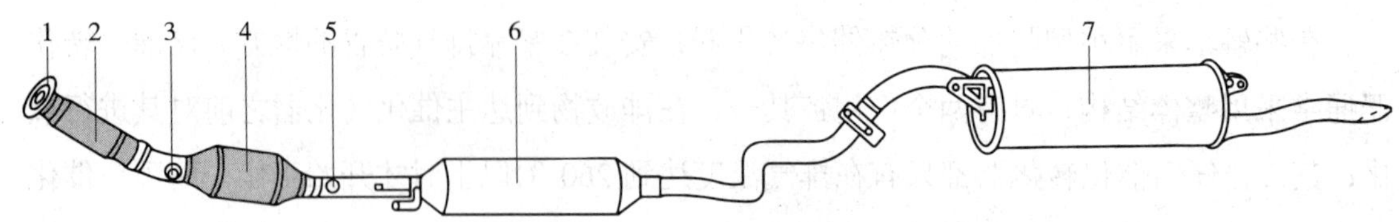

图 5-3-3　三元催化转化器的安装位置

1—接口　2—排气管　3—加热型氧传感器　4—三元催化转化器

5—加热型氧传感器　6—副消声器　7—主消声器

2. 三元催化转化器的结构

根据催化剂载体的结构特点，三元催化转化器可分为颗粒式和整体式两种类型。颗粒式载体将催化剂沉积在颗粒状氧化铝载体表面，主要用于美国和日本生产的汽车上，而且其应用趋向减少，欧洲的汽车生产厂家实际上从未采用过这类载体。整体式载体又分为陶瓷和金属两种，它将催化剂沉积在蜂巢状表面，可增大催化剂与废气的实际接触面积。

整体式三元催化转化器的结构如图 5-3-4 所示。

3. 三元催化转化器的检查

（1）外观检查

三元催化转化器一旦出现碰伤、破裂、失效或堵塞，就会造成发动机动力性下降、燃油消耗量增大、排放性能恶化等。当怀疑三元催化转化器有问题时，首先要进行外观检查，即将汽车升起后观察三元催化转化器是否有隆起、变形、泄漏和裂纹，各连接件是否牢固。然后拍打并晃动三元催化转化器，听三元催化转化器内是否有物体移动的声音，观察排气管是否有颗粒状物质排出，若有，则说明三元催化转化器内部载体破裂，需要更换三元催化转化器。此外，还要检查三元催化转化器表面是否有凹陷，若有，则说明三元催化转化器的载体可能受到损伤；检查三元催化转化器外壳上是否有严重的褪色斑点或略有青色 / 紫色的痕迹，在隔热罩上是否有明显的暗灰斑点，若有，则说明三元催化转化器曾处于过热状态，应进行进一步检查。

值得注意的是，在三元催化转化器的氧化反应过程中会释放大量的热，使它的温度很高，所以在三元催化转化器和其他排气系统部件上作业及在其周围作业时应特别注意，防止烫伤。三元催化转化器有故障时的工作温度，要比三元催化转化器正常工作时的温度低很多。在寒冷天气下驾驶一段短距离后，若三元催化转化器

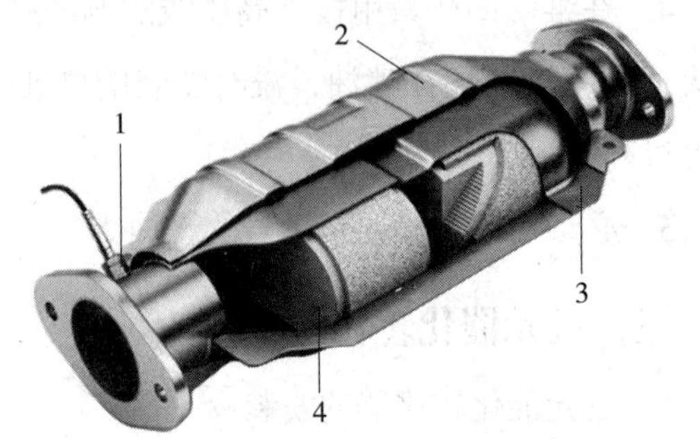

图 5-3-4　整体式三元催化转化器的结构

1—氧传感器　2—壳体　3—衬垫　4—催化剂载体

有故障，会充满凝结物，在发动机不运转时该凝结物会凝固，从而导致三元催化转化器完全被堵塞或出现不能起动的现象。

（2）三元催化转化器的测试

1）氧传感器信号测试法

有些车辆在三元催化转化器前后各安装了一个加热型氧传感器，发动机 ECU 就是利用这两个氧传感器的信号来监测三元催化转化器的工作性能的。因此，可以用这两个氧传感器的信号来判断三元催化转化器的工作性能，在确认氧传感器没有故障的前提下，用双通道示波器获取两个氧传感器的信号波形，在发动机正常的工作温度条件下，如果两个氧传感器的信号波形变化基本同步，则说明三元催化转化器已经失效，必须进行更换。

2）温度测试法

三元催化转化器在正常的工作状态下，由于氧化反应产生了大量的热量，因此可以通过温度对比来检测三元催化转化器性能的好坏。用高温测试仪测试三元催化转化器进气口和出气口的温度，正常情况下出气口的温度应该比进气口温度高 30 ~ 100 ℃，否则表明该三元催化转化器没有氧化反应，此时应检查空气泵，若空气泵正常，说明三元催化转化器已损坏，应更换。

3）废气分析测试法

三元催化转化器的工作正常与否可以用废气分析仪来测试。当发动机怠速运转、变速器在空挡时，把废气分析仪的探测头插入排气尾管进行快速检测。观察读数，如果读数在发动机说明书中规定值的范围内，说明三元催化转化器仍在工作，如果一个或两个（HC 和 CO）读数超过规定值，说明三元催化转化器可能已经失效。

某些汽车在三元催化转化器前的排气系统中，有一个可插入废气分析仪探测头的连接装置，这样就可以通过检测三元催化转化器前后废气中的有害气体量，来判断三元催化转化器的有效性。如果在三元催化转化器前后测得的读数相同，说明三元催化转化器已不起作用，应查出其失效的原因，然后进行维修或更换。

任务实训

三元催化转化器的检查

一、实训目的

能够对三元催化转化器进行检查。

二、实训准备

实训工具及设备准备见表 5-3-1。

表 5-3-1 实训工具及设备准备

序号	工具及设备	数量
1	丰田卡罗拉实训车	1 辆
2	丰田故障诊断仪（GTS）	1 台
3	双通道示波器	1 台
4	通用工具	1 套
5	万用表	1 个
6	发动机舱防护罩	1 套
7	驾驶室卫生防护“三件套”	1 套

三、实训步骤

1. 直观检查

主要检查三元催化转化器外观有无破损、内部有无破碎响声。

2. 波形检测

主要检测上下游氧传感器的信号波形，判断三元催化转化器的好坏。

若上下游氧传感器的信号波形如图 5-3-5a 所示，判定三元催化转化器正常。

若上下游氧传感器的信号波形如图 5-3-5b 所示，判定三元催化转化器不正常。

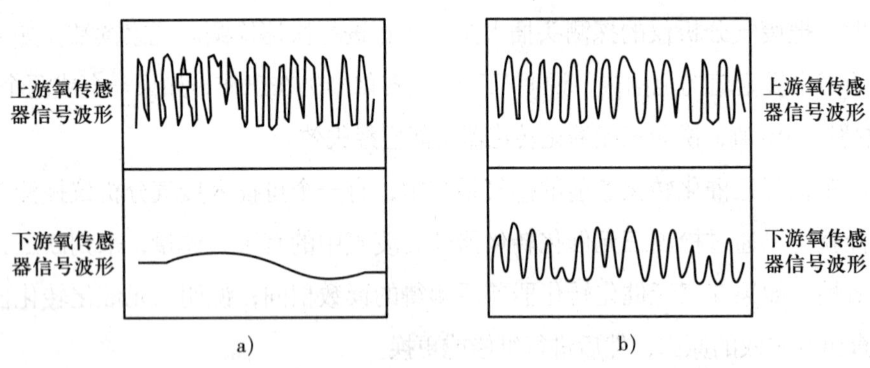

图 5-3-5 上下游氧传感器信号波形的对比

a）三元催化转化器正常 b）三元催化转化器不正常

四、实训要求

1. 清楚三元催化转化器检查的基本流程，确保思路清晰。

2. 操作仔细、规范，以免造成相关元件损坏。

3. 养成使用发动机舱防护罩、驾驶室卫生防护“三件套”的职业习惯。

4. 养成工具、零件、油液“三不落地”的汽车维修操作习惯。

任务小结

通过本任务的学习，对汽车尾气处理有了清楚的认识，了解了电控发动机催化转化器的种类、工作原理及使用注意事项，以及三元催化转化器的安装位置、结构、检查。

三元催化转化器的检查方法有外观检查和相关数据检测两种。

任务4 废气再循环控制系统的检修

学习目标

1. 了解废气再循环控制系统的作用。
2. 熟悉废气再循环控制系统的结构与类型。
3. 掌握废气再循环控制系统的工作原理。
4. 掌握废气再循环控制系统的检修方法。

任务引入

通过三元催化转化器有关知识的学习，已知道它能有效减少排气中的有害物质。废气再循环也是目前广泛采用的减少发动机有害排放物的一种较有效方法，它把发动机排出的一部分废气引入空气供给系统中，和混合气一起再进入气缸中燃烧，以抑制氮氧化物（NO_x）的生成。废气再循环控制系统是如何工作的？目前汽车上使用了哪些类型的废气再循环控制系统？如何检查废气再循环控制系统是否正常工作？通过本任务的学习，将掌握废气再循环控制系统的有关知识和检查方法。

相关知识

废气再循环（Exhaust Gas Recirculation）简称 EGR，是指在发动机工作时将一部分废气引入空气供给系统，并与新鲜的混合气混合后送入气缸内再次进行燃烧的过程。在汽车上加装废气再循环控制系统的主要目的是减少 NO_x 的生成量，因为 NO_x 是混合气在高温和富氧条件下燃烧时，由含在混合气中的 N_2 和 O_2 发生化学反应产生的，燃烧温度越高，N_2 和 O_2 越容易反应，排出的 NO_x 越多，所以减少 NO_x 的最好方法就是降低燃烧室的温度。

废气再循环控制系统工作时，将一部分废气引入空气供给系统，与新鲜的混合气混合，使混合气变稀，降低燃烧速度，燃烧温度随之下降，从而有效地减少 NO_x 的生成，如图 5-4-1 所示。由于废气再循环会使混合气的着火性能和发动机输出功率下降，因此，应选择 NO_x 排放量比较多的发动机运转范围，进行适量的废气再循环。EGR 的控制量用 EGR

率表示，其定义为再循环废气的量占整个进气量的百分比。有资料表明，EGR 率达到 15% 时，NO_x 的排放量可减少 60%。但 EGR 率增加过多时，会使发动机动力性能下降，导致燃油消耗量增加、HC 的排放量增加，并且造成缺火率增加，使燃烧变得不稳定，发动机性能下降，所以必须对 EGR 率进行控制。

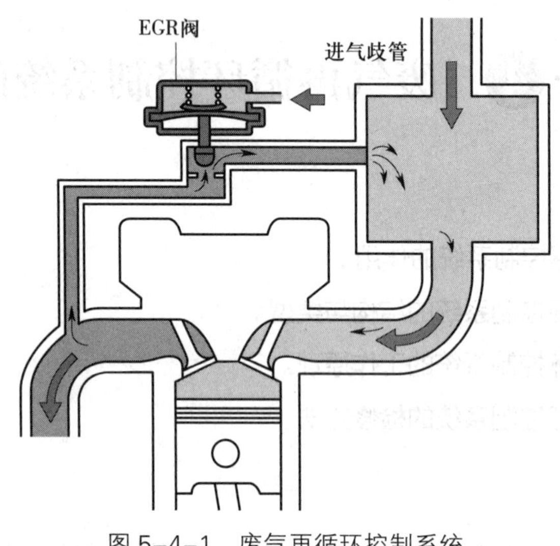

图 5-4-1　废气再循环控制系统

一、废气再循环控制系统的主要部件及工作原理

废气再循环控制系统的部件主要有 EGR 阀、EGR 阀枢轴位置传感器和 EGR 真空调节器等，其中 EGR 阀是最关键的部件。

1. EGR 阀

EGR 阀如图 5-4-2 所示。按控制方式的不同，EGR 阀可分为进气歧管真空度控制的真空膜片式 EGR 阀和发动机 ECU 控制的电磁式 EGR 阀。其中，进气歧管真空度控制的真空膜片式 EGR 阀主要有气道式 EGR 阀、正背压 EGR 阀和负背压 EGR 阀三种；发动机 ECU 控制的电磁式 EGR 阀主要有数位式 EGR 阀和线性 EGR 阀两种。下面对这几种 EGR 阀进行介绍。

（1）气道式 EGR 阀

气道式 EGR 阀如图 5-4-3 所示，在膜片上方是密闭的膜片室（真空室），膜片室的真空入口与起控制作用的真空相通。推杆下部有锥形阀，膜片上方的弹簧向下压迫膜片，并使锥形阀压在下阀体的阀座上。

图 5-4-2　EGR 阀

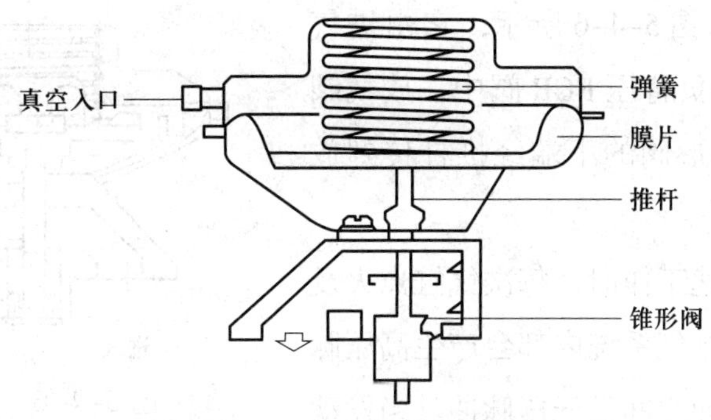

图 5-4-3　气道式 EGR 阀

当真空传入膜片室后，膜片克服弹簧力向上提起，从而带动推杆及锥形阀均向上提起，使部分废气从排气管进入进气歧管，如图 5-4-4 所示。将废气引入燃烧室，燃烧室内混合气的燃烧速度下降，燃烧温度降低，从而减少 NO_x 的排放。

（2）正背压 EGR 阀

正背压 EGR 阀如图 5-4-5 所示，它由进气歧管真空度控制，有一个放气通道及位于膜片中心的放气阀。放气阀的下面有一个软弹簧顶着，使放气阀常开。膜片下腔通大气，发动机工作时，废气压力由锥形阀下端经推杆内的通道到达放气阀。当发动机转速较低时，废气压力不大，不足以克服弹簧的压力使放气阀关闭。如果这时控制真空传到膜片室（真空室），真空度就会经放气通道被消除，锥形阀保持关闭。

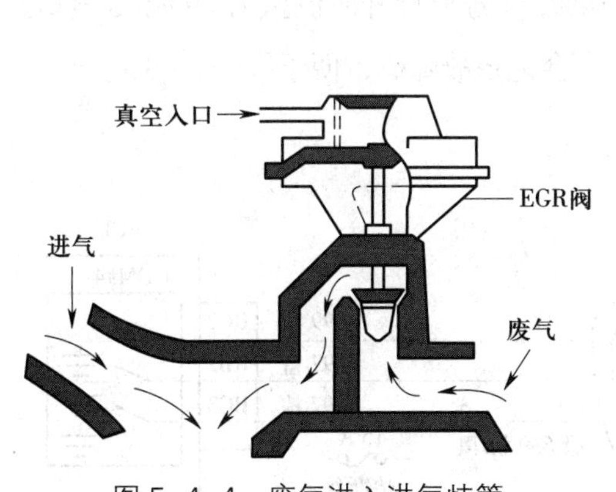

图 5-4-4　废气进入进气歧管

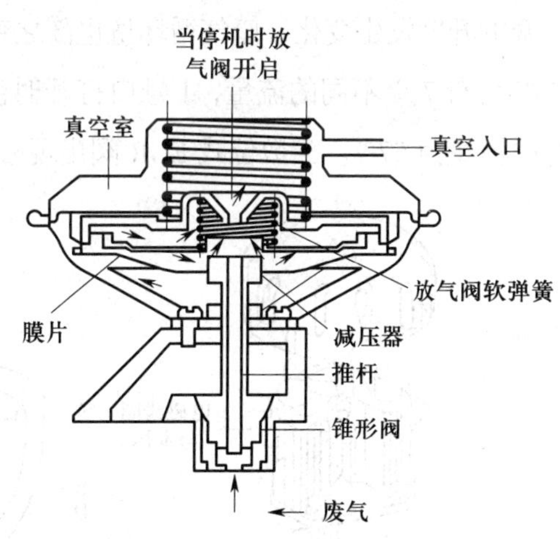

图 5-4-5　正背压 EGR 阀

当发动机转速及汽车速度提高时，废气压力增大，在预定的节气门开度下，废气压力将 EGR 阀的放气通道封闭。如果这时控制真空作用到膜片上，膜片及锥形阀就会向上移动，使锥形阀打开。如果真空室内没有真空或真空度很小，例如在节气门全开时，或者排气歧管内没有压力或压力很小时，EGR 阀不打开。

（3）负背压 EGR 阀

负背压 EGR 阀如图 5-4-6 所示，它由进气歧管真空度控制。在负背压 EGR 阀中，放气阀常闭，废气压力由锥形阀的下端经推杆传到放气阀。

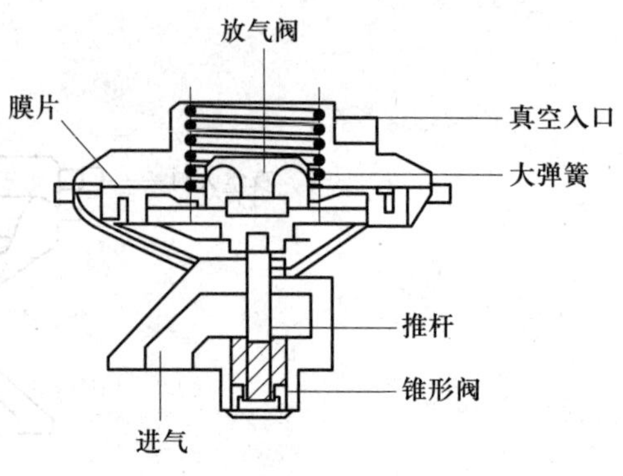

图 5-4-6　负背压 EGR 阀

当发动机以低转速工作时，每次气缸点火及每次排气门打开，在排气系统内都会产生高压脉冲，而在两个高压脉冲之间是低压脉冲。当发动机转速升高时，在一定的时间内将有更多的气缸点火，排气系统内的高压脉冲变得更为密集。发动机转速低时，在一定的时间内只有较少的气缸点火，这时，负排气脉冲比高转速时更加突出，排气系统内的负排气脉冲使放气阀开启；当发动机转速及汽车的速度升高到预定值时，负排气脉冲减小，放气阀关闭，这时如果控制真空传入膜片室，膜片及锥形阀就会向上移动，EGR 阀开启。在发动机不工作的情况下，由外部真空源提供的真空传入负背压 EGR 阀，放气通道被封闭。

（4）数位式 EGR 阀

通用车系数位式 EGR 阀及控制电路如图 5-4-7 所示，该系统不再采用真空吸力控制，而是全部利用 ECU 控制。在该数位式 EGR 阀上有三个电磁线圈，分别控制三个柱塞。ECU 根据发动机的工况及氧传感器所显示的空燃比来改变电磁线圈内电流的大小，从而使三个柱塞的开度发生变化，废气循环量也随之变化。该数位式 EGR 阀的三个柱塞可以单独工作，这样可有 7 级不同的流量，1 号口打开时流量为 14%，2 号口打开时流量为 29%，3 号口打开时流量为 57%。当数位式 EGR 阀出现故障时，也会记录故障码，便于维修。

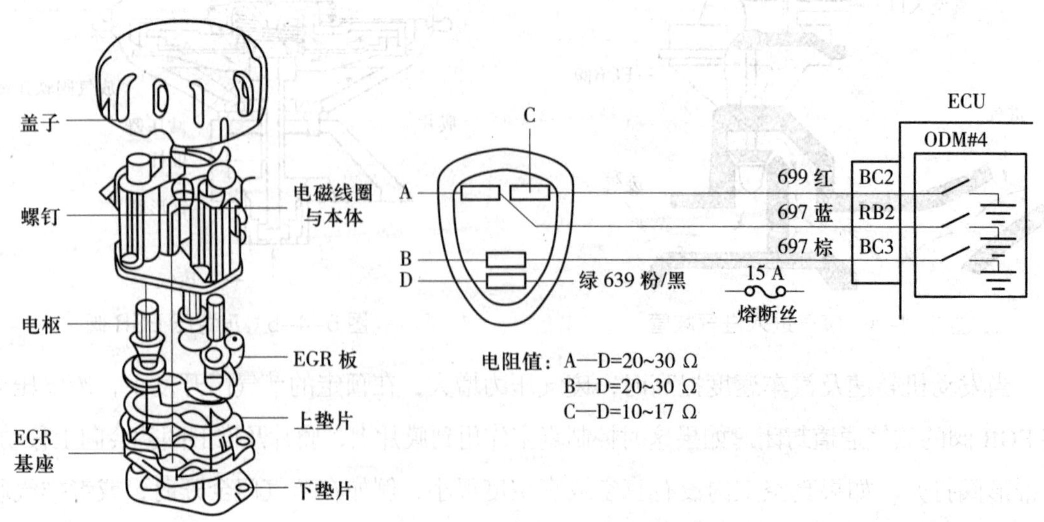

图 5-4-7　通用车系数位式 EGR 阀及控制电路

（5）线性 EGR 阀

线性 EGR 阀如图 5-4-8 所示，其结构如图 5-4-9 所示，它由发动机 ECU 控制，有一个受 ECU 操纵的电磁线圈，枢轴（可动铁芯，即电枢）的一端是锥形阀，发动机 ECU 控制电磁线圈通电使枢轴及锥形阀抬起后，废气就可进入进气歧管进行再循环。因为线性 EGR 阀锥形阀的开启程度完全是线性渐变的，所以它能够提供发动机全工况下 NO_x 排放水平的最佳控制。发动机工作时，发动机 ECU 根据冷却液温度传感器、节气门位置传感器、空气流量传感器的输入信号计算出最优的 EGR 阀开启程度，并通过控制 EGR 阀电磁线圈使 EGR 阀达到最佳开启位置。线性 EGR 阀中嵌有枢轴位置传感器，枢轴移动后它马上将枢轴的实际位置反馈给 ECU，实现对废气再循环流量的精确反馈控制（闭环控制）。

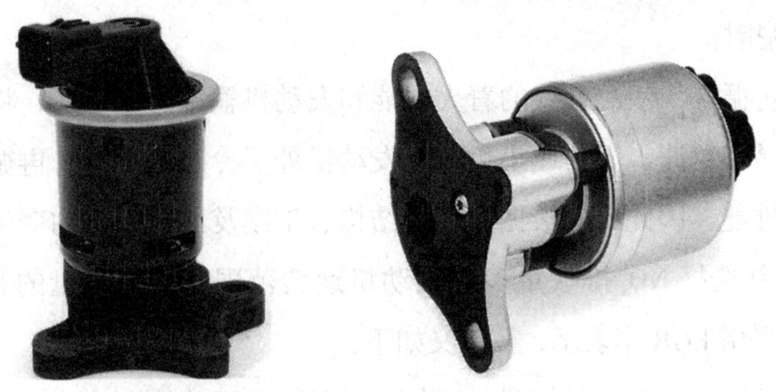

图 5-4-8　线性 EGR 阀

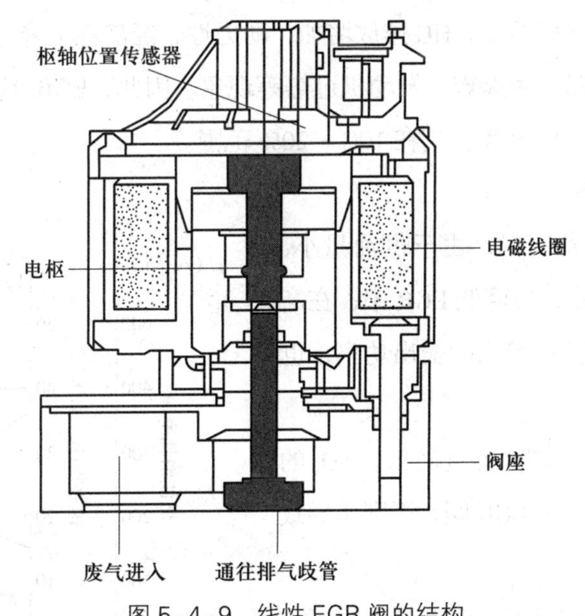

图 5-4-9　线性 EGR 阀的结构

2. EGR 阀枢轴位置传感器

EGR 阀枢轴位置传感器（简称 EGR 位置传感器）的功用是检测 EGR 阀的开度，并利用电位计将其位置信号转变为相应的电压信号，反馈给发动机 ECU，作为控制废气再循环的参考信号，从而实现 EGR 控制系统的闭环控制。同时，发动机 ECU 检测枢轴位置传感器及相关控制电路的故障，如短路和断路情况，当检测到的枢轴位置信号电压超过正常范围时，发动机 ECU 将保存故障码。

在正常的由 ECU 控制的 EGR 控制系统中，ECU 将利用发动机冷却液温度信号、节气门位置信号、空气流量信号等来控制枢轴的提升度。

EGR 阀枢轴位置传感器通常与 EGR 阀做成整体，不可单独维修，若有问题，只能随 EGR 阀一起更换。

二、EGR 控制指标及控制策略

1. EGR 控制指标

过度的废气再循环，使混合气的着火性能和发动机输出功率下降，将会影响发动机的正常运行，特别是在怠速、低转速小负荷及发动机处于冷态运行时，再循环的废气将会明显降低发动机的性能。因此，应根据发动机结构、工况及工作条件的变化自动调整参与再循环的废气量，并选择 NO_x 排放量多的发动机运转范围，进行适量的 EGR 控制。通常，EGR 的控制指标采用 EGR 率表示，其定义如下：

$$\text{EGR 率} = [\text{EGR 气体流量} / (\text{吸入空气量} + \text{EGR 气体流量})] \times 100\%$$

废气再循环率（EGR 率）曲线图如图 5-4-10 所示，EGR 率过大，使燃烧速度太慢，燃烧变得不稳定，缺火率增加，HC 排放增加，动力性、经济性下降；EGR 率过小，NO_x 排放达不到法规要求，易产生爆震、发动机过热等现象。因此，EGR 率必须根据发动机工况要求进行控制。通常将 EGR 率控制在 10%～20% 范围。

2. EGR 控制策略

（1）在低速、小负荷时，由于供油量小，燃烧变得相对不太稳定，应降低 EGR 率；在高速、大负荷时，为了获得较高的输出功率，也要降低 EGR 率。

（2）怠速时，由于燃烧温度较低，NO_x 的排放量不多，一般应关闭 EGR 阀，否则将导致发动机工作不稳定。

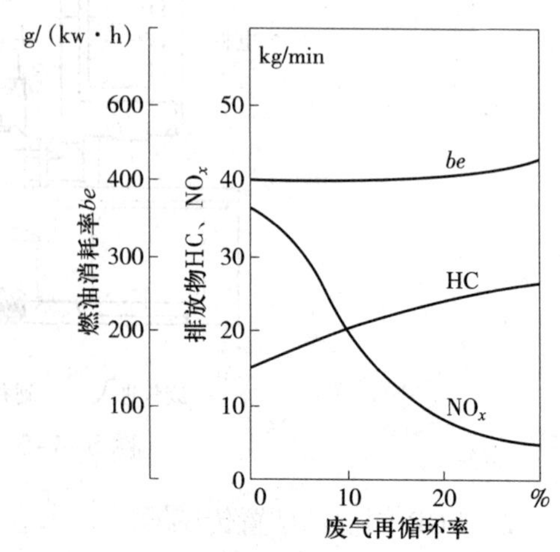

图 5-4-10　废气再循环率（EGR 率）曲线图

（3）冷却液温度过低时，混合气供应不均匀，燃烧不稳定，而且燃烧温度低，一般应关闭 EGR 阀；而在电子控制的系统中，应随冷却液温度升高而逐渐使阀的开度增大。

（4）在发动机起动时，一般应关闭 EGR 阀，以保证发动机顺利起动直至稳定工况。

（5）空气温度也会影响 EGR 率。因为空气温度对发动机的燃烧也有很大影响，所以空气温度过低时也应适当降低 EGR 率。

三、EGR 控制系统的分类

1. 非 ECU 控制的 EGR 控制系统

非 ECU 控制的 EGR 控制系统受一个温度控制开关控制，温度控制开关如图 5-4-11 所示。温度控制开关安装在发动机冷却液管上，当冷却液温度在 70 ℃以上时，双金属膜片会受热向下弯曲，使真空阀柱塞下行，真空阀打开，接通 EGR 阀的真空源，从节气门后过来的真空源便会将 EGR 阀的膜片吸起，接通排气管与进气管，使废气进入进气管，如图 5-4-12 所示。

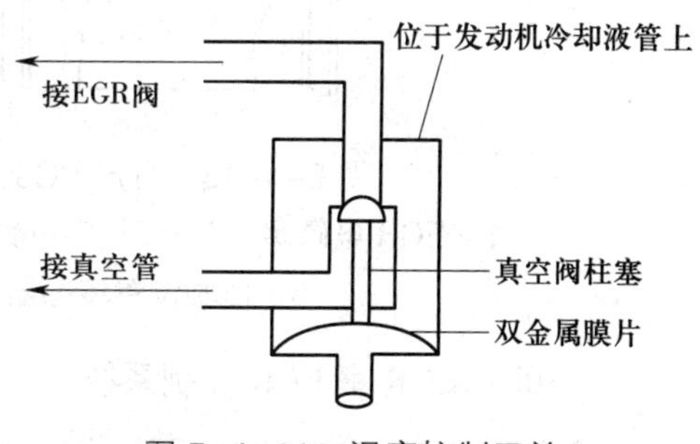

图 5-4-11　温度控制开关

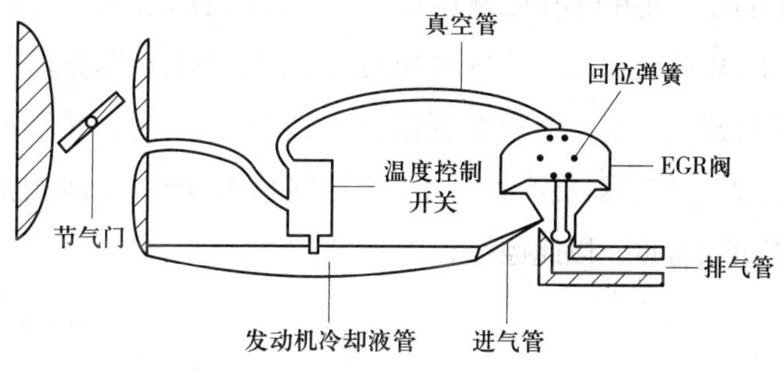

图 5-4-12　非 ECU 控制的 EGR 控制系统

2. 普通电子式 EGR 控制系统

图 5-4-13 所示为日产 VG30 发动机的普通电子式 EGR 控制系统，它主要由 EGR 电磁阀、节气门位置传感器、EGR 阀、冷却液温度传感器、曲轴位置传感器、发动机 ECU 等组成。

在发动机工作时，发动机 ECU 根据各传感器的信号，确定发动机目前在哪一种工况下工作，控制 EGR 电磁阀打开或关闭，从而控制 EGR 阀的打开或关闭。

当 EGR 电磁阀不通电时，接通真空，EGR 阀打开；当 EGR 电磁阀通电时，切断真空，EGR 阀关闭。

需要强调的是，EGR 阀并不是在任何情况都工作的，它在起动、怠速、发动机温度低、转速低于 900 r/min 或高于 3 200 r/min 时不工作。

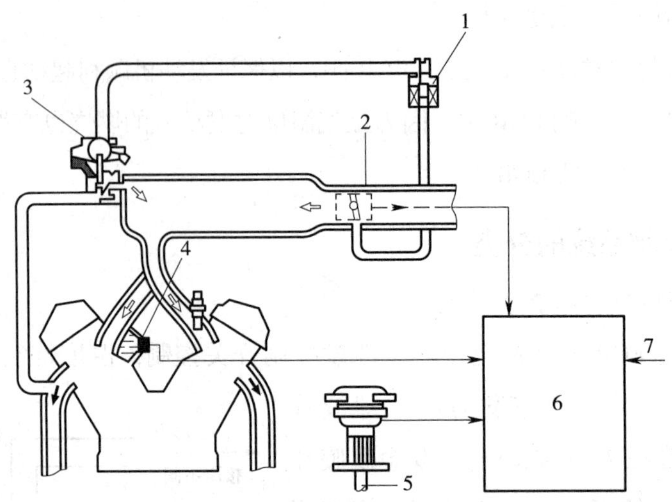

图 5-4-13　日产 VG30 发动机的普通电子式 EGR 控制系统

1—EGR 电磁阀　2—节气门位置传感器　3—EGR 阀　4—冷却液温度传感器

5—曲轴位置传感器　6—发动机 ECU　7—起动信号

3. 可变 EGR 率 EGR 控制系统

可变 EGR 率 EGR 控制系统的控制电路如图 5-4-14 所示。该系统是由 ECU 来控制 EGR 电磁阀线圈接地的，利用 EGR 电磁阀来控制 EGR 阀的真空源。另外，在 EGR 电磁阀内部还加装了一个 EGR 位置开关，当 EGR 电磁阀工作后会有一部分真空源作用于 EGR 位置开关，使 EGR 位置开关关闭，向 ECU 反馈一个工作成功信号，然后 ECU 再根据发动机转速、节气门开度以及氧传感器反馈的信号等来控制 EGR 电磁阀线圈电流的大小（是一个脉冲信号），改变其开关程度，以此控制 EGR 阀的工作。

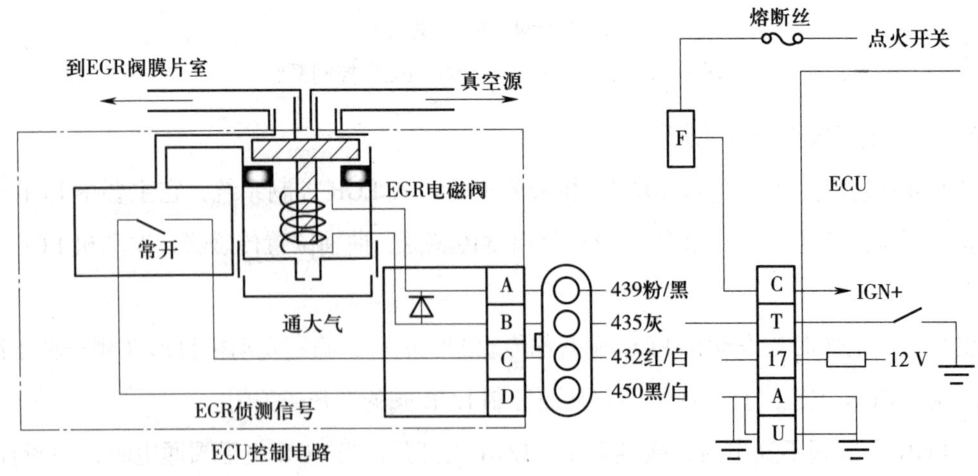

图 5-4-14　可变 EGR 率 EGR 控制系统的控制电路

4. 闭环控制的 EGR 控制系统

上述的废气再循环控制系统均属开环控制，EGR 率只能预先设定，不能检测发动机各种工况下的实际 EGR 率。目前，在更为先进的 EGR 控制系统中广泛采用了闭环反馈控制式废气再循环，控制系统以 EGR 率或 EGR 阀的开度作为反馈信号，进行闭环控制。

（1）用 EGR 阀的开度作为反馈信号。用 EGR 阀的开度作为反馈信号的废气再循环闭环控制系统如图 5-4-15 所示，与普通电子式 EGR 控制系统相比，只在 EGR 阀上增加了一个用于检测其开度的 EGR 位置传感器。电位计式的 EGR 位置传感器可将 EGR 阀开度转换为相应的电压信号，并反馈给 ECU。ECU 根据反馈信号控制 EGR 电磁阀的动作，进而调节 EGR 阀膜片室的真空度，以此改变 EGR 率。

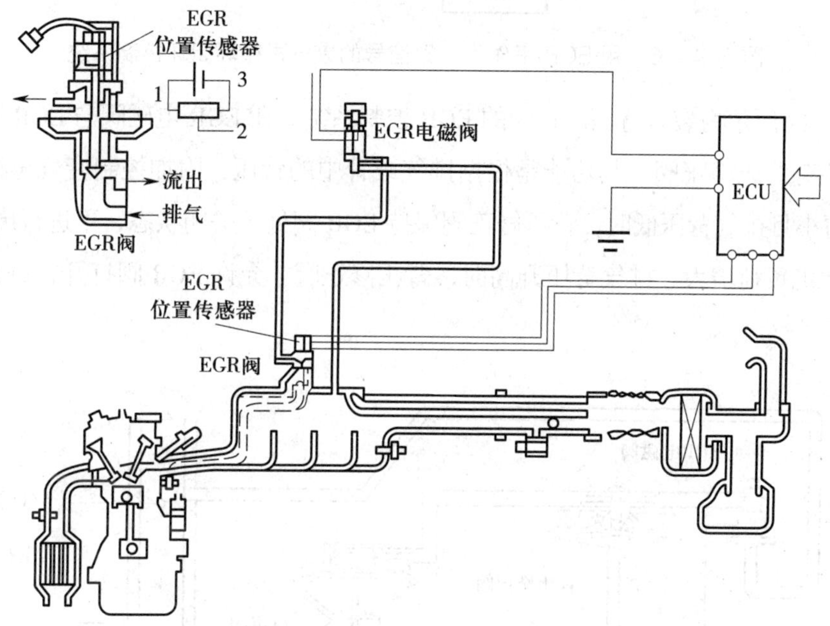

图 5-4-15　用 EGR 阀的开度作为反馈信号的废气再循环闭环控制系统

（2）用 EGR 率作为反馈信号。日本三菱公司开发了一种可直接用 EGR 率作为反馈信号的废气再循环闭环控制系统，如图 5-4-16 所示。

EGR 率传感器安装于稳压箱上，可利用测量混合气中的氧气浓度来检测混合气的 EGR 率，并将检测信号反馈给 ECU。ECU 依据此信号发出控制指令，不断调整 EGR 阀的开度，以此控制混合气中的 EGR 率，使其始终保持在最佳状态，从而有效减少 NO_x 的排放量。

5. 装有背压修正阀的 EGR 控制系统

在发动机工作时，ECU 根据发动机转速、空气流量、冷却液温度等信号及通过控制 EGR 电磁阀线圈通电时间的长短来控制进入 EGR 阀真空室上方的空气量，通过控制 EGR 阀的开度来改变参与循环的废气量。

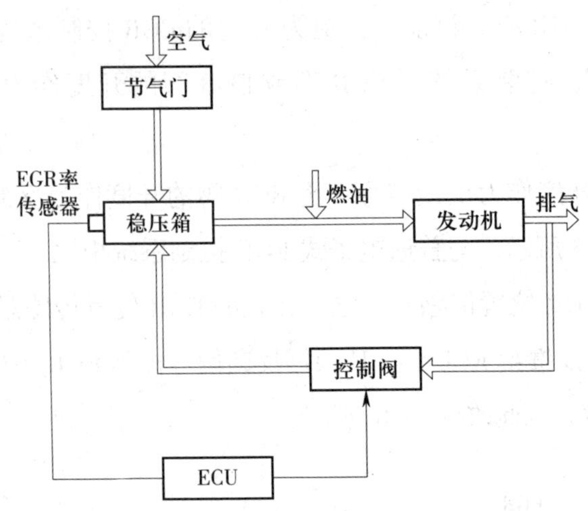

图 5-4-16　用 EGR 率作为反馈信号的废气再循环闭环控制系统

图 5-4-17 所示为装有背压修正阀的 EGR 控制系统。在 EGR 电磁阀与 EGR 阀之间的真空管路中装有背压修正阀，其功能是根据排气歧管中的背压，附加控制废气再循环。即当发动机负荷小且排气背压低时，背压修正阀保持 EGR 阀处于关闭状态，不进行废气再循环，只有在发动机负荷增大、排气背压升高时，背压修正阀才允许 EGR 阀打开，进行废气再循环。

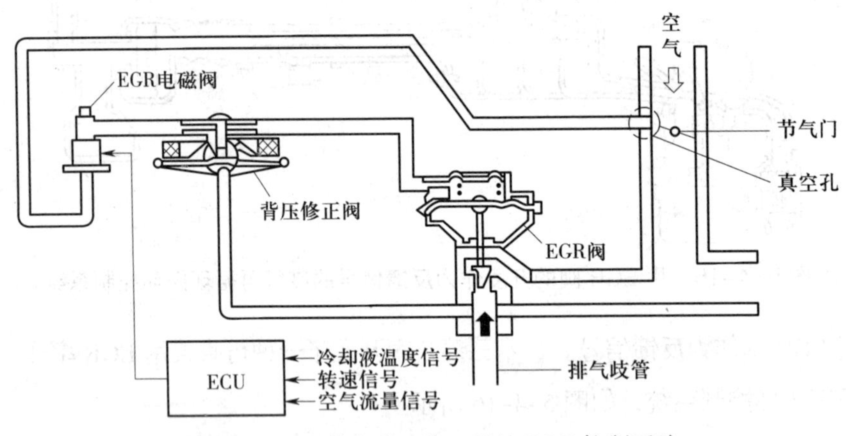

图 5-4-17　装有背压修正阀的 EGR 控制系统

排气歧管的背压通过管路作用在背压修正阀的背压气室下方。当发动机负荷小且排气背压低时，在阀门弹簧的作用下气室膜片向下移动，使背压修正阀关闭真空通道。此时，EGR 阀在其阀门弹簧的作用下保持关闭，因而不进行废气再循环。当发动机负荷增大、排气背压升高时，背压修正阀背压气室下方的背压升高，使气室膜片克服弹簧弹力向上运动，将背压修正阀打开，由 EGR 电磁阀控制的真空通道通过背压修正阀连通 EGR 阀上方的真空室，将 EGR 阀吸开，废气再循环通道打开，废气进行再循环。

EGR 电磁阀受 ECU 控制，ECU 根据发动机转速、冷却液温度、空气流量等信号来控制

EGR 电磁阀，从而控制进入 EGR 阀的真空度，也就是控制 EGR 阀的开度，改变参与再循环的废气量。

四、EGR 控制系统的检查

1. 就车检查

（1）将发动机预热至正常工作温度，使之怠速运转。

（2）拔下 EGR 阀上的真空软管，检查真空软管内有无真空吸力。若 EGR 控制系统工作正常，在发动机怠速运转过程中 EGR 电磁阀应关闭，真空软管内应无真空吸力。如果此时真空软管内有真空吸力，则用万用表电压挡检查 EGR 电磁阀线束连接器端子与车身搭铁之间的电压，若 EGR 电磁阀线束连接器端子与车身搭铁之间的电压不为 0 V，说明 EGR 电磁阀线束或 ECU 有故障；若电压为 0 V，则说明 EGR 电磁阀有故障（卡死在开启位置）。

（3）踩下加速踏板，当发动机转速大于 2 500 r/min 时，检查 EGR 阀上真空软管内有无真空吸力。若真空软管内有真空吸力，说明 EGR 控制系统正常工作；若真空软管内无真空吸力，则用万用表电压挡检查 EGR 电磁阀线束连接器端子与车身搭铁之间的电压。若电压正常，说明 EGR 电磁阀有故障；若电压异常，则说明 ECU 或控制线路有故障。

2. EGR 电磁阀的检查

检查电磁阀线圈的电阻值。断开电磁阀线束连接器，用万用表电阻挡测量电磁阀线圈的电阻值，电阻值应为 33 ~ 39 Ω，否则应更换电磁阀。

检查电磁阀的工作。拆下电磁阀，首先从进气管侧吹入空气，应畅通，从滤网处吹应不通；然后将蓄电池电压加到电磁阀线束连接器的两端子上，并同时从进气管侧吹入空气，应不畅通，从滤网处吹应通。如电磁阀的状态与上述情况不符，则电磁阀有故障，应更换。

3. EGR 阀的检查

用手动真空泵给 EGR 阀膜片上方施加约 15 kPa 的真空度，EGR 阀应能开启；不施加真空度时，EGR 阀应能完全关闭。

任务实训

废气再循环控制系统的检修

一、实训目的

能够对废气再循环控制系统进行检修。

二、实训准备

实训工具及设备准备见表 5-4-1。

表 5-4-1　实训工具及设备准备

序号	工具及设备	数量
1	丰田卡罗拉实训车	1 辆
2	丰田故障诊断仪（GTS）	1 台
3	手动真空泵	1 台
4	通用工具	1 套
5	万用表	1 个
6	发动机舱防护罩	1 套
7	驾驶室卫生防护“三件套”	1 套

三、实训步骤

检查 EGR 阀是否正常动作，可按下列步骤进行。

1. 检查 EGR 阀内的膜片能否保持真空

用手动真空泵给 EGR 阀施加真空，以检查 EGR 阀的动作情况。实际情况下，当施加真空时，EGR 阀动作，发动机的工作应受到影响。另外，施加真空时，EGR 阀应能保持住真空，若 EGR 阀内的真空度下降，说明 EGR 阀有故障。

2. 检查排气阻力

如果 EGR 阀能保持住真空，但是当 EGR 阀开启时，发动机的运转未受到影响，那么必须检查排气阻力；如果 EGR 阀不能保持住真空，说明 EGR 阀本身有问题，需要更换。

四、实训要求

1. 清楚废气再循环控制系统检查的基本流程，确保思路清晰。
2. 操作仔细、规范，以免造成相关元件损坏。
3. 养成使用发动机舱防护罩、驾驶室卫生防护“三件套”的职业习惯。
4. 养成工具、零件、油液“三不落地”的汽车维修操作习惯。

任务小结

通过本任务的学习，了解到废气再循环是减少发动机氮氧化物生成量的一种较有效的方法，但在气缸内引入过量的废气会使混合气着火性能及发动机输出功率下降，影响发动机的正常运行，而电控 EGR 控制系统能很好地解决这个问题且能够有效减少氮氧化物的生成。

同时还了解到 EGR 控制系统主要由 EGR 阀和 EGR 位置传感器等组成，其中 EGR 阀主要有气道式 EGR 阀、正背压 EGR 阀、负背压 EGR 阀、数位式 EGR 阀、线性 EGR 阀这几种类型。

EGR 率是 EGR 控制指标，EGR 率过大或过小，电控发动机的动力性、经济性都会发生变化。

EGR 控制系统可以分为非 ECU 控制的 EGR 控制系统、普通电子式 EGR 控制系统、可变 EGR 率 EGR 控制系统、闭环控制的 EGR 控制系统、装有背压修正阀的 EGR 控制系统五种类型。

EGR 控制系统的检查包括就车检查、EGR 电磁阀的检查、EGR 阀的检查三个方面。

任务5 二次空气喷射系统的检修

学习目标

1. 了解二次空气喷射系统的作用。
2. 熟悉二次空气喷射系统的组成。
3. 掌握二次空气喷射系统的工作原理。
4. 掌握二次空气喷射系统的检修方法。

任务引入

通过前面任务的学习，已知道发动机排气歧管的废气含有碳氢化合物（HC）和一氧化碳（CO）等有害气体。如果能将适量的空气引入排气歧管，新鲜空气中的氧就会对热废气中的 HC 和 CO 进行氧化还原反应，使 HC 和 CO 氧化还原成 H_2O 和 CO_2，既可减少有害气体的排放，又可使三元催化转化器在二次燃烧反应中尽快提高温度，以提高三元催化转化器的效率。那么，二次空气喷射系统是如何工作的？怎样检查二次空气喷射系统是否正常呢？本任务将帮助了解二次空气喷射系统的作用、组成和工作原理，提高诊断二次空气喷射系统故障的能力。

相关知识

一、二次空气喷射系统的作用

为不影响相关系统的工作，二次空气喷射系统喷入的二次空气必须适时适量。喷入排气歧管的二次空气过量，会使排气歧管内的空气在 EGR 阀工作时同废气一同喷入燃烧室，这样会严重影响 EGR 阀的工作效率，使 NO_x 排放量增加。在不适当的时间将二次空气喷射在氧传感器的上游，则会使氧传感器的信号失真，使电控系统对空燃比的控制出现错误。

因此，ECU 必须通过控制装置控制二次空气的流向，在发动机对氧传感器的信号进行开环控制时，能将二次空气直接喷入排气歧管内，而在发动机对氧传感器的信号进行闭环控制时，将二次空气导入三元催化转化器中，这样就不会影响氧传感器的正常工作。为达到上述目的，就必须有一整套控制元件组成的系统。

二、二次空气喷射系统的组成及工作原理

二次空气分为上游气流及下游气流，上游气流进入排气歧管，下游气流流进三元催化转化器的空气室中，如图 5–5–1 所示。二次空气进入排气歧管及三元催化转化器的时机，由发动机控制模块（ECU）进行控制。

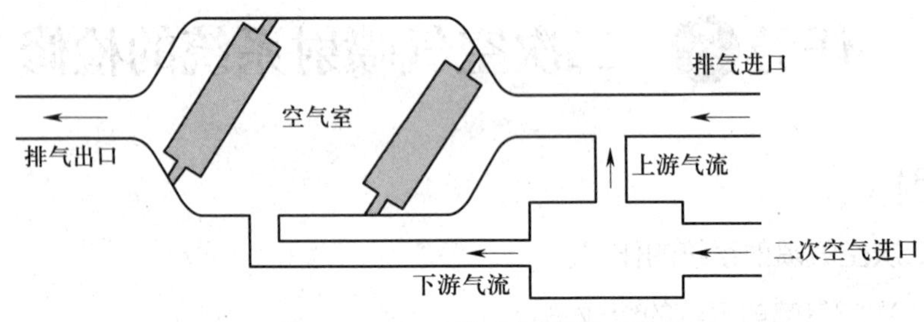

图 5–5–1　二次空气喷射系统

目前所用的二次空气供给方法有两种：一种是空气泵系统，利用空气泵将二次空气导入排气系统；一种是脉冲空气系统，利用排气压力将二次空气导入排气系统。

1. 空气泵系统

空气泵系统如图 5–5–2 所示，许多二次空气喷射系统都是用空气泵（见图 5–5–3）

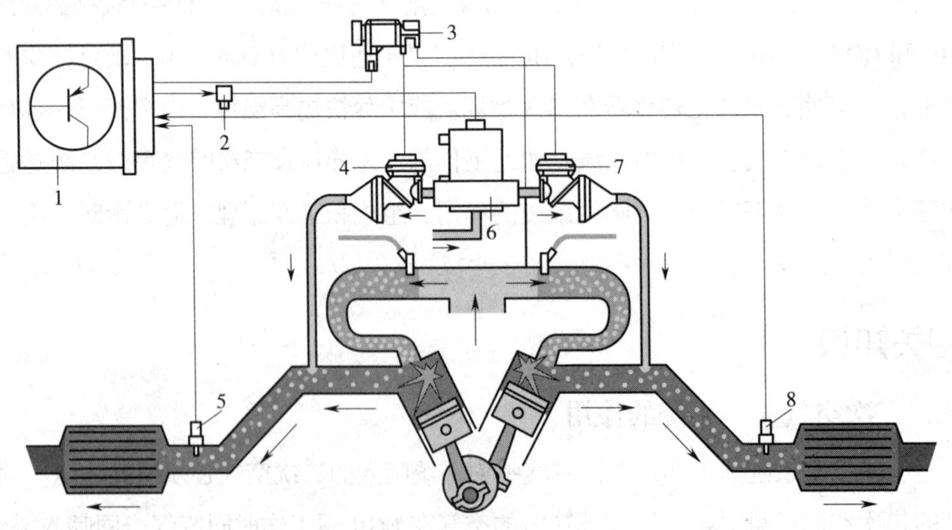

图 5–5–2　空气泵系统

1—发动机控制模块　2—空气泵继电器　3—电磁阀

4、7—二次空气分流阀　5、8—氧传感器　6—空气泵

将二次空气泵入排气歧管或三元催化转化器的。由真空控制二次空气旁通阀（图 5-5-2 中未画出）和二次空气分流阀，它们又控制从空气泵到排气歧管或三元催化转化器的空气量。二次空气分流阀到排气歧管和三元催化转化器之间各有一个单向阀，以防止在减速等情况时，排气管中的废气倒流至二次空气喷射系统。发动机控制模块控制两个电磁阀，分别维持二次空气旁通阀和二次空气分流阀所需的真空度。当点火开关打开时，发动机控制模块通过控制电磁阀接地而使其通电。

图 5-5-3 空气泵

空气泵系统有以下几种工作方式。

（1）在发动机刚起动后，发动机控制模块控制电磁阀，使其处于断电状态，二次空气旁通阀和二次空气分流阀无真空度。这样，从空气泵来的二次空气通过二次空气旁通阀旁通到大气中。这种工作状态持续的时间取决于发动机的温度，温度越低，持续时间越长。

（2）发动机暖机时，发动机控制模块给旁通电磁阀和分流电磁阀通电，二次空气从空气泵经二次空气旁通阀流到二次空气分流阀，二次空气分流阀再将二次空气导入排气歧管。进入排气歧管的二次空气使 HC 排放物在排气歧管中燃烧，这种燃烧同时使氧传感器快速加热。这种工作模式下，发动机控制模块以空燃比开环控制方式工作。

（3）发动机在正常工作温度下运行时，发动机控制模块以空燃比闭环控制方式工作。发动机控制模块只给旁通电磁阀通电，而使分流电磁阀断电，二次空气分流阀无真空度。这样，从空气泵来的二次空气经二次空气旁通阀流至二次空气分流阀后被导入三元催化转化器，并与 HC 和 CO 燃烧，减少 HC 和 CO 的排放量。二次空气旁通阀和二次空气分流阀都有一个卸压阀，如果系统堵塞或阻力过大，卸压阀可释放压力以防止空气泵压力过高。在发动机处于正常工作温度时，二次空气喷射系统不可向排气歧管泵入空气，否则排气流中的附加空气会使来自氧传感器的信号变弱，发动机控制模块对这些信号的响应是增加燃油喷射，因而会增加燃油消耗和 CO 的排放量。

2. 脉冲空气系统

同空气泵系统相比，脉冲空气系统不需动力源，而是依靠大气压力与排气真空脉冲之间的压力差使二次空气进入排气歧管，因此减少了成本及功率消耗。脉冲空气系统的工作原理如图 5-5-4 所示，二次空气来自空气滤清器，发动机控制模块（ECU）控制电磁阀的打开及关闭，电磁阀与单向阀相连。排气压力是正负交替的脉冲压力，当发动机以较低转速运转时，排气压力为负，二次空气由空气滤清器通过电磁阀和单向阀进入排气歧管，与排出的 HC 进一步燃烧，故可减少 HC 的排放量；当排气压力为正时，因有单向阀，所以二次空气不能反向流动，但此时也没有新鲜空气进入排气歧管，即不能减少 HC 的排放量。脉冲空气系统的上下游空气道各有一个电磁阀和一个单向阀。因为排气的低压脉冲持续时间随发动机转速的提高而缩短，所以脉冲空气系统在发动机转速降低时，减少 HC 排放的效果更好。图 5-5-5 所示为丰田公司采用的脉冲空气系统。

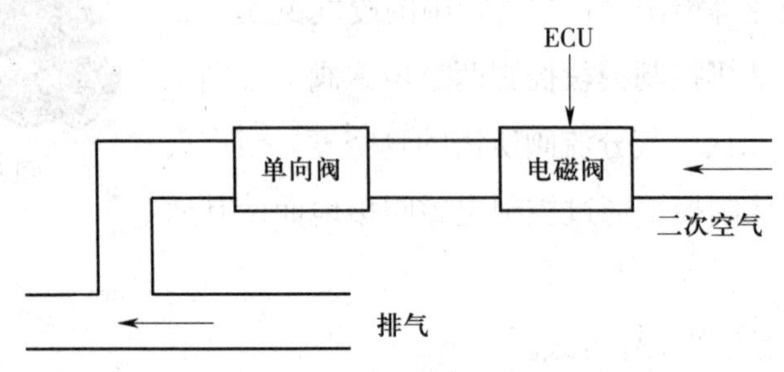

图 5-5-4　脉冲空气系统的工作原理

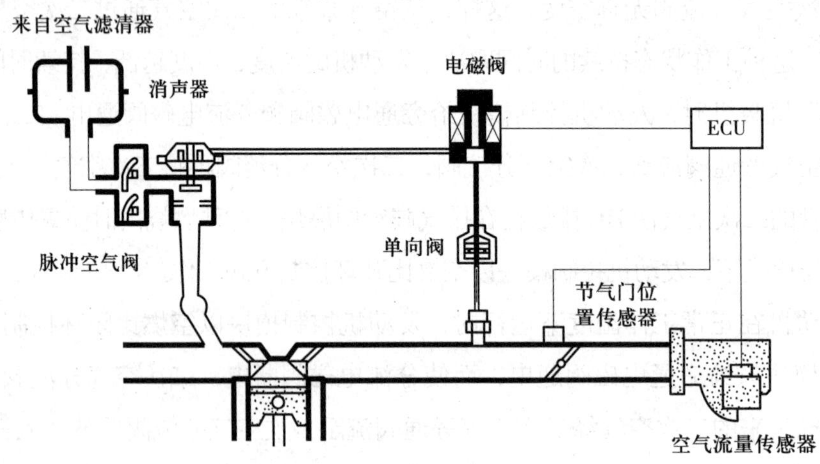

图 5-5-5　丰田公司采用的脉冲空气系统

三、二次空气喷射系统的检查

当二次空气喷射系统有故障后，发动机没有明显的故障现象，只是发动机的排放达不到标准，会增加 HC 和 CO 的排放量，不会影响发动机的动力性。

对于二次空气喷射系统的检查，一是看二次空气喷射系统到排气歧管的管路有没有破裂，二是看真空软管有没有破裂漏气现象。

任务实训

二次空气喷射系统的检修

一、实训目的

能够对二次空气喷射系统进行检修。

二、实训准备

实训工具及设备准备见表 5-5-1。

表 5-5-1 实训工具及设备准备

序号	工具及设备	数量
1	大众实训车	1 辆
2	元征 Launch X-431 故障诊断仪	1 台
3	通用工具	1 套
4	万用表	1 个
5	发动机舱防护罩	1 套
6	驾驶室卫生防护“三件套”	1 套

三、实训步骤

1. 检查二次空气进气阀

（1）连接元征 Launch X-431 故障诊断仪，选择“发动机管理系统”。

（2）打开点火开关，执行“测试元件诊断”功能并触发二次空气进气阀，二次空气进气阀应发出“咔哒”响声。

（3）如果二次空气进气阀没有发出“咔哒”响声，脱开电磁阀的插头，将二极管电笔连接到插头上，再次执行“测试元件诊断”功能。在执行元件诊断时，如果二极管电笔闪亮，更换二次空气进气阀；如果二极管电笔不闪亮，关闭点火开关，脱开发动机控制单元线束，检查二次空气进气阀的导线。

2. 检查空气泵继电器 J299

空气泵继电器电路如图 5-5-6 所示。

（1）连接 431ME 电眼睛或故障诊断仪，选择“发动机管理系统”。

（2）打开点火开关，执行“测试元件诊断”功能并触发空气泵继电器 J299。继电器 J299 控制空气泵电动机 V101，该电动机间歇运转，直到按“退出”键终止执行元件诊断。

如果电动机 V101 没有间歇运转，脱开电动机 V101 的插头，将二极管电笔连接到插头上，再次执行“测试元件诊断”功能。

如果二极管电笔闪亮，更换空气泵电动机 V101。

如果二极管电笔不闪亮，空气泵继电器 J299 也没有发出“咔哒”响声，则检查空气泵继电器 J299 的触发情况。

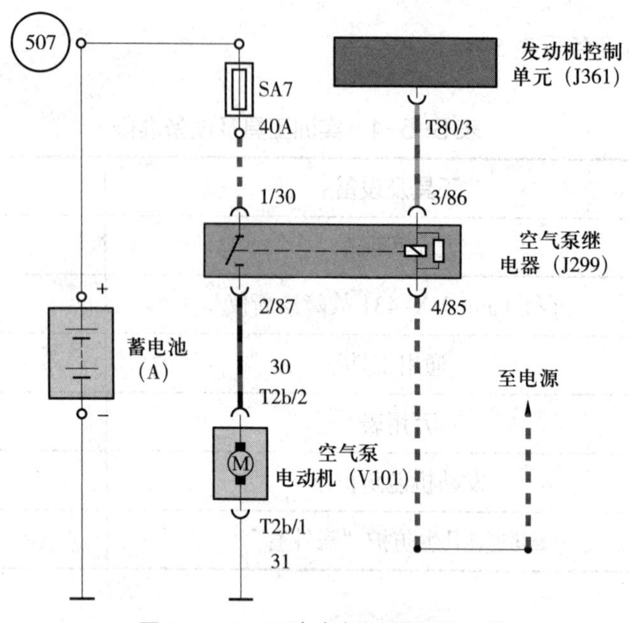

图 5-5-6　二次空气泵继电器电路

如果二极管电笔不闪亮，但空气泵继电器 J299 发出“咔哒”响声，则检查空气泵继电器 J299 供电。

（3）检查空气泵继电器 J299 供电。

（4）检查空气泵继电器 J299 的熔断丝。如果熔断丝无故障，从继电器盘上脱开空气泵继电器 J299。检查继电器盘供电，如果该继电器盘供电无故障，更换空气泵继电器 J299。

（5）检查空气泵继电器 J299 的触发状况。关闭点火开关，脱开发动机控制单元线束。空气泵继电器 J299 在发动机舱的电气盒内，从继电器盘上拔下空气泵继电器 J299。检查导线连接是否断路，如果导线无故障，更换发动机控制单元 J361。

四、实训要求

1. 清楚二次空气喷射系统检查的基本流程，确保思路清晰。
2. 操作仔细、规范，以免造成相关元件损坏。
3. 养成使用发动机舱防护罩、驾驶室卫生防护“三件套”的职业习惯。
4. 养成工具、零件、油液“三不落地”的汽车维修操作习惯。

任务小结

通过本任务的学习，了解到二次空气喷射系统的主要作用是减少有害气体的排放，使三元催化转化器在二次燃烧反应中尽快提高温度，从而提高三元催化转化器的效率。应该说，二次空气喷射也是一种对发动机燃烧后处理的有效减排方法。

任务❻ 曲轴箱强制通风系统的检修

学习目标

1. 了解曲轴箱强制通风系统的结构。
2. 熟悉曲轴箱强制通风系统的工作原理。
3. 掌握曲轴箱强制通风系统的工作过程。
4. 掌握曲轴箱强制通风系统的检修方法。

任务引入

发动机工作时，一小部分可燃混合气和废气经活塞环窜入曲轴箱内，就会使发动机机油变稀，性能变坏；形成泡沫，影响供油；生成酸类，腐蚀机件；油底壳内压力和温度升高，造成密封处渗漏；加速机油的老化。使曲轴箱与外界大气相通，就会避免以上现象发生，使发动机正常运转。曲轴箱通风方式有自然通风和强制通风两种，自然通风是指用一根出气管接通曲轴箱，出气口的一端制成斜切口，切口背向汽车行驶方向，从曲轴箱抽出的气体直接导入大气中；强制通风是指利用强制通风装置从曲轴箱抽出气体并导入发动机的进气管，吸入气缸再燃烧。现在汽油机曲轴箱一般都设有强制通风装置，可延长机油的使用期限，减轻零件磨损和腐蚀，有利于提高发动机的经济性，减少排气污染。

本任务将帮助了解曲轴箱强制通风（PCV）系统的结构、工作原理和工作过程，提高对曲轴箱强制通风系统的检查能力。

相关知识

曲轴箱强制通风系统有开式与闭式两种。最早使用的曲轴箱强制通风系统为开式系统，这种系统仅在进气管与曲轴箱之间加装一个带有控制阀（PCV 阀）的通风管，工作过程是外界的新鲜空气在进气管真空作用下，通过机油加油口盖处等与大气相通的通风口进入曲轴箱中，与曲轴箱中的窜气混合后，通过 PCV 阀被吸入空气供给系统中进入气缸燃烧。开式系统结构简单，安装维护方便，但在某些工况下不能将所有曲轴箱窜气吸入空气供给系统中，尤其是在大负荷下，曲轴箱窜气增多，进气管真空度降低，不能将所有窜气吸入空气供给系统，部分窜气从机油加油口盖处排入大气中，从而造成对环境的污染。对开式系统进行改进后形成了闭式曲轴箱强制通风系统，这种系统在开式系统的基础上密封曲轴箱，在空气滤清器与节气门体之间增加一个与曲轴箱连通的通风管，新鲜空气先经空气滤清器、通风管进入曲轴箱中与窜气混合，然后在进气管真空作用下经过 PCV 阀进入气缸进行燃烧。当发动机大负荷工作时，多余的窜气经通风管进入空气滤清器后方，与发动机进气混合进入气缸进行燃烧。闭式系统既不会使窜气排入大气，又能用新鲜空气进行曲轴箱换气，目前被普遍采用。

一、曲轴箱强制通风系统的结构及工作原理

PCV 阀是曲轴箱强制通风系统中最重要的部件，PCV 阀内有一个锥形阀，如图 5-6-1 所示。PCV 阀一般安装在气门室盖上，如图 5-6-2 所示。

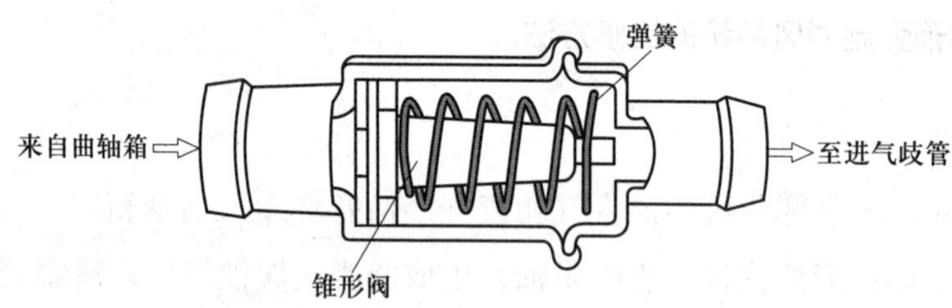

图 5-6-1　PCV 阀的结构

图 5-6-2　PCV 阀的安装位置及实物图

PCV 阀控制曲轴箱中的气体流入进气管，同时防止气体或火焰反向流动。当发动机工作时，进气管的真空作用在 PCV 阀上，吸引新鲜空气经空气滤清器、空气软管进入气门室盖，再经过气缸盖孔进入曲轴箱，并在曲轴箱中与从燃烧室泄漏的气体混合。这些新鲜空气与泄漏气体的混合气由于有进气管真空的吸引，向上经气缸盖孔流经气门室盖及 PCV 阀，进入进气管，然后再经进气门进入燃烧室燃烧。PCV 系统的工作原理如图 5-6-3 所示。

二、曲轴箱强制通风系统的工作过程

1. 发动机不工作时

发动机不工作时，弹簧将锥形阀压在阀座上，如图 5-6-4 所示，此时阀内没有真空度，没有蒸气流量，锥形阀压在阀座上，这样可以防止回火。

2. 怠速或减速时

怠速或减速时，进气管真空度大，它克服弹簧压力，将锥形阀向上吸起。这时在锥形阀与 PCV 阀壳体之间存在小缝隙，如图 5–6–5 所示。在怠速或减速时发动机泄漏气体很少，这些气体可以从 PCV 阀的小缝隙流出曲轴箱。

3. 常速行驶时

发动机在部分节气门开度下工作（常速行驶）时，进气管真空度比怠速时小。这时，弹簧向下推压锥形阀，使锥形阀与 PCV 阀壳体间的缝隙增大，如图 5–6–6 所示。在部分节气门开度下，发动机泄漏的气体比较多，锥形阀与 PCV 阀壳体间的较大缝隙可以使所有泄漏气体被吸入进气管。

4. 加速或大负荷时

加速或大负荷时，节气门全开，进气管真空度减小，弹簧将锥形阀进一步向下推压，如图 5–6–7 所示，从而使锥形阀与 PCV 阀壳体间的缝隙更大。因为加速或大负荷工作时，会产生更多泄漏气体，所以需要更大的缝隙才能使泄漏气体流进进气管。

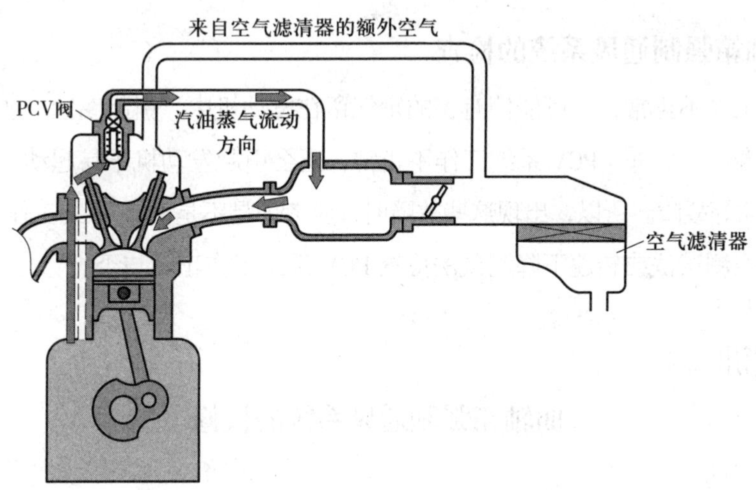

图 5–6–3　PCV 系统的工作原理

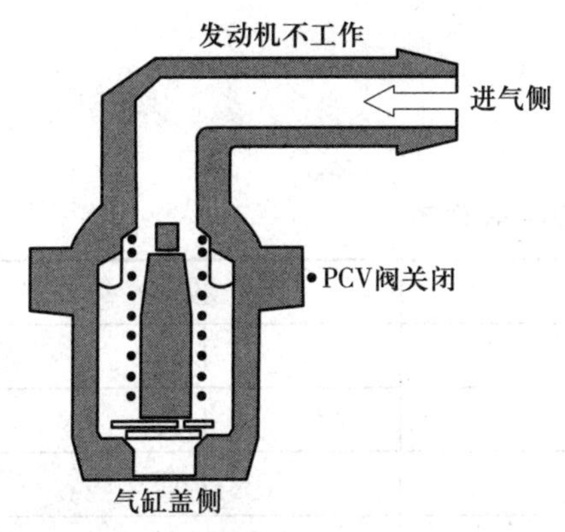

图 5–6–4　发动机不工作时 PCV 阀的位置

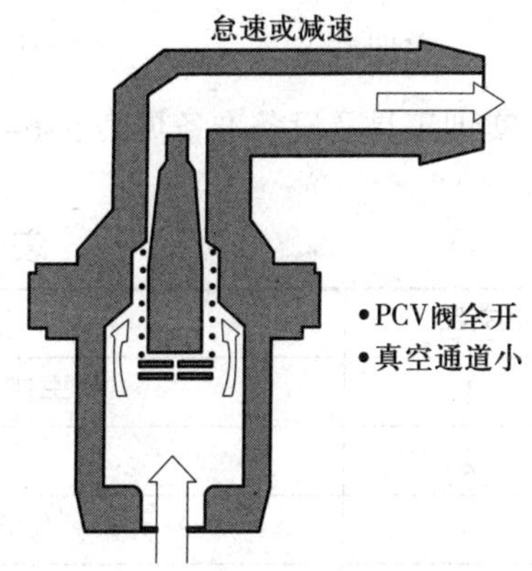

图 5–6–5　怠速或减速时 PCV 阀的位置

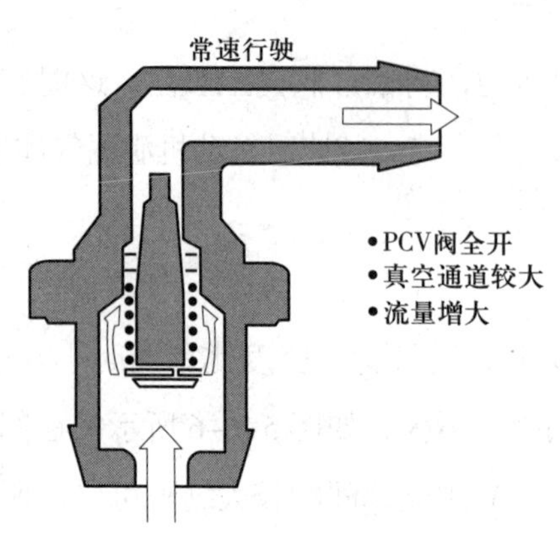

图 5-6-6　部分节气门开度时 PCV 阀的位置

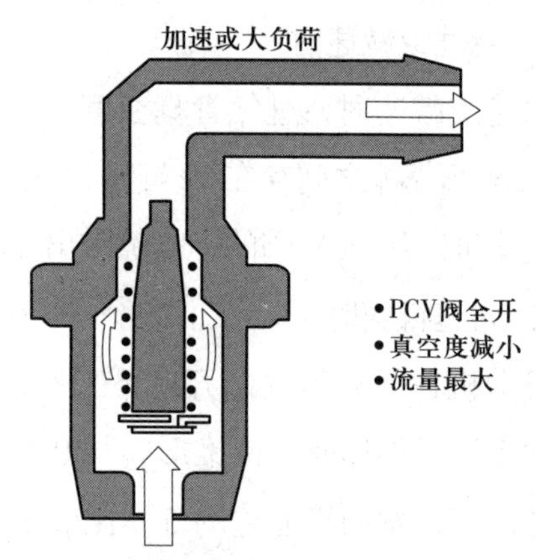

图 5-6-7　加速或大负荷时 PCV 阀的位置

5. 发生回火时

当发动机发生回火时，火焰传播到进气管进入 PCV 阀体内，火焰的压力压紧 PCV 阀使其关闭，以防止火焰传到曲轴箱中。如果系统中没有 PCV 阀，发动机发生回火时，曲轴箱中的蒸气就有可能发生爆炸。

三、曲轴箱强制通风系统的检查

PCV 系统工作不正常，有可能使有害的窜气留在发动机中，引起腐蚀、加速磨损，因而缩短发动机的寿命。此外，PCV 系统工作不正常，还会引起发动机不易起动、怠速不稳、加速无力或耗机油等故障。所以，出现这些故障时，应考虑是不是 PCV 系统工作不良引起的。

一般用真空测试法或转速下降测试法检查 PCV 系统工作正常与否。

任务实训

曲轴箱强制通风系统的检修

一、实训目的

能够对曲轴箱强制通风系统进行检修。

二、实训准备

实训工具及设备准备见表 5-6-1。

表 5-6-1　实训工具及设备准备

序号	工具及设备	数量
1	丰田卡罗拉实训车	1 辆
2	通用工具	1 套
3	发动机舱防护罩	1 套
4	驾驶室卫生防护“三件套”	1 套

三、实训步骤

1. 真空测试法

（1）使发动机在正常工作温度下怠速运转，将 PCV 阀从气门室盖上拔下。拔下 PCV 阀后，应能听到空气流过时产生的“咝咝”声。手指放在 PCV 阀进气口上，应能感到很强的真空吸力。

（2）装好 PCV 阀，将曲轴箱通风孔或机油加油口盖取下。在发动机怠速运转时，将一张轻薄的硬纸轻轻放在开口上，在 60 s 内，应能感觉到真空将纸吸附在开口上。

（3）熄灭发动机，取下 PCV 阀，摇动 PCV 阀，应听到“咯咯”声。否则，更换该 PCV 阀。

（4）如果上述测试结果正确，说明 PCV 系统工作正常。如果任一项测试结果不正确，则需要更换相应元件并重新做测试。

2. 转速下降测试法

使发动机达到正常工作温度，在怠速情况下，夹住 PCV 阀与真空源之间的管路，发动机转速应下降 50 r/min 或更多。否则，要检查 PCV 阀和管路是否堵塞，必要时进行清洗或更换。

四、实训要求

1. 清楚曲轴箱强制通风系统检查的基本流程，确保思路清晰。

2. 操作仔细、规范，以免造成相关元件损坏。

3. 养成使用发动机舱防护罩、驾驶室卫生防护“三件套”的职业习惯。

4. 养成工具、零件、油液“三不落地”的汽车维修操作习惯。

任务小结

通过本任务的学习，认识了曲轴箱强制通风系统。最早使用的曲轴箱强制通风系统为开式系统，这种系统仅在进气管与曲轴箱之间加装一个带有控制阀（PCV 阀）的通风管。对开式系统进行改进后形成了闭式曲轴箱强制通风系统，这种系统在开式系统的基础上密封曲轴箱，在空气滤清器与节气门体之间增加一个与曲轴箱连通的通风管，新鲜空气先经空气滤清器、通风管进入曲轴箱中与窜气混合，然后在进气管真空作用下经过 PCV 阀进入气缸进行燃烧。

PCV 阀是曲轴箱强制通风系统中最重要的部件，PCV 阀内有一个锥形阀，一般安装在气门室盖上。

曲轴箱强制通风系统在发动机不工作时、怠速或减速时、常速行驶时、加速或大负荷时、发生回火时的工作过程都不一样。

一般用真空测试法或转速下降测试法检查 PCV 系统工作正常与否。

项目六
发动机 ECU 的原理与检修

随着电子技术领域的集成电路、大规模集成电路和超大规模集成电路的发展，被称为发动机大脑的 ECU 也得到了很好的发展，电控燃油喷射（EFI）系统、电控自动变速器（EAT）系统、防抱死制动系统（ABS）、电控安全气囊系统（SRS）、电控巡航控制系统（CCS 或 SCS）、驱动防滑系统（ASR）及电控空气悬架系统（ASC）等电控系统得以被大量运用，甚至空调、音响等附属设施也通过 ECU 进行集成控制。

汽车控制的电子化不仅提高了汽车的动力性、经济性、安全性、舒适性，还解决了汽车排放等环保问题和将要面临的能源危机。但是汽车控制的电子化同时也带来了新的问题：首先是汽车电控系统越来越复杂，这给维修人员带来极大的困难，要求他们的维修技术越来越高；其次是电控系统的安全容错处理问题，汽车不能因为电控系统自身的突发故障而导致失控或不能运行。

如果没有 ECU，那汽车的发动机是无法正常运行的；在发动机运行时，ECU 会收集数据，经过数据处理后，ECU 可以通过控制机构来控制发动机的运行。

任务❶ 发动机 ECU 的检修

学习目标

1. 了解发动机 ECU 的基本结构。
2. 了解发动机 ECU 的电源电路。
3. 掌握发动机 ECU 的失效保护及后备系统。
4. 掌握发动机 ECU 的检修方法。

任务引入

发动机 ECU（Electronic Control Unit）是发动机的一种电子综合控制装置。不同的汽车生产厂家采用不同的名称，即使是同一个汽车生产厂家，由于生产年代的不同、控制内容的不同，其名称也可能不一样，如美国通用汽车公司称之为 ECM（电子控制组件），福特汽车公司起初称之为 MCU（微处理机控制装置），后又称之为 EEC（发动机电子控制装置）。

发动机 ECU 的外部与内部结构分别如图 6–1–1、图 6–1–2 所示。通过本任务的学习，将对发动机 ECU 有一个全面的了解。

图 6–1–1　发动机 ECU 的外部结构

图 6–1–2　发动机 ECU 的内部结构

相关知识

发动机 ECU 的作用是根据存储的程序和数据，对发动机传感器输入的各种信息进行运算、处理和判断，然后输出指令，控制有关执行器动作，达到快速、准确以及自动控制发动机工作的目的。

一、发动机 ECU 的特点

1. 汽车需要在不同的道路和气候条件下行驶，发动机 ECU 的工作环境较差，经常需要承受振动以及温度和湿度的变化。发动机 ECU 的电源电压变化较大，而且还受到车内外电磁波的干扰，因此发动机 ECU 需要很高的可靠性和耐久性。

2. 发动机 ECU 必须具有足够高的智能化程度，具有自诊断和检测能力，能及时发现系统中存在的故障，并存储故障码，告知维修人员故障可能存在的部位，以便于维修。

3. 发动机 ECU 一般使用 5 V 电压的电源驱动其传感器。在电子工业中，5 V 电压普遍作为传送信息的标准电压。

二、发动机 ECU 的基本结构

发动机 ECU 的基本结构如图 6–1–3 所示，其主要部件是微型计算机，简称微机，也叫微处理器。由于 ECU 的核心部件是微机，主要是靠它完成控制工作的，所以人们一般习惯把整个 ECU 称为微机，或称电脑。发动机 ECU 主要由以下几部分组成。

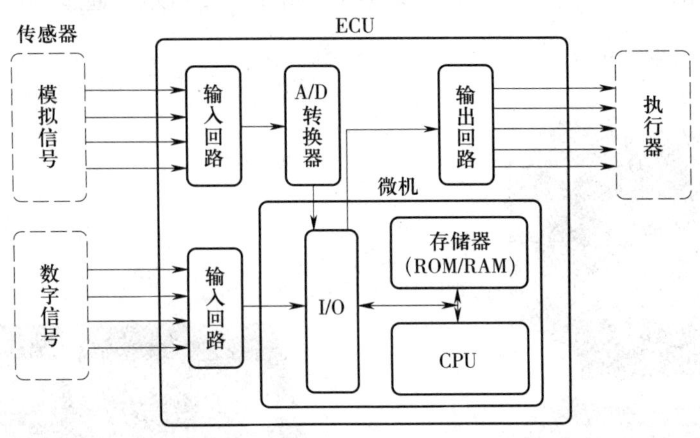

图 6-1-3　发动机 ECU 的基本结构

1. 输入回路

从传感器来的信号，首先进入输入回路。在输入回路里，对输入信号进行预处理，一般是在去除杂波和把正弦波变为矩形波后，再转换成输入电平。图 6-1-4 所示为输入回路的作用。

一般输入信号都要经过输入回路进行处理。如电磁式曲轴位置传感器输入 ECU 的信号，其幅值是随转速变化的，发动机转速升高时，输出的电压幅值增大，发动机转速降低时，输出的电压幅值减小。在发动机低速运转时，电压信号显得很弱，为了使信号能够送入 ECU 并被采用，必须由输入回路的信号整形电路进行处理，将信号放大并将波形变成整齐的矩形波。另外，一般曲轴位置传感器的齿盘只有几十个齿，如果仅用这些齿产生的几十个脉冲来代表曲轴每一转的步数，就显得太粗糙，会引起较大的误差。为了保持一定的精度，转角的步长设定为 0.5°（或 1°），为此在输入回路设立一个转角脉冲发生器，把齿盘产生的几十个脉冲转变成曲轴转一圈产生 720 个脉冲（或 360 个脉冲），这样一个脉冲就代表曲轴转角的 0.5°（或 1°）。

2. A/D 转换器

A/D 转换器又称模 / 数转换器。传感器输出的信号，有模拟信号和数字信号两种，如图 6-1-5 所示。其中相当一部分传感器输出的信号都是模拟信号，如空气流量传感器、冷却液温度传感器、节气门位置传感器等，向 ECU 输送的都是变化缓慢的连续信号，它们经输入回路处理后，都已变成相应的电压信号，但这些电压信号微机不能直接处理，需经过 A/D 转换器，将模拟信号转换成数字信号后才能输入微机。

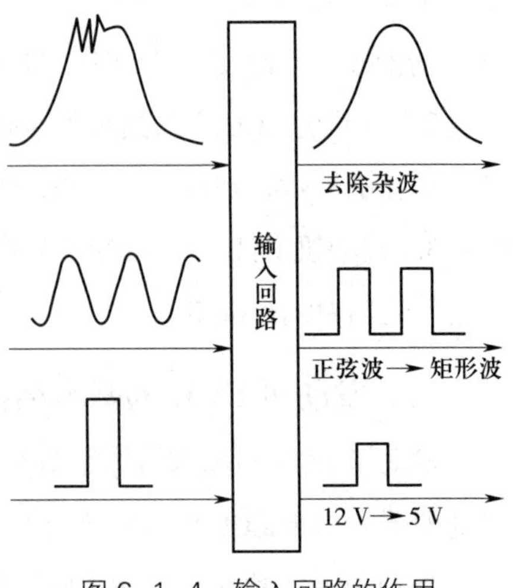

图 6-1-4　输入回路的作用

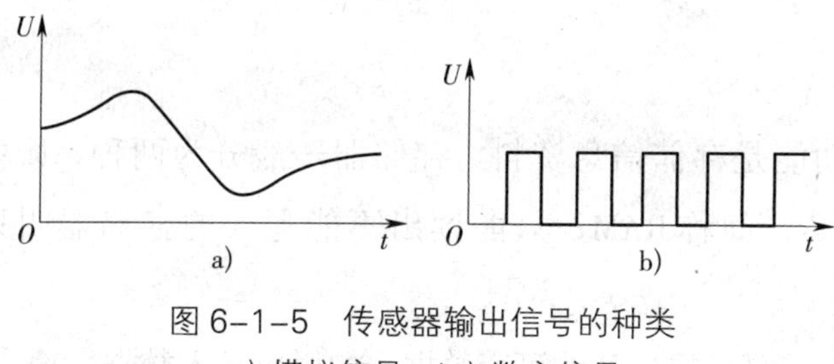

图 6-1-5 传感器输出信号的种类
a）模拟信号 b）数字信号

例如，从空气流量传感器输入 ECU 的信号为 0～5 V 的模拟电压信号，当输入电平与 A/D 转换器设定的量程相同时，则模拟信号经 A/D 转换器转换成数字信号后，才能输入微机，如图 6-1-6 所示。

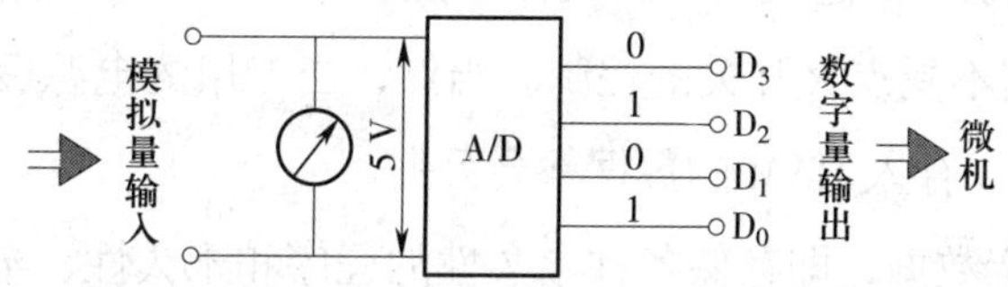

图 6-1-6 A/D 转换器的工作过程示意图

有些传感器（如霍尔式转速传感器）送出的信号已是数字信号，这信号经输入回路处理后，即可直接进入微机。

3. 微型计算机

微型计算机是发动机电控系统的神经中枢，它能根据需要，把各种传感器送来的信号，用内存的程序和数据进行运算处理，并把处理结果（如喷油器喷射信号、点火正时信号），送往输出回路。随着电子技术的突飞猛进，微机发展变化很快，从开始在汽车上应用至今，不断更新换代。最早采用的模拟计算机已经淘汰。

微型计算机主要由中央处理器（CPU）、存储器、输入输出接口（I/O）、总线等几部分组成，如图 6-1-7 所示。

（1）中央处理器（CPU）

中央处理器常被称为 CPU，它是整个控制系统的核心。CPU 主要由进行算术和逻辑运算的运算器、暂时存储数据的寄存器、按照程序执行各装置之间信号传送及控制任务的控制器等构成。CPU 的工作是在时钟脉冲发生器的操作下进行的，当微机通电后，时钟脉冲发生器立即产生一连串具有一定频率的电压脉冲，使微机全部工作同步，按照统一的节拍操作，保证同一时间内完成一定的操作，实现控制系统各部分

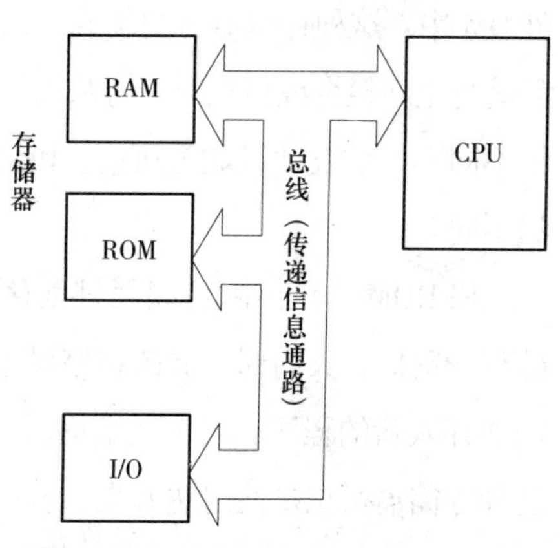

图 6-1-7 微型计算机的基本组成

协调工作的目的。

（2）存储器

存储器的主要功能是存储信息资料。存储器一般分为两种，既能读出也能写入的存储器叫随机存储器，简称RAM；只能读出不能写入的存储器叫只读存储器，简称ROM。

RAM主要用来存储微机操作时的可变数据，如微机输入数据、输出数据和计算过程中产生的中间数据等，根据需要，可随时调出或被新的数据代替（改写）。RAM在微机中起暂时存储信息的作用，当电源切断时，所有存入RAM的数据均完全消失。发动机运行中，存入RAM的有些数据，如故障码、空燃比学习修正值等，为了能较长期地保存，防止点火开关关闭时，由于电源被切断而造成数据丢失，一般这些RAM都通过专用的电源后备电路与蓄电池直接连接，使它不受点火开关的控制。当然，当专用的电源后备电路断开时或蓄电池上的电源线被拔掉时，存入RAM的数据都会丢失。

ROM用来存储固定数据，即存储各种永久性的程序和永久性、半永久性的数据，如电子控制燃油喷射发动机系统中的一系列控制程序、喷油特性频谱、点火控制特性频谱以及其他特性数据等，这些信息资料一般都在制造时由厂家一次性存入，运用中无法改变其中的内容，即微机工作时，新的数据不能存入，只在需要时读出已存入的原始数据资料。当电源切断时，存入ROM的信息不会丢失，通电后又可以立即使用。这种存储器多在制造厂大批量生产，其成本较低、价格较便宜。为了方便使用，又相继开发了几种新的不同类型的只读存储器，如PROM、EPROM及EEPROM等。

PROM为可编程只读存储器，这种存储器的工作性能和ROM是一样的。它只能进行一次编程，使用时其信息是不能改变的。这种存储器可由用户根据需要自行编写程序，用一种叫作PROM编程器的专用仪器对PROM编程，而无需生产IC的厂家完成编程。这样，汽车生产厂家可根据不同发动机、传动系、车身形式或选用附件的差异，将信息资料存入PROM中。这种存储器有的制成专用芯片，可从微机上取下，当汽车生产厂家对发动机和底盘进行重新组合或更换时，可从微机上更换新的PROM。有了这种存储器，使同一微机适用于不同车型的发动机成为可能。PROM和ROM的最大差别是制造方法和成本费用造成的影响不同。

EPROM为可擦除可编程只读存储器。这种存储器与PROM相似，但EPROM芯片的顶部有一窗口，其内部存储的程序可用紫外线照射的方法予以擦除（消除），然后再用专用编程器存入新的程序。当重新编程后，将芯片顶部窗口封盖好，以防日光把存入的程序消除。这种存储器可重复使用达万次，多在原型系统试制或小规模生产中采用。

EEPROM为电子可擦除可编程只读存储器。这种存储器与EPROM类似，但它可以不从微机的电路板上取下，而在通电的情况下，进行擦除和重新编程。一般只允许少部分擦除和重新编程。它是上述四种只读存储器中价格最贵的一种，常用为在使用过程中需要时常修改其重要数据的存储器，如汽车里程表的数据存储，常用这种存储器。根据需要更改汽车里程数据或更换微机时，都需将原来存储的数据擦掉，写入新的数据。

以上四种只读存储器，不管哪一种，当电源切断时，存入存储器的信息资料都不会丢失。

只读存储器中存储的大量程序和数据，是微机进行操作和控制的重要依据，它们都是通过大量试验获得的。存入只读存储器中数据的精确性，如各种工况下和各种因素影响下发动机的喷油控制数据、点火控制数据等，是满足微机控制发动机的动力性、经济性和排放性等的最重要保证。

（3）输入输出接口（I/O）

输入输出接口（I/O）是 CPU 与输入装置（传感器）、输出装置（执行器）间进行信息交流的控制电路。根据 CPU 的命令，输入信号以所需要的频率通过 I/O 接收，输出信号则按发出控制信号的要求通过 I/O 以最佳的速度送出（或送入中间存储器）。输入装置与输出装置一般都通过 I/O 才能与微机连接，因此，I/O 是微机与外界进行信息交换的纽带，是微机不可缺少的部分，具有数据缓冲、电平匹配及时序匹配等多种功能。

（4）总线

总线是一束传递信息的内部连线。在微机中，中央处理器、存储器与输入输出接口通过传递信息的总线连接起来，它们之间的信息交换均要通过总线进行。按传递信息的类别不同，总线可分为数据总线、地址总线与控制总线三种，如图 6-1-8 所示。

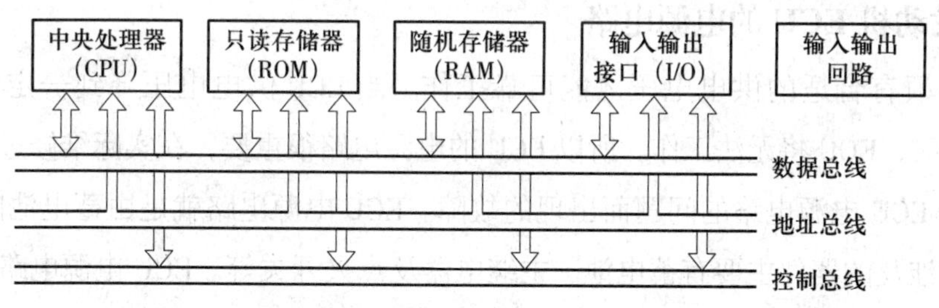

图 6-1-8 总线的类型

数据总线：主要用于传递数据和指令。

地址总线：用于传递地址码。在微机总线上，各器件之间的通信，主要靠地址码准确地进行联系。例如，需要对存储器内某单元进行存储或读出数据时，必须先将该单元的地址码送到地址总线上，然后再送出写入或读出的指令，才能完成操作。

控制总线：CPU 可以通过它随时掌握各器件的状态，并根据需要随时向有关器件发出控制指令。

由上可知，微机主要由中央处理器（CPU）、存储器、输入输出接口（I/O）、总线等组成。随着半导体集成工艺的发展，目前的微机多把 CPU、一定容量的 RAM 和 ROM 以及 I/O 集成在一个芯片上，就是所谓的单片机。单片机的外观如图 6-1-9 所示。

4. 输出回路

输出回路是微机与执行器之间建立联系的装置。它将微机发出的决策指令，转变成控制信号来驱动执行器工作。输出回路一般起着控制信号的生成和放大等作用。微机输出的是数字信号，而且输出的电流很小，用这种信号一般不能驱动执行器工作，需要输出电路将其转换成可以驱动执行器工作的控制信号，如喷油器驱动信号、点火控制信号、燃油泵控制信号等。图 6-1-10 所示为喷油器驱动信号示意图，输出回路中，通过晶体管（实际电路不止一个晶体管）的导通和截止，为喷油器提供一定宽度的脉冲驱动信号。在顺序喷射的驱动回路中，还应有缸序判别与喷油正时两个定量功能，以达到喷油正时和精确控制喷油量的目的；有的还有保护、监测等功能。

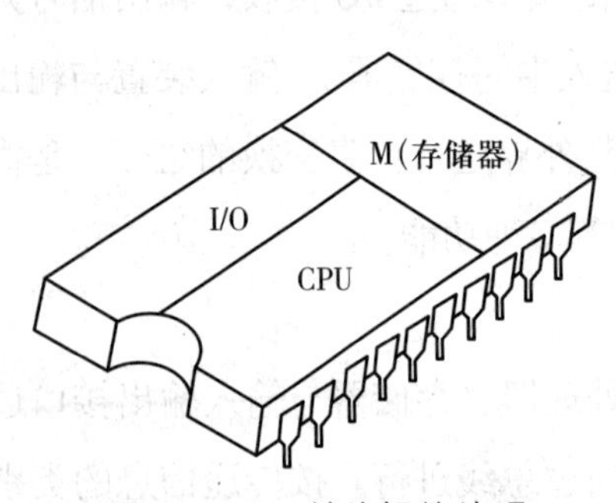

图 6-1-9 单片机的外观

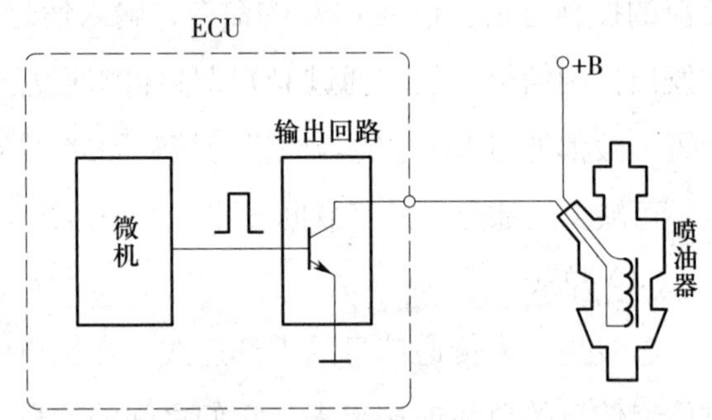

图 6-1-10 喷油器驱动信号示意图

三、发动机 ECU 的电源电路

ECU 必须有合适的供电电压才能可靠工作。当 ECU 供电电压降到一定值（一般为 10 V）以下时，ECU 将无法工作。所以 ECU 的电源电路很重要，在实际维修过程中也经常会遇到由于 ECU 电源电路的问题而出现的故障。ECU 电源电路就是由蓄电池向 ECU 供电的电路，它涉及的器件主要有蓄电池、主继电器及点火开关等。ECU 电源电路不但要保证 ECU 在点火开关接通时立即获得电源电压，而且还要保证 ECU 特定的端子在点火开关关闭时也要与电源连通（即获得不间断的电源电压）。点火开关接通时，ECU 经一个熔断丝获得电源电压，并将蓄电池电压调节到 5 V 或 12 V 后供给内部和外部元件使用。点火开关关闭时，ECU 也需要供电，以保存相应的车辆参数和故障码等信息。因此，还有一个电路通过一个独立的熔断丝不间断地为 ECU 提供蓄电池电压，若此电路断路，ECU 中存储的怠速学习参数、燃油修正参数、故障码等信息将全部丢失。

概括起来，ECU 电源电路由三部分组成：ECU 外部电源电路、ECU 内部电源电路、接地电路。

1. ECU 外部电源电路

因为步进电动机式怠速控制阀在点火开关断开后必须继续通电，使其退回初始位置，例如雷克萨斯 LS400，而其他怠速控制阀的回位基本都是靠内部的回位弹簧实现的，如丰田佳美用的旋转滑阀式怠速控制阀、红旗车用的直动式怠速控制阀等，所以装有步进电动机式怠速控制阀的发动机 ECU 外部电源电路与未装步进电动机式怠速控制阀的发动机 ECU 外部电源电路不同。

（1）未装步进电动机式怠速控制阀的 ECU 外部电源电路

未装步进电动机式怠速控制阀的 ECU 外部电源电路如图 6-1-11 所示，图中的主继电器由点火开关控制。当接通点火开关时，主继电器吸合，电流通过主继电器流向 ECU 的 +B 和 +B1 端子。当断开点火开关时，主继电器马上断开，流向 ECU 的 +B 和 +B1 端子的电流被切断。

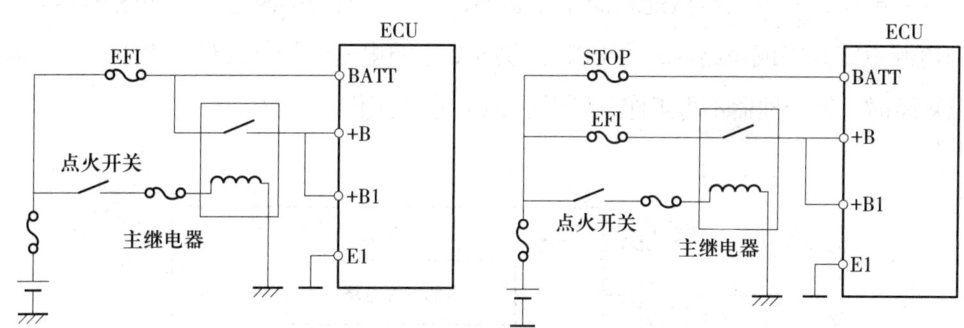

图 6-1-11 未装步进电动机式怠速控制阀的 ECU 外部电源电路

（2）装有步进电动机式怠速控制阀的 ECU 外部电源电路

装有步进电动机式怠速控制阀的 ECU 外部电源电路如图 6-1-12 所示。当接通点火开关时，ECU 的 LGSW 端子供电，ECU 通过内部的主继电器控制电路，控制 M-REL 端子通电，将主继电器吸合，蓄电池电压加到 ECU 的 +B 和 +B1 端子上。当断开点火开关时，ECU 通过 M-REL 端子继续供电，让主继电器延时断开，以便步进电动机能有时间退回初始位置，使旁通气道开度达到最大，为下一次起动做准备。

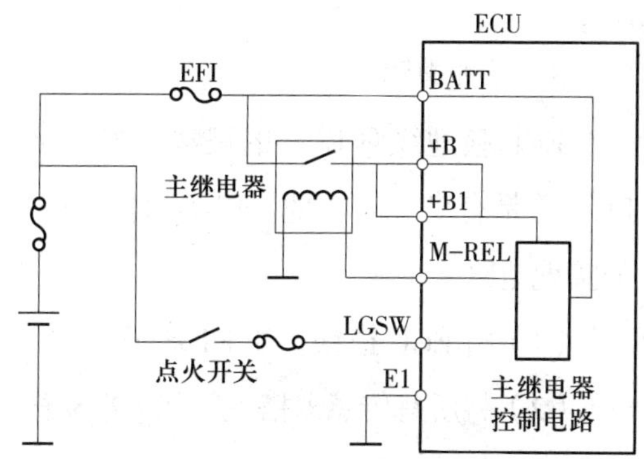

图 6-1-12 装有步进电动机式怠速控制阀的 ECU 外部电源电路

由电路图可见，上述两种 ECU 外部电源电路都有一条导线通过 EFI 熔断丝直接从蓄电池连接到 ECU 的 BATT 端子，其作用是不管点火开关在 ON 位置还是在 OFF 位置，蓄电池都向

ECU 的随机存储器（RAM）持续供电，以保证 ECU 能随时存储故障码、空燃比修正值等数据。所以，有些车型可以用拔下 EFI 熔断丝一定时间的方法来清除 RAM 中存储的故障码及冻结帧数据。

注意：

①清除故障码和冻结帧数据前，应先读取并打印存储器中的故障码和冻结帧数据。

②不要轻易断开蓄电池负极，否则将丢失存储器中的故障码、冻结帧数据、设定的参数、自适应参数、时钟信息甚至锁死音响系统（有些车型）。

③在用扫描工具对 ECU 进行编码或编程时，ECU 的供电电压必须正常，而且操作过程中不能断电，否则编码和编程就会失败，甚至会损坏 ECU。

2. ECU 内部电源电路

ECU 内部电源电路给微处理器和传感器提供电源，具体实现过程：施加在 ECU 的 +B 和 +B1 端子上的蓄电池电压（12 ~ 14 V），通过内部电源电路（即 5 V 恒定电压电路）产生恒定的 5 V 电压，并供应给微处理器和传感器，作为它们的电源电压，如图 6–1–13 所示。当内部电源电路开路或短路时，由 ECU 提供 5 V 电源电压的传感器都不再工作；当内部电源电路短路时，微处理器不再工作，所以使 ECU 也不工作。

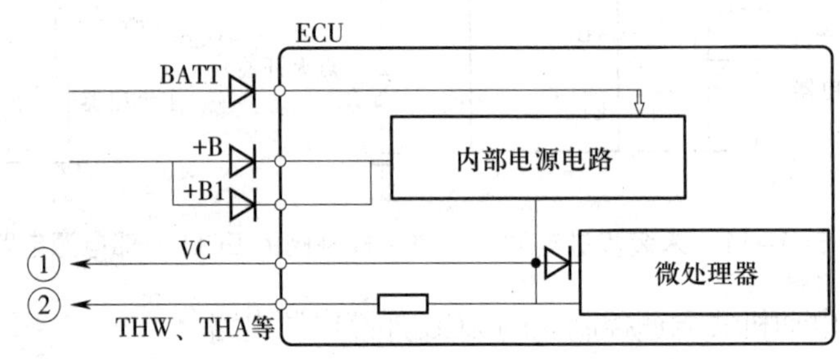

图 6–1–13 ECU 内部电源电路

①—从 5 V 恒定电压电路输出 5 V 电压

②—从 5 V 恒定电压电路经过电阻器输出 5 V 电压

3. 接地电路

ECU 接地线对 ECU 的正常工作十分关键。因此，ECU 一般至少有两条接地线，以确保 ECU 总是有良好的接地。以丰田汽车的发动机控制单元（ECU）为例，它有以下三种类型的接地电路。

（1）将 ECU 搭铁，如 E1 端子。

（2）将所有传感器搭铁，如 E2 端子。

（3）将喷油器或怠速控制阀等执行器的驱动电路接地，如 E01 和 E02 端子。

如图 6–1–14 所示，这些接地电路在发动机控制单元内连接在一起。

4. 诊断 ECU 电源电路时的注意事项

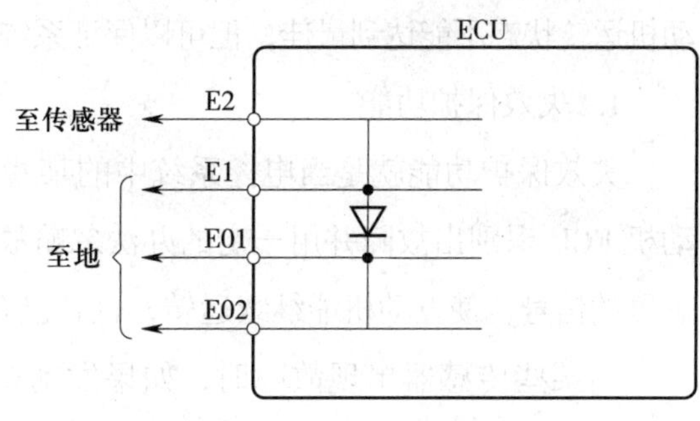

图 6-1-14 接地电路的连接

一般汽车的 ECU 电源电路向 ECU 提供的电压在 12～14 V 之间，提供的电压过大，将可能烧毁 ECU；而提供的电压过小（如小于 10 V），又会影响 ECU 正常工作甚至不工作。此外，主继电器失灵，也会造成 ECU 不工作或工作不正常。所以，当怀疑 ECU 有故障时，首先要检查 ECU 电源电路是否正常。对 ECU 电源电路进行诊断与维修时，必须先弄清楚电路中以下线路：

（1）哪几条线接蓄电池正极（BATT）；

（2）哪几条线接点火开关控制的电源（+B）；

（3）哪些是由 ECU 提供的电源（+5 V）；

（4）哪几条是接地线（E1，E2）。

然后用万用表等仪器根据电路图进行检查。

值得注意的是，测量 ECU 相关的电路时，必须使用高内阻（10 MΩ）的数字式万用表，否则可能会导致 ECU 或外部元件损坏。

目前的发动机 ECU 除上述基本装置外，还增设了电源装置、电磁干扰保护装置、自检装置以及后备系统等，将它们紧密地组装在一起，既节省空间又使其工作更加可靠。

四、发动机 ECU 的失效保护功能及后备系统

为了降低汽车维修人员修理难度和保证电控系统出现故障后不影响修理前的正常使用，汽车电控技术设计人员在进行汽车电控系统设计的同时，增加了故障自诊断功能模块。它能够在汽车运行过程中不断监测电控系统各组成部分的工作情况，如有异常，根据特定的算法判断出具体的故障，并以故障码形式存储下来，同时启动相应故障运行模块功能，使有故障的汽车能够被驾驶到修理厂进行维修，维修人员可以利用汽车故障自诊断功能调出故障码，快速对故障进行定位和修复。

自 1979 年美国通用汽车公司率先在其汽车电控系统中采用故障自诊断功能后，世界上的各大汽车生产厂家纷纷效仿，在各自生产的电控汽车上都配备了故障自诊断功能模块。故障自诊断功能已经成为新车出厂和修理厂故障检测不可缺少的重要手段。经过几十年的发展，故障自诊断功能模块不仅能够保障汽车电控系统的安全性和存储汽车故障，还能够实时提供汽车的各种运行参数。故障自诊断功能模块在工作中发现发动机电控系统某些部件有故障时，会启动失效保护功能，失效保护功能给 ECU 提供一个标准信号来替代故障信号，虽然这时发

动机运转状态不能达到最佳，但可以保证系统继续工作，维持发动机继续运转。

1. 失效保护功能

失效保护功能就是当电控系统中的某些传感器出现故障，不能起到应有的作用时，发动机 ECU 识别出故障并用一定的办法忽略故障传感器的信号，且采取另外途径代替故障传感器的信号，使发动机能继续运转，直到已有的故障被修好后，再重新采集信号控制运行。

当某些传感器出现故障时，如果发动机 ECU 仍按正常方式控制发动机运转，发动机性能可能会严重丧失，甚至不能运转。比如空气流量传感器损坏后，不能发出信号，那么 ECU 采集的信号就为 0，如果 ECU 没有失效保护功能，继续按采集信号控制，就会导致不喷油，发动机将无法运转。再比如点火系统中的点火控制单元（ICM）发生故障，当发动机 ECU 接收不到 ICM 反馈信号（IGF）时，如果喷油器继续喷油，未燃的混合气就会流入催化转化器，使催化转化器温度很快升高，导致催化转化器损坏。此外，传感器发生故障，可能会引起发动机机械方面的更大损伤。

失效保护功能是通过在发动机 ECU 内部添加一套程序来实现的。发动机 ECU 识别出传感器信号超出正常逻辑范围时，便会储存故障码，同时启动失效保护程序，用程序中的储存值代替故障传感器输入的信号值，继续控制发动机运转并一直检测各个传感器的输入信号。

下面分别介绍几种常见传感器出现故障时，发动机 ECU 的失效保护功能。

（1）空气流量传感器信号电路出现故障

在发动机运转过程中，空气流量传感器的信号电压应在 0.5 ~ 4.5 V 之间，怠速时应在 0.5 ~ 1.5 V 之间，节气门全开时应在 2.5 ~ 4.5 V 之间。如果怠速时传感器信号电压突然变成 0 V，发动机 ECU 就命令控制程序不要采取空气流量传感器的信号，同时命令失效保护程序给出替代值。失效保护程序根据节气门开度信号和发动机转速信号计算出当时进气量的近似值，用近似值代替空气流量传感器的输入值，使发动机能维持运转。

（2）冷却液温度传感器信号电路出现故障

在发动机长时间停放后再重新起动时，发动机冷却液温度传感器和进气温度传感器发出的信号值大致相等，一般为 –39 ~ 150 ℃。如果发动机 ECU 检测到冷却液温度信号不在以上范围时，发动机 ECU 便命令控制程序停止采集冷却液温度信号，并命令失效保护程序在发动机刚起动时用进气温度值代替冷却液温度值，然后每运转 20 s，使冷却液温度值增加 1 ℃，直到增加到 90 ℃。这样就可使发动机顺利起动且比较平稳地进入工作状态，不至于出现冷车不能起动或起动后熄火的故障。

（3）点火故障

发动机 ECU 中有专门监视点火故障的程序，点火控制单元每次命令点火线圈点火的同时，会发送反馈信号给发动机 ECU，发动机 ECU 收到信号便认为点火成功。发动机 ECU 没有收到信号，为避免没有燃烧的混合气进入催化转化器，使催化转化器因过热而烧坏，就停止向有燃烧的气缸喷油。但节气门完全打开，发动机输出最大功率时，发动机ECU就会恢复所有气缸的喷油，这是内部程序的安排。

（4）节气门位置传感器信号电路出现故障

节气门位置传感器信号电路出现断路或短路时，发动机ECU将检测到节气门处于全开或全关的状态。此时发动机ECU将采用正常运转值代替节气门位置传感器的信号。

（5）爆震传感器控制系统出现故障

爆震传感器控制系统出现故障时，无论是否产生爆震，点火提前角都不能由爆震传感器控制系统来控制，否则将导致发动机损坏。此时，失效保护功能将点火提前角固定在一个适当的值。

（6）曲轴位置传感器（G1或G2）信号电路出现故障

因为曲轴位置传感器信号用于识别气缸和确定曲轴基准角，所以当曲轴位置传感器信号电路出现断路或短路时，发动机ECU将不能有效地控制发动机运转，造成发动机不能起动、失速甚至损坏发动机。所以此时发动机ECU即使收到G1或G2信号，也不能按信号数据控制，而是用保留的信号判别。当然，失效保护功能启动时用的代替值只能维持发动机运转，不可能完全代替传感器的功能，此时的发动机性能可能会大大降低，所以出现此类情况时，应该尽快维修，恢复传感器及其控制系统的功能，才能使发动机以最佳性能运转。而作为维修人员，一定要理解程序的设计思想，弄清失效保护的原理和保护方法，才能更快更准确地判断出故障所在。

2. 后备系统

后备系统是在发动机ECU内并列于ECU的一套集成电路，由自诊断系统控制开启。当发动机ECU偶尔发生故障时，正常控制时的例行程序就不能正常运行，发动机ECU陷入异常工作状态，无法计算基本喷油时间，或者停止输出点火信号（IGT），发动机将停机，车辆则不能行驶。若此时汽车处于行驶途中，又远离维修服务站，驾驶员和乘客将会陷入困境。因此，汽车常设有后备系统，后备系统可做简易的控制，继续维持发动机的运转，同时警告驾驶员车辆出现严重故障，应尽快驶到适宜的地方或前往维修服务站修理。因为这种系统在发动机ECU出现故障时能避免驾驶者抛锚在荒郊野外，保证把他带回家，所以国外也形象地把这种功能称之为“回家功能”。

五、发动机ECU的检修

目前，发动机ECU技术已经相当成熟，在正常使用情况下发动机ECU本身不太容易出现故障。但在实际维修中，很多维修人员不按照维修手册的程序诊断故障，他们在几次尝试仍未能解决发动机故障时，往往会将故障归咎于发动机ECU，从而造成故障诊断的不准确，同时也增加了车主的经济负担。

1. 发动机 ECU 的故障及产生原因

发动机 ECU 的故障主要有焊点松脱、电容元件失效、集成块损坏、电控单元固定螺栓松动、电子元件损坏等。发动机 ECU 一旦出现故障，会造成发动机不能起动或难以起动、无高速、耗油量大等。除使用时间过长自然磨损、老化外，这些故障一般由以下原因造成。

（1）环境因素

水是最主要的原因，发动机 ECU 中进水，将造成短路和不可恢复的腐蚀、端子损坏等。其次是过热和振动，这可能会在线路板中引起微小的裂纹。

（2）电压超载

通常是由电磁阀或执行器电路内的短路引起的。如果短路的电磁阀或执行器未被发现和修复就更换发动机 ECU，所造成的超载电压还可能会损坏新换的发动机 ECU。因此，在更换 ECU 之前，一定要彻底查清原 ECU 损坏的原因。

（2）不规范的操作

如在拆装过程中未采取静电防护措施，安装发动机 ECU 之前未断开蓄电池，用内阻较小的电阻表测量其端子等。工作正常的发动机 ECU，需要所有传感器输入正确的信号、蓄电池电压正确、接地良好。因此，在怀疑发动机 ECU 本身有故障之前，应先检查并确认这几个方面没有问题。

2. 更换发动机 ECU 的注意事项

发动机 ECU 种类繁多，能准确地识别是正确更换的前提。许多发动机 ECU 表面上看上去完全一样（外壳大小和端子都相同），但其内部的电路和标定却可能不完全一样。对于更换发动机 ECU 而言，十分接近是不够的，必须完全符合所修车辆的要求。要想准确地识别发动机 ECU，不仅需要知道车辆的年、厂、型和发动机排量，还要知道发动机 ECU 上写的 OEM 零件号。大多数供货商都有这两种分类表，因此，如果不能确定，可以找出 ECU 上的 OEM 零件号，然后通过这个零件号在供货商的交叉索引中查找所需的 ECU。标定芯片和 PROM 中存储着针对不同车型的程序，所以通常情况下不和 ECU 一起销售。在许多新车型上，使用了 EEPROM（电子可擦除可编程只读存储器）。如果更换的 PROM 没有按所修车型正确编程，在安装后必须进行正确的重新编程。

3. 更换发动机 ECU 的技巧

更换发动机 ECU 实际上就是换一个盒子。对于有些车型，发动机 ECU 可能不容易更换，因为它通常被安装在仪表板、杂物箱或控制台中其他零件的下面或后面。无论发动机 ECU 在哪，在拆卸旧发动机 ECU 和安装新发动机 ECU 之前都应当断开蓄电池。在装好发动机 ECU 并连接好后，再重新接上蓄电池。此时，工作并没有结束。许多发动机 ECU 在安装后或断开电源后必须经过“再学习”过程。对于某些车型，可能要经过特定程序才能建立基本怠速。而有些车型可能要经过短时间的驾驶来让 ECU 自我调整。具体要求可参阅相应的维修手册。大多数发动机 ECU 还将在日后的行驶过程中继续学习，并对燃油混合气和其他功能做小的调整。

注意：发动机 ECU 相对比较昂贵，而且很多零配件商都规定“售出的电子器件不能退货”。

4. 发动机 ECU 的维修步骤

发动机 ECU 内部电路可以分为两部分，即常规电路（包括输入、输出以及转换电路）和微处理器。常规电路大多采用通用的电子元件，如果损坏，一般是可以修复的。在实际使用过程中，发动机 ECU 的故障大多发生在常规电路中。如果要维修发动机 ECU，首先要确定发动机 ECU 的故障，以免盲目修理，造成不必要的时间浪费和引起其他电路的故障。

（1）确认发动机 ECU 是否损坏

确定发动机 ECU 损坏的通常方法是在相关传感器信号都能正常输入发动机 ECU 的情况下，发动机 ECU 却不能正确输出控制信号来驱动执行器。这句话虽然简单，但这需要很多具体细致的基础检查工作。例如发动机无法起动，经过检查，确认起动时喷油器插头上无喷油信号（即 ECU 提供的喷油驱动信号），在检查并确认相关电路正常而且起动时的转速信号可以正常输入 ECU，但是 ECU 没有输出驱动信号给喷油器后，就可以断定发动机 ECU 内部出现故障。

（2）按照电路寻找损坏元件

根据电路图或实际线路的走向找到与喷油器连接的相应 ECU 端子，然后用数字万用表的通断挡从确定的 ECU 端子开始，沿着 ECU 的印刷电路查找，直至找到某个晶体管。这是因为 ECU 通常采用大功率晶体管放大执行信号以驱动执行器，所以此类故障大多由一个起着开关作用的晶体管短路所致。

（3）测量晶体管

确定晶体管的 3 个极。与印刷电路对应的管脚为晶体管的集电极，旁边较细的印刷线是基极。确认方法是，将发动机 ECU 多孔插头插上，起动发动机，使用万用表的电压挡连接到要确认的印刷线，显示 5 V 则为基极。用万用表测试晶体管，如果发现集电极与基极 b 的正反向电阻为无穷大，则说明晶体管已经断路；如果发现集电极 c 与发射极 e 之间的电阻为零，则说明晶体管已经被击穿。另外，还需要测量晶体管附近与其相连的其他晶体管和二极管。

（4）确定替换用的晶体管

大致有以下几个方法。

①型号。查看晶体管上的型号，通过晶体管对应表确定与之相配的国产晶体管。

②电阻。晶体管的基极一般都串有电阻，基极的电阻值要与原晶体管的电阻值相近。不同颜色的电阻，其电阻值不同。晶体管的基极是靠电流的大小控制的，ECU 电压值固定，因此就需要利用电阻来控制电流。电流过大会烧毁晶体管，电流过小则不能将其触发。

③测量。用万用表的二极管测量挡测量晶体管的属性。根据晶体管的特性，应该只有 1 个管脚相对于另外 2 个管脚单向导通，具备这个属性则可确定是晶体管，只有一对管脚单向导通的是场效应管，相对另外 2 个管脚导通的管脚是晶体管的基极。

将替换用的晶体管焊接到电路板上，焊接时要注意焊锡要尽可能少，避免过热，焊接完成后要用万用表测量各管脚，应不相互连通。

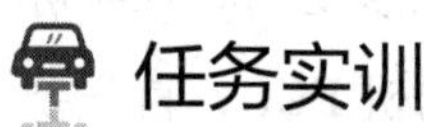

任务实训

发动机 ECU 的更换与匹配

一、实训目的

能够对发动机 ECU 更换后进行匹配。

二、实训准备

实训工具及设备准备见表 6-1-1。

表 6-1-1　实训工具及设备准备

序号	工具及设备	数量
1	丰田实训车	1 辆
2	故障诊断仪	1 台
3	通用工具	1 套
4	发动机舱防护罩	1 套
5	驾驶室卫生防护“三件套”	1 套

三、实训步骤

1. 打开故障诊断仪，选择特殊功能→防盗匹配→丰田→防盗系统，进入下一步。
2. 选择自动识别，进入下一步。
3. 打开点火开关至 ON 位置，点击“确定”，进入下一步。
4. 自动识别第四代防起动装置，防盗类型码：0A，进入下一步。
5. 选择 16 针接头→更换 ECM/PCM，进入下一步。
6. 按提示操作，关闭点火开关，进入下一步。
7. 更换 ECM/PCM，发动机电脑板注册完成。
8. ECM/PCM 更换完成，确保每把钥匙都能起动发动机。

9. 按提示操作，打开点火开关，点击“确定”，进入下一步。

10. 如果该车使用机械钥匙，选择“否”；如果使用智能钥匙，选择“是”。起动车辆正常，匹配完成。

四、实训要求

1. 清楚发动机 ECU 更换后进行匹配的基本流程，确保思路清晰。

2. 操作仔细、规范，以免造成相关元件损坏。

3. 养成使用发动机舱防护罩、驾驶室卫生防护“三件套”的职业习惯。

4. 养成工具、零件、油液“三不落地”的汽车维修操作习惯。

任务小结

本任务介绍了发动机 ECU 的基本组成和作用。发动机 ECU 的主要组成部分有输入回路、A/D 转换器、微型计算机、输出回路。其中，微型计算机主要由中央处理器（CPU）、存储器、输入输出接口（I/O）、总线等几部分组成。

ECU 电源电路由三部分组成：ECU 外部电源电路、ECU 内部电源电路、接地电路。

目前的发动机 ECU 除基本装置外，还把电源装置、电磁干扰保护装置、自检装置、后备系统等组装在一起，结构十分紧凑，使 ECU 的工作相当可靠。

失效保护功能就是当电控系统中的某些传感器出现故障，不能起到应有的作用时，发动机 ECU 识别出故障并用一定的办法忽略故障传感器的信号，且采取另外途径代替故障传感器的信号，使发动机能继续运转，直到已有的故障被修好后，再重新采集信号控制运行。

除使用时间过长自然磨损、老化外，发动机 ECU 的故障一般由环境因素、电压超载、不规范的操作等原因引起。对于更换发动机 ECU 而言，十分接近是不够的，必须完全符合所修车辆的要求。在拆卸旧发动机 ECU 和安装新发动机 ECU 之前都应当断开蓄电池，在装好发动机 ECU 并连接好后，再重新接上蓄电池。

任务2　随车自诊断系统的认知

学习目标

1. 了解随车自诊断系统的作用及发展。
2. 掌握第二代随车自诊断系统的特点。
3. 掌握第三代随车自诊断系统的特点。
4. 掌握随车自诊断系统的工作原理。

5. 掌握自诊断模式的分类。

6. 掌握随车自诊断系统的使用方法。

任务引入

随着电子技术的不断发展，单片机因其体积小、成本低、可靠性高等显著优点，在汽车电子控制中得到了越来越广泛的应用，使汽车在动力性、经济性、舒适性以及排污控制等方面都有了极大的提高和改善。但是汽车控制的电子化也给汽车故障诊断工作带来了越来越多的困难，对汽车维修人员的要求也越来越高。20 世纪 80 年代期间，许多汽车生产厂家给车辆装配随车自诊断系统（On-Board Diagnostic，简称 OBD），图 6-2-1 所示为丰田车系的故障诊断座。此系统的最大特点就是当汽车发生故障时，能以特定的方式显示出故障码，帮助判断电路故障原因，便于维修。那么，随车自诊断系统的发展如何？现在常用的第二代随车自诊断系统（OBD-Ⅱ）的特点是什么？随车自诊断系统的工作原理以及自诊断模式的分类是什么？故障码与故障之间关系是什么？本任务将对相关知识进行介绍。

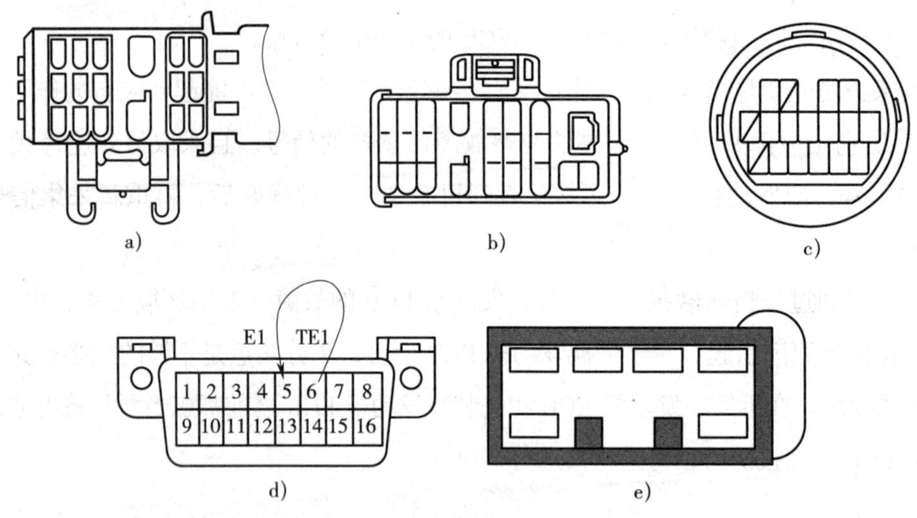

图 6-2-1　丰田车系的故障诊断座

a）17+1 故障诊断座　b）23 端子故障诊断座　c）17 端子故障诊断座

d）16 端子故障诊断座　e）6 端子故障诊断座

相关知识

一、随车自诊断系统的作用及发展

随车自诊断系统的发展经历了从第一代、第二代到第三代的过程。早期的随车自诊断系统都因各汽车生产厂家采用自行设计的故障诊断座和自定义的故障码，相互之间各不相同，称为第一代随车自诊断系统（OBD-Ⅰ）。这种随车自诊断系统在维修中必须采用不同的方法读取故障码，给维修带来很多不便。第二代随车自诊断系统（OBD-Ⅱ）采用统一的 16 端子故障诊断座（见图 6-2-2）和统一含义的故障码，这在一定程度上给维修带来很大的方便。虽然 OBD-Ⅱ对监测汽车排放十分有效，但驾驶员是否接受警告全凭“自觉”。为此，比 OBD-Ⅱ更先进的 OBD-Ⅲ产生了。

OBD-Ⅰ的主要目的是检查传感器或其电路是否有故障，无法有效控制废气排放；而 OBD-Ⅱ不仅能测试传感器，而且能测试所有的排放控制装置，并能检查排放控制装置是否正常工作；OBD-Ⅲ的主要目的是使汽车的检测、维护和管理合为一体，以满足环境保护的要求。

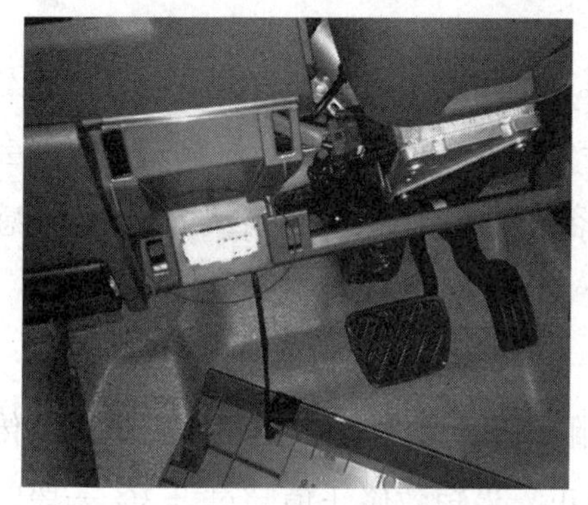
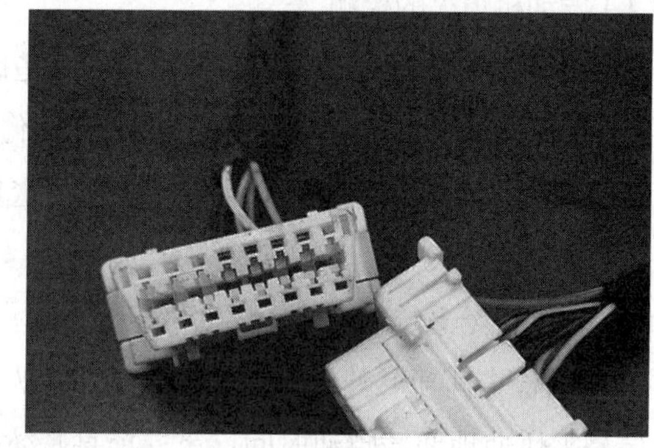

图 6-2-2　OBD-Ⅱ的 16 端子故障诊断座

OBD-Ⅱ标准码由 5 个字符组成，第一个字符为英文字母，代表检测系统，如 P 代表发动机和变速器电控系统，C 代表底盘电控系统，B 代表车身电控系统。第二个到第五个字符为阿拉伯数字，其中第二个字符的 0 代表美国汽车工程师学会（SAE）统一定义的故障码，1 代表生产厂家定义的故障码。第三个字符为 SAE 定义的故障码，如 1、2 代表燃油和空气检测系统，3 代表点火系统，4 代表废气控制系统，5 代表怠速控制系统，6 代表 ECU 和执行元件系统，7、8 代表变速器控制系统。最后两个字符代表原厂的故障码。例如：P0XXX 为 SAE 统一定义的标准故障码，而 P1XXX 为原厂定义的故障码，两者代表的含义不同，如第一缸间歇性断火，标准故障码为 P0301，而原厂故障码为 P1201；又如 P0172 代表混合气太浓，而 P1172 代表混合气太稀。

OBD-Ⅲ会分别进入发动机、变速器、ABS 等系统 ECU 中去读取故障码和其他相关数据，并利用小型车载通信系统，例如 GPS 导航系统或无线通信方式，将车辆的身份代码、故障码及所在位置等信息自动报告管理部门，管理部门根据该车辆排放问题的等级对其发出指令，包括去哪里维修的建议、解决排放问题的时限等，还可对超出时限的违规者的车辆发出禁行指令。因此，OBD-Ⅲ不仅能根据车辆排放问题向驾驶者发出警告，而且还能对违规者进行惩罚。

二、第二代随车自诊断系统（OBD-Ⅱ）的特点

1. 能检测出与排放相关元器件的工作情况并提示

能检测出与排放相关元器件的工作情况，提示驾驶员对与排放相关的系统进行维修、维护。OBD-Ⅱ有两种检测过程：连续检测和非连续检测。连续检测包括发动机熄火的检测、燃油供给系统的检测（燃油修正）和综合元件检测。非连续检测包括三元催化转化器的检测、废气再循环控制系统的检测、燃油蒸发控制系统的检测、氧传感器的检测、二次空气喷射系统的检测。有些 2000 年以后生产的车辆 OBD-Ⅱ还需检测节温器。2002 年以后生产的车辆需要检测曲轴箱强制通风系统的工作状况。

（1）发动机熄火的检测

发动机熄火可能由压缩比、空燃比等因素造成。当发动机熄火时，未燃烧的燃油蒸气（HC）会直接排入三元催化转化器，造成三元催化转化器寿命缩短。由于熄火发生瞬间会减慢曲轴的转速，因此可用曲轴位置传感器来判定是否发生熄火，再配合凸轮轴位置传感器即可知道哪一缸缺火。

（2）燃油供给系统的检测（燃油修正）

OBD-Ⅱ检查两项燃油修正数值是否超出上 / 下限：第一项是短效修正，它根据氧传感器的信号来快速地增减喷油时间；第二项是长效修正，当短效修正值超过 ±3% 一段时间后，长效修正即以新的供油时间来取代 ECU 内定的供油时间。这两项修正值在 ECU 中分别设有修正的上 / 下限。OBD-Ⅱ设定的上 / 下限在 20%～25% 范围内，当修正值超出限制时即设定故障码。

（3）综合元件检测

综合元件检测（CCM）所检测的元件包含空气流量传感器、进气温度传感器、冷却液温度传感器、节气门位置传感器、曲轴位置传感器、凸轮轴位置传感器、燃油泵、怠速控制阀、锁止离合器等。

在进行检测时，CCM 首先检查各元件信号电压是否过高（断路）、过低（短路），信号是否超出范围，再检查信号的合理性。例如，在速度密度进气量检测系统上，CCM 会将 TPS 信号与 MAP 信号做比较，当节气门开度变化时，进气歧管真空度应随之变化。

（4）三元催化转化器的检测

OBD-Ⅱ的三元催化转化器效率检测，必须使用三元催化转化器后方的副氧传感器。当三元催化转化器工作正常时，三元催化转化器前方的主氧传感器信号电压的变动次数应远多于后方的副氧传感器，通过比较主、副氧传感器的信号电压变动次数来判定三元催化转化器是否老化。

（5）废气再循环控制系统的检测

对于废气再循环控制系统的检测，不同厂家所使用的检测方式各不相同。一般来说，都是在 ECU 开、关 EGR 阀时，以其他传感器来检测 EGR 阀动作是否正常。例如，通用汽车公司利用 MAP 检测，福特汽车公司利用 EGR 温度传感器等检测，克莱斯勒汽车公司利用氧传感器检测。

在连续两次起动过程中，EGR 的效率都无法达到预测值时，ECU 即设定故障码。

（6）燃油蒸发控制系统的检测

活性炭罐在平时吸收油箱内的燃油蒸气，在车辆行驶时将燃油蒸气吸入燃烧室燃烧。燃油蒸发控制（EVAP）系统在不同车上各不相同。

在进行系统状况检测时，EVAP 检测器在车辆行驶时关闭大气呼吸孔并打开活性炭罐电磁阀，此时用油箱压力传感器所测得的系统真空上升率来判定燃油蒸气流量。

在进行系统漏气测试时，EVAP 检测器先关闭活性炭罐电磁阀，接着再以油箱压力传感器来测量泄漏率。若在连续两次起动过程中，其泄漏率都超出 ECU 的设定值，即点亮故障指示灯并设定故障码。

（7）氧传感器的检测

检测器检测主、副氧传感器的加热线路及发动机 ECU 的线路是否短路或断路，主氧传感器信号电压的高低变化以及变化频率。在检测变化频率时，发动机 ECU 检查在某一固定时间内，信号电压跨越中点（0.45 V）的次数是否与设定值相符。另外，还检查空燃比的转换时间，并与 ECU 设定值比较。

三元催化转化器后的副氧传感器检测，一般通过击穿测试进行，ECU 以固定空燃比的方式供油，直到三元催化转化器无法进行氧化还原反应时，三元催化转化器后方的副氧传感器也应有电压变化。

在连续两次行驶过程中，氧传感器都无法通过测试时，故障指示灯即点亮，并设定故障码。

（8）二次空气喷射系统的检测

检测器检测系统内的各电气元件是否正常，并以氧传感器判定此系统是否工作正常。由于检测过程会利用氧传感器，因此检测器待氧传感器检测完成后方进行二次空气喷射系统的检测。如同前面各检测项目，必须连续两次起动过程中都检测到故障才设定故障码。

2. 具有统一的标准

采用统一含义的故障码，能使用统一协议的检测工具、标准化的 16 端子故障诊断座（DLC）进行检测。16 端子故障诊断座如图 6-2-3 所示，各端子的用途见表 6-2-1。

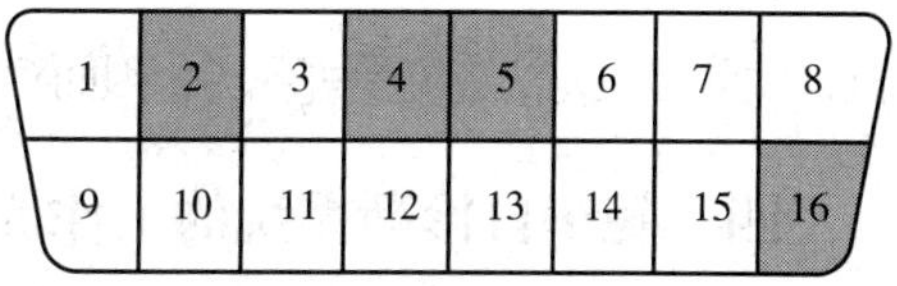

1	2	3	4	5	6	7	8
9	10	11	12	13	14	15	16

图 6-2-3　16 端子故障诊断座

表 6-2-1　16 端子故障诊断座各端子的用途

端子	用途	端子	用途
1	生产厂家自行设定	9	生产厂家自行设定
2	美国款车诊断用 BUS+ 线，SAE J1850	10	美国款车诊断用，SAE J1850
3	生产厂家自行设定	11	生产厂家自行设定
4	直接在车身搭铁	12	生产厂家自行设定
5	信号搭铁	13	生产厂家自行设定
6	生产厂家自行设定	14	生产厂家自行设定
7	欧款车诊断用 K 线，ISO 09141	15	欧款车诊断用，ISO 09141
8	生产厂家自行设定	16	接蓄电池“+”极

3. 诊断信息多样化

除可获得故障码外，OBD-Ⅱ还可提供传感器检测数值、控制状态、控制参数和执行器通 / 断等信息。

三、第三代随车自诊断系统（OBD-Ⅲ）的特点

OBD-Ⅲ即第三代随车自诊断系统，目前已经开始使用。它是 OBD-Ⅱ进一步的发展，在包含全部 OBD-Ⅱ功能的基础上，增加了许多新的功能，特别是将原来的有线数据传输转变成了无线数据传输（不再需要诊断连接器）。

无线数据传输可以远程读出诊断数据，而汽车却不必在诊断的现场。这种情况下，只要汽车通过收费站之类的地方，无线检测点就可以自动完成排放检测；或者，在汽车维修人员到达汽车发生故障的现场之前，就可以确认故障发生的原因；或者，不论汽车位于何处，诸如需要更换机油、需要二级维护、需要进行某些部件的检查之类的信息，也可以直接自动传到修理厂等。

另外，输入车辆数据传输频率，可以允许执法人员强制关闭发动机，使他们能够快速追赶上违法的车辆或控制被盗的车辆；汽车的驾驶与使用情况可以自动传到交通主管部门或其他政府部门，以便监测交通违章和滥用公务车辆的情况。

可见，OBD-Ⅲ可以给汽车的个性化维护与故障排除带来极大的方便，也给政府部门的执法带来便利。上述功能在技术上是完全可以实现的，但是，同样的功能也会给犯罪分子提供可乘之机，使受害人无法逃离受害现场，因而存在一定的争议，目前部分有争议的功能尚没有投入使用。

四、随车自诊断系统的工作原理

在汽车电子控制系统中，各系统的控制单元都有自诊断功能。

系统正常工作时，微机输入、输出信号的电压都在规定范围内变化。ECU 内设置了一个信号监控软件，如果某一信号不在规定范围内或一段时间内没有发生应该有的变化或微机未收到执行器的反馈信号，ECU 就判断该电路出现了故障，并把这一故障以故障码的形式存在微机的 RAM 存储器中，同时点亮发动机故障指示灯。发动机故障指示灯控制电路如图 6-2-4 所示。当某传感器产生故障后，其信号就不能用作发动机的控制参数，为了维持发动机的正常运转，ECU 便从其存储器中调出某一固定数值，作为发动机的应急参数，保证发动机可以继续运转。

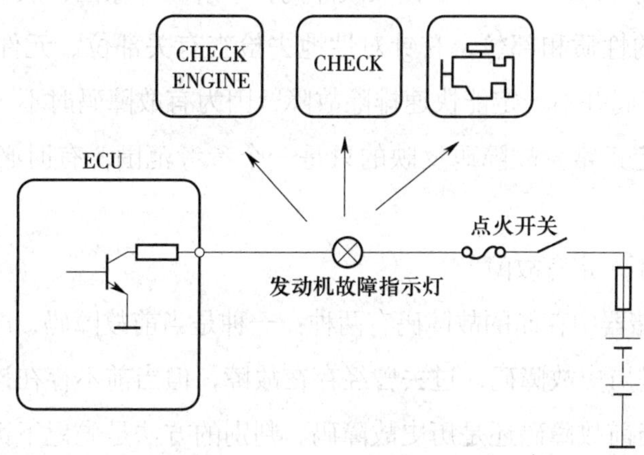

图 6-2-4 发动机故障指示灯控制电路

各系统工作时，如果偶然出现一次不正常信号，ECU 不会判断为故障，只有当不正常信号持续一定时间或多次出现时，ECU 才判断为故障并将故障码存入 ECU 内。

ECU 判断的故障及储存的故障码代表某一电路中发生了故障，而故障可能存在于传感器、执行器中，也可能由导线或插接器引起，甚至由 ECU 本身引起。因此，检修时不但要检查有关元件，还要检查接插件和配线，有时可能还要更换 ECU。

五、自诊断模式的分类

自诊断测试就是利用自诊断系统对电控系统的故障进行诊断。点火开关打开后，发动机故障指示灯会点亮，这是 ECU 在执行自检。发动机起动后，故障指示灯应熄灭，如常亮，则表示发动机电控系统存在故障。自诊断系统通过故障指示灯来提示驾驶员或维修人员汽车电控系统存在故障，存在故障时应立即修理。至于故障的类型和故障部位，则需通过启动自诊断系统，才能读取故障码，再由故障码表查得该码的含义，或者用解码器直接读取故障码和故障内容。

在自诊断系统中，对故障的诊断有两种不同的诊断模式。一种是静态诊断模式，简称 KOEO 模式，即点火开关打开，发动机不起动（Key On Engine Off），在进行这种模式的诊断时，只打开点火开关，不起动发动机，即在发动机静态时将 ECU 存储的故障码读取出来。

另一种是动态诊断模式，简称 KOER 模式，即点火开关打开，发动机运转（Key On Engine Run），在发动机运行时读取故障码、检测数据或进行混合气成分的检测。

六、故障码与故障的关系

汽车电子控制系统都具有故障自诊断功能，当系统正常时，接通点火开关，仪表上的“CHECK”故障指示灯点亮，起动后熄灭。当发动机 ECU 检测到控制系统有故障时，ECU 将故障信息存入存储器，同时，起动后“CHECK”故障指示灯常亮，维修人员通过一定的操作程序可将故障码从 ECU 中调出，读取故障码，了解故障原因，从而缩小检查范围，迅速准确地确定故障的性质和部位，有针对性地去检查有关部位、元件和线路，将故障排除。但是，读取故障码并不一定能快速排除故障，因为有故障码时不一定有故障，无故障码时控制系统不一定正常。故障码反映的只是一个参考范围，有时必须综合考虑其他因素。

1. 有故障码时不一定有故障

发动机 ECU 存储器中存储的故障码有两种：一种是当前故障码，即当前控制系统中存在着故障；另一种是历史故障码，过去曾经存在故障，但当前不存在该故障。因此，关键在于区别故障码是当前故障码还是历史故障码。判别的方法是先记下读出的故障码，然后清除故障码，再起动发动机，只要当前控制系统存在故障，发动机起动后“CHECK”故障指示灯一定亮，这时再读故障码。如果原来读出 3 个故障码，现在读出 1 个故障码，那么这个故障码是当前故障码，而消失的 2 个是历史故障码。

2. 无故障码时控制系统不一定正常

读故障码时发现无故障码，不能肯定控制系统一定正常，这主要指没有故障码但传感器信号或开关信号不一定正常。有时发动机运行不正常，但起动后“CHECK”故障指示灯熄灭，这时应该用故障诊断仪读取发动机数据并与标准数据进行比较，检查传感器信号或开关信号是否正常。

3. 故障码不一定反映具体故障部位

如果存在当前故障码，起动后“CHECK”故障指示灯常亮，读取的故障码仅指一个故障范围，而不是一个具体的故障部位。

任务实训

丰田随车自诊断系统的使用

一、实训目的

能够掌握丰田随车自诊断系统的使用方法。

二、实训准备

实训工具及设备准备见表 6–2–2。

表 6–2–2　实训工具及设备准备

序号	工具及设备	数量
1	丰田卡罗拉实训车	1 辆
2	通用工具	1 套
3	跨接线	2 条
4	发动机舱防护罩	1 套
5	驾驶室卫生防护“三件套”	1 套

三、实训步骤

当发动机电子控制系统工作时，自诊断系统连续检测每个传感器的输入信号及各执行器反馈电路的反馈信号。如果出现异常，说明控制系统出现故障，自诊断系统将此故障所对应的故障码存入存储器，同时，点亮仪表上的“CHECK”故障指示灯，提示控制系统存在故障，应及时予以排除。

1. 静态诊断模式下故障码的读取方法

（1）将点火开关置于 ON 位置，但不起动发动机。

（2）用跨接线跨接故障诊断座的 TE1 和 E1 端子，仪表上的“CHECK”故障指示灯即闪烁。发动机电子控制系统未出现故障时，故障指示灯闪烁，亮、熄间隔时间都是 0.25 s，如图 6–2–5a 所示。图 6–2–5b 所示为 ECU 输出故障码“13”和“31”时故障指示灯的闪烁情况，发动机故障自诊断后，故障指示灯间隔 4 s 亮一下，持续 0.5 s 后熄灭（表示故障码“13”中的“1”），隔 1.5 s 后，又闪三下，亮、熄间隔时间都是 0.5 s（表示故障码“13”中的“3”），然后间隔 2.5 s 后再做类似的闪烁，表示故障码“31”。待两个故障码输出，故障指示灯熄灭 4.5 s 后，重复闪烁这两个故障码。

需要指出的是，当 ECU 记录多个故障时，不管故障发生的先后次序如何，输出的故障码都是数值小的在前，数值大的在后。

2. 动态诊断模式下故障码的读取方法

与静态诊断模式相比，动态诊断模式的故障诊断灵敏度更高，它不仅可以对原有的故障码进行显示，而且可以发现静态诊断模式下不能发现的故障。动态诊断模式下故障码的读取步骤如下。

（1）关闭点火开关后，用跨接线跨接故障诊断座的“TE2”和“E1”端子。

（2）接通点火开关，此时“CHECK”故障指示灯将快速闪烁，如图 6–2–5c 所示，亮、熄间隔时间约为 0.13 s。

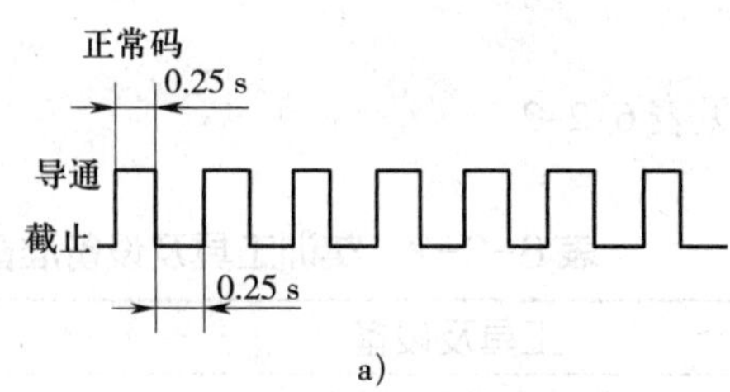

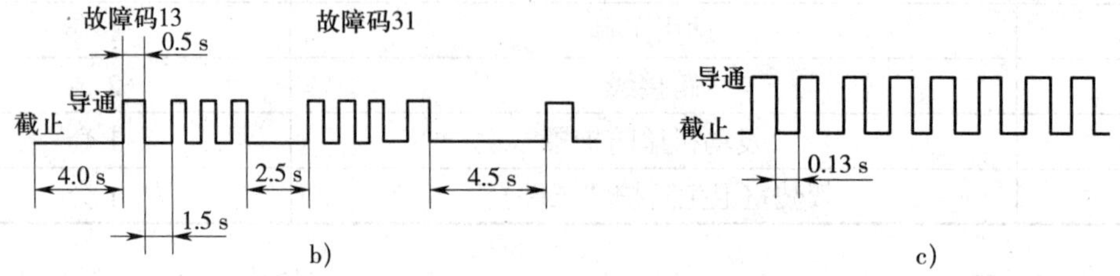

图 6-2-5　故障指示灯闪烁情况

a）正常波形　b）故障码“13”和“31”的波形　c）故障指示灯快速闪烁的波形

（3）起动发动机，模拟驾驶员描述的故障状况，以不低于 10 km/h 的车速行驶一段时间。

（4）路试之后，再用跨接线跨接故障诊断座的“TE1”和“E1”端子，此时实际上将故障诊断座的“TE1”“TE2”和“E1”三个端子连接在一起了。

（5）通过仪表上“CHECK”故障指示灯的闪烁频率读取故障码。

3. 清除故障码

对故障部位进行维修后，必须清除记录在 ECU 中的故障码，如果不清除故障码，虽然不会影响发动机的运行，但在 ECU 中会一直保留，下次再出现故障时，保留的故障码会与新的故障码一起出现，造成识别故障码的错觉。

故障码的清除方法：关闭点火开关后，从熔断丝盒中拆下 EFI 熔断丝并保持 10 s 以上即可。拆除蓄电池负极搭铁线也可清除故障码，但这种方法将使时钟和音响等装置中储存的信息也被清除，带密码的音响将被锁死。

四、实训要求

1. 清楚随车自诊断系统的使用方法，确保思路清晰。

2. 操作仔细、规范，以免造成相关元件损坏。

3. 养成使用发动机舱防护罩、驾驶室卫生防护“三件套”的职业习惯。

4. 养成工具、零件、油液“三不落地”的汽车维修操作习惯。

任务小结

通过本任务的学习，了解到车辆装配了随车自诊断系统，能帮助维修人员判断故障原因，便于维修。同时也了解到随车自诊断系统经历了第一代、第二代、第三代的发展过程，其中第二代随车自诊断系统能检测出与排放相关元器件的工作情况，提示驾驶员对与排放相关的系统进行维修、维护。采用统一的故障码后能使用统一协议的检测工具、标准化的16端子故障诊断座（DLC）进行检测。

通过对随车自诊断系统工作原理和相关知识的学习，掌握了故障码与故障的关系，特别是掌握了丰田随车自诊断系统的使用方法。

任务3 诊断仪器的使用

学习目标

1. 熟悉诊断仪器的种类以及各自的特点。
2. 掌握诊断仪器的使用方法。

任务引入

目前，汽车电子控制系统的ECU内部都有一个故障自诊断系统。它能在汽车运行过程中不断监控电子控制系统各组成部分的工作情况，并能检测出电子控制系统中大部分故障，同时将故障码保存在ECU内，因此，维修人员需要使用一些诊断仪器，及时发现和排除故障。常见的诊断仪器有汽车专用万用表、示波器、汽车故障诊断仪等。图6-3-1所示为元征X-431汽车故障诊断仪（超级电眼睛）。这些诊断仪器都有什么功能？如何使用这些诊断仪器？本任务将对相关知识进行介绍。

图 6-3-1 元征 X-431 汽车故障诊断仪（超级电眼睛）

相关知识

一、汽车专用万用表

1. 概述

汽车故障的检测离不开万用表，汽车专用万用表与一般万用表有一定区别，它提供了一些更为专用的功能，如测量占空比、温度、转速等。能够正确地使用万用表是汽车故障检测的基本技能。下面以笛威TWAY9406A汽车专用万用表为例，讲述汽车专用万用表的基本使用方法。

笛威TWAY9406A汽车专用万用表具有以下功能。

（1）检测汽车发电机最高输出电压及最大输出电流。

（2）测量电器微小漏电压、电流，并具备记忆锁定功能。

（3）进行故障码读取，代替 LED 灯跨接的方法，并可以声响计数及显示电压值。

（4）检测线路中的电压降及阻抗。

（5）检测电路中接点的电压降或触点的电压降，判断线路接触情况是否良好。

（6）检测温度。

（7）检测发动机转速。

（8）测量电磁线圈工作时导通 / 关断百分比。

（9）检测空气流量传感器、进气压力及大气压力传感器、冷却液温度及进气温度传感器、氧传感器、怠速控制电动机、车速传感器、点火信号发生器、爆震传感器等。

（10）检测电路断路、短路，声响指示。

（11）检测点火系统高压电路技术状况。

（12）对各种测量参数最大、最小值的显示及存储。

（13）动态检测发电机整流二极管，并有字幕显示。

（14）检测交直流电压、电流，并具有 600 V 安全过电压保护功能等。

（15）自动关机功能。

（16）动态检测氧传感器变动率，电压变动值显示及声响提示（±0.45 V 判断）。

（17）检测干扰 ECU 工作的干扰信号源、检测超强应用功能。

（18）精确检测频率（MHz）、时间（ms），并具有 ± 触发相位及 HI/LO 准位功能，可检测脉冲信号的触发相位。

2. 操作方法

笛威 TWAY9406A 汽车专用万用表的面板和液晶显示屏如图 6–3–2 所示。

检查万用表内部电池，若电池电量不足，则液晶显示屏右上方会出现“+-”符号。还要注意测试棒插孔旁的符号，不要将正负极接反。另外，要留意测试的电压或电流，不要超出指示数字。使用前，要先将功能开关旋钮旋至需要的挡位上。

（1）电压测量

1）将黑测试棒插入负极测试棒插孔（见图 6–3–2 中的 8），红测试棒插入正极测试棒插孔（见图 6–3–2 中的 7）。

2）测量直流电压时，将功能开关旋钮旋至 DCV 量程范围；测量交流电压时，则应将功能开关旋钮旋至 ACV 量程范围。将测试棒连接到被测负载或信号源上，在显示电压读数时，同时会指示红测试棒的极性。

3）注意事项

①如果不知被测电压范围，则先将功能开关旋钮置于最大量程，然后视情况降至合适量程。

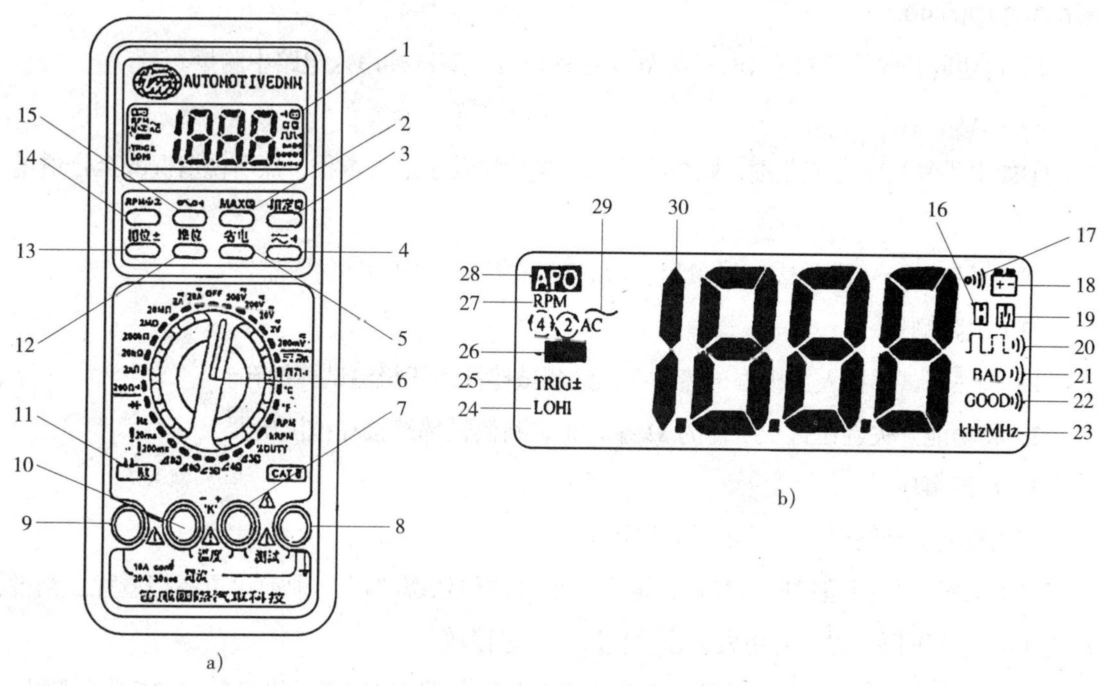

图 6-3-2　笛威 TWAY9406A 汽车专用万用表的面板和液晶显示屏

a）面板　b）液晶显示屏

1—LCD 液晶显示屏　2—MAX 键（测试中读取最大值）

3—锁定键（测试中锁定目前显示屏上的数值）　4—AC（交流）/DC（直流）切换键（电路导通检查）

5—省电键（电源 15 min 后自动关闭）　6—功能开关旋钮（选择所需的挡位）

7—正极测试棒插孔（温度测试棒插孔）　8—负极测试棒插孔

9—电流（A）正极测试棒插孔　10—温度测试棒负极插孔　11—防水符号

12—准位键（测试电路中平均电压，平均电压以上为 HI，平均电压以下为 LO）

13—相位 ± 键（波形斜率正负）　14—RPM 键（四行程 / 二行程 /DIS/HD 切换）

15—检验万用表内部熔断器键　16—H（目前显示屏值被锁定指示）

17—电路导通测试声响功能已启动指示　18—须更换万用表内部电池指示

19—显示测试中最大值侦测功能已启动指示　20—读取电路中脉冲信号指示

21—电路中断电器触点和二极管及万用表内部熔断器损坏指示

22—电路中断电器触点和二极管及万用表内部熔断器良好指示

23—目前处于 kHz 或 MHz 指示　24—数值处于平均电压上方（HI）或下方（LO）

25—基准相位（+ 指上方取值，- 指下方取值）　26—目前正负极测试棒接反或负电压值指示

27—四行程 / 二行程 /DIS 进行转速测试指示　28—15 min 不用自动断电指示

29—目前为交流电数值指示　30—测试中数值显示

②如果只显示“1”，表示过量程，功能开关旋钮应置于更高量程。

③检测直流电压时，不要检测高于 1 000 V 的电压，检测交流电压时，不要检测高于 750 V 的电压，否则虽然可能显示更高的电压值，但有损坏内部线路的危险。

（2）电流测量

1）将黑测试棒插入负极测试棒插孔，红测试棒插入电流（A）正极测试棒插孔（见

图 6-3-2 中的 9）。

2）将功能开关旋钮置于 DCA 或 ACA 量程范围，测试棒串入电路中测量。

3）注意事项

①如果不知被测电流范围，则先将功能开关旋钮置于最大量程，然后视情况降至合适量程。

②如果只显示“1”，表示过量程，功能开关旋钮应置于更高量程。

（3）电阻测量

1）将黑测试棒插入负极测试棒插孔，红测试棒插入正极测试棒插孔。

2）将功能开关旋钮置于所需的 Ω 量程上，将测试棒跨接在被测电器上。

3）注意事项

①当输入端开路时，会显示过量程状态“1”。

②如果被测电阻超过所用量程，也会显示过量程状态“1”，须换用更高挡量程。当被测电阻在 1 MΩ 以上时，万用表会在数秒后才稳定读数。

③检测在线电阻时，须确认被测电路已关闭电源，同时电容器已放完电，方能进行测量。

（4）频率测量

1）将黑测试棒插入负极测试棒插孔，红测试棒插入正极测试棒插孔。

2）将功能开关旋钮置于 Hz 量程，把测试棒或电缆跨接在电源和负载之间。

3）注意事项

①不得把大于 240 V 的有效值供给输入端，电压高于 100 V 有效值虽可显示出来，但可能超出技术指标。

②在噪声环境中，对于小信号测试，使用屏蔽电缆为好。

③测量高压时应使用外部衰减，以避免与高压接触。

（5）二极管测量及带蜂鸣器的连续性测试

1）将黑测试棒插入负极测试棒插孔，红测试棒插入正极测试棒插孔（注意红测试棒为内电路“–”极）。

2）将功能开关旋钮置于“⊣▷⊢”挡，并将测试棒跨接在被测二极管上（或接在待测线路的两端）。

3）待测线路两端电阻值低于 70 Ω 时，内置蜂鸣器发声。

4）注意事项

①当输入端未接入时，即开路时，显示值为“1”。

②通过被测二极管的电流为 1 mA 左右。

③本表显示值为正向电压降伏特值，当二极管反接时，即显示过量程状态“1”。

二、示波器

1. 概述

（1）示波器的优点

近年来，示波器在汽车修理业得到广泛应用，主要原因就是示波器能够“看”到电子信号。利用示波器不仅可以查出点火系统的问题，还可以查出许多电子和机械方面的故障。在电控发动机上可以连接解码器，并从解码器上非常快速地得到许多有用的资料，但有些汽车没有这样的信息传送能力。由于软件的限制，解码器不能检测到损坏的喷油驱动器、氧传感器信号电压变化过慢、反向的电压信号或动态间歇性故障。此外，大多数解码器只能用英文字符或数字来显示其检测结果，而不是用观看起来比较容易的画面来显示检测结果。

用诊断仪器检查某一特定电路元件，如冷却液温度传感器的开路故障，可以用示波器来诊断，用数字万用表也可以顺利得出同样的诊断结果。然而，对于氧传感器信号的检测，没有其他仪器比示波器更有效。

（2）波形分析的五个参数

对于任意一个传感器或执行器以及电路，所有的汽车电子信号都可以用五种测量尺度来加以判断，也就是说任何一个汽车电子信号都应具有以下五个可度量的参数指标。

1）幅值——信号的最高电压；

2）频率——信号的循环时间；

3）形状——信号的外形模样；

4）脉宽——信号的占空比或所占时间；

5）阵列——信号的重复特征（如同步脉冲或串行数据）。

示波器可以显示所有电子信号的这五种判定尺度，分析电子信号的五种参数，判定这个电子信号的波形是否正常，通过波形分析可进一步检查出电路中传感器、执行器以及电路和 ECU 等各部分的故障，也可以进行修理后的结果分析。

故障电路从损坏状态到被修复状态，在示波器上显示的波形几乎总是在它的五种测量尺度上发生剧烈的变化。

2. 功能

元征 KES-200 示波器的外形如图 6-3-3 所示。元征 KES-200 示波器具有四通道示波器、智能万用表、点火系统分析、起动系统分析、充电系统分析、气缸系统分析、废气分析仪接口、PC 联机、打

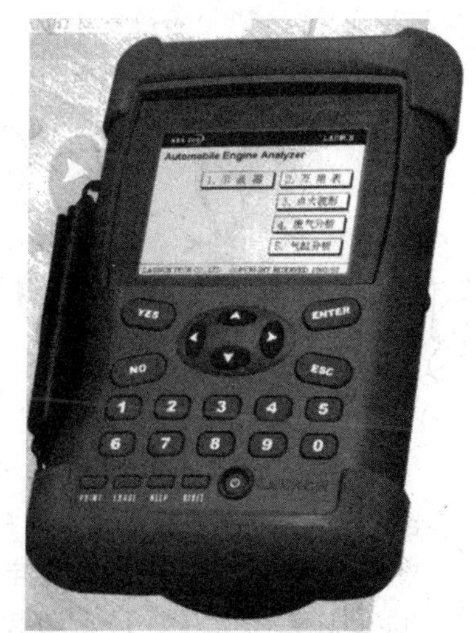

图 6-3-3　元征 KES-200 示波器的外形

印及互联网升级等功能。在此，主要介绍四通道示波器功能。

该功能主要用于检测汽车各种传感器的输出波形，内置50页波形动态存储，包含了丰富的汽车传感器标准波形和维修信息，用户可以将检测波形与标准波形比较，分析、判断汽车传感器的各种故障。同时，还提供了十几种常用传感器的测试方法和故障判断帮助信息。该功能具有完善的显示控制和触发方式，可同时检测并显示四个通道的波形。

3. 组成

元征 KES-200 示波器的主机及配件如图 6-3-4 所示。

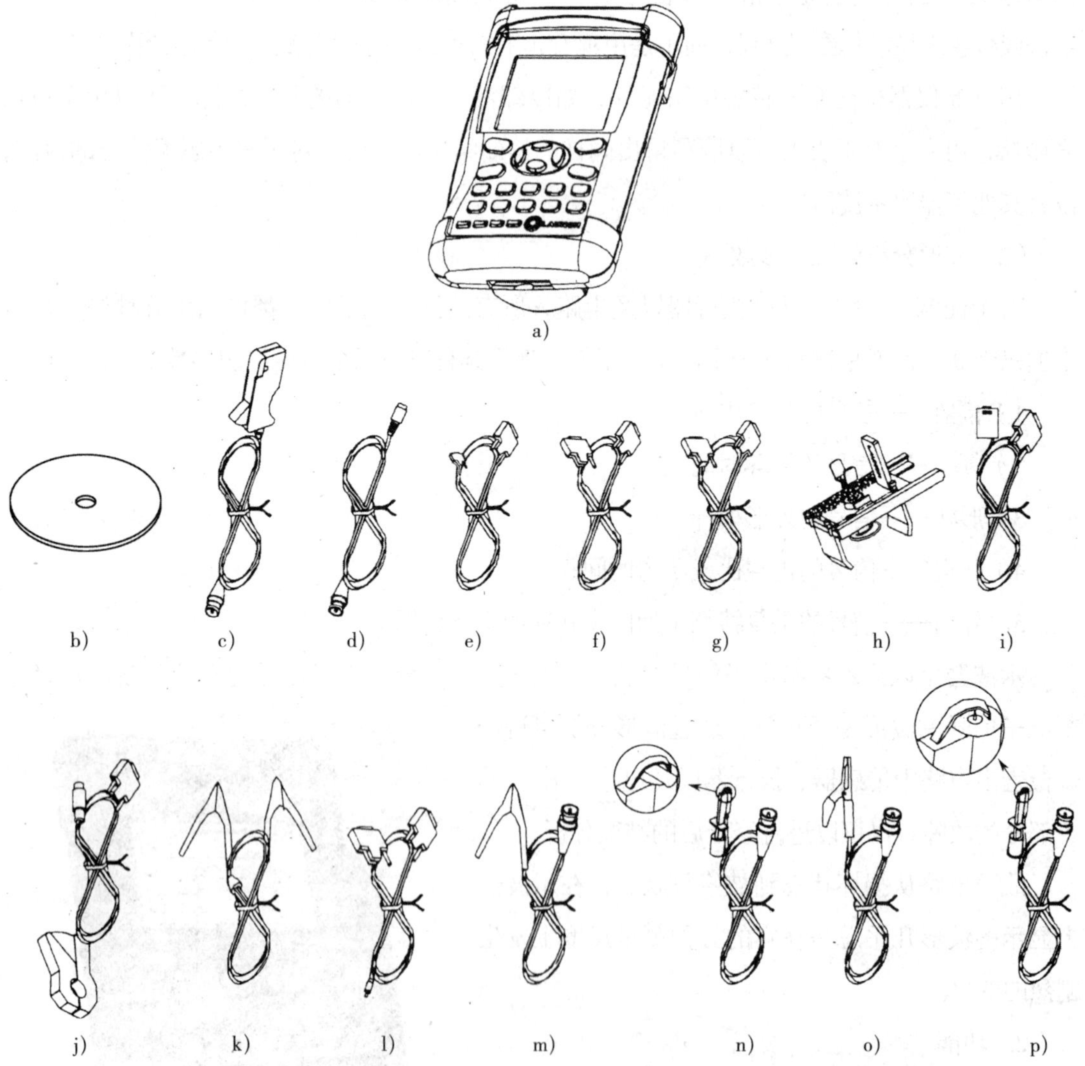

a)

b) c) d) e) f) g) h) i)

j) k) l) m) n) o) p)

图 6-3-4 元征 KES-200 示波器的主机及配件

a）KES-200 示波器主机 b）PC-LINK 光盘 c）1 缸信号电缆 d）次级信号接地线 e）打印机电缆 f）升级电缆 g）PC 联机电缆 h）次级信号多功能感应片 i）断缸电缆适配器 j）起动电流适配器 k）蓄电池电缆 l）主电缆 m）接地电缆 n）次级信号电缆 o）示波器信号电缆（带夹） p）示波器信号电缆（带探针）

（1）主机

元征 KES-200 示波器的主机如图 6-3-5 所示。

（2）键盘

元征 KES-200 示波器配备了 23 键导电键盘，如图 6-3-6 所示。

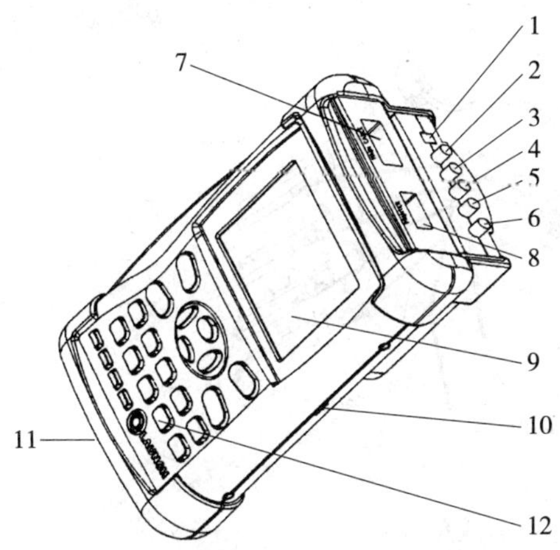

图 6-3-5 元征 KES-200 示波器的主机

1—外接 12 V（DC）开关电源插孔

2—通道 5（接地） 3—通道 4

4—通道 3 5—通道 2 6—通道 1

7—主电缆接口 8—PC 联机及打印机接口

9—液晶显示屏 10—对比度调节钮

11—发动机分析测试卡插口

12—导电键盘

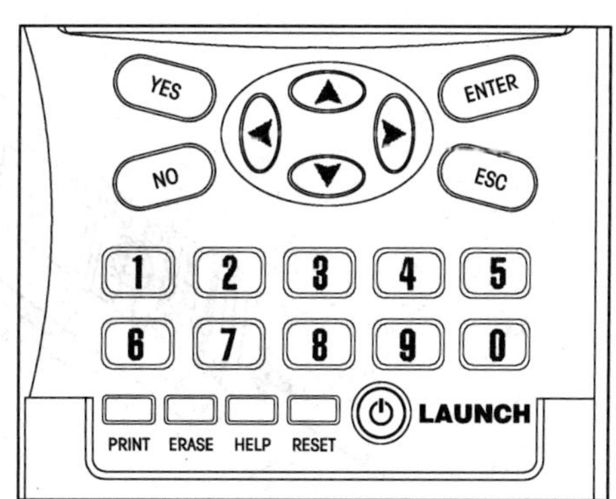

图 6-3-6 元征 KES-200 示波器的键盘

键盘上的按键共分三类：数字键、功能键和指示键。

1）数字键 0 ~ 9。用于选择菜单或输入数字。

2）功能键。用于执行某一特殊功能，各功能键的作用如下。

PRINT：打印数据。

ERASE：删除数据或故障码。

HELP：显示帮助信息。

RESET：可以使主机复位，退回到主菜单。

ESC：返回上一级菜单或退出当前功能。

ENTER：当某项功能选定后，按此键执行。

YES：确定执行所选择的操作。

NO：取消执行所选择的操作。

⏻：电源键，用于开启或关闭主机。当关闭主机时，要求按电源键 1 秒钟，出现关闭对话框时，放开按键，主机自动关闭。

3）指示键。包括“▲”“▼”“◀”“▶”四个键，用于选择菜单或移动波形。

4. 示波器的连接方法

元征 KES–200 示波器提供了四条示波器电缆和一条接地电缆。示波器的连接方法如图 6–3–7 所示。

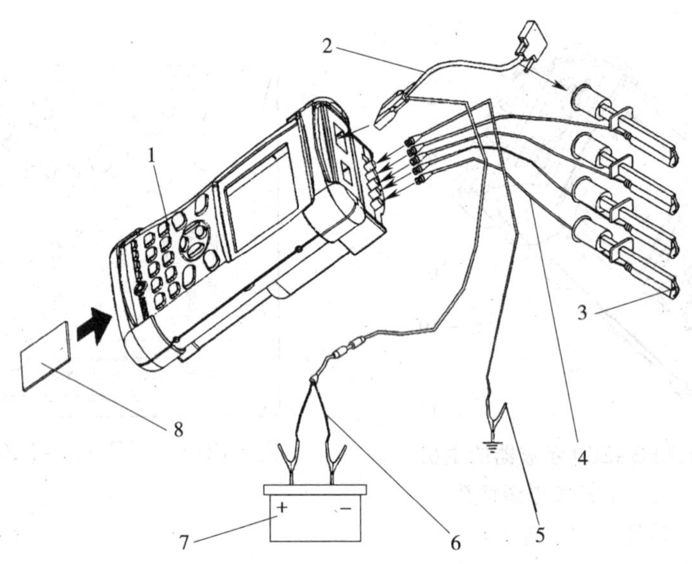

图 6–3–7　示波器的连接方法

1—主机　2—主电缆　3—示波器电缆　4—示波器信号电缆

5—接地电缆　6—蓄电池电缆　7—蓄电池　8—发动机分析测试卡

下面以测试喷油器波形为例，介绍元征 KES–200 示波器的使用方法，操作步骤见表 6–3–1。

表 6–3–1　元征 KES–200 示波器的使用方法

1. 连接好示波器，将发动机分析测试卡插入主机后，按电源键开机，进入起始界面。在此起始界面下，按电源、RESET、ESC 这三个按键以外的任一按键，均可进入功能主菜单界面	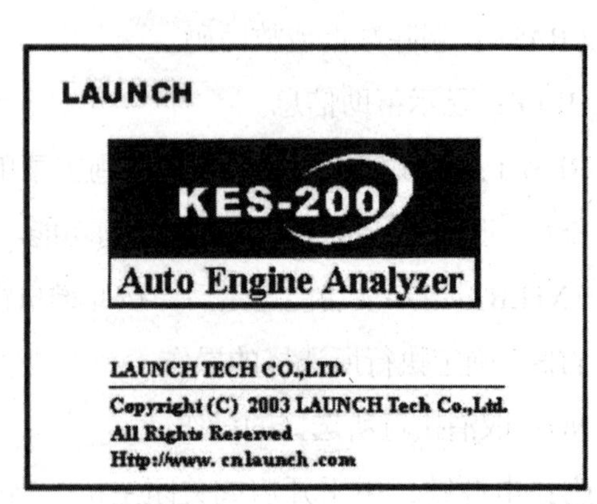

续表

<table>
<tr>
<td>2. 在功能主菜单界面中，按数字键可进行功能选择，如按“1”键，选择“四通道示波器”功能</td>
<td>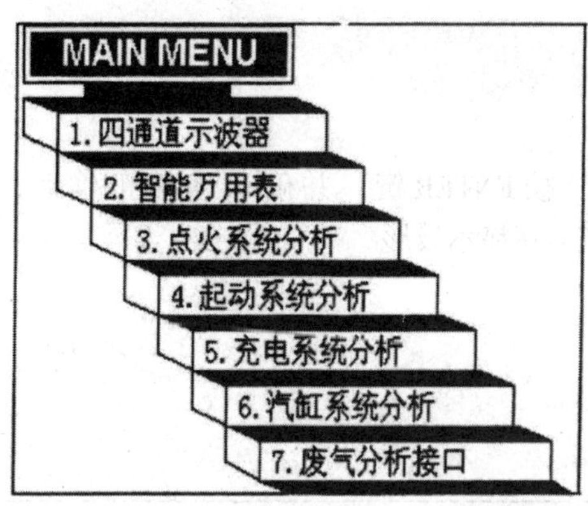
</td>
</tr>
<tr>
<td>3. 进入“四通道示波器”主菜单界面后，可根据实际测试的传感器，按菜单提示选择通道。如果测试单个元件，一般选择菜单中第 2 项</td>
<td>四通道示波器
1. 手动设置
2. 自动设置 (CH1)
3. 自动设置 (CH1/CH2)
4. 自动设置 (CH3/CH4)
5. 自动设置 (CH1/2/3/4)
6. 与 PC 机通信
[↓↑]: 移动 [确认]: 选择</td>
</tr>
<tr>
<td>4. 为了测量和显示被选择传感器的信号，KES-200 示波器将根据选择的对象，自动调节时间与电压的分辨率、触发水平和触发模式，极大地方便了用户的操作。在“通道 1 自动设置”界面，按数字键可进行项目选择。这里按“1”键，选择“喷油嘴”</td>
<td>通道 1 自动设置
1. 喷油嘴 10. 初级信号
2. 空气流量传感器 11. 水温传感器
3. 氧传感器 0-1V 12. ALTERNATER
4. 氧传感器 0-5V 13. 曲轴位置传感器
5. ISC 步进电机 14. 上止点
6. TR BASE 15. 真空螺线管
7. 节气门传感器 16. 传感器(0-1V)
8. 进气管压力传感 17. 传感器(0-5V)
9. 车速传感器 18. 传感器(0-12V)
↓↑←→ : 移动 确定 : 选择</td>
</tr>
</table>

续表

5. 按 ENTER 键，并确认连接正确后，示波器将显示波形	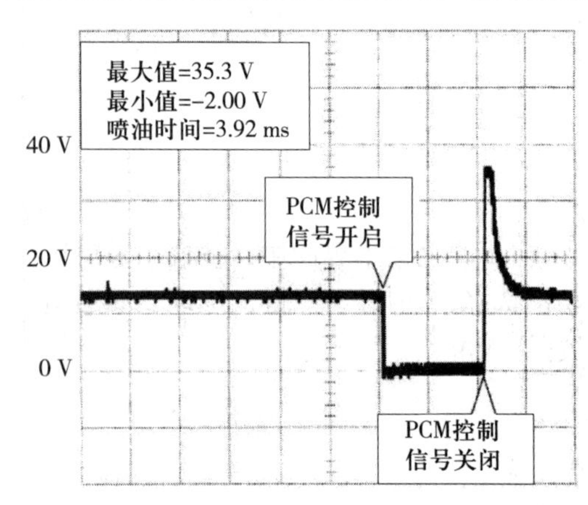
6. 显示画面可分为三部分，上部分显示控制菜单，中间部分显示波形，下部分显示当前设定状态。在此界面可进行波形显示控制。根据需要，分析波形。分析完成后，关机，整理仪器	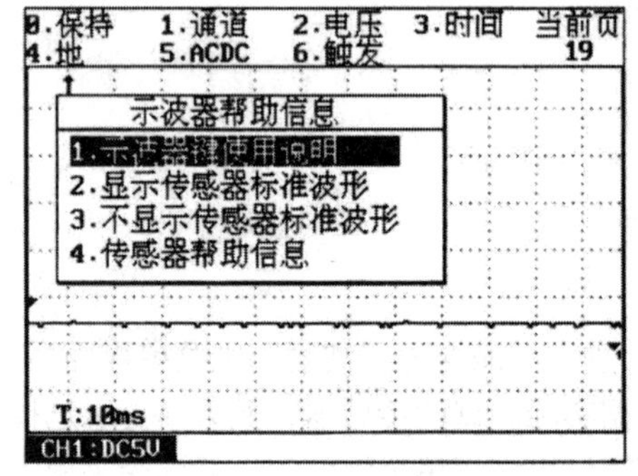

三、汽车故障诊断仪

1. 汽车故障诊断仪的分类

汽车故障诊断仪是和随车自诊断系统配套使用的，从本质上看，它相当于自诊断系统的终端设备，起到人机交互的作用。汽车故障诊断仪又称为电脑解码仪，目前汽车故障诊断仪有两大类：一类是通用型，如金奔腾彩圣系列故障诊断仪（见图 6–3–8）、车博仕 V–30 故障诊断仪（见图 6–3–9）等，它们已把故障诊断的逻辑步骤及判断数据编成程序，由计算机执行各车系的诊断过程；另一类是专用型，用于本公司生产的车系，如大众车系使用的 V.A.G1552 故障诊断仪（见图 6–3–10）、通用车系使用的 TECH Ⅱ故障诊断仪（见图 6–3–11）等。

2. 汽车故障诊断仪的功能

随着电子技术的发展，汽车故障诊断仪具备的功能越来越丰富。目前其主要功能：显示故障码，同时显示发生故障的部位、检查的方法、检测的标准数据等，并打印上述信息；清除故障码；汽车实时运行状态的数据显示，维修人员可对照标准数据，通过分析数据偏离标准数据的方向和大小，找出故障的原因；向 ECU 发出强制执行器动作的命令，以查看执行器是否工作正常；存储汽车运行状态的数据和故障信息，向个人计算机或故障诊断专家系统输出。

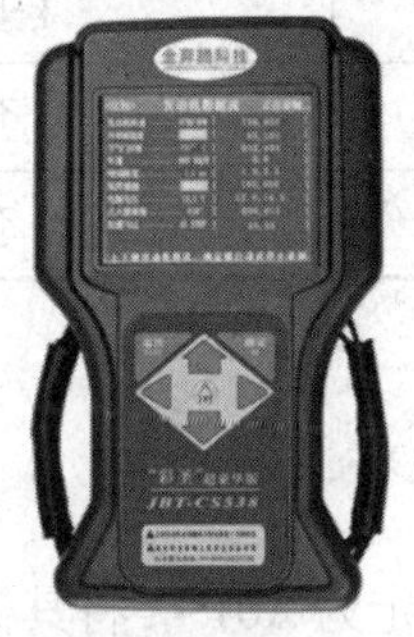

图 6-3-8　金奔腾彩圣系列故障诊断仪

图 6-3-9　车博仕 V-30 故障诊断仪

图 6-3-10　V.A.G1552 故障诊断仪

图 6-3-11　TECH Ⅱ 故障诊断仪

任务实训

元征 Launch X-431 故障诊断仪的使用

一、实训目的

掌握元征 Launch X-431 故障诊断仪的使用方法。

二、实训准备

实训工具及设备准备见表 6-3-2。

表 6-3-2　实训工具及设备准备

序号	工具及设备	数量
1	丰田实训车	1 辆
2	元征 Launch X-431 故障诊断仪	1 台
3	万用表	1 个

续表

序号	工具及设备	数量
4	通用工具	1套
5	发动机舱防护罩	1套
6	驾驶室卫生防护“三件套”	1套

三、实训步骤

1. 开机

（1）选择相应测试卡（丰田车选择亚洲车系测试卡，假定为A01），将其标签朝上插入主机下部的测试卡插槽中。

（2）将测试主线与主机上端的9PIN接口相连，另一端的电源线与汽车点烟器或通过双钳线与蓄电池相接，使主机通电。

2. 调显示屏亮度

主机通电后即可打开仪器，并响两声，此时立即用［↑］或［↓］键调节显示屏亮度，而在进入菜单后不可再调。

3. 选择测试接头

（1）主机通电后进入亚洲车系诊断系统，如图6-3-12所示。

（2）按［确认］键后，显示可测试的车系，如图6-3-13所示。

图6-3-12　亚洲车系诊断系统

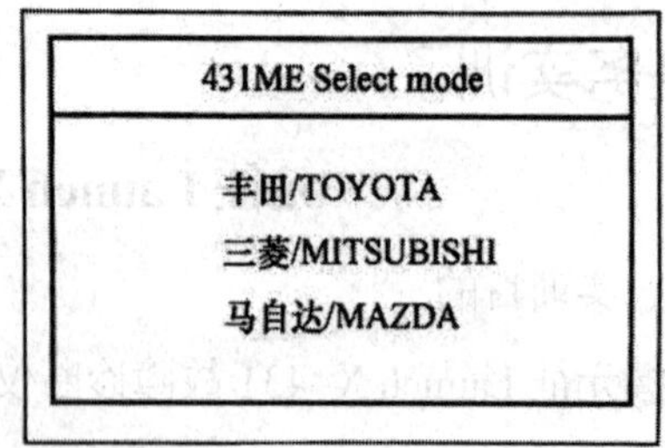

图6-3-13　可测试的车系

（3）选择“丰田/TOYOTA”车系，按［确认］键，屏幕显示该车系测试接头形式，如图6-3-14所示。

（4）用［↑］或［↓］键阅读图中内容，选择合适的测试接头。将选择的测试接头一端与测试主线相连，另一端与车上的诊断座相连。安装完测试卡和选择好测试接头后，就可进行测试操作了。测试操作通常分为读取数据流和测试故障码两大部分。读取数据流可以获取汽车有关传感器参数，了解汽车的运行状态。测试故障码可以读取汽车故障码，诊断汽车故障。

4. 测试故障码

（1）在选择测试接头时，若选择“半圆形诊断座”，按［确认］键，则屏幕显示 6 项测试功能，如图 6–3–15 所示。

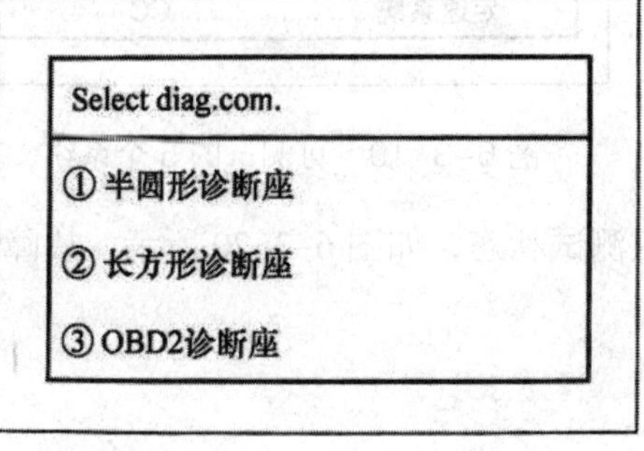

图 6–3–14　测试接头形式

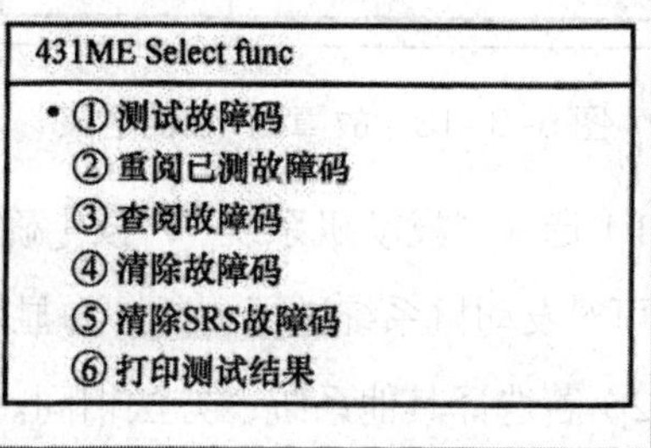

图 6–3–15　6 项测试功能

（2）选择“测试故障码”功能，按［确认］键，屏幕显示“自动测试所有系统”和“选择系统测试”2 个测试选项，如图 6–3–16 所示。

（3）选择“自动测试所有系统”，按［确认］键。此时，故障诊断仪自动对被检汽车的发动机系统（ENG）、自动变速箱系统（AT）、防抱刹车系统（ABS）、防撞气囊系统（SRS）和定速系统（CC）进行检测，并自动显示检测结果。用［↑］、［↓］和［确认］键可读取各系统的故障码及内容。

1）选择“发动机系统”，按［确认］键，屏幕显示发动机系统故障码，如图 6–3–17 所示。

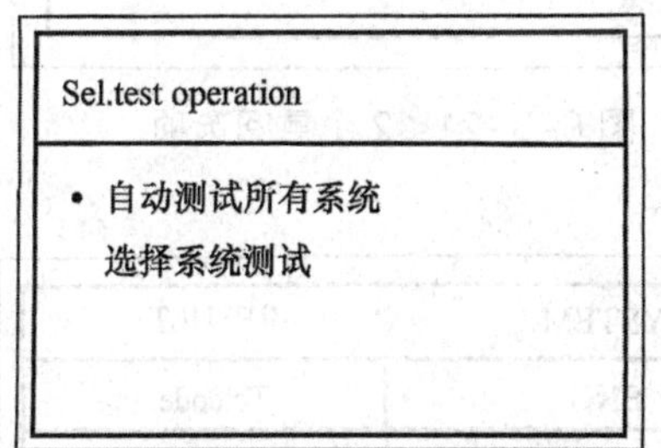

图 6–3–16　2 个测试选项

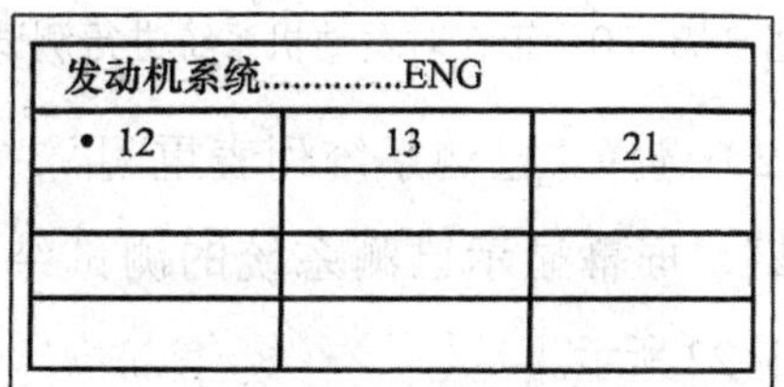

图 6–3–17　发动机系统故障码

2）选择“12”，按［确认］键，屏幕显示故障码 12 的含义，如图 6–3–18 所示。图中最下一行有“01”“03”字样，其中，“01”表示第 1 页内容，“03”表示共有 3 页，用［↑］、［↓］键可阅读所有内容。

（4）若在图 6–3–16 中选择“选择系统测试”，按［确认］键，则屏幕显示可测试的 5 个系统，如图 6–3–19 所示。

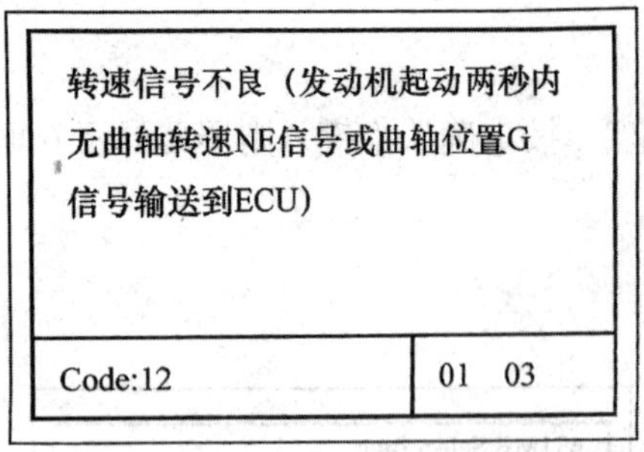

转速信号不良（发动机起动两秒内
无曲轴转速NE信号或曲轴位置G
信号输送到ECU）
Code:12
01 03

图 6–3–18 故障码 12 的含义

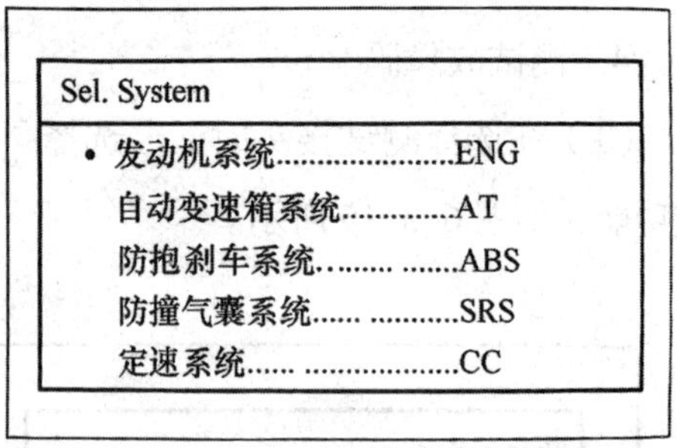

Sel. System
• 发动机系统......................ENG
自动变速箱系统.............AT
防抱刹车系统......... ....ABS
防撞气囊系统...... ....SRS
定速系统...... CC

图 6–3–19 可测试的 5 个系统

1）选择“发动机系统”，按［确认］键，进入测试状态，如图 6–3–20 所示。故障诊断仪即可对发动机系统进行测试，并显示测试结果。

2）若选择其他系统，方法相同。

5. 重阅已测故障码

使用“重阅已测故障码”功能，可重新查阅实测操作时读取的故障码内容及故障分析。

（1）在图 6–3–15 中选择“重阅已测故障码”功能，按［确认］键，屏幕显示“已测系统列表重阅”和“选择系统重阅”2 个重阅选项，如图 6–3–21 所示。

Testing System...
正在测试系统：
发动机系统.................ENG
Code:00

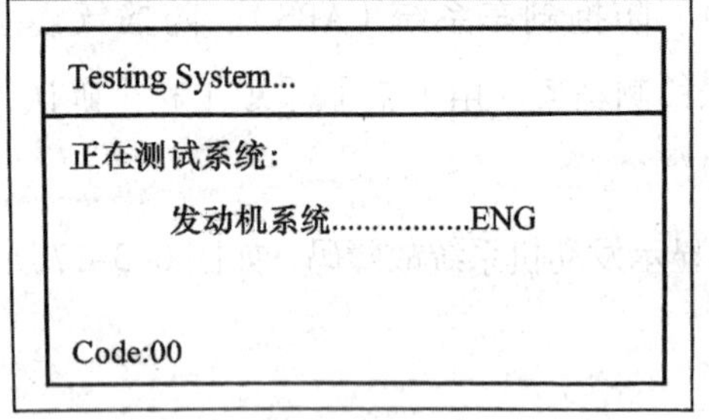

图 6–3–20 正在对发动机系统进行测试

Select operation
• 已测系统列表重阅
选择系统重阅

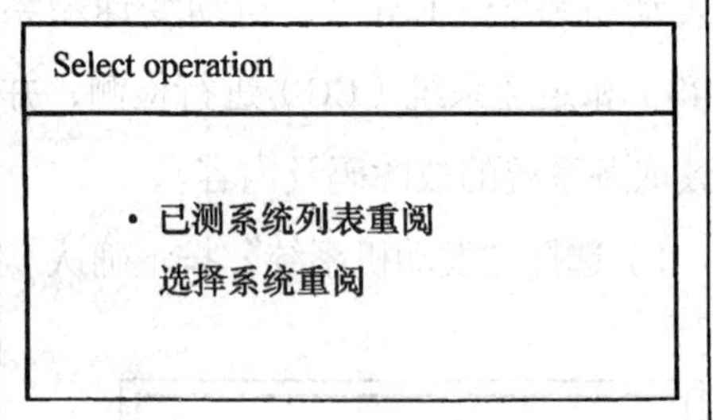

图 6–3–21 2 个重阅选项

（2）选择“已测系统列表重阅”，按［确认］键，屏幕显示已测系统的测试结果，如图 6–3–22 所示。

1）选择“ENG”，按［确认］键，屏幕重新显示发动机系统已测故障码。

2）选择其中某一故障码，按［确认］键，屏幕显示故障码的含义。

SYSTEM	RESULT
• ENG	Tb.code
AT	Tb.code
SRS	Tb.code
CC	Tb.code

图 6–3–22 已测系统的测试结果

（3）若在图 6–3–21 中选择“选择系统重阅”，按［确认］键，则屏幕显示可选择的 5 个统，如图 6–3–19 所示，用［↑］、［↓］和

[确认]键，可阅读各系统的故障码及故障码含义。

6. 查阅故障码

使用“查阅故障码”功能，可查阅电控系统所有故障码或查阅已读取的故障码。

（1）在图 6-3-15 中选择“查阅故障码”功能，按[确认]键，屏幕显示如图 6-3-19 所示的 5 个系统。

（2）选择某系统后，屏幕显示“依照故障码顺序查阅”和“输入故障码查阅”2 个查阅选项，如图 6-3-23 所示，可用[↑]、[↓]和[确认]键选择其中一项。

（3）若选择“依照故障码顺序查阅”，按[确认]键，屏幕可能显示故障码 11 的含义，如图 6-3-24 所示。按[→]键，可查看下一个顺序号的故障码含义。

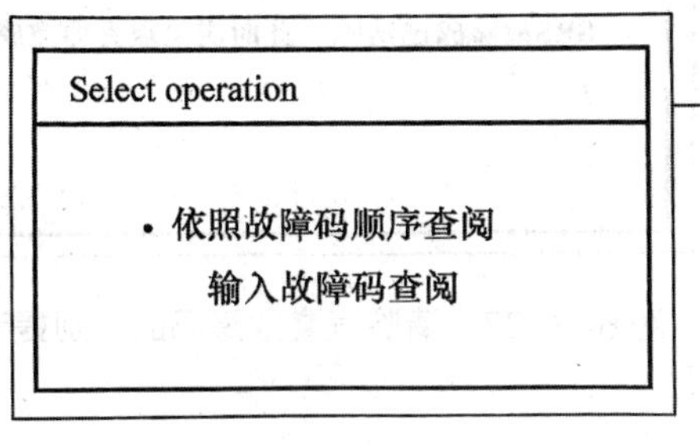

图 6-3-23　2 个查阅选项

图 6-3-24　故障码 11 的含义

（4）若在图 6-3-23 中选择“输入故障码查阅”，按[确认]键，则屏幕显示“请输入故障码”，如图 6-3-25 所示。按主机上的 0~9 数字键，即可输入故障码，按[→]键可更改数字，按[确认]键，可查阅该故障码的含义。

7. 清除故障码

使用“清除故障码”功能，可自动清除故障码或人工清除故障码。清除故障码前，应读取一遍所有故障码。清除故障码后，应再读取一遍所有故障码，检查是否仍有故障存在。

（1）在图 6-3-15 中选择“清除故障码”功能，按[确认]键，屏幕显示“清码方法”，如图 6-3-26 所示，按照屏幕提示即可清除故障码。

（2）有些系统故障码的清除有特别提示时，应按特别提示操作，如丰田汽车防撞气囊系统（SRS）的故障码清除，就有特别提示，如图 6-3-27 所示。

（3）人工清除故障码的方法有时不止一

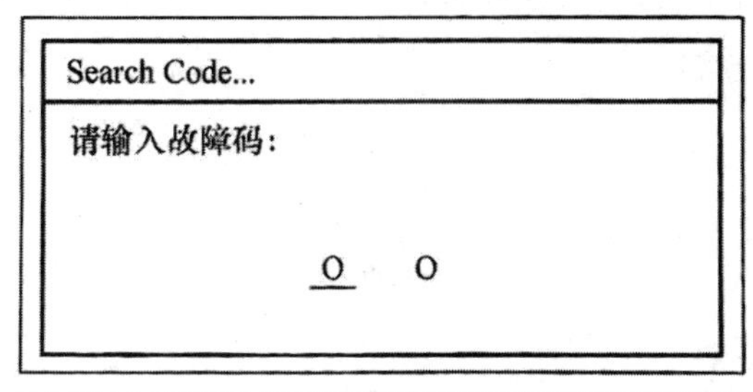

图 6-3-25　请输入故障码

种，需要根据被测车型的情况进行选择。

8. 打印测试结果

使用“打印测试结果”功能，可通过连接打印机将测试结果打印出来。

（1）连接打印机，在图 6-3-15 中选择“打印测试结果”，按［确认］键，屏幕显示 5 个系统。

（2）用［↑］、［↓］键选择要打印的系统，按［确认］键，即可打印出测试结果。

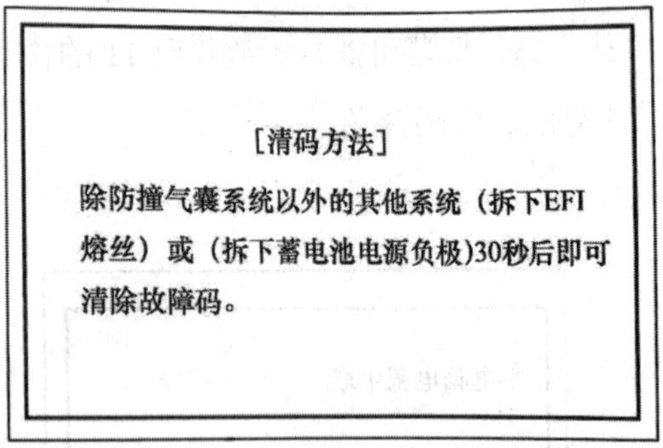

［清码方法］
除防撞气囊系统以外的其他系统（拆下EFI熔丝）或（拆下蓄电池电源负极）30秒后即可清除故障码。

图 6-3-26 清码方法

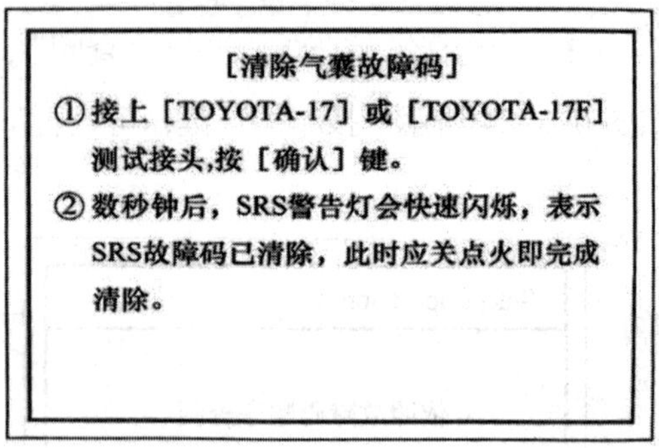

［清除气囊故障码］
①接上［TOYOTA-17］或［TOYOTA-17F］测试接头，按［确认］键。
②数秒钟后，SRS警告灯会快速闪烁，表示SRS故障码已清除，此时应关点火即完成清除。

图 6-3-27 清除气囊故障码的特别提示

四、实训要求

1. 清楚故障诊断仪使用的基本流程，确保思路清晰。
2. 操作仔细、规范，以免造成相关元件损坏。
3. 养成使用发动机舱防护罩、驾驶室卫生防护“三件套”的职业习惯。
4. 养成工具、零件、油液“三不落地”的汽车维修操作习惯。

任务小结

通过本任务的学习，了解到为了能及时发现并排除车辆故障，维修人员必须使用一些诊断仪器。常见的诊断仪器有很多，如汽车专用万用表、示波器、汽车故障诊断仪等。汽车专用万用表不仅能检测电流、电压、电阻，还能检测发动机的占空比、温度、转速等。示波器能检测各种传感器的波形、点火波形、喷油器波形等。汽车故障诊断仪具有读取和清除故障码、读取数据流、测试执行器等功能。通过学习，也掌握了这些诊断仪器的使用方法。